新编21世纪新闻传播学系列教材

传播学系列

人际传播教程

潘文静 著

The Interpersonal Communication

中国人民大学出版社
·北京·

图书在版编目（CIP）数据

人际传播教程 / 潘文静著. -- 北京 ：中国人民大学出版社，2025.6. --（新编 21 世纪新闻传播学系列教材）. -- ISBN 978-7-300-34091-3

Ⅰ. C912.11

中国国家版本馆 CIP 数据核字第 2025TX8273 号

新编 21 世纪新闻传播学系列教材
人际传播教程
潘文静　著
Renji Chuanbo Jiaocheng

出版发行	中国人民大学出版社		
社　　址	北京中关村大街 31 号	邮政编码	100080
电　　话	010－62511242（总编室）		010－62511770（质管部）
	010－82501766（邮购部）		010－62514148（门市部）
	010－62511173（发行公司）		010－62515275（盗版举报）
网　　址	http://www.crup.com.cn		
经　　销	新华书店		
印　　刷	北京溢漾印刷有限公司		
开　　本	787 mm×1092 mm　1/16	版　　次	2025 年 6 月第 1 版
印　　张	20.25 插页 1	印　　次	2025 年 6 月第 1 次印刷
字　　数	390 000	定　　价	49.80 元

内容简介

在全球化、信息化背景下，人际传播已成为理解社会互动和个人发展的核心议题。本教材系统梳理了人际传播的基本概念、经典理论与前沿实践，内容涵盖印象管理、信息生成与处理、意义建构、非言语交流、关系维护及跨文化沟通等重要领域，兼顾全球视野与中国本土经验，突出国际传播与文化交流能力的培养。通过清晰的结构安排、丰富的案例解析与实训题目，本教材不仅为新闻传播专业学生提供系统学习框架，也为职场人士和社会公众提升沟通效能、理解多元文化、促进社会协作提供有力支持。

作者简介

潘文静　美国加利福尼亚大学戴维斯分校传播学博士，中国人民大学新闻学院副教授，吴玉章青年学者，《新闻春秋》编辑部主任，国际学术期刊*Human Communication Research*及*Chinese Journal of Communication*编委。近年来在国内外著名新闻传播学期刊发表论文三十余篇，学术引用上千次，研究成果曾获国际传播学会年会人际传播分部最佳论文奖。主持并完成包括国家社科基金项目在内的四项科研项目，研究方向涵盖健康传播、人机传播和新媒体传播，主讲“人际传播研究”“传播理论研究”等课程，致力于培养具有全球视野和实践能力的传播人才。

总序

中国人民大学出版社策划出版的“新编21世纪新闻传播学系列教材”，是一套在新闻传播学领域内密切联系新闻传播工作的实际，广泛吸收新闻传播学的最新研究成果，高挹遐揽，取精用宏，供21世纪的高等院校新闻传播院系教学使用的系列教材。

20世纪初以来的120年，是世界新闻传播事业飞速发展的120年。这一百多年来，随着科学技术的不断发展，继报纸、期刊、通讯社之后，广播、电视、网络、自媒体等多种新媒体相继问世，新闻传播的媒介日趋多元化，新闻传播的手段日趋现代化，“地球村”变得越来越小，新闻传播事业对世界政治、经济和文化的影响则变得越来越大。

这120年，也是中国新闻事业飞速发展的120年。尤其是中国改革开放以来的45年，发展进入快车道。

21世纪以后，中国新闻事业发展的势头更为迅猛。报纸、期刊、通讯社、广播电台、电视台的数量在宏观调控下，虽无大变化，但软硬件的实力都有了很大的提高。进入新时代，媒体融合发展有序进行。据2022年5月中国记协发布的《中国新闻事业发展报告》和2023年2月国家新闻出版署发布的《2021年新闻出版产业分析报告》的最新统计数字，2021年全国共出版报纸1 752种，总印数283亿份。共出版期刊10 185种，总印数20.1亿册。全国共有广播电视播出机构2 542家，地市级以上广播电视播出机构开办的广播电视频率频道2 366套，其中广播频率1 166套、电视频道1 200套，另有各级教育电视台开办的38套教育教学类频道，中央广播电视总台和全国25家省级电视频道基本实现高清化，全国地市级台电视频道已有73%实现高清化。

另外2023年3月中国互联网络信息中心（CNNIC）发布的《第51次中国互联

网络发展状况统计报告》显示，截至 2022 年 12 月，中国网民规模已达到 10.67 亿，互联网普及率达到 75.6%。其中，手机网民数量为 10.65 亿，网民中使用手机上网的比例为 99.8%。网络新闻用户规模达 7.83 亿，占网民整体的 73.4%，短视频、生活平台、“两微一端”成为网民获取新闻信息的重要渠道，抖音、快手、小红书等应用逐渐从娱乐、生活、社交平台转变为具有新闻属性的信息平台，成为网民获取新闻信息的重要渠道。2022 年上半年，新华社、中央广播电视总台、《人民日报》等八家主要央媒机构累计生产 1.5 万篇爆款短视频内容，“央视新闻”微博开设党的二十大相关话题，总阅读量突破 147 亿。网民个人、自媒体等也纷纷利用短视频、生活平台等跟进舆论热点，传播新闻信息，为人民群众及时获取热点资讯创造了条件。

这样大的发展规模，这样快的发展速度，在世界和中国新闻事业史上都是空前的。回顾既往，盱衡未来，新闻传播事业在新时期还将保持旺盛的发展势头。新闻传播，作为上层建筑中意识形态的一个重要组成部分，在全面准确地宣传党的基本理论、基本路线和基本方针以及各项决策，反映人民群众的伟大业绩和精神风貌，以及推动改革开放和社会主义现代化建设等方面，必将继续发挥重要的作用。

与新闻传播事业的发展相配合，这 120 年来，为中国的新闻战线培养和输送人才的中国新闻教育，也有了相应的发展。中国的新闻教育起始于 20 世纪初，迄今有 110 年的历史。中华人民共和国成立前的 30 年，虽然先后在个别院校中设立了新闻系或新闻专科，但规模都不大，设备也不够完善，在校学生人数，最多的时候不超过 400 人，30 年间累计培养出来的毕业生还不到 3 000 人。中华人民共和国成立后，为了给新闻事业培养人才，新闻教育有了新的发展，但到 20 世纪 60 年代中期为止，全国的新闻教育机构也还只有 14 家。当时全国只有 343 家报社、78 座广播电台和 13 家电视台，革命老区来的新闻工作骨干正当盛年，足以支撑大局，新闻系和新闻专业的学生统招统分，基本上能够满足中央和省市以上新闻单位梯队建设方面的需要。“文化大革命”爆发后，新闻事业进入低谷，新闻人才的培养也被迫中辍。拨乱反正之后，新闻事业有了飞速的发展，但新闻工作的人才却出现了断层，明显供不应求，因而极大地推动了新闻教育的发展。中国的新闻教育得以重整旗鼓并得到空前迅猛的发展，主要是改革开放以来的这 40 多年的事情。40 多年来，中国新闻教育和中国新闻事业同步发展。根据教育部数据，截至 2021 年，全国设有新闻传播学类院、系、专业的高校已由改革开放之初的两三所增加到 727 所，本科专业布点在全国共计 1 439 个，覆盖以下 10 个专业：新闻学、广播电视学、广告学、传播学、编辑出版学、网络与新媒体、数字出版、时尚传播、国际新闻与传播、会展（交叉专业）。新闻专业的教学已从单一的大学本科教育，发展到博士生、硕士生、本科生、大专生、成人教育、函授教育等多层次的格局，不少院系还设置了新闻传播学方向的博士后流动站。改革开放之初，全国在校新闻系科学生总共只有 500 来人，现在仅在校本科生就有 14 万人左右，硕士和博士研究生 4 万人左右，办学层次、办学规模、办学水平都有了很大的提升。进入 21 世纪以后，随着新闻传播事业的加速发展和新闻战线人才需求的不断增加，中国的新闻教育将由规模扩张迈向高质量发展。

一般说来，新闻教育质量的高低，起决定作用的主要是两个因素：一个是师资，一个是教材。两者之间，教材的作用更大。这是因为，师资的多少和良窳，往往受办学主客观条件的限制，而教材一旦完成，就可以直接嘉惠于学子，风行四海，无远弗届。进一步说，一部好的教材，不仅可以满足教学的需要，培养出一大批人才，而且还可以同时拥有一定的学术含量，推动新闻传播学研究的发展。1919 年出版的徐宝璜的《新闻学》，1927 年出版的戈公振的《中国报学史》，就是这方面的很好的例子。这两本书都是作者在高等学校从事新闻学理论和新闻史教学时作为教材编写出来的，出版之后，立即引起世人的关注和推崇，一再重版，历久不衰，至今仍然是公认的新闻学理论和新闻史方面的传世之作和经典之作。正因为这样，新闻教育的前辈们，历来十分重视教材的建设。中华人民共和国成立初期的十来年，坊间出版的新闻学方面的书籍，绝大部分是教材。改革开放以后，新闻传播学研究空前繁荣，新闻学方面的书籍大量问世，但教材仍然在其中占了很大的比重。这些教材，覆盖了新闻传播学的方方面面，经过出版家和众多作者的长期努力，门类和品种基本配套齐全，曾经为同时期的新闻教学做出过重要的贡献。但是，随着时间的推移和新闻工作实际的飞速发展，这些教材的体例日显陈旧，观点和内容也亟待调整和更新。一些属于学科前沿和科技含量较高的新开课程的教材尚付阙如，使现有的教材出现了不少缺口。在 21 世纪已经到来之际，集聚力量，重新编写出一套体系完整，门类齐全，能够为 21 世纪的新闻教育和新闻人才培养服务的新闻传播学的系列教材，已经成为人们的共识和新闻业界与新闻教育界的迫切需求。

呈现在读者面前的，就是应这样的需求产生的一套系列教材，它将涵盖新闻学、传播学两个二级学科的方方面面内容，满足新闻、广播、电视、广告、媒体经济、新媒体等多个专业的教学需要。负责这些教材编写工作的，是中国人民大学、复旦大学、北京大学、清华大学、中国传媒大学等多所著名院校长期从事新闻传播学方面教学与研究工作的专家学者，其中有相当大的一部分编写者是相关学科的国家级的学术带头人，堪称一时之选。收入本系列的教材中，既有国家级重点教材，也有部级重点教材，其他的也是经过严格筛选的精品，所以，本套系列教材的质量是有保证的，其权威性也将得到社会的认同。

21 世纪是一个高度信息化的时代，是信息经济和知识经济占主导地位的时代。信息经济和知识经济有两大支柱，一是以高科技为代表的传播技术产业，二是从事新闻和信息产品生产的媒体产业。新闻传播学作为将这两大领域有机联结的桥梁，在今后的国家建设和社会发展中必将发挥越来越重要的作用。中国人民大学出版社经过精心策划，隆重推出这套系列教材，是具有高度的前瞻性和战略眼光的。在这里，我谨代表编委会和全体作者向中国人民大学出版社表示由衷的感谢。

这套系列教材开始策划于 20 世纪的最后一年，21 世纪初起陆续问世，迄今已编写出版了 180 余种。在体例和内容的创新和开拓等方面，远远超过同时期出版的同类教材。其中有些教材，还根据整个新闻传播理论与实践的发展和新闻传播学教学与研究的发展，陆续做了必要的补充和修订，重新出版，实现了内容的与时俱进。

这批教材的问世，将会为新闻传播事业和新闻教育事业的发展和繁荣、为 21 世纪新闻传播人才的培养做出它应有的贡献。这是出版者和全体作者共同的一点希望。是为序。

方汉奇

2023 年 7 月

于中国人民大学宜园

前言

在信息化、全球化迅速发展的今天，互联网、社交媒体和人工智能等新兴技术的普及，使得人类之间的沟通方式发生了根本性变革，人际传播的形式，从面对面交流扩展到线上线下的多重互动场景中。这种复杂性和多样性使得人际传播成为当今中国乃至全球社会的核心议题之一。人际传播作为社会互动的基本方式，不仅在日常生活中扮演着重要角色，在国家形象的塑造、文化的传播以及国际话语权的提升等方面也发挥着不可替代的作用。党的二十大报告明确指出：加强国际传播能力建设，全面提升国际传播效能，形成同我国综合国力和国际地位相匹配的国际话语权。这一战略部署不仅为我国国际传播工作指明了方向，也为人际传播教程的编写提供了新的思路和框架。

从全球视角来看，世界正处于前所未有的相互联系和冲突并存的时代。不同文化背景的个体之间的沟通需求与日俱增，而文化差异、语言障碍和意识形态对立等问题也使得跨文化传播面临巨大挑战。在这种情况下，深入探讨人际传播的理论与实践，有助于增进跨文化理解，促进全球和平与合作。

在中国快速发展的社会转型背景下，经济增长与城市化进程带来了大量新型的社交需求。移动互联网和社交媒体的普及，使得人们的社交行为和交流方式日益复杂。在这种转型过程中，如何有效进行人际传播，不仅关系到个体的生活质量，还与社会和谐、家庭幸福、职场成功等密切相关。然而，目前国内对人际传播的系统研究和理论推广仍然相对滞后，亟须加强相关领域的理论构建与实践应用。

人际传播不仅具有深厚的理论基础，其实用性也不容忽视。无论是个人的情感交流、职场的有效沟通，还是社会中多元文化的互动，人际传播理论都可以为实践提供重要指导。随着中国日益走向国际舞台，人际传播能力的提升对于中国社会的现代化进程具有重要战略意义。因此，本教材旨在通过系统地介绍和分析人际传播的核心理论与研究成果，帮助读者掌握这一领域的基本原理与应用技巧，增强其在人际互动中的有效性。

本教材的目的在于深入解析人际传播的基本原理、方法与实践，结合党的二十大报告的精神和要求，培养具有全球视野、跨文化沟通能力和良好人际沟通技巧的专业人才。教程内容将涵盖人际传播的基本理论、沟通技巧、文化敏感性、冲突解决以及在新媒体环境下的应用等多个方面，以帮助读者在全球化背景下，更好地理解和运用人际传播的原理和方法，提升个人和社会层面的传播效能。本教材不仅面向人际传播的研究者和专业学生，也为希望提升自身沟通能力的社会各界人士提供了一套切实可行的理论框架和实践指南。希望本教材的推广，能够推动人际传播理论在中国的广泛应用与发展。

本教材系统地涵盖了人际传播领域的核心概念、历史发展及其不同理论视角，分为三大部分、十个篇章，逐步引导读者从基础概念到具体理论，再到本土化的理论应用，形成了一个全面的知识体系。每章的写作逻辑都按照以下的顺序进行：首先是本章内容简介；其次是对具体理论的介绍，按照背景、前提、主要内容和研究进展的顺序进行；最后是每节内容的要点小结，还有与本章相关的思考题和实践训练题供读者练习。

本教材的第一部分为人际传播概述，包括第一章和第二章，主要介绍了人际传播的基本概念、研究范式与历史。第一章为全书的基础，阐述了人际传播的定义、特点和构成要素，通过对这些基本概念的介绍，帮助读者理解人际传播的基本框架，为后续理论的学习奠定基础。第二章着眼于人际传播研究的元理论和历史演进，通过回顾这一学科的发展历程，读者可以理解不同历史阶段的研究取向及其对现代人际传播理论的影响。

第二部分进入人际传播理论精讲，包括第三章至第九章的具体人际传播理论介绍。这一部分按照人际传播实践和理论关注的具体现象和元素，将人际传播的重要理论归纳为人际传播中的印象、个体信息、社会信息、意义建构、非言语行为、人际交往和人际关系七大领域，以理论为引领，分别介绍每个领域内重要的理论与研究。第三章探讨了人际互动中的归因问题和印象管理，着重分析了归因理论、印象管理与印象形成，帮助读者理解人际互动中如何形成和管理他人对自我的认知。第四章着重讨论了人际传播中个体信息的生成过程，尤其是个体的认知过程，涵盖行为组合理论、目标-计划-行动理论和建构主义理论，阐明信息如何通过认知的内在机制被生产和表达。第五章主要探讨了人们在互动中如何处理信息，强调外在社会关系中的信息生成和互动，介绍了不确定性减少理论、社会渗透理论与性别传播理论，帮助读者理解社会关系中信息生成与处理的动态过程。第六章讨论了人际传播中人们如何建构意义，涉及象征互动论、意义协调管理理论和传播隐私管理理论，强调人在互动中通过符号和隐私管理来协商和共享意义。第七章聚焦非言语行为在人际传播中的重要作用，介绍了传播适应理论、预期违反理论以及言语与非言语行为不一致理论，探讨言语之外的行为如何影响人际交流效果。第八章介绍了人际交往中与礼貌、面子协商和社会交换相关的理论，帮助读者理解在不同文化背景下，人们如何通过礼貌、面子协商以及社会交换来维持和发展人际关系。第九章深入探讨了关系维持和发展的理论，包括关系辩证法理论、依恋理论以及新媒体传播相关理论，具体分析了人际关系中的冲突、依恋和超越面对面互动的传播方式。

第三部分聚焦人际传播的本土化。第十章特别针对中国本土文化背景，归纳和总结了中国特有的人际传播概念与理论，如自我与四元取向、面子与人情，以及关系向度理论，从中国文化的特点入手，对人际传播的现象进行了本土化的解读与研究。

本教材具有以下几个显著特点：

第一，理论与实践相结合，在系统介绍人际传播核心理论的同时，兼顾实践应用。每一节开篇都包括“每天学点人际传播”导入栏目，帮助读者迅速理解本节理论所对应的日常交往情景；有的中间部分还包括“生活中的人际传播”栏目，通过典型案例的讲解，帮助读者理解理论在日常生活、职场和跨文化交流中的应用价值；每一节最后都包括相关的思考题，除了理论层面的思考，还有场景模拟的实践训练题，帮助读者更充分地检验自己对知识的掌握。

第二，全球视野与本土化相结合。在全球化的大背景下，人际传播已经超越了国界。本教材在介绍国内人际传播经验的同时，也借鉴了国际上的先进理论和实践，帮助读者拓展国际视野，提升跨文化沟通能力，体现了全球视野与本土化的结合，反映了全球化与本土化融合的趋势。人际传播不仅仅是信息的传递，更是文化与价值观的交流。本教材在强调沟通技巧的同时，也注重培养读者的文化敏感性和价值观认同，帮助他们在跨文化交流中更好地理解和尊重他人。

第三，结构层次分明，视角多元。本教材从基础概念入手，逐步引导读者深入探索不同人际传播理论，结构清晰，有助于读者循序渐进地掌握知识。本教材还体现了跨学科和跨范式的视角，借鉴了心理学、社会学、符号学等领域的研究成果，体现了人际传播的跨学科特性，有助于拓宽读者的视野。

目录

第一部分

人际传播概述

第一章

人际传播研究中的基本概念

第二章

人际传播研究的范式与历史

第二部分

人际传播理论

第三章

关注印象的人际传播理论

第一部分

人际传播概述

第一部分为全书奠定了基础，探讨人际传播的基本概念和研究范式，并结合党的二十大报告中提出的“加强国际传播能力建设，全面提升国际传播效能”重要精神，强调人际传播在国际传播、国家形象塑造中的关键作用。

这部分包括两章内容。第一章介绍了人际传播的定义、特点和要素。人际传播不仅仅是信息的传递，它还通过互动性、相互依赖性和关系导向性来建立、维护和调整人际关系。此特点意味着人际传播不仅关乎信息的交流，还涉及更深层次的情感和认同构建。传播的符号性也尤为重要，通过言语和非言语符号，人们表达和解读信息，达到对彼此的理解。党的二十大报告强调全面提升国际传播效能，正是认识到了在当今全球信息化背景下，通过有效的人际传播，我们能够更好地展示国家形象、增进跨文化理解。

第二章则讨论了人际传播研究的元理论和历史脉络，有助于进一步夯实读者的理论基础。元理论部分构建了该学科的哲学和方法论框架，展示了不同历史阶段的研究者如何通过不同视角理解人际传播的本质。通过回顾从 20 世纪初到当代的人际传播研究演进，揭示出该学科从单纯的修辞学发展到如今涵盖象征互动、关系构建等多维度的学科领域，反映了人际传播研究随社会需求变化而不断变迁的特点。党的二十大报告强调的国际话语权的提升要求我们从理论上理解人际传播的本质，从而更有效地运用这些知识，为全球沟通和跨文化交流服务。通过掌握这些内容，读者不仅能理解人际传播的基本框架，还能从历史和方法论的角度看待该学科的演变，逐步形成独立评判和应用理论的能力。

第一章

人际传播研究中的基本概念

本章旨在为整本书奠定基础，帮助读者了解人际传播的基本框架和理论内涵。

第一节介绍人际传播的定义，通过对人际传播定义中的一些模糊点进行辨析，更好地界定人际传播的外延和内涵。

第二节探讨人际传播的几个主要特点。一是意图性，传播者往往带有明确或潜在的目的；二是符号依赖性，人际传播依赖言语和非言语符号传递意义；三是相互依赖性，人际传播需要传受双方共同参与和开展互动；四是独特性，人际传播因个体差异和情境不同而不可复制；五是动态性，人际传播会随时间、关系和环境变化而发生变化；六是双重维度，人际传播既包含信息内容，也隐含情感和权力关系。这些特点共同构成了人际传播的复杂性和动态性本质。

第三节介绍人际传播的基本要素，这些要素共同构成了完整的传播过程。无论是负责发送信息的发出者，还是负责解读信息的接收者，他们的互动贯穿整个沟通过程。信息本身作为传播的核心内容，可能是言语的，也可能是非言语的，甚至是隐含的，而传播所依赖的渠道决定了信息如何被传递给接收者。在沟通过程中，反馈起到了至关重要的作用，它让发出者能够调整信息的内容和形式，确保沟通的有效性。然而，传播过程中也不可避免地会受到噪声的干扰，这些干扰可能是物理上的，也可能是生理、心理或语义上的，往往会影响信息的准确传达。

通过本章的学习，读者将对人际传播有一个清晰而全面的理解。这不仅为后续更为复杂的理论研究提供了理论基础，也有助于引发读者思考在人际互动中，哪些因素影响了沟通的效果。对这些基本概念的掌握，能帮助读者更深入地理解日常生活中的人际互动及其背后的机制。

第一节 人际传播的定义

每天学点人际传播

作为生活在社会中的人类，我们自呱呱坠地起就在进行着传播活动。婴儿时期的我们会用哭声吸引别人的注意力或者表达不满；幼儿时期的我们会用身体接触表达我们对父母的喜爱，也会用皱眉或撇嘴的方式表达我们对某种食物的厌恶；青春期的我们情窦初开，会用写情书的方式表达自己对暗恋对象的爱慕；成年后，工作中的我们可能要面对咄咄逼人的上司，应付难以取悦的顾客；生活中的我们要面对伴侣、父母、子女、朋友、亲戚，处理各种各样的沟通问题。社会化生活的方方面面都离不开传播，尤其是人际传播。

在我们的日常生活中，人际传播无处不在，不同情境中对传播的需求和表现方式各不相同。比如，在浪漫关系中，一方可能通过细心的倾听和体贴的表达，来维系情感的温度；在家庭中，父母和孩子之间的沟通不仅会影响情感连接，还会塑造彼此的价值观和生活态度；朋友之间更是通过分享、倾诉和相互支持建立起深厚的友谊；而职场中则讲求清晰有效的沟通，这能直接影响合作的成败和职业发展。

虽然和大众传播相比，人际传播研究很难取得轰动的成果，原因在于个体差异过大，很难进行深入研究（陈力丹，2006）；但在实际的个人生活中，在社会、政治和国际领域，人际传播的作用是显而易见的。在社交活动中，我们会通过合适的礼仪和互动来展示友好与尊重。而在国际政治和谈判中，外交官们需要娴熟的沟通技巧来表达立场、协商分歧，通过富有成效的交流达成共识，维护国家利益。因此，人际传播不仅是我们日常生活中的一个不可或缺的组成部分，更关系到家庭和谐、职场成功、社会稳定，甚至是国际关系健康发展的关键所在。

传播也被学者形容为人周身流通的血液，是一种潜在和本性的存在（王怡红，2003）。读到这里，有质疑精神的读者可能会产生疑惑：传播真的无处不在吗？人真的离不开传播吗？人究竟能不能不传播？关于这几个问题，有三种不同的回答，反映了三种不同的传播观念。

第一种回答来自帕洛阿尔托心理研究机构（Palo Alto Mental Research Institute）的保罗·瓦茨拉维克（Paul Watzlawick），他提出了人际传播中的经典理论之一——关系辩证法理论。这一理论的第一条准则即“人不能不传播”（One cannot not communicate）（Watzlawick et al.，1967），即便一个人不参与任何形式与类型的传播活动，保持沉默也好，拒绝沟通也好，这实际上也表达了他拒绝传播的意图。比如人际传播中常见的相亲情境，如果其中一方拒绝露面，或者露面后一言不发，也可以被理解为表达了拒绝的意思，他已经完成了传播。从这个角度理解，人的确不能不传播。

第二种回答主要关注传播行为是否被接收者接收，换言之，不论信息的发出者有意还是无意，信息只要且只有被接收者接收到，才算是传播。这一类的典型定义如下：传播应该包括以任何方式发出的、对接收者来说有意义的行为，无论这在信息发出者看来是有意的还是无意的（Anderson，1991）。比如和相亲对象见面时，我们有意或者无意中看了自己的手机，而这一行为一旦被对方注意到，就可能被解读为我们没有进一步交往的意图。按照这一种视角，看手机这一行为就会被视作传播行为，哪怕信息发出者并没有传播意图。

第三种回答聚焦信息发出者的意图性。按照这种视角，信息发出后，不管接收者是否接收到，只有信息发出者出于自己的主观意愿、明确表达了自己的意图而进行的传播行为，才能算是传播。这一类的典型定义将传播限定为：信息发出者带有一定的意图，将信息传送给接收者，意在对其行为施加影响（Miller，1966）。我们还是回到相亲情境加以说明：相亲时，我们主动给对方添茶倒水，以向对方示好，即便这一行为没有被对方注意到，也可被视作传播。

那么应该如何解决传播意图性的问题呢？传播的定义中是否应该包含双方或者一方的意图？第一种方案是限定性方式，即严格限定传播者的意图性，无论是信息发出者还是接收者，都应对参与传播活动的意图进行严格限定。不管是强调发出者的意图，还是接收者的意图，几乎所有的传播学者都能在以下范围内达成共识：凡是带有一定意图的传播行为，且信息已被接收者接收，那么就属于传播和传播研究的范畴。第二种方案是扩大化方式，即尽量拓展传播的边界，将传受双方的意图性作为传播这一概念下的具体特点，然后在这一概念的内部，再具体划分不同类型的传播。比起限定性方式，扩大化方式的优点在于不人为地狭隘化传播的定义与传播研究的范畴，而是在传播这一宏大的概念下，找到区分不同类型和不同方式传播的特点，从而对传播这一现象进行更细致的辨别和分类。

对于传播这一概念的界定，学术界一直存在争议，虽然无对错之分，但是采用何种视角看待传播，确实决定了研究者会带着何种预设去研究传播，会关注哪个方面的重点，也会影响理论建构与具体的研究路径。传播的英文单词为“communicate”，来自拉丁语单词“communicatus”，与其相关的拉丁语词根如“communicare”表示分享、影响、告知，“communis”表示共同、公共，分别代表两个重要的主题：一是主体间性（intersubjectivity），即努力理解他人，努力被他人理解；二是影响（impact），即信息在多大程度上能够带来思想、行为和感受上的变化（Hewes，1995）。

解决了传播的定义，我们接下来关注人际传播的定义。熟悉学术研究规范的读者都知道，我们在进行任何研究活动前，都要对研究对象进行定义。明确的定义可以帮助我们界定研究的对象、范围与边界。在这本关于人际传播理论的教材开始之初，我们也要对人际传播这一概念的边界进行划定。

什么是人际传播？与其他人类传播活动相比，人际传播是历史最悠久、最接近日常生活的一种传播类型。人际传播一词是从英语的“interpersonal communication”直接翻译而来的。在对“interpersonal communication”这一学术词语进行定义时，国外学者遇到的困难是如何对日常生活中已经被广泛使用的“communicate”“communication”进行学术化的界定。同样的问题也存在于中文语境下——所谓的“人际传播”很多时候是和“人际沟通”“人际交往”混用的（王怡红，2015）。由于人际传播与日常生活的紧密联系，大众对人际传播普遍持有一种误解——人际传播还用研究吗？我们不是每天都在传播、交往吗？人际传播的实践特性和适用范围的广泛性，导致人际传播的定义林林总总、包罗万象，因而人际传播研究有着不同的研究范式和视角。

各种人际传播的定义主要在四个问题上存在争议。第一是人际传播的意图性。有的定义将意图性摆在最重要的位置，“人际传播是指为了共同追求人际目标而交换符号”（Canary et al.，2008）；有的定义虽然没有明确提出意图性，但隐含了人际传播的目的性，比如强调人际传播是为了生成共享的意义和完成社交目标（accomplish social goals）（Burleson，2010）；还有的定义只是将人际传播笼统地定义为人与人之间（面对面）的传播。

第二是人际传播的范围。有的定义明确规定人际传播是发生在两个人之间的传播，比如“二元沟通”（dyadic communication）；其他定义对于参与人际传播的人数限制更为宽泛，只要求有“至少两个传播者”（Bochner，1989）；还有的定义将人际传播的人数限定在一对一（one-to-one）或者小组（small group）中（Hartley，1999）。此外，部分定义虽然没有明确规定人际传播的参与人数，但其实际的研究对象包括家庭传播，而家庭传播的参与人数常常是三个人或者更多。

第三是人际传播的抽象性。有的定义采取控制论的传统，给出了明确具有限定条件的定义，即“人际沟通是一个交流的过程，其参与者处于不同但又有所重叠的背景下，经由交换信息而建立关系，关系的品质会受到外在的、生理性的和心理性的噪声干扰”；还有的定义更为笼统和主观，比如“人际传播是人们在谈话和倾听时，以最大化方式呈现人之存在的一种传播类型或一种传播种类”（斯图尔特，2017）。

第四是人际传播的研究范式。有的定义遵循客观经验主义研究的传统，将人际传播定义为“两人或者小群体之间的信息发出与接收过程”（Giffin & Patton，1971）；来自诠释经验主义的学者则将人际传播定义为创造和分享言语和非言语信息的象征性过程，在这一过程中，人们共同创造意义，以形成、发展、维持和改变身份与关系（Baxter，2004；Braithwaite et al.，2021；Craig，1999）。

人际传播的复杂性还体现在其涉及的语境、话题、发展阶段、关系类型等方面，关注不同内容的学者，会有侧重地提出更符合自己研究取向的定义。为了能够对人际传播加以定义，最简单的办法就是找到各类定义的共同点。通过对以上四个关键问题进行回答，并结合学者们对人际传播的定义，我们可以得出一个大多数人都能够接受的人际传播的定义：人际传播是指至少两个传播者，有目的地（无论意图是否被双方感知）通过言语或者非言语行为实现意义的创造和交换，而这些行为中隐含了双方如何看待自己以及如何看待对方。

思考题

1. 你对“人不能不传播”的说法怎么看？你认为究竟应该从信息发出者的角度来考虑，还是应该从信息接收者的角度来考虑？

2. 根据“人不能不传播”这一观点，即便一个人保持沉默或拒绝沟通，也可能向他人传递信息。请结合生活中的实例，讨论这种不可避免性在人际交往中的表现及其影响。例如，为什么在社交场合中，保持沉默也会被他人解读为一种态度？

3. 你对人际传播的学术化定义是什么？如果让你向外行人士介绍人际传播，你会怎么用他人能够理解的语言来解释？

4. 本节介绍的人际传播的不同定义，有的强调传播的意图性，有的强调传播的范围。请结合实际场景（如亲密关系或职场沟通），说明为什么不同场景可能适用不同的传播定义。

实践训练题

小王和他的同事小李在办公室闲聊时，小王忽然沉默，低头看手机。小李感到有些尴尬，不确定小王是否对聊天话题感到厌倦。请从人际传播意图性的角度分析小王的行为。小王的行为是否构成了人际传播？为什么？

要点小结

- 人际传播的定义
  - 日常生活中无处不在
  - 影响家庭和谐、职场成功、社会稳定、国际关系
  - 传播的定义争议
    - 传播是否无处不在
    - 传播行为是否被接收者接收
    - 传播意图性的问题
  - 解决传播定义的方案
    - 限定性方式：严格限定传播者的意图性
    - 扩大化方式：拓展传播边界，区分不同类型和方式
  - 传播的概念
    - 包含分享和共享的含义
    - 主体间性：理解他人，被他人理解
    - 影响：信息带来的变化
  - 人际传播的定义争议
    - 人际传播的意图性
    - 人际传播的范围
    - 人际传播的抽象性
    - 人际传播的研究范式
  - 人际传播的复杂性
    - 涉及语境、话题、发展阶段、关系类型等
    - 通过回答关键问题，得出大多数人能够接受的定义：人际传播是指至少两个传播者，有目的地（无论意图是否被双方感知）通过言语或者非言语行为实现意义的创造和交换，而这些行为中隐含了双方如何看待自己以及如何看待对方

第二节　人际传播的特点

每天学点人际传播

在生活情境中，人际传播无处不在，每一种情境都有着独特之处。

在一家跨国企业的会议室里，经理刘先生正与一位新客户进行初次谈判。刘先生知道，面对这位注重细节的客户，自己的每一个措辞和表情都要经过斟酌。谈判初期，他以亲和的笑容和简短的寒暄拉近距离，缓解对方的紧张情绪。刘先生在每一个细节上都保持礼貌和友善，意在逐步建立信任关系，为接下来的正式谈判奠定基础。

与此同时，刘先生敏锐地观察着对方的反应，比如对方是否专注聆听，有

没有下意识地露出疑虑的表情。随着谈判逐渐深入，对方开始眉头微皱，低声询问合同中的某些条款。这一细节让刘先生意识到问题所在，于是，他立即切换话题，稍微放慢语速，耐心解释相关条款的具体细节。

经过一轮解释，对方显得放松了许多，不再紧盯合同条款，而是主动分享一些合作设想。这一瞬间，刘先生意识到，这场谈判已经进入一个新的阶段——不再仅仅是合同的磋商，而是未来合作关系的铺垫。他明白，彼此之间的关系已经不再是单纯的客户和业务员，而是即将成为合作伙伴。

通过回顾和总结人际传播的定义，我们已经对人际传播是什么有了基本的了解。除了基础的定义之外，还需要了解人际传播的特点，这有助于我们更加深入地掌握人际传播的内涵。开头的日常生活场景，体现了人际传播的意图性、相互依赖性与动态性。**意图性**，体现在刘先生在每一个细节上都保持礼貌和友善，意在逐步建立信任关系，为接下来的正式谈判奠定基础。**相互依赖性**，体现在刘先生在不同的时机和情境中调整沟通策略，以更好地理解和回应对方的需求和关注点。而刘先生与客户身份的转变，则凸显了人际传播的**动态性**，关系在沟通中不断演变，沟通的内容和方式也随之调整。以上这个简单的案例，体现出了人际传播六大特点中的三点。但人际传播的特点不只有这些，接下来将对人际传播的六大特点展开探讨。

一、人际传播具有意图性

人际传播具有意图性与策略性，在这里，意图和策略的表述，共同指向传播的目的性。在日常生活中，我们有着各种各样的目的，比如表达观点、寻求帮助、促成合作等，我们会采用不同的人际传播策略来实现我们的目的。人际传播是目的导向的，人们对人际传播有各种各样的需求，不同的需求就会使得个人建立对人际传播的不同期待。参与人际传播的个人，有能力理解自己的需求，也能意识到自己能够采取特定的传播行为来满足自己的需求（Westmyer et al.，1998）。

生活中的人际传播

墨子，作为中国古代杰出的思想家，提出了“兼爱”“非攻”的思想，还在两千多年前就对人际传播的意图性进行了概括：“今天下之君子之为文学、出言谈也，非将勤劳其惟舌，而利其唇呡也，中实将欲其国家邑里万民刑政者也。”（《墨子·非命下第三十七》）墨子想表达的意思是，现在天下的君子从事文学创作、发表言谈，并非仅仅为了锻炼口舌，使言辞流利，还希望这些言谈能够对国家和人民产生积极影响。这体现了墨子对人际传播意图性的肯定。

但人际传播的意图性或者说策略性，并不是指我们时时刻刻都在进行功利性的得失计算。实际上，在日常的人际交往中，我们甚至常常意识不到自己的目的。比如，我们会在倾听别人讲话的时候双手抱胸，虽然这个时候我们没有意识到自己可能不赞同对方的观点，或者对对方抱有敌意。在另外一些时候，我们认为自己的行为并不具备策略性。就比如每天早上出门前，我们会选择自己要穿的服装，虽然很多人并不认为这一每天重复的日常行为具备策略性，但实际上，我们每天在选择服装搭配上花费的心思和时间，能反映出我们是什么样的人。通过以上例子可以看出，人际传播在本质上是具有策略性的，虽然这种策略性背后的目的不一定时刻都能被我们意识到。

常见的人际传播意图包括学习、情感交流、影响、游戏与互助（DeVito，2022）。

（1）人际传播可以帮助我们更好地学习、理解由事物和他人组成的外部世界。虽然我们更依赖通过媒体获取关于外部世界的信息，但人际传播——不管在过去、现在还是未来——是人类获取信息的重要途径。我们的世界观、人生观、价值观，以及态度、观点、信念，都在很大程度上受到周围人的影响，很多时候，人际影响的效果甚至比大众媒体或者正式教育的影响更深远。

（2）情感交流需要通过人际传播完成。我们对伴侣、家人和好友的多种复杂的情感，都需要通过人际传播来表达。在微信朋友圈给好友点赞、给失恋朋友的一个拥抱、逢年过节时的节日祝福，都承载了我们想与他人建立和维持关系的愿望。

（3）人际传播是人际影响的载体。人际影响可以体现在我们劝说生病的父母采取某种治疗手段，也可以体现在我们和朋友商量去看哪一部电影，还可以体现在销售人员劝说我们购买某种产品。人际层面的劝服行为，占据了人际传播中的很大一部分空间。

（4）人际传播本身也是一种游戏。和朋友闲聊，分享一个幽默的笑话，在社交媒体上发布一张自拍照，和亲戚们闲谈，都达到了游戏的目的。

（5）人际传播的互助目的体现在交换信息、提供建议、提供情感慰藉、扩大社会网络等情境中。一个人在多大程度上能够在职业层面或者个人层面上完成互助功能，取决于其对人际传播知识和技能的掌握。

二、人际传播具有符号性

要进行人际传播，人们必须依赖一套被社会、他人广泛接受的符号系统，来进行意义的传达和信息的交换。符号，不单指言语符号，还包括观念、情感或事件的言语或者非言语符号，以及被一般社会规范接受和常用的意义表征。人类传播中的语义三角（semantic triangle）（Ogden & Richards，1923），指的是我们使用符号（symbol，一般是词语），通过思维（thought/reference，也译作概念）来指称事物（referent，也译作实物）。当我们说沙发是一种装有软垫的有舒适感的椅子时，我们其实借助了沙发的概念，或者说抽象层面上沙发的主要特征。这种符号和事物之间通过思维建立起的指称关系，能够帮助我们与他人进行意义的交换。比如，信息发出者用“桌子”这一符号来指代其目前所处空间中的一张桌子，信息接收者能否对这一词语符号进行解码，就取决于信息发出者和信息接收者对于“桌子”这一符号与事物之间的联系，是否通过思维建立起了同样的认知（见图 1-1）。

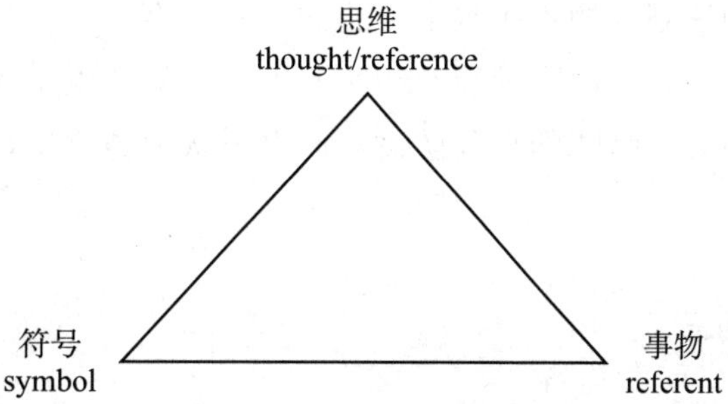

图 1-1　语义三角图示

但并不是所有的意义表达都要依赖思维，在某些情况下，意义可以通过行为或者其他可以直接被观察到的线索来表达，能够自然或者自动地反映发生的事情与其意义之间的联系的行为就被称为“症状”（Cronkhite，1986）。比如，忍不住打哈欠是疲倦的症状，肠胃发出咕噜声是饥饿的症状，哈哈大笑是快乐的症状，等等。表现出症状的人不一定同意症状所表达的意义，但是症状的意义与表达症状的行为直接相关。符号对于人际传播来说尤为重要，因为符号背后隐含着社会、文化、历史特征。符号的创造不是简单的命名游戏，它反映的是人们愿意并且选择与他人分享的信息。这一信息既可以通过言语符号，也可以通过非言语符号来表达。

三、人际传播具有相互依赖性

既然人际传播涉及意图性的符号交换，那么人际传播至少会涉及参与传播的双方。在人际传播的过程中，参与传播的双方相互依赖，共同追求人际传播的目标。我们有时对自己的目标很明确，有时却没有明确的意识；有时对对方的目的很明确，有时却搞不清楚对方想做什么。有时候，明确的人际传播目的可以指导参与传播的双方更加重视对方的感受，最终起到事半功倍的效果；而其他时候，参与传播的双方可能会有竞争性的或者相反的目的，那么在人际传播的过程中可能会遇到挫折，或者发生矛盾。但不论是哪种情况，我们都不能否认人际传播同时依赖双方；无论结果如何，都需要双方甚至多方的共同参与和协调才能完成传播。

此外，人际传播的相互依赖性还体现在对人际传播的互动序列划分上。所谓互动，是指传播者轮流完成信息交换。在他人看来，人际传播可以被看作不间断的信息交换序列。但实际参与互动的传播者，在传播过程中会代入各自对事件顺序的序列划分（punctuation of the sequence of events）（Watzlawick et al.，1967）。事件发生时间顺序划分的关键不在于谁对谁错，而在于对互动行为的管理和控制。在人际传播中，谁的行为在先，谁的在后，谁是因，谁是果，解释不同。在夫妻矛盾中，常见的冲突就产生于双方顺序划分的不一致上。比如一对夫妻，在发生冲突时，丈夫经常采用沉默的方式，而妻子经常唠叨不停，这就产生了矛盾：丈夫认为他的沉默只是对妻子唠叨的自我防御；而妻子认为她之所以唠叨，是因为丈夫沉默不语。

生活中的人际传播

在一家科技公司中，经理小陈和他的下属小张之间也面临着互动顺序划分的沟通困境。最近，小陈发现小张在团队会议上发言越来越少，于是他主动找小张沟通，询问原因。小张有些无奈地表示："因为您每次都先讲了我的想法，所以我没什么可说的。"小陈听后觉得有些委屈，回应道："我之所以先讲，是因为每次我问你的意见时，你都沉默不语，给我一种不想发表意见的感觉。"

这种误解使得两人陷入了沟通僵局：小陈认为小张的沉默是缺乏主动性，自己要引导讨论；而小张觉得自己的沉默源于经理"抢先"发表了观点，让自己没有表达的空间。这种误解让彼此在沟通中都产生了压力和不满，逐渐拉开了两人之间的距离。

这一案例展示了人际传播中的互动顺序划分如何影响沟通效果。在这个情境中，如果小陈和小张能够意识到双方的沟通行为其实是对彼此的反应，他们或许就能打破这种僵化的互动模式，主动调整交流方式，从而避免因"谁先说"而产生的误解和隔阂。理解顺序划分的影响，可以帮助他们建立更顺畅的沟通，提升团队协作的效率。

四、人际传播具有独特性

人际传播的主体是个人，而每一个人都是独特的。每个人的教育背景、文化传统、社会角色、性格、沟通方式都各具特色，这就造成人际传播的主体是特殊的，其与每个人际传播对象所进行的传播活动也是独一无二、不可替代的。人际传播的独特性还体现在其不可避免、不可逆转以及不可重复上。不可避免体现为前文讨论过的“人不可不传播”。不可逆转既体现在互动的时间序列上，也体现为信息的不可撤回。虽然在日常生活中，我们时常会使用“我收回刚才说过的话”或者“当我没说”一类的表达，但实际上信息一旦被表达，就无法在真正意义上被撤回。不可重复体现为事物始终处于变化状态，虽然说过的话可以再说，但是说话时的心情、状态、对方的反应都不可以被重复，就像你永远无法重现与某人的初次相遇一样。

五、人际传播具有动态性

传播是一个实时发生和变化的过程，人际传播也不例外（Canary et al.，2008）。这个动态的过程可以从三个方面来理解。首先，作为人际传播主体的个人，是在不断变化的。随着年龄的增长、社会阅历的增加，个人的人生目标会发生变化，其人际传播方式也会发生变化。个人还具有的一大特性是反思性，其不光能认识环境、认识他人，还能感受自己。个人可以对自己的人际传播时间和沟通方式进行反思，反思的结果可能就会导致其做出改变。其次，考虑到传播的目的性和相互依赖性，人际交往中一方的目的可能会随着对方发生变化，从而调整自己的传播策略，改变自己的沟通方式。最后，人际传播由于其独特性和相互依赖性，而具有不可复制性。我们无法复制自己曾经有过的传播实践，无论是针对同样的对象，还是不同的对象。

六、人际传播具有内容和关系两个维度

人际传播由于“人际”特征，因此从来都不只是在内容层面进行传播（阿德勒，普罗科特，2015），其同时具有内容和关系两个维度。内容指的是人际传播的双方都能明确的信息内容，比如“明天上午要开会”“请递给我盘子”等。但是，人际传播的信息从来都不只是单纯的字面意思，其中也包含了关系维度，如我们对他人的情感、态度等方面的感知。与字面意思相比，关系维度可以被理解为隐含的维度，同时也是更高的维度。就比如同样要表达让别人帮你递盘子这个信息，你可以说“亲爱的，请帮我递一下那个盘子”，也可以用手指一指盘子，同时说“拿一下”。这两种表达方式在内容维度上几乎没有差异，但是在关系维度上，前一种体现了平等和尊重的关系，而后一种可能被视为一种命令，体现了不平等的关系。

我们再举一个例子来说明人际传播的内容和关系维度。假如你今天身体

不适，想让别人帮你买饭，你可以直接说“帮我买一份饭”。如果是和你关系很亲近的人，就会接受这种表达，甚至把这种直接的要求看作你们关系亲密的证明；但如果是和你不太熟悉的人，肯定会拒绝你，同时认为你这个人颐指气使。在这个例子中，你的表达在内容维度上是一致的，也能言简意赅地表达自己的目的，但是由于你和交流对象的关系不同，或者你表达的内容没有根据关系做出调整和适应，因此起到了完全不同的效果。

此外，在人际传播中，内容维度大部分通过言语信息体现，关系维度则大多通过非言语行为体现，比如我们的身体姿态、行为举止等。同样的一句话，配上不同的表情或者手势，有时就能传达出完全不同的意思。比如，你的朋友对你说：“你今天真漂亮！”如果配上开心的表情，你会认为朋友在由衷地表达对你的赞美；但如果配上撇嘴或者讥笑的表情、拖长的声音或者夸张的手势，你就会认为这是对你的调侃、讽刺。当然，需要注意的是，这不是说言语行为就等同于内容维度，或者非言语行为就等同于关系维度。

思考题

1. 什么是人际传播的意图性？结合日常生活中的例子，说明意图性在人际传播中的体现。

2. 人际传播的相互依赖性对沟通策略的调整有何影响？结合本章开头有关刘先生的谈判案例进行具体分析。

3. 人际传播的动态性是如何体现在沟通过程中的？试举例说明。

4. 在语义三角理论中，符号、思维和事物的关系如何影响人际传播的效果？

5. 如何理解人际传播的相互依赖性？举例说明互动顺序划分对沟通的影响。

6. 人际传播的内容和关系维度如何在日常交往中共同发挥作用？结合具体例子分析两者的关系。

实践训练题

某公司年会上，几位同事正在讨论一个项目。其间，一位同事频繁低头看手机，另一位则一直用手托腮且目光游离。请按照本章讲授的人际传播的特点，分析一下这些非言语行为可能传递的关系维度信息，并思考如何在正式场合通过非言语行为建立积极的人际关系。

要点小结

- 人际传播的特点
  - 意图性
    - 目的导向
    - 常见目的
      - 学习
      - 情感交流
      - 影响
      - 游戏
      - 互助
  - 符号性
    - 言语与非言语符号
    - 症状
    - 语义三角
  - 相互依赖性
    - 双方互动
    - 互动顺序划分
  - 独特性
    - 个体差异
    - 不可避免、不可逆转、不可重复
  - 动态性
    - 个人作为人际传播主体的变化
    - 目的与策略调整
    - 不可复制性
  - 具有内容和关系两个维度
    - 内容维度：明确的信息内容
    - 关系维度：情感、态度感知
    - 言语与非言语行为

第三节 人际传播的要素

每天学点人际传播

在公司年会的组织过程中，小王作为组织者，需要与来自不同部门的同事协调。为此，他需要将年会的安排发送给各部门负责人，但他同时意识到，由于时间紧迫和年会的复杂性，简单的文字邮件可能不足以说明细节。这时，小王选择了“面对面”这一渠道，便于在沟通中随时得到反馈并澄清问题。在与每位负责人见面时，小王不仅通过语言详细说明，还通过表情和手势来表达热情和诚意，这些非言语信息有效补充了他的沟通内容。

沟通过程中，小王时刻关注同事们的反应，利用他们的反馈来及时调整沟通内容。例如，某部门经理对活动预算有疑虑，小王注意到这一点后，立即主动解释活动预算的分配原则。这一反馈促使小王修改了沟通策略，使信息更加清晰、透明。

然而，沟通的过程并不总是顺利的。因为公司内部施工的噪声，小王需要不断提高音量，确保每个要点都被清晰传达。这种物理上的噪声，无形中加大了沟通的难度，甚至可能让部分信息丢失或被误解。因此，小王决定在会议结束后将要点整理成文件发给大家，弥补可能的缺失。

这个案例展示了传播者、信息、噪声等人际传播要素是如何在沟通过程中相互作用的。理解这些要素有助于我们在不同情境下进行更有效的沟通，也让我们更加敏锐地意识到沟通过程中的复杂性。人际传播是一个复杂和系统的过程，除了以上总结的特点外，传播过程中的传播者、信息、反馈、语境、渠道、噪声等要素都会影响人际传播的行动和结果。人际传播的过程和涉及的要素可以用图 1-2 来表示。

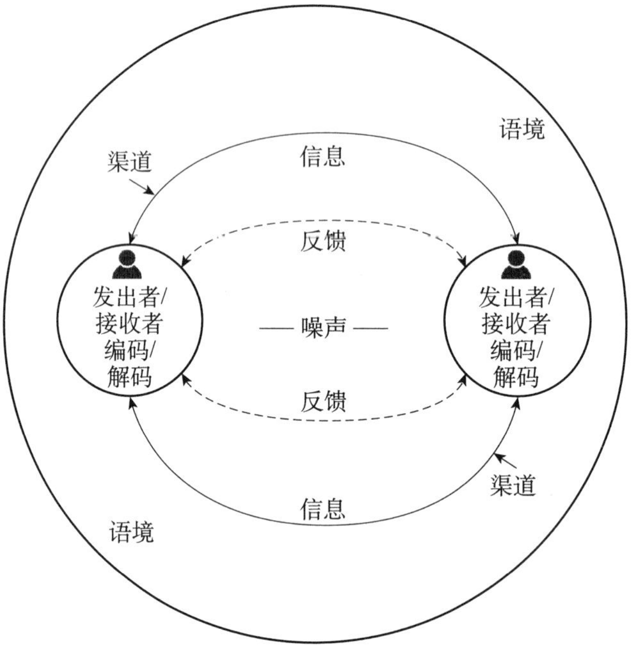

图 1-2　人际传播要素模型

一、传播者

人际传播至少要包含两个人。与线性传播模型不同，人际传播中信息发出者和接收者的角色不是固定的，参与人际传播的双方轮流承担信息发出者和接收者的角色。上一节讲到，人际传播具有特殊性，每个参与人际传播的个体都是独一无二的，传播者的生理特征、社会人口特征、性格特质、传播偏好、传播能力等都会影响人际传播的过程与效果（胡春阳，2016）。根据相关研究，本教材将传播者的特征归纳为以下五点。

（一）生理特征

人际传播中的言语行为和非言语行为都需要人体的生理系统配合来完成。比如非言语行为中的拥抱作为人际传播中常常被使用到的一类表示亲密和安慰的行为，需要人体的躯干、四肢、头部和颈部协作完成。再比如言语行为，哪怕是简单的“嗯”，也需要大脑皮质、呼吸系统、舌头、嘴唇肌肉、喉部与上下颚等协作完成。对于信息接收者来说，需要视觉、听觉、知觉系统共同配合，才能完成对言语和非言语信息的解码；并且解码本身可能也会引起接收者生理上的变化，比如对他人“嗯”的解码，可能会带来肌肉的紧张、血压的升高和肾上腺素的飙升等。

人体的生理特征会影响人际传播。美国早期言语传播（speech communication）研究者所关注的一大研究话题即为沟通焦虑（communication apprehension）——由于畏惧与他人沟通所带来的过度紧张与不安，从而避免或尽量减少与他人沟通的需求。有研究发现，具有高度沟通焦虑的人有一套反应过度的行为抑制系统，这导致他们在与他人沟通时会感到强烈的焦虑和紧张，在生理上产生强烈的反应；他们更有可能在面向公众演讲时分泌更高水平的皮质醇，对于他们来说，安慰或者分散注意力的信息可以降低由沟通焦虑造成的生理压力（Priem & Solomon，2009）。

（二）社会人口特征

传播者的性别、年龄、受教育水平等社会人口特征会影响人际传播。

关于性别差异和人际传播的研究有两条路径，一条是基于遗传学和进化论的路径，另一条是基于后天习得的社会规范的路径。第一条研究路径的相关观点认为，在生物进化和发展的进程中，男性和女性作为两种不同的生物性别，需要适应不同的挑战（Daly，2011）。和生物学上的性别差异最相关的传播语境是浪漫关系中的人际传播。达尔文的性选择理论就采用了生物进化中的两个关键过程——挑选配偶和竞争配偶——来解释择偶行为。进化心理学认为，男性和女性在生殖和繁衍上的特征，例如生殖过程中女性卵子的稀缺性以及女性在生育过程中承担的责任和风险，会导致女性比男性更看重潜在配偶的社会地位，偏好比自己年长的男性。一项跨 37 种文化的研究表明，在长期进化过程中，女性已经进化出一种偏好，即偏爱有资源获取能力、更加可靠和稳定的男性。男性对女性生育能力的偏好，进化出了选择年轻和健康女性作为配偶的倾向，男性比女性更看重潜在配偶外表的吸引力（Buss et al.，1990）。最新的关于网上交友的研究也表明，在线婚恋网站上的男性，更容易虚报自己的身高和收入水平，而女性更容易谎报自己的年龄和体重。

性别差异的第二条研究路径是关于社会性别规范的研究。从出生起，女孩和男孩就被告知什么样的行为举止是符合自己性别的，而只有符合性别的行为才是符合社会期待的。在中国社会，男孩被告知要勇敢，要像个“男子汉”；女孩则被告知要文静，要像个“淑女”。简而言之，要符合社会期待。一个人的社会性别被要求和他/她的生理性别一致，即男性要具有男性气质，女性要具有女性气质。在人际传播中，社会性别规范可能导致女性更多采用试探性的语言，更容易被男性打断，更多关注交流对象身体语言的变化，更多关注人际传播中的关系维度，更容易对他人表达感激；导致男性更多采用确定性的语言，更多采取任务导向，更多关注人际传播中的信息维度（Daly，2011）。

年龄也会影响传播者的传播目的、传播策略、沟通方式和语言特征。比如在人际冲突情境中，处于青春期的青少年会更多地采取攻击行为（Mayeux & Cillessen，2008）。此外，代际差异与年龄刻板印象也会影响人际传播。人际传播中的传播适应理论（communication accommodation theory）中有一大部分内容论述了个人在和不同年龄阶段的人交往时如何适应对方，包括改变自己讲话时候的语速、语调、音量等。关于年龄对人际传播的影响，大多数研究采用的方式是将人群根据年龄段分组，然后对比不同组在人际传播中的态度、认知和行为差异。近年来，也有实证研究学者呼吁，应该采取终身传播的视角来研究人随着年龄增长在传播方面的长期变化（Nussbaum，2007）。

种族、民族、职业、受教育水平、收入水平、生活方式等差异也会影响人际传播。不同种族、民族和来自不同地域的人会使用方言或者当地特有的口音来交流，方言和口音都会影响人际传播中的态度形成（Giles & Rakić，2014）。反过来，语言使用的风格也可以用于对他人的身份、职业等社会属性进行诊断，有时候这种诊断是准确的，但有时候基于刻板印象。在中国，方言和口音在社会交往中扮演着重要角色。一项针对重庆城市新移民的研究表明，方言能力和态度直接影响他们的社会融入程度。掌握当地方言的新移民，更容易建立社会联系，获得当地居民的信任和接受（杨金龙等，2021）。

（三）性格特质

传播者的性格特质也会影响人际传播。大五人格特质是心理学领域用来判断和区分个人性格特质的一种框架，这五种人格特质分别是：开放性（openness）、尽责性（conscientiousness）、外向性（extroversion）、宜人性/亲和性（agreeableness）和神经质（neuroticism）。开放性主要是针对智力和经验而言，开放性水平高的人偏爱抽象思维，想象力丰富，且兴趣广泛。尽责性主要包括能力、条理性、责任感、自律、审慎和追求成就几大维度。尽责性水平高的人，更容易对自己拥有的关系感到满意，更在乎自己的工作成就。外向性主要指一个人热心、合群、活跃、寻求刺激的程度。外向性水平高的人，更愿意参加社交活动，有更多的朋友，在他人看来更有魅力，更容易体验到正面情感，健谈，不容易经历沟通焦虑，说话语速也快。宜人性/亲和性主要包括信任、坦诚、利他、顺从、谦逊和同理性这几大维度。宜人性/亲和性水平高的人，会更频繁地参与正面谈话，在他人眼中更有魅力且常被他人选做朋友，对婚姻关系满意，在人际冲突中更能控制负面情绪。神经质主要反映个体体验消极情绪的倾向和情绪的不稳定性，包括焦虑、愤怒、抑郁、自我意识、冲动和脆弱性六大维度。神经质水平高的人经常有消极情绪，更容易抱怨，在人际冲突中更多使用回避和疏远的策略，难以适应父母角色，在婚姻关系中更容易出现问题（Daly，2011）。

（四）心理特质

传播者的心理特质也会影响人际传播。在人际传播研究中，研究者十分关注孤独、自尊、自恋、共情和自我监控等心理特质对人际传播的影响。目前的研究结果表明，孤独的人更缺乏社交能力，在人际传播中更少自我表露，更不善于表达情感，在人际交往方面更加消极，对他人的拒绝很敏感，更容易产生嫉妒情绪（Daly，2011）；自尊水平低的人不喜欢当众讲话，在人际传播中较为被动，更容易被他人说服；自恋的人在人际传播的初次见面情境中更受他人欢迎，更多谈到自己，更容易贬低他人；共情程度高的人对人际对话更加敏感，更容易为他人提供社会支持；自我监控程度高的人更注意自己和他人在社会互动中的行为举止，更开朗和健谈，更善于策略性的自我呈现。除了以上心理特质之外，诸如抑郁、幽默、利己主义等心理特质也会影响人际传播。

（五）认知特质

除了心理特质外，人际传播中的个体差异还体现在认知特质上。首先，个体在认知方面的差异，体现在认知的复杂程度上。认知复杂程度高的人，更善于识别他人的情感，解码非言语行为，整合信息，给他人提供质量更高的情感支持。早期关于劝服的研究结果也表明，权威主义和教条主义会影响人们如何对人际传播中的劝服信息做出反应。其次，个体在控制倾向上的差异（外在控制还是内在控制）也会影响人际传播。内在控制者更善于倾听，具有更高的社交技巧，更不容易在人际冲突情境里退缩；而外在控制者对于人际传播的态度更加消极，更容易产生负面情绪（Daly，2011）。

二、信息

从控制论的传统来理解，信息指的是传输过程中传递的信号。信号由信息发出者通过五种感官系统（听觉、视觉、触觉、嗅觉、味觉）进行编码，然后被接收者解码。人际传播的过程常常会涉及3～4种不同的信号。比如交谈时，除了语言、手势之外，我们的表情、穿着、走路的姿势，也都能传递出不同的信息。再比如你的微信朋友圈的背景，你和他人微信聊天时使用的表情包，都可以被看作人际传播中的信息。

与人际传播中涉及的其他要素相比，信息可能是最受关注的要素。为了与其他学科加以区别，传播学经常用“文本”一词来指代信息。文本不只包括狭义上的图书、报纸、网帖，还包括广告、电影、广播、对话等一切可供他人分析的信息记录。

在人际传播中，传播者通过构思、创造、制作、挑选和修改不同文本的内容和形式来完成信息的创造。人际传播中有很多理论关注信息的创造，比如建构主义理论、意义协调管理理论、人际影响理论等。这一类理论认为，传播者在信息生成过程中投入的精力以及进行的选择都隐含着信息创造者的动机和策略。我们会在后续的章节对此进行详细的介绍。

信息被创造后，还需要对其进行解读与阐释。传播学与语言学的差异之一就在于：语言本身不解释事件，人解释事件。对于信息的解读与阐释，永远不是只停留在字面意思上，而是取决于人类赋予那些人或事件的意义（Blumer，1980）。

信息中还有一类特殊的元信息，即关于信息的信息。元信息在人际传播中很常见，比如“你明白吗”“我说清楚了吗”“你说什么”“说实话”“是这么说的吗”等日常人际传播中常见的表述，都属于元信息。

三、反馈

在人际传播过程中，传播的双方都在随时交换表示反馈的信息。信息接收者的反馈可以告诉信息发出者，其发出的信息有没有被成功解码，在对方反馈的基础上，其可以进一步调整信息的内容和形式。同时，反馈也可能来自信息发出者自己，当信息发出者发送信息时，其也是自己信息的接收者，可以给自己提供自我反馈。在面对面沟通时，我们能够听到自己发出的声音以及语音语调，并随时调整；在进行基于文本的线上沟通时，我们能够看到自己输出的文本和表情，甚至可以进行删除和撤回操作；在进行视频沟通时，我们在看到对方的同时也能够看到自己的表情，并随时调整摄像头角度、光线，从而选择性地自我呈现。自我监控程度高的人，在公共场合会更频繁地监控自己的行为举止，实时提供自我反馈。关于脸书（Facebook）的研究表明，在社交媒体上收到他人的点赞可以提高自尊，从而带来更强烈的主观幸福感（Morengo et al.，2021）。

除了反馈信息之外，还有一种前馈信息（feedforward message），它主要指在发送主要信息之前发出的信息，目的是提示即将到来的主要信息。比如电影预告片、杂志封面、电子邮件的标题以及公开讲座前的介绍等。人际传播中常见的前馈信息包括：开展对话的信息，比如“好久不见了，你最近在忙什么”；或者为主要信息提供预览的信息，比如“我接下来要说的话可能会让你感到震惊”“请坐下，我需要和你严肃地谈一下离职的问题”等。

四、语境

人际传播需要语境。语境，可以被简单地理解为人际传播发生的环境。语境的存在有时候非常自然，就像背景音乐一样，容易被人们忽略；而在其他时候，语境就变得非常重要，甚至在人际传播中起到主导作用。比如，学生与老师在授课语境（教室）中或者生活语境（食堂）中见面，就需适用不同的人际传播目的和策略。传播语境可以分成以下四个维度：物理维度、时间维度、社会情境维度和文化维度。

（一）物理维度

传播语境的物理维度指的是传播发生的实际物理环境，比如会议室、卧室、走廊、餐厅等。空间的大小、温度以及容纳的人数等，都是传播语境物理维度的组成部分。物理维度会影响传播者、信息、噪声以及最终的传播效果。

（二）时间维度

传播语境的时间维度指的不仅是人际传播发生的某个时刻或者历史，还包括在系列事件或行为中各组成部分的顺序。同样是请求他人帮助，是在一天中的上午还是下午、饭前还是饭后、在给对方提供便利之后还是拒绝对方的请求之后，可能会产生不一样的人际传播效果。时间维度在线上交流中会起到更大的作用，比如同步（如即时聊天）和异步（如电子邮件沟通）通信方式对于反馈的及时性就有不同的要求和期待。

我们举一个例子来说明时间维度的重要性。孔子说过："侍于君子有三愆：言未及之而言，谓之躁；言及之而不言，谓之隐；未见颜色而言，谓之瞽。"（《论语·季氏第十六》）也就是说，侍奉在君子旁边陪他说话，要注意避免三种过失：还没有问到你的时候你就说话，这叫急躁；已经问到你的时候你却不说，这叫隐瞒；不看君子的脸色而贸然说话，这叫盲目。这个例子说明，人际传播特别重视时机，我们要掌握好时间维度对传播的影响，以达成和谐、有效的人际传播。

（三）社会情境维度

传播语境的社会情境维度包括传播者的社会分工、角色，社会以及群体规范等。服务业的从业者在面对客户或面对同事时，会采取不同的传播方式。在企业内部，领导与下属之间的沟通，在正式的工作场景和非正式的聚会中也会有所不同。不同的社交媒体在使用场景上的定位也有差异，比如脸书主要用于联系朋友，进行非正式的社交活动；而领英（LinkedIn）主要用于较为正式、专业的工作交流。社会情境维度其实对应着中国人所讲的"场合"，我们的日常生活中有“到什么山上唱什么歌”的说法，其实就是在强调社会情境维度的重要性。

（四）文化维度

传播语境的文化维度是指传播者的文化、信仰、传统和习俗。当面对来自不同文化背景的人时，我们会采用不同的传播方式。如果不了解对方的文化、习俗和传统，就可能在跨文化传播中造成误解。一个很简单的例子是，在中国文化中，“吃了吗”表示简单的问候，而对中国文化不了解的外国人第一次听到“吃了吗”的问候，可能会从字面意思去理解，甚至可能会觉得个人隐私、个人边界被侵犯。

生活中的人际传播

在跨文化的沟通情境中，文化作为语境往往会对人际传播产生深刻的影响。在一次国际合作会议上，中国企业代表李先生与美国合作方的项目经理杰克开展了一场讨论。双方的目标是确认项目进度和解决目前遇到的协调问题。然而，由于文化语境的不同，这次会议中发生了一些值得深思的沟通不畅问题。

李先生习惯于在会议中强调“团队共识”和“关系和谐”，因此在发言中更多地使用间接表达的方式，例如“或许我们可以考虑另一个方向”“这可能不是最佳方案”等委婉语。李先生希望通过这种方式给对方留有足够的思考空间，不至于显得咄咄逼人。而杰克更倾向于直接表达自己的观点，例如明确指出“我认为这个方案不可行，需要修改”“我们应当更快推进”等。杰克的直接让李先生感到了压力，而李先生的委婉表达让杰克认为对方缺乏明确的立场。

此外，李先生在谈判过程中非常注重细节和背景，例如引用双方此前的合作经历来说明当前计划的可行性；然而，杰克更关注目标和具体的解决方案，不太在意合作历史。这种文化语境的差异导致双方一度陷入沟通僵局：李先生觉得杰克不够重视“关系的延续性”，而杰克认为李先生“缺乏效率”。

最终，这次沟通之所以能够顺利进行，是因为双方都意识到了语境差异的存在。杰克在后半段沟通中尝试了更加间接的表达方式，比如用“我理解您的顾虑，但是否可以这样看”来避免对立情绪的产生；而李先生更加直截了当地提出了项目中需要解决的问题，例如“预算部分需要明确调整”。

上面这个案例清晰地展示了文化作为语境，如何影响人际传播的内容和形式。在高语境文化（如中国）中，人们倾向于通过背景和关系来理解信息；而在低语境文化（如美国）中，人们更强调明确的语言表达和目标导向。理解这些差异，有助于我们在跨文化沟通中更灵活地调整策略，扫除文化差异带来的沟通障碍，实现更加顺畅的合作。

五、渠道

渠道是指信息传播的介质，即媒介。在进行面对面的人际传播时，我们会同时使用听觉渠道（听与说）、视觉渠道（观察对方外表、举止和表情）和嗅觉渠道（闻气味），甚至还有触觉渠道（身体直接或者间接接触）。在线上进行人际沟通时，我们也会使用文字、图片、视频等不同类型的介质来进行传播。

渠道还可以被简化为传播的手段，比如面对面或者通过电话传播，以及通过电子邮件、即时通信软件、社交媒体传播。媒介丰富理论/信息丰富理论（media richness theory/information richness theory）认为，媒介在以下四个方面存在不同：（1）支持的信号系统数量（视觉、听觉）；（2）反馈的及时性（单一方向、双方向历时、双方向共时）；（3）使用自然语言的可能性（会议纪要、商务信函或非正式交谈）；（4）信息的定制化（在多大程度上信息是为某人定制的）（Daft & Lengel，1986）。这四个方面的差异最终体现在信息的多义性（模棱两可性）上。这一特性指的是信息在多大程度上可以有多种解释。为了达到传播的效率，越多义的信息，越需要丰富的媒介；反过来，如果不想提供多义的解释，就可以采用单一的媒介。

总结来说，渠道也可以对信息的生成施加限制。比如，虽然和面对面传播相比，电子邮件传播缺少了听觉渠道和即时反馈，但是在编写信息时，我们可以停下来字斟句酌，也不用担心干扰；而在面对面传播中，停顿并且生成信息的过程缩短了。这再一次说明，人们可以对各种渠道进行能动性改造，让有不同特征的媒介为人际传播服务。

六、噪声

对于噪声，最简单的理解不外乎将其等同于车辆发出的轰鸣声或者吵闹的音乐等。在广义上，噪声指的是一切可以影响或者阻碍信息传递的东西。噪声可以分成四大类：物理噪声、生理噪声、心理噪声以及语义噪声（DeVito，2022）。

物理噪声是指对物理信号或者信息传输的干扰。除了前面示例中的字面上的噪声外，物理噪声还包括各种物理形式的干扰，比如墨镜、无关的信息、难以辨认的字迹，甚至印刷模糊的字体、错字与语病等。这些物理形式的干扰都会或多或少地影响信息（言语和非言语信息）的传播。

生理噪声是指信息发出者和接收者生理层面上的障碍，比如视觉障碍、听觉障碍、发音障碍、记忆丧失等，也包括因脑部受损或身体其他部分受损而影响传播的生理障碍。

心理噪声是指信息发出者和接收者受到的心理干扰。先入为主的想法、封闭的思想甚至极端的情绪化，都可能在心理层面上对传播造成干扰。

语义噪声是指当信息发出者和接收者使用不同的意义系统时发生的干扰，比如语言或者方言上的差异，使用专业名词或者过于复杂的术语。语言表达上的歧义以及过于抽象的语言，都会造成沟通的障碍。常见的情况包括：在医患沟通中，医生使用专业的名词或术语，病人无法理解；金融或保险行业的从业者在与客户沟通时使用复杂的术语或行话，客户无法理解；等等。

任何形式的传播都有噪声。噪声虽然无法从根本上被消除，但是可以被降低。在人际传播中，传播者可以通过使用更精确的语言、对他人言语和非言语信息更敏锐的感知、更有技巧的倾听和反馈来提高人际传播的技能。

思考题

1. 在人际传播过程中，传播者的角色并非固定不变的，而是动态变化的。请举例说明传播者在面对面沟通和在线沟通中如何完成角色的转换，以及这种角色转换对传播效果带来了何种影响。

2. 人际传播中的信息既可以是显性的（如言语信息），也可以是隐性的（如非言语信息）。请分析在不同语境下，隐性信息如何影响人际传播的成败，并结合具体例子说明。

3. 传播语境可分为物理维度、时间维度、社会情境维度和文化维度。请分别举例说明每种语境如何影响人际传播，并讨论当多种语境因素交织时，对传播效果会产生什么样的影响。

4. 在人际传播中，反馈与前馈都是重要的信息形式。请比较反馈与前馈在不同传播情境中的作用差异，并分析为什么反馈信息能有效优化传播效果。

实践训练题

一家国际科技公司正在为一个新项目的启动召开跨国团队的视频会议。会议由中国项目经理李先生主持，参会成员包括来自美国的技术主管杰克、法国的设计师苏菲，以及印度的开发负责人阿卡什。会议目的是讨论项目目标、分工及时间安排。

李先生在开场白中强调了团队合作的重要性，并使用了一些抽象的表达，例如“我们需要创造一种和谐的协作氛围”“要注意不同文化之间的互相尊重”。但杰克更希望直接了解具体的任务安排和截止时间，因此在会议中不断直截了当地提出问题，比如：“我们什么时候开始开发?”“谁负责接口设计?”而苏菲更关心设计方向和资源分配，她在会议中数次插话并表达自己的观点。阿卡什因为不确定发言的时机，一直保持沉默，只在最后一刻简单回答了一些技术可行性的问题。在整个会议中，李先生尝试平衡各方意见，但由于缺乏足够的反馈，他无法确认每位成员是否真正理解了项目目标。此外，由于网络延迟和视频卡顿，部分信息没有得到及时传达，导致会议效果大打折扣。

1. 结合传播者（李先生和各团队成员）、信息（项目目标、任务分配等）、反馈（言语与非言语反馈）、语境（跨文化视频会议）和噪声（网络延迟、文化差异），对这次会议的传播过程进行全面分析。

2. 指出会议中哪些要素对沟通效果产生了负面影响，例如杰克对抽象表达的不适应、阿卡什的沉默等。

3. 基于以上分析，为优化传播过程提出建议，例如明确每个环节的发言顺序、增加文字补充说明、鼓励反馈等具体措施。

4. 总结在类似的跨文化沟通中，如何更有效地考虑和调整人际传播的各个要素，确保信息的准确传递和团队的高效协作。

要点小结

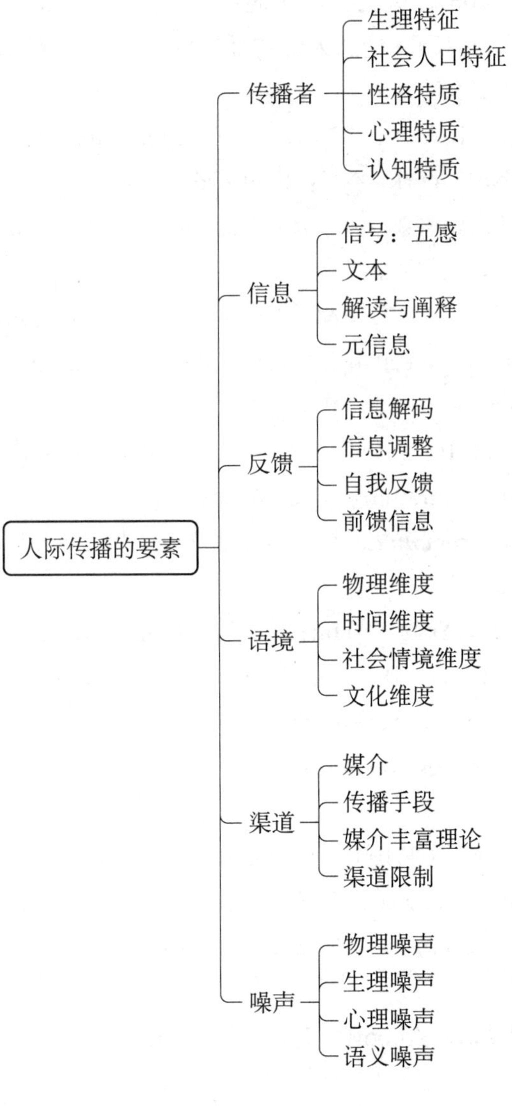

参考文献

阿德勒，普罗科特．(2015)．沟通的艺术：看入人里，看出人外：插图修订第14版（黄素菲，李恩，译)．北京：世界图书出版公司北京公司．

陈力丹．(2006)．试论人际传播．西南民族大学学报（人文社会科学版）(10)，191－197.

斯图尔特．(2017)．沟通之桥：人际传播经典读本：第10版（王怡红，陈方明，译)．北京：北京大学出版社．

胡春阳．(2016)．人际传播学：理论与能力．北京：北京师范大学出版社．

杨金龙，王振欣，陈新仁．(2021)．城市新移民的方言能力、方言态度与社会融入：以重庆为例．中国语言战略（2)，110－118.

王怡红（2003)．人与人的相遇：人际传播论．北京：人民出版社．

王怡红．(2015)．论"人际传播"的定名与定义问题．新闻与传播研究 22（7)，112－125.

Anderson，J. A.（1996）．*Communication theory*：*Epistemological foundations*. New York，NY：Guilford Press.

Baxter，L. A.（2004）．Relationships as dialogues. *Personal Relationships*，*11*（1），10－22.

Blumer，H.（1980）．Mead and Blumer：The convergent methodological perspectives of social behaviorism and symbolic interactionism. *American Sociological Review*，*45*，409－419.

Bochner，A. P.（1989）．Interpersonal communication. In E. Barnouw，G. Gerbner，W. Schramm，T. L. Worth，& L. Gross（Eds.），*International encyclopedia of communications*（pp. 336－340）．Oxford，UK：Oxford University Press.

Braithwaite，D. O.，Harris，T.，Ohl，J.，& Kauer，T.（2021）．Getting to know the discipline of communication. In B. W. Bach，D. O. Braithwaite，& S. Ganesh（Eds.），*By degrees*：*Resilience*，*relationships and success in communication graduate studies*. Solana Beach，CA：Cognella.

Burleson，B.（2010）．The nature of interpersonal communication：a message centered approach. In C. Berger，M. Roloff，& D. Roskos-Ewoldsen（Eds.），*The handbook of communication science*. Thousand Oaks，CA：Sage.

Buss，D. M.，Abbott，M.，Angleitner，A.，Asherian，A.，Biaggio，A.，Blanco-Villasenor，A.，... & Yang，K. S.（1990）. International preferences in selecting mates：A study of 37 cultures. *Journal of Cross-cultural Psychology*，*21*（1），5－47.

Canary，D. J.，Cody，M. J.，& Manusov，V. L.（2008）. *Interpersonal communication*：*A goals-based approach*. New York，NY：Macmillan.

Craig，R. T.（1999）. Communication theory as a field. *Communication Theory*，*9*（2），119－161.

Cronkhite，G.（1986）. On the focus，scope，and coherence of the study of human symbolic activity. *Quarterly Journal of Speech*，*72*，231－246.

Daft，R. L.，& Lengel，R. H.（1986）. Organizational information requirements，media richness and structural design. *Management Science*，*32*（5），554－571.

Daly，J. A.（2011）. Personality and interpersonal communication. In M. L. Knapp，& J. A. Daly（Eds.），*Handbook of interpersonal communication*（pp. 131－167）. Thousand Oaks，CA：Sage.

DeVito，J. A.（2022）. *The interpersonal communication book*（16th edition，global edition）. New York，NY：Pearson.

Giffin，K.，& Patton，B. R.（1971）. *Fundamentals of interpersonal communication*. New York，NY：Harper & Row.

Giles，H.，& Rakić，T.（2014）. Language attitudes：Social determinants and consequences of language variation. In T. M. Holtgraves（Ed.），*The Oxford handbook of language and social psychology*（pp. 11－26）. New York，NY：Oxford University Press.

Hartley，P.（1999）. *Interpersonal communication*. London，UK：Routledge.

Hewes，D.（1995）Cognitive interpersonal communication research：Some thoughts on criteria. In B. Burleson（Ed.），*Communication yearbook* 18. Thousand Oaks，CA：Sage.

Mayeux，L.，& Cillessen，A.（2008）. It's not just being popular，it's knowing it，too：The role of self-perceptions of status in the associations between peer status and aggression. *Social Development*，*17*，871－888.

Marengo，D.，Montag，C.，Sindermann，C.，Elhai，J. D.，& Settanni，M.（2021）. Examining the links between active Facebook use，received likes，self-esteem and happiness：A study using objective social media data. *Telematics and Informatics*，*58*，101523.

Miller，G. R.（1966）. On defining communication：Another stab. *Journal of Communication*，*16*，164－178.

Nussbaum, J. F. (2007). Life span communication and quality of life. *Journal of Communication*, *57*, 1 - 7.

Ogden, C. K., & Richards, I. A. (1923). *The meaning of meaning*: *A study of the influence of thought and of the science of symbolism*. New York, NY: Harcourt, Brace & World.

Priem, J. S., & Solomon, D. H. (2009). Comforting apprehensive communicators: The effects of reappraisal and distraction on cortisol levels among students in a public speaking class. *Communication Quarterly*, *57* (3), 259 - 281.

Watzlawick, P., Beavin, J. H., & Jackson, D. D. (1967). *Pragmatics of human communication*: *A study of interactional patterns*, *pathologies*, *and paradoxes*. New York, NY: Norton.

Westmyer, S. A., Dicioccio, R. L., Rubin, R. B. (1998) Appropriateness and effectiveness of communication channels in competent interpersonal communication, *Journal of Communication*, *48*, 27 - 48.

第二章
人际传播研究的范式与历史

本章聚焦于人际传播研究的发展历程和元理论背景，帮助读者理解这一学科的理论根基和研究方向。人际传播作为一门研究个体间信息交流和关系构建的学科，随着社会的变迁与技术的进步，不断演化出新的研究范式和理论体系。本章旨在通过梳理人际传播研究的历史脉络和主要取向，引导读者理解该领域核心思想的发展过程，并为后续的理论学习奠定基础。

第一节主要介绍人际传播的元理论与范式。元理论部分为人际传播研究提供了一个哲学和方法论的框架，不仅涉及对人际传播的基本假设和本质问题的思考，还探索了研究中使用的不同方法论路径。通过探讨客观经验式的、诠释经验式的以及批判式的不同研究范式的特点，读者可以了解研究者们在不同历史阶段如何看待人际传播的过程和意义，对元理论的讨论也为读者理解具体的理论模型提供了思维框架和评判标准。

第二节详细回顾了人际传播研究的发展历史。这一部分带领读者追溯从20世纪初至今，人际传播研究如何从早期的演讲和修辞学逐步发展为现代社会科学中的一个独立研究领域。随着传播媒介的多样化、跨文化交流的增加以及信息社会的到来，人际传播研究逐渐从单纯的言语交流扩展到非言语行为、象征互动、关系构建等多维度的研究范畴。

通过本章的内容，读者不仅可以了解人际传播学科是如何随着社会需求的变化而发展壮大的，还能够领悟到不同研究取向如何影响了该领域的理论构建和实践应用。这为理解后续章节中具体的人际传播理论提供了背景知识和历史视角，同时启发读者对未来人际传播研究的可能发展方向进行思考。

第一节 人际传播的元理论

每天学点人际传播

在一次高校的研讨会上，来自不同学科的专家们围绕“人际沟通如何促进多学科合作”的话题展开讨论。语言学教授张老师从符号学的角度指出：“沟通的核心在于符号的运用和意义的建构。我们需要关注人们如何通过言语和非言语符号传递信息。”社会学专家李教授则补充道：“不仅如此，传播中的社会关系和互动背景也不可忽视，比如权力关系和文化差异如何影响信息的流动。”心理学研究者王博士进一步指出：“人际传播还是一种心理互动的过程，信息传递背后往往包含着情感、动机等心理因素。”三位专家从各自的学科视角出发，虽然讨论的切入点不同，却不约而同地展现了人际传播的多维性和复杂性。这种多视角的交流，其实正体现了人际传播元理论的实践。元理论为我们提供了不同的研究范式，比如象征互动论、社会关系论和心理过程论等，能够帮助我们在复杂的传播现象中找到逻辑框架。

在日常生活中，我们总会面临各种各样的人际传播挑战，比如与家人商量假期安排、与同事讨论项目分工，或者在社交场合与新朋友建立联系。这些交流看似简单，背后却隐藏着复杂的理论框架。人际传播不仅仅是信息的交换，更涉及如何传递、接收、解读信息，以及如何在这一过程中调节关系、实现目标。这一切都离不开对人际传播元理论的理解。元理论为我们提供了一种哲学和方法论的视角，可以帮助我们从更宏观的层面认识人际传播的本质和内在规律。无论是人际传播的符号学视角，还是它在社会互动中的角色，元理论都为深入研究和实践提供了不可或缺的框架与工具。通过对元理论的学习，我们可以更有意识地优化自己的传播策略，从而在复杂的人际互动中游刃有余。

一、什么是理论

纵观世界范围内的高等教育体系，在各个学科或专业的学习过程中，我们至少会学习一门被冠以某某理论的课程，传播学也不例外。为什么理论学习如此重要？这是因为理论是我们系统性地学习知识的基础。当然，并不是所有的知识获取都需要理论学习，我们通过个人观察和经验总结，也可以形成对于自己、他人、集体、社会的认识。但是理论无疑可以帮助我们更系统地对经验与知识进行归纳和总结，使得我们可以在前人的基础上继续推进对现象的认识和了解。

在学习具体的人际传播理论之前，我们需要对理论下个定义。不同形式的理论定义，反映了学者或者学术流派对学术研究价值的判断。比如，理论可以被定义为为了解释某个现象，按照一定范围所抽象出来的，由一系列概念组成的体系（Baxter & Babbie，2004）。此外，理论也可以是人类建构的，其反映了学者们如何思考和分类观察，以理解事物是如何运作的（Littlejohn et al.，2017）。再如，还有学者认为在不同的理论中，“核心概念和原则被部署为敏感装置，将研究人员的注意力引向某些特定的现象和过程，并提出分析性问题以征询数据”（Turner，1986）。虽然各个范式对于理论的定义有不同的侧重点，但总的来说，理论具有以下特征：

首先，理论是抽象的。要做到对现象和经验进行系统性的归纳与概括，理论就不能不抽象。但抽象并不意味着理论高高在上，在日常生活中找不到对应的事物，每个理论都有对应的现象、适用的情景和关注的重点。相应地，每个理论也有自己的适用范围。

其次，理论是建构的。理论是由人类创造的，反映的是人类观察世界的不同方式。一个理论是对现实的一种反映，如果有多个理论，就会有多种不同的对现实的反映。举例来说，人际关系的建立，既可以用社会交换理论来解释，也可以用不确定性厌恶来解释。理论可以被看作观察现象的“滤镜”，使用不同的理论“滤镜”，可以观察到不一样的世界。

再次，理论是规范的。理论的规范性指的是理论的建构必须遵守既定的、规范的程序。在日常生活中，我们有时也会形成关于某人、某物、某事的“理论”，但这种“理论”或多或少会存在缺陷，比如观察的偶然性、观察者的主观性等因素都会造成结论的不准确。所以，理论的建构必须遵守一套学术共同体所接受的、约定俗成的方式。当然，不同范式和流派对于理论应该如何被建构可能存在争议。

最后，理论与实践紧密相连。理论与实践之间的关系，可以简单地用一句话概括——理论指导实践，实践检验真知。理论建构的最终目的是理解事物，理论建构的结果可以帮助我们以更全面和更深入的方式实践；实践的目的和结果，则可以帮助我们修正和改善认识，即理论。

二、人际传播理论的范式和元理论

范式是一种学术共同体公认的思维方式，元理论是研究者们用来思考和讨论研究中的重要现象与共识的话语。范式这个词语更多属于哲学范畴，不同的范式在哲学层面上体现为本体论、认识论和价值论三个方面的差异；而元理论，顾名思义，就是关于理论的理论，更加强调理论是话语的本质。范式和元理论有很多重叠的部分，在本教材中，我们不对这两个词语进行区分，因为无论采取哪一种说法，对应到人际传播理论和研究中，实际指的都是理论背后的思维方式，即不同的理论或不同的学者到底如何看待人际传播。了解范式的特点，理解理论背后的元理论，有助于我们辨析人际传播各个理论的范式，也有助于我们采用更公正、更合适的标准对理论进行评价。人际传播理论可以被分为以下三类：客观经验主义范式的、诠释经验主义范式的以及批判范式的。

（一）客观经验主义范式的人际传播理论

客观经验主义范式主要起源于实证主义（positivism）的哲学思想。法国哲学家孔德（Auguste Comte）在 19 世纪中期提出了实证主义，他所说的实证主要指事物具有的六项特质：真实的、有用的、确定的、正确的、有机的和相对的。实证主义的中心论点是：存在一种客观的现实，可以通过观察、感觉和经验的总结，而被发现和认识。我们需要把孔德的实证主义与英国的经验主义做一区分：经验主义主要强调观察和经验的收集，但不重视观察和经验背后的本质或者抽象的理论；实证主义则更加重视运用思辨的逻辑揭示事物运行的普遍规律，并且对未来进行预测（孔德，1996）。

客观经验主义范式研究的目的在于对各种变量之间的关系进行预言，提供概括性的、通则式的因果解释或者功能解释（巴克斯特，布雷思韦特，2010）。因果解释是指理论能够为变量之间的因果关系提供解释，比如因为情况不确定，所以人们需要收集更多信息；功能解释是指将行为与目标联系起来，采取某种行动是为了实现某种功能，并且某个功能的实现依赖于系统内其他部分发挥作用。

虽然研究者的个人特征、文化背景都可能影响研究的关注点，但客观经验主义认为，存在一个所谓的大多数人都能接受的共同基础，并且在这一共同基础之上，研究者采取客观和公正的立场，发展出价值中立的理论。客观经验主义范式理论应该包含通则式的、规律式的陈述，这些陈述通常关于变量和构想之间的因果关系或者功能关系，以及这些陈述能适用或者成立的情境，或者说边界条件。常见的客观经验主义范式理论陈述，会采取“随着 A 变量增加，B 变量增加/减少（这一关系一般在 C 变量取某值的时候成立）”的形式。

考虑到以上特点，我们在对客观经验主义范式理论进行评价时，应该采用如下的标准：解释力、精确性、可检验（可被证伪性）、逻辑自洽、自成体系、简约以及适用范围明确。

我们用人际传播中的不确定性减少理论对以上评价标准做一说明（详情请见第五章第一节）。不确定性减少理论是人际传播理论中最贴近客观经验主义范式的理论，该理论是在信息论和归因理论的基础上发展而来的，核心内容是人际传播中的不确定性。该理论指出，人类对不确定性有天然的厌恶，在人际交往时，会首先考虑减少对交流对象个人和行为的不确定性，同时增加可预测性。

按照以上标准来评价，不确定性减少理论具有较强的解释力。该理论对人际传播过程中，尤其是初次接触情况下的不确定性作为驱动力做出了很好的解释，这种解释也建立了该理论明确的适用范围和关注的现象。该理论将不确定性和关系发展的八个核心变量（比如言语与非言语沟通、信息搜索、自我表露、喜欢等）之间的关系通过公理的形式加以描述，这种关于变量关系的描述精确、可被证伪、逻辑自洽、简约且自成体系。

（二）诠释经验主义范式的人际传播理论

诠释经验主义范式的研究也属于实证研究，但是和客观经验主义相比，诠释经验主义更加强调人的主观性，把人的主观理解作为研究的重点。从这一视角来看，不存在绝对的客观实在，所有的客观实在都来自人的经验和感知。诠释经验主义的这一看法，就与客观经验主义存在本质的不同。诠释经验主义认为，一切客体都需要经过人的诠释才能成为人类的经验和知识，这种诠释针对以下两种材料：一种是文本，一种是人（的行为）。对于文本的诠释，更多属于文学批评领域；对于人以及人的行为的诠释，则是社会研究的重点。从诠释经验主义的视角来看，社会领域是根据个人和集体的主观地位与角色而建构的，社会研究的主要目标是理解并参与研究对象的世界与日常生活体验，不是用社会规则和标准去衡量，而是从当事人的角度，理解其为什么会做出特定的行为，以及这种行为或者这种社会现实对其意味着什么。相较于客观经验主义范式通则式的解释，诠释经验主义范式更在意个案式的解释。采取诠释经验主义范式的研究者更重视个体的视角或体验，即研究的“本土观”（native's point of view）（Braithwaite et al.，2014）。

诠释经验主义范式研究更重视研究的语境或者特定的情境。诠释经验主义范式理论一般致力于解释局部的意义，抑或是在规则控制之下解释意义的生成。这一范式的理论，通常包含一种全新的观察视角，这种视角一般来自本土化和情境化的观察，可以启发研究者与他人对社会建构产生新的认识。和客观经验主义范式强调理论推导以及推广演绎式的研究不同，诠释经验主义范式的研究一般是归纳式的——通过观察，自下而上地形成，经过发展，成为理论。和客观经验主义范式研究相比，诠释经验主义范式研究的目标不是在特定的情境下去检验理论的解释力和预测力，而是让理论与本土经验中涌现的观察和解释进行对话（Braithwaite et al.，2014）。

在对诠释经验主义范式研究或者理论建构进行评价时，也应该参考这一研究范式的特点，采用诸如理论建构的视角新颖性、对研究者价值取向说明的充分性、美学吸引力、群体认同以及逻辑和体系的自洽性等标准。

对于诠释经验主义范式理论的评价标准，我们可以用关系辩证法理论加以说明。关系辩证法理论解释了人际关系中的双方如何通过对抗性的话语张力来生成意义（详情请见第九章第一节）。该理论认为，人际关系是不明确的持续的流动过程，这一过程中充满了多种辩证（矛盾），既有关系内部的，也有关系外部的，包含关于整合与分离的辩证、稳定与变化的辩证以及表达与非表达的辩证。按照诠释经验主义范式研究的评价标准，这一理论提供了一种全新的理解亲密关系的视角与方法；建构过程中也对研究者的价值取向持续地加以说明，即鼓励人们积极探讨与他人的关系；辩证法式的说明不仅对混乱的人际关系进行了精简的概括，同时也受到了来自人际传播领域其他学者的高度肯定。

（三）批判范式的人际传播理论

批判范式研究与客观经验主义范式和诠释经验主义范式研究最大的区别在于其批判的前提与目的，即不站在肯定现状、服务现状的立场，而是站在被压迫或者被剥削阶级的立场，否认现有社会建构的合理性。批判范式的学者认为，理论研究者不可能真正做到超然独立，他必须要服务于一定的群体，在研究上采取整体的、历史的方法，把研究对象置于集体的历史语境和社会现实中加以批判，而不是寻找一种放之四海而皆准的结论。

狭义的批判范式研究专指德国法兰克福学派的理论，该学派的学者认为，客观经验主义推崇的实证研究方法以及实用主义的效果测量产生于资产阶级的意识形态，是资产阶级维护其统治的工具。和客观经验主义范式理论不同，批判范式理论的有效性不能通过即时的效果去衡量，而是要看这一理论到底是否起到了解放的作用。甚至可以说，只有批判范式理论最终实现了解放的效果，人们才能真正认识和评价该理论的意义。

除了狭义的法兰克福学派的批判范式理论之外，20 世纪后期兴起的政治经济学派、文化研究学派、后现代主义、女性主义、酷儿理论等都可以被视为广义的批判范式研究。虽然关注的社会建构不同，但批判范式理论的基本立场都是对当代资本主义社会的现象进行批判。广义的批判范式研究认为身份和话语都是被社会建构的，身份建构和话语服务于特殊的利益群体，批判研究的目的就是依靠直觉或者意识形态的力量，找到这种话语中的压迫性，或者说话语背后被压制的声音。批判范式研究鉴别先验的社会结构和意识形态，比如说父权制或者资产阶级的意识形态，聚焦于此类意识形态如何通过话语来影响个人的身份认同，并提出具有行动主义特征的社会变革议程（Braithwaite et al.，2014）。

与实证研究相比，批判范式研究缺乏系统的研究程序，所以很难对批判范式理论产生系统化的评价标准，更多依赖学术共同体以及大众对其的主观评价。不管是广义的还是狭义的批判范式理论，我们都可以通过其是否能够指导社会变革、将被压迫和被剥夺权利的团体从意识形态中解放出来这一标准来做出评价。

我们以人际传播中的女性主义研究为例来说明批判范式理论的评价标准。女性主义学者桑德拉·哈丁（Sandra Harding）与茱莉娅·伍德（Julia Wood）提倡采用立场理论来看待人际传播中的两性关系。按照立场理论，她们认为，研究针对女性的家庭暴力、性骚扰以及社会交往中的压迫与歧视，比起人际传播中一些既有的研究话题，例如性别语言、爱情法则之类的，要更为紧迫与必要。比起简单粗暴地将男性与女性在人际传播中的差异（如男性的任务导向、女性的关系导向）归因于生物性的差异，女性主义研究者认为，这种两性差异是社会、文化、传统对于性别的不同期待造成的。男性与女性在人际传播实践中的感受和体验不同，这种不同一方面反映了社会对于两种性别的不同期待，另一方面也反映了这种期待如何影响个人看待自己、看待他人、看待自己与他人的传播实践。男性利用对话达成任务，证明自己，获得权力；女性利用对话建立关系，包容他人。女性主义的立场理论为我们理解人际传播中的性别差异提供了批判性的视角，向我们揭示了两性关系中的不平等。

了解理论和研究范式的目的之一，就在于这能帮助我们使用合适的评价标准对理论和研究进行评价与运用。判断理论或研究的范式，可以帮助我们更好地理解理论和研究的意义。每一种范式都有其优点，同时也有其局限性。对来自不同范式的理论进行评价时，一定要参考其范式的特点，如果采用其他范式的评价标准对理论进行评价，就无法得到有建设性意义的评价。举例来说，如果采用批判范式研究的评价标准，去评价客观经验主义范式研究缺乏批判性，就属于无效的评价。很多理论在建构和发展的过程中，不会明确地说明其研究范式，范式的影响是渗透在理论的建构与发展过程当中的。为了使读者更好地理解书中所介绍理论的特征和适用范围，本教材在介绍具体理论的过程中会明确地说明每个理论所属的范式。

思考题

1. 什么是理论？学习理论的目的是什么？

2. 客观经验主义范式的理论有什么特点？请以本教材中介绍的理论为例，按照客观经验主义范式理论的评价标准，对其进行分析和评价。

3. 诠释经验主义范式的理论有什么特点？请以本教材中介绍的理论为例，按照诠释经验主义范式理论的评价标准，对其进行分析和评价。

4. 批判范式的理论有什么特点？请以本教材中介绍的理论为例，按照批判范式理论的评价标准，对其进行分析和评价。

5. 请尝试针对同样的社会现象，分别用客观经验主义范式、诠释经验主义范式和批判范式的视角与方法，进行三种不同的分析。

要点小结

- 人际传播的元理论
  - 元理论：关于理论的理论
  - 什么是理论
    - 抽象性
    - 建构性
    - 规范性
    - 联系实践
  - 人际传播理论的范式和元理论
    - 客观经验主义范式
      - 解释力
      - 精确性
      - 可检验
      - 逻辑自洽
      - 自成体系
      - 简约
      - 适用范围明确
    - 诠释经验主义范式
      - 视角新颖
      - 对研究者价值取向的充分说明
      - 美学吸引力
      - 群体认同
      - 逻辑和体系的自洽
    - 批判范式
      - 指导社会变革
      - 解放意识形态
  - 理论评价与运用
    - 评价标准与范式的关系
    - 理论的局限性
    - 理论范式说明的重要性

第二节　人际传播研究的历史

每天学点人际传播

一个家庭在享用晚餐时，父亲和儿子之间发生了这样的对话：

父亲：我今天工作很累，你能不能自己整理一下房间？

儿子：我刚刚放学也很累，明天再收拾吧。

父亲：你总是拖延，不能每次都这样。

从**线性传播模型**的角度来看，父亲的话语可被视为一种信息的传递，他直接向儿子传达了一个明确的任务：整理房间。儿子则回答说自己很累，希望明天再做。在这个模型中，沟通的核心是信息从父亲传递到儿子，儿子的回应被看作对父亲信息“接收”的“回应”。然而，这种模型过于简化，它忽略了背后可能的情感互动和双方的心理动态，只关注了信息是否完成了传递。

与之相比，**互动传播理论**则进一步关注到这一过程中双方的反馈。在这个理论的视角下，父亲和儿子之间的交流不再是单向的，而是双向互动的。在父亲提出要求后，儿子通过“我累”来反馈自己的情绪和需求。父亲的回答（“你总是拖延，不能每次都这样”）又是对儿子反馈的反应，这种互动不仅是信息的传递，更是情感和认知的交换。父亲可能并没有意识到，儿子的“拖延”并非单纯的懒惰，而可能是因为儿子觉得责任沉重或期望未能达成。儿子的情绪也在反馈中起到了至关重要的作用。这种互动中的反馈能帮助双方理解彼此的立场。

最后，**建构主义理论**提供了一个更深层次的分析视角。在这一理论框架中，沟通不仅仅是信息和反馈的交换，也是双方共同建构意义的过程。父亲的要求不只是一个任务指令，还承载了对儿子责任感的期待；而儿子回应“我累”并不是简单的借口，而是对父亲期待的反应——一种对责任的抵抗或情感上的表达。从这个角度看，这段对话不仅仅是在讨论家务问题，更是关于家庭角色、责任和义务的共同协商。父子之间的沟通在建构一种关于责任和义务的意义框架时，可能会产生冲突和不同的理解，影响他们对家庭角色的认同和情感交流。

通过上述三种理论的分析，我们看到同样的家庭对话可以从多个角度进行解读。每种理论都从不同的层次揭示了人际传播的复杂性：从信息的传递，到反馈的互动，再到意义的建构。这些理论为我们提供了全面的框架，让我们能够更直观地感受到理论发展的过程及其对认识的影响。

人际传播随着人类社会的形成而诞生。在广义的层面上，很多学者都认同人际传播研究的历史可以追溯到古希腊时期。但实际上，在古罗马、古代中国以及其他古代文明的历史中，也都有对人际沟通与传播重要性的表述（Blake，2009）。与传播研究关注的其他问题相比，人际传播带有明显的实用主义色彩，最早的研究都与修辞和说服有关。古希腊时期，亚里士多德（又译亚理斯多德）在《修辞学》中将修辞确立为哲学的三个关键要素之一（其余两个为逻辑与辩证）。亚里士多德重视修辞与公共传播，在《修辞学》中详细阐释了如何通过道德诉求（ethos）、理性诉求（logos）以及感性诉求（pathos）说服他人（亚理斯多德，2006）。传播，尤其是人际传播，既是科学，也是艺术（Braithwaite et al.，2014）。亚里士多德对于修辞的系统论述影响深远，当今许多美国的高等院校在公共演讲课程中，还会采用《修辞学》中的论述来教授公共演讲的技巧。

一、20世纪早期的人际传播研究

现代人际传播知识的起源可以追溯到芝加哥学派，以及当时在美国的一些高等院校开设的言语传播与公共演讲课程。在20世纪早期，高等院校中还没有真正意义上的传播学系，但英语系（文学系）或者戏剧系会开设诸如公共演讲、辩论和说服类的课程，这一类课程通常被统称为“言语”（speech）（Braithwaite et al.，2014）。英语系和戏剧系的特点，使受人文主义熏陶的学者认为应该从人文主义的角度对言语和言语活动进行研究，这一传统后来发展为修辞学与修辞（rhetoric）研究。但随着社会科学其他学科的发展，有学者提出应该采用社会科学范式来研究言语，他们后来组建了与英语系和戏剧系相分离的言语传播系（speech communication）。在言语传播系的基础上，又发展出了大众传播与人际传播，以及后来的针对人际传播中各种常见的内容与主题的研究。

虽然当时还没有系统性的传播学研究，但是社会学家已经开始关注到社会互动，比如格奥尔格·齐美尔（Georg Simmel，又译西美尔）对互惠行为的论述以及对社会互动形式中的交换、冲突、支配和社交的划分等（西美尔，2000）。在研究社会交往时，个人与他人和社会的关系自然就成了一个重要的研究议题。象征互动论认为，自我源于个人与重要他人之间的互动，这一对后来人际传播研究产生深远影响的理论，在20世纪30年代得以建构（Mead，1934）。同时，与传播学对语言和符号的使用联系非常紧密的语言学，尤其是语义学、句法学以及语用学，也都在这一时期萌芽，比如语言学家费尔迪南·德·索绪尔（Ferdinand de Saussure）提出的生成语法（1921/1980），以及对符号和语义研究影响深远的语义三角（Ogden & Richards，1923）。此外，来自心理学领域的发展和学习理论，也涉及儿童的社会化学习过程（Piaget，1926），这为后来的研究确定人际互动的类型和角色扮演的重要性奠定了基础。

二、20世纪中期的人际传播研究

（一）20世纪50年代

第二次世界大战之后，社会心理学领域的学者开始关注劝服效果以及对权威的服从，虽然此类研究是关于大众传播效果的，但社会心理学更侧重个体层面上的说服的心理机制，以及人际传播影响的过程。比如弗里茨·海德（Fritz Heider）关于归因理论的研究，后来成为人际传播研究中重要的基础和研究领域。查尔斯·霍夫兰（Charles Hovland）使用社会科学方法研究了态度变化、信源可信度、恐惧诉求等，这也对后来的言语传播学者产生了深刻的影响，推动了客观经验主义范式及其研究方法的发展与普及。同一时期，莱昂·费斯廷格（Leon Festinger）开展了对认知不协调理论的建构，并为验证该理论进行了一系列实证研究，这对人际传播研究方法产生了影响。西奥多·纽科姆（Theodore Newcomb）提出了共同导向（co-orientation）模型，和之前研究采用的个体导向的思路不同，这一模型采取的是双方和共同的关系导向，也激发了态度理论和组织传播中的理论建构。

20 世纪 50 年代，雷·伯德威斯特尔（Ray Birdwhistell）探索了社会互动过程（Birdwhistell，1955），开辟了专门研究象征性身体动作的人体运动学（Kinesics）研究领域。人类学家爱德华·T. 霍尔（Edward T. Hall）针对传播的时间和空间这两大方面开展了一系列研究，话题跨越人类学、跨文化传播与非言语传播（Hall，1963）。比如，他提出了高语境文化与低语境文化的区分，并撰写了几部关于处理跨文化传播问题的实用著作，这为后来的跨文化传播研究奠定了基础。此外，他还对传播中的身体运动、姿势、空间以及时间进行了细致的研究，提出了单一时间（monochronic）与多元时间（polychronic）的区分。在 20 世纪 60 年代，霍尔又发表了有关空间邻位学（proxemics，又译人际距离学）的理论，探讨人类对空间的利用（比如个人空间和公共空间的区分）以及不同文化在空间区隔上的差异。这一系列研究也为非言语传播研究奠定了基础。

同一时期，社会学家欧文·戈夫曼（Erving Goffman）出版了《日常生活中的自我呈现》（*The Presentation of Self in Everyday Life*），将人们在社会互动中采取的行为以及展现自我的方式与戏剧表演结合起来，激发了来自社会科学领域的学者对社会互动与人际传播的研究兴趣，对后来人际传播的理论建构和研究方向产生了深远的影响。此外，戈夫曼还在 1950—1969 年发表了一系列关于面对面行为互动仪式的论文，他将面子与面子工作看作一种社会建构，认为其代表着个人与他人交往时所持有的积极的自我形象。这也启发了社会语言学家在 20 世纪 80 年代开展礼貌理论（politeness theory）建构（Brown & Levinson，1987），以及华裔传播学者丁允珠（Stella Ting-Toomey）在跨文化传播领域开展面子协商理论（face negotiation theory）（Ting-Toomey，1988）建构。

在精神病学领域，一方面由于成人精神分裂症部分由童年和青春期人际关系导致，另一方面由于精神病学家会采取谈话和对话分析的方式开展对精神分裂和其他神经官能症患者的研究，因此精神病学领域的相关研究就自然地关注到了人际传播、社会互动的过程。精神病学家约尔根·鲁伊奇（Jurgen Ruesch）与人类学家格雷戈里·贝特森（Gregory Bateson）首次提出了人类传播的“元传播”以及关系传播等说法（Ruesch & Bateson，1951），贝特森和帕洛阿尔托学派后来也被称为“互动论传播学派”，鲁伊奇也在其他专著中首次提出了“非言语传播”（Ruesch & Kees，1956）。

卡尔·罗杰斯（Carl Rogers）在这一时期发表了关于客户中心治疗的观点，在人际传播领域开启了后续几十年对以人为中心（person-centered）的沟通与对话的研究。乔治·凯利（George Kelly）提出了个人建构理论，为美国建构主义的发展奠定了基础。社会心理学家约翰·弗伦奇（John French）和伯特伦·雷文（Bertram Raven）在1959年创建了人际权力模型，提出了五种权力来源，包括惩罚权、奖励权、合法授权、专家权威以及参照榜样，在后续的修订中，又加入了信息权力。这一模型为劝服策略和人际影响研究提供了理论基础。乔治·霍曼斯（George Homans）于1958年发表了一篇名为《作为交换的社会行为》（“Social Behavior as Exchange”）的基础性文章，开启了社会科学领域关于社会交换理论的学术运动，该理论对人际传播研究也产生了重大的影响。

（二）20世纪60年代

20世纪60年代，美国各地广泛兴起了民权运动（非裔美国人民权运动）以及妇女解放运动，人们开始关注个人意识和自我的发展与价值实现。反抗社会的墨守成规的年轻人，大多对政府限制公民权利持批评态度，对大众媒体对个人的操纵产生了厌恶；学术界也涌现了大量对传统大众传播、公共传播的批判，在学生中产生了一种倾向，即渴望了解如何与熟人、好友以及浪漫伴侣进行有效沟通。原本研究和学习社会心理学或社会学的学者，都意识到了传播对社会学和心理学研究的重要性，从而转向对传播过程的研究和学习。由于这一转向，社会科学研究方法以及后实证主义范式开始主导传播学研究，来自心理学和社会学传统的研究者，尤其侧重于对传播行为的认知研究。

瓦茨拉维克等人在1967年出版的《人类传播语用学》（*Pragmatics of Human Communication*），以控制论为基础，聚焦家庭内部的沟通与传播，提出了“互动观点”中的五个基本公理，例如传播必须包含内容和关系两个维度、人不能不传播等，都深深影响了后续研究者考察人类互动的方式。瓦茨拉维克的理论与既有研究相比，最大的不同点就在于其聚焦家庭，尤其关注家庭中的个体，除了研究正常的家庭传播之外，还研究紊乱（disturbed）的家庭，提出个人与他人的互动是由特定的人际环境、个人与他人的关系所塑造的。

迪安·巴恩伦德（Dean Barnlund）在1967年提出的人际传播的交流沟通模式（transactional model of communication），也受到了瓦茨拉维克观点的影响。巴恩伦德提出，在人际传播中，信息不是单一地从发出者传送到接收者的，信息的发出与接收同步进行，交流沟通模式包含公共、私人以及行为等诸多层次和反馈系统，人际传播的效果会受到传播过程中多种因素的影响。

同一时期，约翰·鲍尔比（John Bowlby）发表了关于人类依恋关系的开创性著作。杰拉尔德·马韦尔（Gerald Marwell）和戴维·施密特（David Schimidt）确定了16种常见的获取合作（compliance gaining）的策略，比如如何通过人际影响劝服别人，也启发了后来的学者一直从事与这个主题相关的研究。随着人际传播中透明度（transparency）概念的提出，西德尼·朱拉德（Sidney Jourard）开启了关于自我表露的研究和理论传统，自我表露也成为后续人际传播研究的一大重点领域，对自我表露的研究一直延续至今。

三、20世纪后期的人际传播研究

（一）20世纪70年代

整个20世纪70年代的社会科学研究，都受到了哲学领域思潮的影响，比如托马斯·库恩（Thomas Kuhn）具有里程碑意义的《科学革命的结构》（*The Structure of Scientific Revolution*），就对这一时期的社会科学研究产生了重大的影响。理查德·拉尼根（Richard Lanigan）将现象学引入了传播学研究中，这后来也演变为传播哲学的研究领域。贝特森发表了具有里程碑意义的论文《通往心智生态的步骤》（"Steps to an Ecology of Mind"），为几十年来关于人际关系的系统和社会方法的研究提供了基础。

这一时期产生了人际传播研究中重要的几大理论，包括社会渗透理论（Altman & Taylor，1973）、不确定性减少理论（Berger & Calabrese，1975）、意义协调管理理论（Pearce，1976）、社会互动与社会交往（Knapp，1978）、建构主义与以人为本的传播理论（Delia，1977）、传播适应理论（Giles，1973）等。虽然以上理论都采用了客观经验主义范式，但是与其他更加强调文化、传统、社会建构对个人影响的理论相比，此类理论关注的是个人层面的心理规则与特质，其研究重点也深深受到了20世纪60年代个人主义思潮的影响。

除了理论的发展之外，20世纪70年代人际传播研究的发展还体现在以下方面：言语传播与人际传播课程在美国大学中广泛开设，人际传播学者出版了一系列教材，国际传播学会在这一时期设立了人际传播分部，美国言语传播协会也设立了人际传播与小群体互动研究小组（Interpersonal and Small Group Interaction Division），且该小组很快成为该协会最大的分支机构之一。高等院校将言语系改名为言语传播系，后来又改为传播系。美国言语传播协会更名为美国国家传播学会（National Communication Association，NCA）。研究者对人际传播相关理论与教学兴趣日渐增长，和之前的人际传播研究多来自其他相关领域的理论建构不同，70 年代人际传播研究的最大特点，在于有学者立足于人际互动，提出了真正意义上扎根于传播学领域的人际传播理论。

（二）20 世纪 80 年代

在 70 年代所开创的新理论的基础上，80 年代的学者对前期的理论进行了拓展和延伸，比如传播隐私管理理论（Petronio & Martin，1986）与人际沟通能力理论（Cupach & Spitzberg，1983）。同时，也有学者提出了新的理论视角，比如初具雏形的关系辩证法理论（Baxter，1988）与预期违反理论（Burgoon et al.，1983）。

在这一时期，人际传播理论建构开始出现两条路径：或聚焦信息，或聚焦互动。

聚焦信息的理论将研究重点放在了人际传播中信息的生成、策略、目的与特征上。与语言学关注具体的句法和语用不同，人际传播对信息的关注主要体现在对情境和策略的考量上，比如在人际交流场景中常见的获取合作的策略、冲突管理的策略以及人际吸引力策略。由于与信息生产密切相关，建构主义也在这一时期得到了大量的理论延伸与实证研究，其将人际传播信息、语境、体现在能力上和动力上的个人差异都统合地进行了考量（Delia et al.，1982）。

聚焦互动的理论将研究重点放在了人际传播的互动过程上。与其他理论相比，聚焦互动的理论认为，人际传播相较于其他类型传播的最大特点体现在互动的过程以及促进互动的动力上。此类理论认为，人际传播过程中涉及的各要素不是孤立的，比如信息或者语境不能单独发挥作用影响人际传播效果，而是需要互动的双方与其他诸如环境、情境、关系等要素相互影响，才会起到特定的效果。这一时期出现了大量关于互惠性的研究，传播适应理论、预期违反理论和互动调适理论的主要核心假设与模型，也都在大量的实证研究中得到了修正和发展。

国际传播学会的《人类传播研究》（*Human Communication Research*）以及《社会与个人关系杂志》（*Journal of Social and Personal Relationships*）在 1984 年创办，主要刊登与人际传播相关的理论和实证研究论文。在研究中，人际传播经常被等同于关系或者关系发展，人际传播研究也经常被等同于人际关系研究。虽然在日常生活中，人际传播大多是同陌生人和一般熟人进行的，但这一类的互动经常遵循非人际的方式，所以相对来说，人际传播学者对亲密关系的传播和互动更感兴趣。

（三）20 世纪 90 年代

进入 20 世纪 90 年代，人际传播领域的各类研究话题和问题层出不穷，既有对之前研究的拓展，也有新的研究领域以及研究方法的出现。人际传播研究引入了认知研究的方法和思路，比如焦虑/不确定性管理理论（Gudykunst，1995）。关系辩证法理论也在这一时期被正式确立（Baxter & Montgomery，1996）。

在理论拓展方面，查尔斯·伯杰（Charles Berger）在不确定性减少理论的基础上，把人际传播的目标与计算结合起来，提出了目标-计划-理论。人际冲突的理论得以进一步发展。有关传统人际传播关系的家庭传播、亲密关系传播的研究，在这一时期也得到了更深层次的拓展。与建构主义相关的理论也得到了进一步的拓展与实证研究的支持，比如布兰特·伯利森（Brant Burleson）发表的一些关于建构主义的理论框架（Burleson，1994），以及他和他的学生开展的系列实证研究。

这一时期，由于媒介技术的进步，越来越多的人将人际传播的语境由线下转到了线上。与此同时，有一批研究者开始关注技术与人际传播的关系。霍华德·莱茵戈尔德（Howard Rheingold）出版了《虚拟社区》（*The Virtual Community*）一书，将对新技术的讨论扩展到网络空间中创造的数字文化方面（Rheingold，2000）。约瑟夫·沃尔瑟（Joseph Walther）介绍了社会信息处理理论（Walther，1992）。简·梵·迪克（Jan van Dijk）出版了《网络社会》（*The Network Society*）一书。以上列举的研究成果完成了人际传播从传统的侧重于面对面传播，转向技术（或者计算机）中介的人际传播方向。

20 世纪 90 年代后期，人际传播研究得到了进一步的细分，区分出了家庭传播、健康传播、非言语传播、性别传播等更情境化或角色化的研究领域。这些源自人际传播的话题，一方面由于经济、政治和组织机构层面的议题推动，另一方面由于学者个人旨趣的变化以及个人影响力的扩大，逐渐成为独立的研究领域，例如健康传播、非言语传播等。

四、21 世纪的人际传播研究

（一）人际传播理论的发展

21 世纪初期，数字通信技术的兴起极大地改变了人们的交流方式。传播技术对人际传播的影响和变革，成为这一时期人际传播学者研究的焦点。具体而言，面对社交媒体、智能手机和其他数字工具（各种屏幕的使用）对我们交流方式的改变，人际传播研究主要集中在技术如何影响人们发展和维护关系上。

有学者采用媒介生态学的视角，比较了面对面传播与技术中介传播之间的异同（Barnes，2001）。传统的人际传播研究都是基于面对面传播开展的，媒介生态学的学者认为，技术中介传播已经逐渐开始取代面对面传播，成为人际传播最常见的形式。媒介生态这一概念，最早起源于马歇尔·麦克卢汉（Marshall McLuhan，1964）与传播学多伦多学派（Toronto School of Communication）。尼尔·波兹曼（Neil Postman）和纽约大学媒介生态学项目的学生们继续拓展了这个概念，提出了媒介生态学的原则：一切技术变革都是浮士德式的交易；技术变革不是简单的加法；技术变革会改变一切（Barnes，2008）。媒介生态学给传播学研究以及人际传播研究带来了一种系统性的视角，可以帮助我们考察媒体在影响意义和思想、生活方式和世界观方面起到的主导作用。

与技术发展相关的，是各类或虚拟、或虚拟与现实相结合的关系以及社会对人的心理和生理健康的影响。有研究聚焦人们如何在社交网络（例如脸书、X）、游戏社区（例如 Second Life、Twitch）、论坛或互助社区等在线空间中形成和维持线上关系，线上关系与线下关系的比较研究，以及线上人际沟通对孤独感、社会支持和社会身份形成的影响（Walther，1996）。此外，还有研究聚焦网络阴暗面，研究网络霸凌、在线骚扰、网络欺骗和“钓鱼”等负面的沟通行为（Tokunaga，2010）。随着数字通信技术的普及，隐私和监视问题变得尤为突出，有研究主要关注监控技术对传播和信任的影响，以及人们如何在日益互联的世界中管理自己的隐私。

在与健康相关的人际传播研究中，研究者对人际传播如何影响医患关系和公共健康运动非常感兴趣。在这一领域，如何采取有效的人际沟通策略，从而达到形成健康行为以及采取疾病预防措施的目的，一直是最主要的关注话题。健康传播领域内的健康信念模型（health belief model）、社会认知理论（social cognitive theory）、计划行为理论（theory of planned behavior），医患沟通中的同理心研究以及电子健康（eHealth）也是这一时期的研究重点。

互联网技术的普及、全球化和移民问题，使得跨文化人际传播研究比以往任何时候都更加重要。研究者主要关注文化规范如何影响沟通方式，以及人们如何在个人和职业关系中应对文化差异，尤其是跨文化传播中的面子问题以及冲突管理方式的差异（Ting-Toomey & Kurogi，1998）。

在这一时期，有更多来自心理学、家庭研究、传播学以及社会学的学者，采取诠释或批判的视角，研究亲密关系中的传播（Guerrero，1998）。依恋理论与类型得到进一步细分，亲密关系中的情感表达也是研究的重点。此外，亲密关系的阴暗面也得到更深入的研究，比如控制以及侵犯（Spitzberg & Hoobler，2002）。

（二）人际传播与其他学科的交叉研究

进入21世纪后，人际传播更多地开始与技术话题和其他领域开展进一步的融合和交叉。按照研究重点，其大概可以分为与微观测量结合的实验心理学、认知心理学和人际传播认知的跨学科交叉研究；传播技术和人际传播研究的交叉研究；人机互动和人际传播的交叉研究。

首先，随着社会科学各门学科进一步的交叉，以及早期人际传播研究中社会心理取向研究的影响，受过实验心理学与发展心理学训练的学者开始关注人际传播中的各类生理现象。这一类学者更多地受到自然科学研究的影响，采取心理生理学的方法论与指标体系来研究人际传播。这一类研究普遍认为，人类在人际传播中的活动、行为与心理都受进化、自然选择的影响，除了在感知层面，他们呼吁应该从心理生理学层面对反应进行更精确的测量。落实到具体的研究当中，他们关注的是传播与传播行为如何影响脑神经、心血管、内分泌、血液成分以及免疫系统等的变化。早期研究更多关注心理生理的指标，随着脑神经科学的发展，更多的研究者采用功能性核磁共振成像（functional magnetic resonance imagine，fMRI）测量大脑活动（Wilcox et al.，2020）。

其次，由于互联网技术的发展和社交媒体的兴起，人际传播的场景从传统的面对面拓展到借助技术中介。由于社交媒体的可供性和面对面情境有本质的差异，针对个人和身份的研究便聚焦于社交媒体上的自我呈现、印象形成（Gibbs et al.，2006）。关注信息的学者就社交媒体上的自我表露以及语境坍塌的现象进行了研究（Vitak，2012）。在人际关系研究领域，沃尔瑟在这一时期也对社会信息处理理论和超人际的传播模型进行了进一步的检验和修订，产出了大量的研究成果，启发了很多扎根社交媒体关系的实证研究。此外，还有很多研究关注游戏中的人际传播、虚拟空间的化身效应、在线交友和婚恋网站、线上虚拟社区中的社会支持、网络霸凌、网络欺骗和人际传播的阴暗面等。与传播技术相关的研究，不仅吸引了传统的人际传播研究者，还吸纳了其他交叉学科，例如认知科学、心理学、健康研究、人机互动研究、用户体验研究、计算机科学、信息科学等。

最后，从2017年人工智能技术和应用进入大众视野算起，无论是作为新闻生产实践的对象，或是算法技术对新闻传播业态的变革，还是作为交流和互动主体的智能代理（intelligent agent），人工智能都已介入了新闻与传播的实践当中。其中，人工智能作为一种特殊的技术或者主体，引起了大量人际传播和传播技术研究者的关注。

其中一类研究将人工智能看作传播的中介，这一类研究主要沿袭计算机中介传播的传统，认为人工智能主要秉承着媒介的作用，在人们如何使用技术来实现人际目标的过程中扮演着重要的角色（Walther & Parks，2002）。在技术作为中介的基础上，又有学者提出了人工智能中介传播（artificial intelligence-mediated communication，AI-MC），定义为“人与人之间的中介式通信，其中计算机代理（computer agent）通过修改、扩充或生成信息来代表人进行操作，以达到传播或人际交流的目的”（Hancock et al.，2020）。人工智能中介传播主要包括各类能够辅助人际传播的特定人工智能技术，比如自动邮件回复、用语提示、拼写检查、文本生成、人际传播目标优化等。

此外，还有一类研究强调人工智能在传播活动中的主体性，沿袭了人机传播（human-machine communication）理论和人机互动（human-computer interaction）视角，将人工智能视为传播的主体或者传播者，具体关注“传播智能”或“传播机器人”（例如语音助手、智能机器人、社交机器人）在人类交往和沟通中所扮演的角色。在这一视角下，有学者区分了人工智能的不同含义，提出由于目前的传播理论大多以人类为中心，因此并不适用于以人工智能作为主体的研究；并且在区分功能维度、关系维度以及形而上学维度的基础上，重新界定了人际传播理论的内涵和外延（Guzman & Lewis，2020）。

在可预见的未来，我们会看到更多与人工智能传播相关的研究，除了需要更多的实证研究之外，还需要在哲学层面上继续开展对意图、自我和能动性的探讨，以及建构全新的适应人工智能传播的人机传播理论，而传统的人际传播理论可以在这方面提供非常多的理论借鉴。

思考题

1. 在 20 世纪初期，人际传播研究主要关注了哪些方面的内容？它是如何与社会心理学相关联的？

2. 20 世纪 70 年代至 80 年代，人际传播研究中引入了建构主义理论和象征互动论。如何解释这些理论对人际传播研究的影响？

3. 人工智能和智能代理如何改变了人际传播的方式？举例说明它们在现实生活中的应用。

4. 人际传播研究如何融入了跨学科研究，例如实验心理学和计算机科学？这种融合对研究的发展有何影响？

5. 在数字时代，个人隐私和监视问题如何影响人际传播？人们如何在日益互联的世界中管理自己的隐私？

6. 考虑到人际传播研究的历史和现在的发展，你认为未来十年内可能出现哪些新的研究方向或趋势？

要点小结

- 人际传播研究的历史
  - 亚里士多德《修辞学》
  - 20世纪早期
    - 芝加哥学派
    - 言语传播与公共演讲课程
    - 人文主义与社会科学范式
    - 社会互动研究
    - 象征性互动理论
    - 语言学研究
  - 20世纪中期
    - 社会心理学
    - 归因理论、态度变化等
    - 认知不协调理论
    - 共同导向模型
    - 高/低语境文化
    - 空间邻位学
    - 社会互动与戏剧表演
    - 面对面行为互动仪式
    - 非言语传播
    - 以人为中心的沟通与对话
    - 个人建构理论
    - 人际权力模型
    - 社会交换理论
  - 20世纪后期
    - 社会渗透理论
    - 不确定性减少理论
    - 意义协调管理理论
    - 社会互动与社会交往
    - 建构主义理论
    - 传播适应理论
    - 人际沟通能力理论
    - 焦虑/不确定性管理理论
    - 目标-计划-行动理论
  - 21世纪
    - 数字通信技术
    - 面对面传播与技术中介传播
    - 线上关系与线下关系
    - 隐私与监视
    - 与健康相关的人际传播
    - 跨文化人际传播
    - 亲密关系传播
  - 人际传播与其他学科的交叉研究
    - 微观测量与心理生理学
    - 传播技术与社交媒体
    - 人机互动与人工智能

参考文献

孔德.（1996）. 论实证精神（黄建华，译）. 北京：商务印书馆.

巴克斯特，布雷思韦特.（2010）. 人际传播：多元视角之下（殷晓蓉，赵高辉，刘蒙之，译）. 上海：上海译文出版社.

亚理斯多德.（2006）. 修辞学（罗念生，译）. 上海：上海人民出版社.

西美尔.（2000）. 金钱、性别、现代生活风格（顾仁明，译）. 上海：学林出版社.

索绪尔.（1980）. 普通语言学教程（高名凯，译）. 北京：商务印书馆.

Altman，I.，& Taylor，D. A.（1973）. *Social penetration：The development of interpersonal relationships*. New York，NY：Holt，Rinehart & Winston.

Barnes，S. B.（2001）. *Online connections：Internet interpersonal relationships*. Cresskill，NJ：Hampton Press.

Barnes，S. B.（2008）. Understanding social media from the media ecological perspective. In *Mediated interpersonal communication*（pp. 28 – 47）. New York，NY：Routledge.

Baxter，L. A.（1988）. A dialectical perspective on communication strategies in relationship development. In S. Duck，D. F. Hay，S. E. Hobfoll，W. Ickes，& B. M. Montgomery（Eds.），*Handbook of personal relationships：Theory，research and interventions*（pp. 257 – 273）. Hoboken，NJ：John Wiley & Sons.

Baxter，L. A.，& Montgomery，B. M.（1996）. *Relating：Dialogues and dialectics*. New York，NY：Guilford Press.

Baxter，L. A. & Babbie，E.（2004）. *The basics of communication research*（pp. 9 – 10）. Boston，MA：Cengage Learning.

Berger，C. R.，& Calabrese，R. J.（1975）. Some explorations in initial interaction and beyond：Toward a developmental theory of interpersonal communication. *Human Communication Research*，*1*（2），99 – 112.

Birdwhistell，R. L.（1955）. Background to kinesics. *ETC：A Review of General Semantics*，*13*，10 – 18.

Blake，C.（2009）. *The African origins of rhetoric*. New York，NY：Routledge.

Braithwaite，D. O.，Schrodt，P.，& Carr，K.（2014）. Introduction：Meta-theory and theory in interpersonal communication research. In D. O. Braithwaite，& P. Schrodt（Eds.），*Engaging theories in interpersonal communication：Multiple perspectives*（2nd ed.，pp. 1 – 20）. Thousand

Oaks, CA: Sage.

Brown, P., & Levinson, S. (1987). Politeness: Some universals in language usage. Cambridge, UK: Cambridge University Press.

Burgoon, J. K., Wiemann, J. M., & Harrison, R. P. (1983). Nonverbal violations of expectations. *Nonverbal Interaction*, *11*, 11 - 77.

Burleson, B. R. (1994). Comforting messages: Features, functions, and outcomes. In J. A. Daly, & J. M. Wiemann (Eds.), *Strategic interpersonal communication* (pp. 135 - 161). Mahwah, NJ: Lawrence Erlbaum Associates.

Cupach, W. R., & Spitzberg, B. H. (1983). Trait versus state: A comparison of dispositional and situational measures of interpersonal communication competence. *Western Journal of Speech Communication*, *47* (4), 364 - 379.

Delia, J. G. (1977). Constructivism and the study of human communication. *Quarterly Journal of Speech*, *63* (1), 66 - 83.

Delia, J. G., O' Keefe, B. J., & O' Keefe, D. J. (1982). The constructivist approach to communication. In F. E. X. Dance (Ed.), *Human communication theory* (pp. 147 - 191). New York, NY: Harper & Row.

Gibbs, J. L., Ellison, N. B., & Heino, R. D. (2006). Self-presentation in online personals: The role of anticipated future interaction, self-disclosure, and perceived success in Internet dating. *Communication Research*, *33*, 152 - 177.

Giles, H. (1973). Accent mobility: A model and some data. *Anthropological Linguistics*, *15* (2), 87 - 109.

Gudykunst, W. D. (1995). Anxiety/uncertainty management (AUM) theory: Current status. In R. L. Wiseman (Ed.), *Intercultural communication theory* (pp. 8 - 58). Thousand Oaks, CA: Sage.

Guerrero, L. K. (1998). Attachment-style differences in the experience and expression of romantic jealousy. *Personal Relationships*, *5* (3), 273 - 291.

Guzman, A. L., & Lewis, S. C. (2020). Artificial intelligence and communication: A human-machine communication research agenda. *New Media & Society*, *22* (1), 70 - 86.

Hall, E. T. (1963). A system for the notation of proxemic behavior. *American Anthropologist*, *65* (5), 1003 - 1026.

Hancock, J. T., Naaman, M., & Levy, K. (2020). AI-mediated communication: Definition, research agenda, and ethical considerations. *Journal of Computer-Mediated Communication*, *25* (1), 89 - 100.

Knapp, M. L. (1978). *Social intercourse: From greeting to goodbye*. Boston, MA: Allyn and Bacon.

Littlejohn, S. W., Foss, K. A., & Oetzel, J. G. (2017). *Theories of human communication* (11th ed.). Belmont, CA: Wadsworth.

McLuhan, M. (1964). *Understanding media: The extensions of man*. New York, NY: Signet.

Mead, G. H. (1934). *Mind, self, and society*. Chicago, IL: University of Chicago Press.

Ogden, C. K., & Richards, I. A. (1923). *The meaning of meaning: A study of the influence of thought and of the science of symbolism*. New York, NY: Harcourt, Brace & World.

Pearce, W. B. (1976). The coordinated management of meaning: A rules-based theory of interpersonal communication. In G. R. Miller (Ed.), *Explorations in interpersonal communication*. Thousand Oaks, CA: Sage.

Petronio, S., & Martin, J. N. (1986). Ramifications of revealing private information: A gender gap. *Journal of Clinical Psychology*, *42* (3), 499 - 506.

Piaget, J. (1926). Psychology. *The Monist*, *36*, 430 - 455.

Rheingold, H. (2000). *The virtual community, revised edition: Homesteading on the electronic frontier*. Cambridge, MA: MIT press.

Ruesch, J., & Bateson, G. (1951). *Communication: The social matrix of psychiatry* (p. 92). New York, NY: Norton.

Ruesch, J., & Kees, W. (1956). *Nonverbal communication* (p. 205). Berkeley, CA: University of California Press.

Spitzberg, B. H., & Hoobler, G. (2002). Cyberstalking and the technologies of interpersonal terrorism. *New Media & Society*, *4*, 71 - 92.

Tokunaga, R. S. (2010). Following you home from school: A critical review and synthesis of research on cyberbullying victimization. *Computers in Human Behavior*, *26*, 277 - 287.

Ting-Toomey, S. (1988). Intercultural conflict styles: A face-negotiation theory. In Y. Y. Kim, & W. B. Gudykunst (Eds.), *Theories in intercultural communication* (pp. 213 - 235). Newbury Park, CA: Sage.

Ting-Toomey, S., & Kurogi, A. (1998). Facework competence in intercultural conflict: An updated face-negotiation theory. *International Journal of Intercultural Relations*, *22*, 187 - 225.

Turner, J. H. (1986). *The structure of sociological theory* (4th ed.).

Fort Washington，MD：The Dorsey Press.

van Dijk，J. A. （2012）. *The network society*. London，UK：Sage.

Vitak，J. （2012）. The impact of context collapse and privacy on social network site disclosures. *Journal of Broadcasting & Electronic Media*，*56*，451－470.

Walther，J. B. （1992）. Interpersonal effects in computer-mediated interaction：A relational perspective. *Communication Research*，*19* （1），52－90.

Walther，J. B. （1996）. Computer-mediated communication：Impersonal，interpersonal，and hyperpersonal interaction. *Communication Research*，*23*，3－43.

Walther，J. B.，& Parks，M. R. （2002）. Cues filtered out，cues filtered in：Computer-mediated communication and relationships. In M. L. Knapp，& J. A. Daly（Eds.），*Handbook of interpersonal communication* （3rd ed.，pp. 529－563）. Thousand Oaks，CA：Sage.

Wilcox，S.，Hall，E. D.，Holmstrom，A. J.，& Schmälzle，R. （2020）. The emerging frontier of interpersonal communication and neuroscience：Scanning the social synapse. *Annals of the International Communication Association*，*44* （4），368－384.

第二部分

人际传播理论

第二部分围绕人际传播的具体理论展开，涵盖第三章至第九章。本部分在探索人际传播领域核心理论的同时，注重理论与实践的结合，着力提升人际传播的效能，满足新时代对有效沟通的要求。

第三章至第五章探讨了与印象、个体信息和社会信息相关的理论，如归因理论、印象管理理论与印象形成理论，以及行为组合理论、不确定性减少理论等。这些理论有助于人们理解在互动中如何呈现自我、解读他人意图，以及管理彼此印象。

第六章至第七章进一步阐述了意义建构和非言语行为在人际传播中的作用，通过象征互动论、传播适应理论等，揭示人们如何在交往中协商并共享意义。

第八章与第九章则着眼于关系的维护与发展。第八章介绍了礼貌理论、面子协商理论、社会交换理论等，特别关注在中国文化背景下如何通过面子和礼貌来维持良好的关系。第九章探讨的关系辩证法理论、依恋理论和社会信息处理理论，则进一步帮助人们理解人际关系的动态发展、冲突管理等复杂现象。党的二十大报告强调加强我国的国际传播能力建设，这部分内容通过对理论的详细讲解，培养读者在实际中应用人际传播技能的能力，以更好地适应新时代的跨文化交流需求。

通过这一部分的学习，读者将掌握人际传播理论在各个具体情境下的应用，理解人们如何通过沟通建立、维持和发展关系。此外，每章还提供了生活中的人际传播案例和实训题目，以帮助读者在日常生活中体会和运用这些理论，从而更有效地提升自身的人际沟通能力。

第三章

关注印象的人际传播理论

本章要介绍的人际传播理论，其重点在于人际传播的印象管理和形成。在人际交往中，人们通过互动不断形成对他人和自我的认知，这些认知不仅会影响双方的沟通方式，还会进一步影响关系的发展。印象的管理和形成是人际传播的重要组成部分，直接关系到个体在社会中的形象、身份认同以及人际互动的效果。本章将通过几个关键理论，阐释人们如何在交流中解释他人的行为、塑造自己的形象，并调节他人对自己的看法。

归因理论解释了个体如何通过对他人行为的分析来形成对对方的印象。人们往往会根据他人的言行举止推测其性格、动机和意图，这一归因过程对于理解和预测他人的行为至关重要。通过对归因过程的分析，本章旨在帮助读者了解如何在互动中做出判断，并如何调整这些判断以促进有效沟通。

印象管理理论关注个体如何在互动中塑造并控制他人对自己的看法。每个人在社会交往中都希望展现特定的形象，达到特定的社会目的。印象管理不仅涉及对言语和行为的调节，还包括如何利用外在符号（如衣着、礼仪等）来影响他人的认知。本章将深入探讨这一理论，揭示个体如何在日常生活中使用各种策略来操控印象，增强自我呈现的效果。

印象形成理论进一步说明了人们如何在初次互动中快速建立对他人的印象，并且这种印象如何随着互动的深入而被改变或固定。这一过程受到多种因素的影响，包括先前的经验、个人偏好、文化背景等。通过对这一理论的学习，读者能够理解印象形成的复杂性及其对人际关系的长远影响。

归因理论虽然来自社会心理学，但对于我们理解人际传播过程中的自我呈现和印象管理都有重要的启发意义。印象管理包括个人使用各种策略来管理自己在他人眼中的形象；印象形成的重点则在于个人如何通过各种线索，判断和形成对他人的印象，这一类研究已经成为社交媒体研究的重点。本章通过对归因理论、印象管理理论和印象形成理论的系统介绍，帮助读者深入理解人际传播中印象的核心作用。无论是在职场、社交场合还是亲密关系中，印象的管理和形成都是有效沟通的基础，而本章所提供的理论框架为提升个人在这些情境中的传播能力提供了有力支持。

第一节 归因理论

每天学点人际传播

在一次团队项目的进展沟通会议上，张经理注意到他的下属小李提交的报告质量并不理想，内容中有一些明显的错误。张经理皱了皱眉，心里开始考虑："小李是不是最近工作不认真？还是他根本不关心这个项目？"与此同时，小李在另一端坐着，心里也在默默想着："我这次迟交报告是因为工作量太大，时间实在不够用。"

这里，张经理和小李分别给出了两种不同的归因。张经理认为报告的质量问题源自小李的态度，推测他工作不够认真；小李则将报告的质量问题归因于外部环境，即工作量过大和时间紧迫。两个人对同一事件做出了不同的归因，这也可能导致他们对这件事情产生不同的情感反应，继而做出不同的后续行为。如果张经理坚持认为小李不够尽责，可能会对小李产生不满，甚至影响到未来的工作；而如果他意识到小李面临的外部压力，并做出更宽容的反应，则可能会帮助小李克服困难，提升工作效率。

作为人类，我们经常试图去解释正在发生的事情，例如"为什么同事加薪了，而我没有""为什么她考试得了满分，而我不及格"；抑或人们为什么会以某种方式行事，例如"她为什么要拒绝我""领导刚才看了看我，是什么意思"；等等。这一过程，一方面体现了人类渴望求知与探索的天性，另一方面也表明了我们乐于给万事万物的运行找到原因与意义。归因理论就为我们理解自身、他人以及社会运行的方式，提供了一种合理化的解释，虽然归因的过程和结果可能会与实际情况出现偏差。

归因理论正是为了解释人类如何在不同的情境下理解和解读他人的行为而产生的。在这部分内容中，我们将深入探讨归因理论的基本概念，尤其是它如何帮助我们分析日常生活中的人际互动。归因不仅涉及对他人行为原因的判断，还会影响我们的情感反应、对他人行为的态度以及随后的行为选择。例如，如果你认为同事迟到是因为他不负责任，可能会产生不满，进而影响你与他的互动；而如果你认为是外部因素（如交通问题）导致他迟到，你可能就会更为宽容和理解。归因的方式不仅决定了我们对行为的解读，也会对我们的人际关系产生深远的影响。

与其他传播现象和话题相比，人际传播活动与归因的方式和过程密不可分。比如，归因可能会影响我们如何形成自我印象、管理人际关系、调节人际冲突以及人际传播中的污名化与歧视行为。归因理论的基础，建立在这个隐含假定之上——人的行为都是有原因、有目的、有动机的，人们会推断他人行为背后的原因，然后形成对他人的印象。

一、理论框架

对归因的研究，最早可以追溯到20世纪50年代，弗里茨·海德（Friz Heider）在《人际关系心理学》（*The Psychology of Interpersonal Relations*）一书中关于归因和归因过程的论述（Heider，1958）。海德在理论上区分了物体感知和人际感知，他关于物体感知的理论，持续影响着后续的人际感知研究。海德的研究试图在哲学层面上解决现象学的核心问题——感觉信息（sensory information）与现实对象（real objects）之间的关系。人们感知世界上的事物时，是通过自己的感觉器官感受事物在媒介上反映出的特征，从而重建对真实物体的理解。举例来说，如果你看到了一杯水，你对这一物体的感知，是作为一杯水的现实对象，通过光等媒介，被作为感觉器官的眼睛捕捉到，并在脑中重建而来的。海德将这一过程称为“归因”，即从事物在媒介中引起的特征变异模式中，推断出事物相对稳定不变的品质（Heider，1958）。观察者通过自己的感觉信息，能够感知到被观察者“在那里”。

在物体感知的基础上，海德又转向了社会互动领域，继续致力于研究人们在互动中如何感知彼此、理解彼此的行为。在人际交往中，人们通过观察、分析和解释来搞清楚别人的行为，他把这一心理过程与机制称为常识（common sense）或者朴素心理学（naïve psychology）。海德认为，提出和回答“为什么”的问题，是人类活动的基本特征。人类试图理解行为的原因，特别是心理原因（如动机、特征、意图等），以使社会世界看起来更连贯和可预测。人际传播中的印象形成分三步：首先，观察行为；然后，确定行为是否为故意；最后，将行为的产生原因分成内部的动机或者外部的动机。

在人际传播场景中，我们如何开展与他人的互动，很多时候会受到我们对他人行为解读的影响，而这种解读在一定层面上就包含了对他人行为的归因。归因，简单来说，可以被分为内部归因和外部归因。内部归因，也叫性格归因，指的是观察者将被观察者行为的产生归结为内在的因素，比如被观察者的性格、态度、能力、情绪、教养等主观因素。外部归因，也叫情境归因，指的是观察者将被观察者行为的产生归结于外部的、情境的或者环境的因素。

举例来说，周末你在家中休息，突然有工作上的急事需要处理，当你全神贯注地打开电脑处理工作上的事务时，你的母亲问你要不要喝杯茶，而你工作太专注了没有听到。如果你的母亲对你的行为采用内部归因，她就会认为你对她不尊重，或者忽略了她对你的关心和体贴；如果采用外部归因，她可能会把你的不置可否归因于工作棘手。反过来说，你的母亲采用内部归因还是外部归因，又会影响她对你的态度和行为。如果她认为你刻意忽略了她的好意，她可能会对你产生埋怨的情绪，甚至引发人际冲突；如果她认为你的忽略是工作压力造成的，可能就会更理解你，甚至对你产生同情和关心。

当然了，在你的母亲对你的行为进行归因之前，她还有一些其他的因素需要考量。社会心理学家哈罗德·凯利（Harold Kelley）提出，影响人们进行内部或者外部归因的因素有以下三个：共识性、一致性和独特性（Kelley，1973）。

共识性（consensus）主要是指，其他人在相同的情境或环境下，可能会采取相同的行为。比如，在同样的环境下，如果你的父亲做出了和你一样的行为，也忽略了母亲的问话，那么她就有可能认为你和父亲同样的行为是环境因素造成的，比如家里电视的声音太大；如果父亲对母亲的问话做出了反应，那么她就更有可能采用内部归因来判断你的行为——“既然你爸爸能听到，你为什么听不到？你是不是故意不理我？”

一致性（consistency）主要是指，被观察者在同样的情况下，随着时间的推移，会表现出相同的行为模式。比如，你每次对于母亲的问话都采取忽略的行为，那么她就更有可能做出内部归因——“你就是这样的人”；如果你的忽略对于母亲来说是反常的行为，那么她就更有可能做出外部归因——“你是不是在忙工作？”

独特性（distinctiveness）主要指的是被观察者在不同情境下的行为变化。例如，如果你平时在其他情境下，或者面对其他人时也是这种行为方式，你母亲就更容易采用内部归因；如果你平时不会做出这种忽略别人的反应，那么她就更可能把你的行为归结为外部的、情境化的原因。

以上三个因素既可以独立地影响归因，也可以组合起来，形成归因的模式。比如，如果一个人在不同的情境和场景下，总会表现出一种和他人不同的、特殊的行为模式，那么别人就会做出内部归因——“这人就是这样”；如果一个人的行为不是他平常在相同情境下会做出的，那么别人就会做出外部归因——“他一定是遇到了什么情况”。

除了以上三个因素之外，还有两种情况会影响归因。

一种是违反社会规范的行为。如果一个人做出了违反他人预期的行为，或者做出了某种情境下的非典型行为，观察者就倾向于做出内部归因。举例来说，一起工作的同事要结婚了，按照社会礼仪，其他同事会给红包，如果有人没有给，别人就会做出他不懂人情世故、对结婚的同事有意见、小气等类似的性格（内部）归因。

另一种是缺乏社会情境线索。比如，你正在和一个人网上聊天，对方突然不回你的信息，比起归因于情境或者环境因素（例如对方突然被其他事情打断），你更可能采用内部归因（例如对方生气了）。

二、归因的适用情境

归因理论不仅对人际传播中的行为以及行为背后的动机有很强的解释力，也经常被用来解释个人成就或人际冲突中的责任。此外，归因理论还常被用来解释社会污名化的行为和歧视行为。

（一）个人成就与归因

我们首先来看归因理论应用最广泛的领域——个人成就归因，即解释自己或他人的成功或失败。伯纳德·韦纳（Bernard Weiner）在海德的基础上拓展了归因理论，提出对成就的解释可以从三个维度来定位：控制点（locus of control），即谁的责任；稳定性（stability），即是否持续；可控性（controllability），即“我”是否能做出改变（Weiner，1972）。举例来说，对于任何的成功或失败，我们首先会考虑控制点，它是内部因素，例如“我是一个聪明人”；还是外部因素，例如“我的电脑坏了”。其次，我们会思考一个人取得成功或者失败的原因是稳定的，例如“这人向来如此”；还是不稳定的，例如“他是撞大运吧，平时都不及格，这次突然考了满分”。最后，我们会考虑可控性，即结果对于个人来说，是可控的，例如“如果我愿意，我就能改变结果”；还是不可控的，例如“无论我怎么做，都不会改变这种情况”。

以上这三个维度，组合之后就会形成八种常见的归因组合（见表 3－1）：

表 3－1　八种常见的归因组合

控制点	稳定性	可控性	例子
外部	稳定	可控	“老师不喜欢我”
外部	稳定	不可控	“老师对我的期待太高，不符合现实”
外部	不稳定	可控	“我的作业被狗吃了”
外部	不稳定	不可控	“我被车撞了”
内部	稳定	可控	“我总是拖到最后一刻才完成”
内部	稳定	不可控	“我不够聪明”
内部	不稳定	可控	“我忘了”
内部	不稳定	不可控	“我生病了”

理解归因，可以更好地激励人们取得成就。个人对自己成功或失败的解释，会影响他在类似情况下的努力程度。认为自己的成功和失败是可控的人，就更有可能继续努力，去追求新的目标。当个人意识到自己无法控制情况，并且这种情况是持续的或永久的，结果也是自己造成的时，他很可能会停止

努力，并可能表现出习得性无助。

（二） 人际冲突与归因

在冲突情境中，人们会综合考虑对方的合作意图、冲突责任的归因以及冲突的稳定性。对于意图、责任和稳定性的判断，会影响人们采取何种策略来应对冲突（Roloff & Miller，2006）。

在冲突情境中，首先，比起对方的情况，每个人对自己的情况会更为了解。每个人都明白自己的理由和意图，而不太会从对方的角度考虑，这就可能会造成信息偏差，即认为自己的负面行为情有可原，而认为别人的粗鲁行为是武断的。

其次，人们会倾向于从积极角度看待自己的行为。在面对他人指责的时候，每个人都会启动自我防御机制，认为别人对待自己不公，这也被称为自我防御偏见（self-defense bias）。

再次，在个人看来，别人的负面行为都是很显眼或者说难忘的，因此他人的消极行为，会不成比例地影响个人对他人负面行为的归因，这一效应也被称为消极偏见（negativity bias）。尤其是在面对面的互动中，观察者更容易注意到他人消极的非言语行为，比如他人生气时的表情和大声的斥责，而不太注意到自己的负面表达。这就意味着在归因时，他人的负面行为会比自己的负面行为更为突出和显著。

又次，与其他情境相比，冲突情境具有高度的参与性，这会导致人们更倾向于对冲突提出一种连贯和符合逻辑的过程解释（Sillars，2009）。人们会有选择地记忆，也会有意识地突出那些能够解释和证明自己行为的事件。比如，一对夫妻经常因为谁做家务的问题发生冲突，丈夫和妻子在争论中会选择性地强调自己过去在家务劳动方面的投入与付出，而忽略对方的付出。

最后，在冲突中，人们很少能意识到互动过程中的因果关系。这个问题又回到了第一章中所讲到的在互动过程中，人们对行为模式的时间序列划分问题上。人际互动中交换的信息是相互依赖的，每条信息同时既是新的刺激，又是对上一条信息做出的反应；但人们只会站在自己的角度，将互动视为由对方发起，而自己的行为是对方行为导致的这样一种简单的因果序列。

（三） 污名与归因

污名（stigma）是指人们对道德地位可疑的人冠以的身份诋毁标记（Goffman，1963），常见的污名可以被划分为三种类型：身体的、社会的和道德的（Ashforth & Kreiner，1999）。被污名化的对象和事物，因时间、地点和群体而异，但污名化的存在是永恒的、不可避免的。污名，可能会永久地存在于人类社会中——只要有人的地方，人们就会根据一些特征区分出内群体和外群体，从而建立群体内部的团结一致。

归因理论经常被用来解释人们为何会认同污名化他人的态度，或者参与针对他人的歧视行为。在面对被污名化的他人时，比如艾滋病患者，我们对于这一疾病或者导致对方患有疾病的责任追溯与可控性的判断，会导致我们产生情绪反应，从而影响我们在多大程度上愿意为艾滋病患者提供帮助，抑或对其进行惩罚。如果你认为另一个人的苦难处境是他自己的错误造成的，那么你就不太可能给他提供帮助，甚至还有可能对他产生愤怒情绪。

在面对有公共污名的疾病患者，以及一些其他社会团体的成员时，我们对其行为的归因，也会影响我们的态度和行为，比如偏见和歧视。还是回到面对艾滋病患者的情景，如果我们采用内部归因，例如认为患病可能是由于私生活不检点，就更容易产生偏见和歧视；如果采用外部归因，例如认为患病是由于对方使用了未消毒的注射器械或者输血，就更容易理解和同情对方。有研究具体考察了信息类型（叙述性/说明性）、疾病类型（污名化疾病/非污名化疾病）和疾病责任归因（内部/外部）对医用麻醉品态度的影响。当主人公被描述为患有污名化疾病，并被认为应对自己感染该疾病负有责任时，实验的参与者就对医用麻醉品表达了更为消极的态度。这一研究结果表明，社会普遍持有的对疾病和责任的看法，也会影响人们的态度（Lewis & Sznitman，2017）。

（四）基本归因错误

基本归因错误（fundamental attribution error）是一种常见的归因错误，指的是人们在解读他人的消极行为或不良结果时，过分强调内部原因，而低估外部原因；然而在解读他人的积极行为或好的结果时，过度强调情境或外部原因，而低估性格或内部原因。比如，在得知他人优异的考试成绩时，我们会更有可能认为这是因为运气，而不愿意承认是由于他人的努力；他人在工作中犯了错误，我们则更有可能认为这是因为对方做事一贯马虎，而不会去考虑也许是对方因为身体欠佳而出现了小纰漏。

与基本归因错误相反的另一种常见的归因错误，叫作自我服务偏差（self-serving bias），指的是个体将自己的成功或者积极的结果归因于自我或内部因素，而将自己的失败或者消极的结果归因于情境或外部因素。比如，取得了优异的考试成绩时，我们会更有可能认为这是我们努力学习的结果；在工作中犯了错误，我们会更倾向于认为这是由于老板太苛刻或者同事不配合。

生活中的人际传播

李华和赵琳是一对结婚五年的夫妻。在他们的婚姻初期，两人生活甜蜜，彼此关心。然而，随着时间的推移，两人之间渐渐开始出现摩擦。生活中的一些小事不再像以前那样能够轻松解决，争执和不满越来越多。

有一天，李华下班回家，看到赵琳正忙着整理客厅。她很快走过来，递给李华一杯水，语气平淡地说："今天忙吗？辛苦了。"李华一边接过水杯，一边皱了皱眉头。他想起前一天晚上赵琳在家里没帮忙收拾厨房，甚至还对他冷言冷语："你又不做事，为什么总是让我来收拾？"李华心里开始产生不满，他觉得赵琳总是对他冷淡、不体贴。他下意识地把赵琳的行为归因于"她本来就不关心我"，甚至觉得她脾气不好。

然而，李华没有意识到自己也曾表现得不够体贴。最近他工作压力大，总是心烦意乱，对赵琳的关心和体贴变得越来越少。在一次争吵中，赵琳忍不住说："你最近怎么了？总是忙着工作，根本不顾及我的感受。我做什么都不对。"李华听了之后，心里更加不解："我一直在忙工作，付出这么多，你怎么就看不见呢？"他把所有的问题都归因于赵琳"不理解我"，认为她的要求过于苛刻。

赵琳则有自己的想法。她常常觉得李华不关心她的情感需求，对她的付出视而不见。尤其对于李华偶尔带回家的一些礼物，她会想："这只是他为了应付我而做的事。"她将李华的行为归因于外部因素，比如同事的影响，而不是真心为她做出的努力。她开始认为李华并不真正爱她，而只是因为外部压力或为了避免冲突。

李华和赵琳的每一次争执，都源于这种归因偏差。李华会将赵琳的消极行为（如对他的指责、冷漠）归因于她的性格缺点，而将她偶尔表现出的积极行为（如给他做饭、体贴的问候）归因于外部因素，比如她最近心情好或者别人对她好。赵琳则将李华的冷淡行为归因于他的工作压力或其他外部因素，而对他偶尔的小心和体贴，她总认为只是为了平衡和应付。

然而，幸福的夫妻往往采取相反的归因模式。王俊和李婷是一对相对幸福的夫妻。王俊在工作上有时会比较忙，回家后偶尔会显得有些心不在焉。对此，李婷没有责备他，而是理解地说："你今天一定很累吧，要不先休息一下？"她把王俊的冷淡归因于他工作上的压力，而不是认为他不关心自己。她知道王俊平时总是体贴周到，只是今天的特殊情境导致了他有些疏忽。

王俊看到李婷做饭、温柔地为他夹菜时，会会心地笑笑，觉得她很细心。他认为李婷的行为展现了她的性格，是她平时对家庭的用心。他不会像李华那样，把李婷的好意归因于外部的偶然因素，觉得那是她为了让他高兴而做的事，而是觉得她的行为反映了她的真心和关爱。

在王俊和李婷的关系中，消极的行为并没有成为指责和责备的根源，而是被看作暂时的、不稳定的外部因素，积极的行为则被视为对方内在情感和性格的真实体现。这样的归因模式让两个人更容易理解和包容对方，也让他们的关系更为稳固和幸福。

李华和赵琳的故事深刻反映了归因错误对人际关系的影响。不幸福的夫妻往往倾向于将伴侣的消极行为归因于其固定的、内在的性格缺点，而将积极行为归因于外部因素。这种不合理的归因模式加剧了两人之间的误解和冲突。幸福的夫妻则通常会将伴侣的消极行为视作特殊情境下的偶然因素，而将积极行为视为彼此真实情感和性格的体现。这有助于减少指责、增加理解，促进关系的和谐发展。

关于归因错误的研究发现，不幸福的夫妻会将消极行为的重要性最大化，而将积极行为的影响最小化。换而言之，他们会将伴侣的消极行为归因于内部的、稳定的因素，比如“他不体贴、脾气坏”；将伴侣的积极行为归因于外部的、不稳定的因素，比如“他今天对我这么有耐心，是因为他同事请他吃饭了”。总结来说，对于不幸福的夫妻，一方的消极行为会招致另一方的责备，而积极的行为得不到赞扬；幸福的夫妻则倾向于采取相反的模式——一方会将另一方的消极行为归因于特定的情境因素，而将另一方的积极行为视为其真实性格的体现。

思考题

1. 什么是归因理论？为什么它对理解人际交往很重要？内部归因与外部归因的区别是什么？请从日常生活中举例说明。

2. 基本归因错误会对人际交往产生什么影响？我们怎样才能在与他人交往时避免犯这种错误呢？

3. 文化如何影响归因过程？人们对行为的归因是否存在文化差异？

4. 理解归因理论可以在哪些方面提高沟通技巧、解决冲突和做好关系管理？

5. 回忆你最近经历过的一次人际冲突，分析如何运用归因理论更好地理解他人的动机和意图。

实践训练题

李明和王磊是同一个项目团队中的成员，负责协作完成一项重要的客户提案。他们工作中有过愉快的合作，但最近由于工作压力大，两人的沟通出现了一些问题。

一天，李明和王磊在会议上讨论项目进展。李明觉得项目的时间有些紧张，于是主动提出加班的建议。然而，王磊在会议上表现得有些冷淡，没有给出明确的回应，只是简单地点了点头。李明感到有些不满，心里想：“他就是不愿意多付出一点，可能对项目不够重视，反正每次加班都是我一个人。”会议结束后，李明走到王磊面前，直接问：“你今天怎么了？不想加班就明说，我可不想自己一个人做。”

王磊一听，显得有些生气，回答道："我今天其实很累，上午开了一个长会，我需要时间恢复一下，不是你想的那样。我也很关心这个项目，不能把每件事都加在一个人身上。"李明听后感到有些愧疚，但仍然没有完全理解王磊的立场，认为王磊是在推卸责任。

1. 根据归因理论，分析李明和王磊在这次沟通中各自的归因模式。李明如何归因王磊的行为？王磊又如何归因李明的行为？请结合具体细节，讨论他们的归因是否符合归因理论中的常见错误（如内外部归因、稳定性归因等）。

2. 分析李明和王磊在归因上的差异如何影响他们之间的沟通与合作。归因是否加剧了误解和冲突？如果他们能够采取更合理的归因模式，他们之间的沟通与合作是否会更加顺利？

3. 根据归因理论，提出至少两条建议，帮助李明和王磊改善他们的沟通方式。如何改变他们的归因模式，以减少误解、提高工作效率？

要点小结

- 归因理论
  - 解释人类在不同情境下理解和解读他人行为的原因和过程
  - 影响情感反应、态度及行为选择
  - 前提：人的行为有原因、目的、动机
  - 理论框架
    - 弗里茨·海德：物体感知与人际感知
    - 常识或朴素心理学
    - 归因：内部归因（性格归因）、外部归因（情境归因）
  - 影响归因的因素
    - 共识性、一致性、独特性
    - 违反社会规范的行为
    - 缺乏社会情境线索
  - 归因的适用情境
    - 个人成就与归因
      - 控制点、稳定性、可控性
      - 八种归因组合
      - 成就归因影响努力程度与目标追求
    - 人际冲突与归因
      - 合作意图、冲突责任归因，冲突稳定性
      - 自我-防御偏见、消极偏见
    - 污名与归因——身体的、社会的、道德的
    - 基本归因错误与自我服务偏差
      - 过分强调内部原因、低估外部原因
      - 将成功归内因、失败归外因
      - 不幸福夫妻与幸福夫妻的归因差异

第二节　印象管理

每天学点人际传播

小云是一名大学生，今天他准备去参加一项重要的社交活动——校内的一场学术讨论会。虽然他并不擅长与陌生人交流，但他知道这是一个结识同学和教授、展示自己能力的好机会。因此，他决定精心准备，给别人留下一个聪明、专业且自信的印象。

当小云进入活动现场时，气氛非常正式，大家穿着得体，谈吐不凡。他心里有些紧张，但迅速调整了自己的心态，决定展示出自己最好的一面。他整理了一下衣领，挺直了背，走向一个小组讨论区。刚开始，他与同学们略微保持一些距离，安静地听着其他同学分享观点，并在适当的时候点头表示理解和认同。

随着讨论的深入，小云感到自己已经熟悉了话题，觉得也有了一些可以贡献的观点。他决定发言，提出了一个自己的观点，吐字清晰、逻辑严谨。说完后，他小心地观察着周围人的反应，发现几个人点头表示赞同，这让他感到放松，并继续参与讨论。随着时间的推移，小云逐渐变得更加自信，他开始主动提出问题，并在小组讨论中扮演了更积极的角色。

戈夫曼的拟剧理论强调了人际交往中的角色扮演和自我呈现。小云通过演绎一个他所期望的角色，在别人面前成功地呈现了一个自信、聪明的形象，而这一切都建立在他对社交场合的深刻理解和细致的行为管理上。每个人都在生活的舞台上扮演着不同的角色，而我们如何呈现自己，往往决定了我们在人际互动中的成功与否。

几十年来，传播学者们一直在探索身份如何影响个人的幸福感和人际关系。在当今复杂的社会中，身份问题尤其突出。由于社交媒体的广泛使用，个人的公共自我和私人自我之间的界限越来越模糊。为了管理不同身份角色之间的差异，人们会采用各种策略来管理他人对自己形成的印象。

印象管理，从严格意义上讲，不属于一个明确的理论，而是一个理论建构，其范围包括人际传播中的自我呈现与社会身份维持。一个人进行印象管理的最终目的是控制他人的行为，尤其是他人如何应对自己。印象管理这一专有名词，看起来像是隐含了个人刻意的展示或者操纵；但需要强调的是，传播学者在探讨和研究印象管理时，不是将其看作刻意的、负面的或者带有操纵性质的，而只是用它来客观地指代个人在与他人互动时所呈现的形象。

自我呈现最早可以追溯到戈夫曼在《日常生活中的自我呈现》中的论述，他认为，个体的身份认同是动态的，而不是稳定的，是通过相互作用而不断形成、重塑和管理的（Goffman，1959）。身份管理是一个复杂的过程，涉及个人对多重身份的理解与展现。日常生活中，一个人可能会扮演许多角色，例如“友善的朋友”“勤奋的学生”和“乐于助人的员工”。当与同一个人互动时，他也可以表现出不同的身份，例如在恋爱关系中，一个人可能会在不同的身份之间转换，包括爱人、朋友、照顾者和商业伙伴。一个人在一生中，需根据环境的不同，管理不断变化的各种身份。

戈夫曼区分了社会自我（公共自我）与私人自我。在他看来，每一个个体都由无数种特质组成，我们的习惯、举止、态度、个性、兴趣、爱好、价值观、能力、需求、家庭、文化都定义着自我。在公开场合与他人互动时，通常不能随时展现私人自我，而应根据情境，选择最贴近此类场合的社会自我展示给别人。在日常生活中，我们可能常常会忽略自我呈现，但是在重要的场合或者个人身份变得很重要的情况下，例如面试或者相亲，自我呈现的重要性就会被凸显。

我们在与他人的互动中，时时刻刻都在展现社会自我，比如在工作中主持会议时，作为学生上课时，与父母交流时，面对恋人时，等等。虽然不同的社会、文化、传统与习俗对于符合社会规范的行为有不同的定义，但不可否认的是，人们会在自己所处的文化与社会框架下，策略性地管理自己呈现出来的、符合特定环境的形象。

一、面子理论与拟剧理论

戈夫曼关于自我呈现研究的最大特点，在于将个人放置于社会情境下进行考量，而不是仅仅把个人视作独立的个体。在人际互动中，戈夫曼区分了两种信息行为：一种是有意的信息传递［又译言语信息，即给出的信号（signs that are given）］；另一种是无意的信息传递［又译非言语信息，即流露出的信号（signs that are given off，英文的原意带有出卖的意思）］。虽然言语信息也可以被有意识地用来呈现自我，但非言语信息一般被认为是更重要的。两类信息相比，我们一般认为非言语行为要比言语行为更难以控制，也会认为互动中的非言语信息甚至有时比言语信息更准确或更可靠。就比如在判断他人的意图或者他人是否撒谎时，我们会更关注对方的表情和肢体语言。

面子理论（face theory）关注人际互动的两个方面：第一个方面聚焦个人构建公共形象的动机与方法；第二个方面关注在失去公共形象或面子受到威胁的情况下，个人如何保持或恢复面子（Goffman，1955）。戈夫曼采用将对日常交际的描述与批判分析相结合的社会学分析方法，使用剧场和戏剧的隐喻解释人际互动，以及面子如何被建构、保持和丧失。在他看来，人际互动的过程就像是剧场的演出，每个人都是演员，在不同的场景中，人们扮演成各种角色，使用各种道具，说着各自的台词，来完成一幕一幕的表演，试图创造出一种理想的公共形象。

社会互动的过程，本质上就是个人为了适应各种情境、场合而进行的协作式的表演。戈夫曼认为个人的表演是被有意或者无意设计出来的，用来展示给他人，展现出来的是一种理想化的、公共的“自我”，伴随着展示的行为被称为“角色”或者“程序”。在特定情境下，他人还会充当观众、观察者或者剧团成员（Goffman，1967）。此外，戈夫曼还区分了前台（表演发生的地方）和后台（存放表演道具和做表演准备的地方）。前台包括布景（例如教室、餐馆中的各种陈设）和个人面貌（例如表演者的外表、行为举止）。后台是为表演做准备的地方，比如家、办公室、员工更衣室或者休息室，人们一般在此类地方为工作、上学或社交等做准备。

结合拟剧理论，戈夫曼将面子定义为个人为自己争取的、有效的且肯定的社会评价（Goffman，1967）。面子是公共的自我形象，也是一种自我表演，我们通过自我形象建构来影响或者管理他人如何看待我们，而理想化自我呈现的结果，就是我们获得了面子。面子被他人认可，我们就会感觉良好；面子被质疑，我们就会感到尴尬和难堪。

其中，获得面子的一种方式是维护他人的面子。比如，戈夫曼提出的“表达性的礼节”就隐含了面子的互惠性，即人人都爱护和在意自己的面子。如果我们不维护他人的面子，就不能期待他人维护我们的面子。这种面子的互惠性深深地扎根于人类社会，看到别人丢面子而无动于衷的人，会被认为是冷漠的；反过来说，毫不在乎自己丢面子的人，也会被认为是无耻的。虽然对于面子的感知在不同的文化中有不同的含义，但是面子的互惠性普遍存在于各种文化和各种社会形态中。

角色扮演的失败或者丢面子会让人陷入窘境，当丢面子的情况发生时，人们会采用面子工作来修复或者维护自己或他人的面子。有人会采用自嘲的方式化解尴尬，也有人会采取其他更为复杂的方式来恢复面子，例如解释、道歉、回避甚至进攻性行为。预防性的面子工作，是指为自己或者他人可能的丢面子行为而做的预防性措施，比如尽量不在公开场合发言，或者发言时先说“我说的有可能不对，但是……”。针对他人，我们有时会在批评对方之前先照顾对方的面子，比如先说一些正面的评价，例如“我知道你很努力，但是……”。此外，还有纠正性措施，具体指在丢面子之后采取的恢复面子的行为，比如迟到之后的道歉或者解释。

生活中的人际传播

在一次家庭聚会上，王强在讲笑话时调侃了一下他的亲戚李叔，开玩笑说李叔肯定不喜欢自己直率的领导风格。王强没有意识到，李叔一直注重自己的长辈形象和尊严，他话语中的玩笑让李叔感到尴尬和不悦。李叔没有当场反驳，而是沉默应对，尽量避免冲突。王强则继续自顾自地说话，未察觉李叔的不悦。尽管李叔保持冷静，但他内心对王强的不满可能会在未来产生影响。王强虽然没有立即意识到自己的失言，但事后可能会感到后悔，并在未来更加注意言辞。

这段互动展示了两种不同的面子工作。王强试图通过幽默展现自信，但没有考虑到李叔对面子的需求；李叔则选择沉默以避免冲突。王强的轻率可能影响了他在家庭中的形象；而李叔的面子管理虽然避免了现场冲突，却也让他内心感到被冒犯。适当的自我展示和尊重他人面子的平衡，对于维护良好的人际关系至关重要。

二、自我呈现的目标

在日常生活中，人们自我呈现的动机在于控制和管理局面，这种对印象的控制和管理符合我们与他人交往时的最大利益。印象管理可以帮助我们实现对交往情境的控制，同时也能确保我们得到自己认为应该得到的待遇。印象管理的对象，其实就是公共自我，或者说面子，而这种公共自我和面子，只有在与他人的交往或互动中才能展示出来。

每个人期望呈现的理想自我都不一样。有的人希望自己看起来更有能力，有的人希望自己看起来更讨人喜欢，有的人希望自己看起来很有威严。不管理想自我有多少种，自我呈现或印象管理的最终目标都主要包括四种类型——展示社交能力、建构身份、保护印象完整性以及恢复印象完整性。

展示社交能力是自我呈现的第一大目标。当社交能力被充分展现和发挥时，人们就不太会为了维持社会身份而做出额外的努力。社交能力的展示能确保我们对所在的场景、情境、关系进行解读，并且能够采用符合社会期待和他人期待的方式进行自我呈现。作为参与互动的双方，人们需要展示出彼此的社交能力，来维护本人与他人的面子。

除了展示社交能力之外，有时人们会刻意地建构一种身份，这是第二大目标。比如，在开会时，我们希望别人觉得我们是准备充分、专业并且自然的。初次和他人见面时，我们希望对方认为我们是有趣的、讨人喜欢的。在职场中，我们希望领导认为我们是勤奋、努力和高效的，希望同事认为我们是乐于助人和谦虚的，希望客户认为我们是有能力、替他人着想的。为了达到身份建构的目的，我们会对展演的情景进行仔细分析与解读，确定最适合展现的形象，制定自我呈现的策略并执行。达到建构身份目的的关键就在于，表演者一方面要监控自己创造出的印象，另一方面要时刻关注基本社交能力的展示。

自我呈现的第三大目标，即保护自我呈现印象的完整性。虽然面子有互惠性，但在实际互动的过程中，没有哪一种自我呈现是完美的，人际互动对自我面子和他人面子的威胁也是常在的，有时甚至是竞争性或者冲突性的。保护自我呈现印象的完整性，就要求人们在互动中随时关注对于自己面子的潜在威胁，并且能够避免或者减少威胁。在这种情况下，预防性的策略就可以发挥作用。

如果减少面子威胁的努力不成功，人们就会想办法实现最具有挑战性的自我呈现目标，即恢复自我呈现印象的完整性，这是第四大目标。一旦发生了威胁面子的情况，人们就要努力尝试恢复性的策略，比如提供解释，否认恶意，重申自己的道德品质，表示对行为的懊悔以及对对方的歉意，等等。

三、自我呈现的策略

常见的自我呈现策略有四种，分别是戏剧化、理想化、误导化（误传）以及神秘化（Goffman，1959）。

戏剧化是四种自我呈现策略中最具有社会属性的，主要是指扮演社会角色的演员的关键技巧及其特殊性在“当下”（符合社会角色的情境中）表现出来。这一策略适用于各类具有专业分工属性的社会角色，比如律师、医生、维修工人等。在凸显某一角色特征的社会情境中，人们的行为要符合这种社会角色。比如，律师在法庭上要表现得自信，要展示自己对法律的熟悉，以及在某一领域的经验；医生问诊时要表现出对患者个人情况的关心以及自己针对某一类疾病的专长；维修工人在上门维修时要装备齐全，身着制服，还要展现出自己灵活的动作和处理类似问题的经验。对戏剧化的自我呈现最大的威胁，来源于表达与行为的不一致性。比如，医生一方面表示自己经验丰富，但是在问诊的过程中拿错了听诊器；维修工人声称自己擅长修理水管，却搞错了水管连接的方向。这种表达和行为的不一致，会导致他人对戏剧化的自我呈现产生质疑。

理想化的自我呈现是指符合社会期待的自我呈现。在社会互动或交往中，人们总是倾向于迎合符合社会期待并得到承认的价值，虽然很多人并不具备类似价值。理想化具体可以分为两种情况，一种是积极的（正面的）理想化，另一种是消极的（负面的）理想化。积极的理想化是指，人们在社会交往中用积极或正面的方式呈现自我，比如表现出自己是聪明的、有教养的、富有的、经历丰富的。消极的理想化是指，人们在社会交往中用消极的或者负面的方式呈现自我，比如在工作中向领导或者同事示弱，以逃避工作任务，或者在浪漫关系对象面前表现得笨拙、单纯，以获得对方的好感和关心，或是衬托对方的聪明和有能力。使用理想化策略时，人们还会进行受众细分，有选择性地进行自我呈现。例如在工作中，面对上级表现出能力强和效率高，面对同事则表现出谦虚、谨慎或能力有限。有时候，人们宣称自己对某事付出了太多或者太少的努力，也是一种理想化自我呈现的策略。比如承认自己对工作付出了太多努力，可以得到领导的赏识；承认自己在考试之前压根没有做准备，可以淡化考试成绩差对我们面子的威胁。

误导化（误传）的自我呈现是指演员没有权利去扮演某个角色。诚然，每个人都在进行各种各样的自我呈现，每个人也都是自我呈现的评价者，并且熟知自我呈现的动机和方式，深谙自己自我呈现的目的和策略，这就有可能促使我们怀疑他人自我呈现的真实性；但实际上，我们对他人的自我呈现是否真实并没有那么在意，我们更在意的是他人是否有权利去扮演。比如，骗子会假装自己是某公司的销售员或执法人员，骗取别人的信任或者钱财，而他这种误导化的自我呈现越接近于真实，别人受到的伤害可能就越大。我们对于他人误导化的自我呈现有两种常见的态度：如果我们认为对方刻意或者带有恶意地进行假扮，就会非常反感；如果对方试图通过假扮的方式隐藏社会缺陷（比如隐瞒自己的入狱经历），我们就会认为情有可原。误导化的自我呈现很难被察觉，因为人们在社会交往时，一般会把他人的表现视为真实的。与表演者自己表现出的行为和特征相比，表演者个人不可控的信息或者线索更有可能被当成检查的手段，比如他人的评价可能比自我评价更有价值。

神秘化的自我呈现是指表演者主动限制观众能获取到的信息。一方面，保持距离既能让观众对表演者产生一种敬畏，也可以防止观众对表演者的表演过于熟悉，还可以用来防止表演的中断，甚至可以让观众自行对表演者进行想象和期待。比如有权有势的政治人物或者富豪，会采取神秘化的策略，尽量少地让公众接触到他们的信息。另一方面，公众也能配合表演者的神秘化策略，对他们表达尊敬，并且更好地维护他们的神秘性。比如公众人物在高级饭店用餐时，饭店管理人员和服务人员会尽量表现得克制，对公众人物表现得恭敬，而不是给予过分的关注或引发围观。

四、社交媒体上的自我呈现

（一）社交媒体上自我呈现的策略

社交媒体给自我呈现提供了更广阔的舞台，虽然以上谈到的自我呈现的动机和策略是相对稳定的，但技术可控性和社交媒体的特性带来了更多印象管理的方式与可能性。很多人会策略性地采用社交媒体的各种特性和可供性，甚至会创造性地使用各类特性，从而达到自我呈现的目的。比如专业人士在设置自己的社交媒体主页或者形象照片时，会采用“在当下”的方式进行戏剧化的自我呈现，例如医生会使用自己穿白色医用工作服的照片作为社交媒体头像，教师会在社交媒体上发布自己在教室上课的照片，音乐家也会发布自己正在练习的曲谱或者弹奏乐器的视频。

社交媒体上的自我呈现也会有理想化的特征。比如刚生育的父母会在社交媒体上展示自己和新生儿之间的亲密无间，甚至半夜起来照顾新生儿的行为也会被作为理想化的自我呈现发布在社交媒体上。也有人会在社交媒体上扮演和展示各种“人设”，例如表现自己的富有（“炫富”）、表现自己的自律（发布健身视频或照片）、表现自己工作努力（发布夜晚走出办公室的照片）等等。

社交媒体的特性和可供性还给理想化的自我呈现带来了更多的方式。社交媒体的点赞功能和标签功能，可以被用户用来作为自我呈现的方式，比如通过给喜欢的影视作品点赞来彰显自己独特的品位。社交媒体还提供了受众细分的可能性，比如可以控制社交媒体发布的内容对谁可见，或通过分组来进行内容控制和受众细分，这样用户便能进行选择性的自我呈现。例如，加班的照片对上级可见，和朋友泡酒吧的照片对上级不可见。通过受众细分，可以避免自我呈现的角色出现不一致。

也有研究关注文化差异与自我呈现的关系，通过对在美中国旅居者的社交媒体使用情况进行问卷调查，发现了关系动机对自我呈现策略的跨文化逆反效应（杨恬，张放，2021）。具体而言，在中国社交媒体平台上，旅居者维持国内关系的动机主要驱动积极主动型的自我呈现策略；而在美国社交媒体平台上，发展与美国人关系的动机则主要驱动保护防御型的自我呈现策略。还有学者关注“土味视频”，探讨其在当代社会中的文化“表征”与“超越”现象，认为“土味视频”不仅反映了特定群体的文化身份和社会地位，还在一定程度上挑战和超越了传统的文化界限，体现出复杂的社会心理和文化动态（宋巧丽，田辉，2022）。

误导化的自我呈现在社交媒体上更容易实现，比如有人会设置不同的社交媒体主页去结识他人。但也有人利用社交媒体的特性进行欺骗。比如媒体上报道的“杀猪盘”，就是用误导化的自我呈现，例如装扮成更易于接近的好人去骗取他人的信任，从而获得不当利益，甚至进行诈骗。

（二）社交媒体上的积极性偏差

此外，社交媒体上的自我呈现还会出现积极性偏差，即人们在社交媒体上发布的信息具有积极性的特点，用户更倾向于表露积极和正面的情绪，而不表露消极的、负面的信息，甚至在社交媒体上呈现负面的情绪会被认为是偏离社会规范的行为。有研究发现，社交媒体上公开发布的状态更新中表达正向情感语言的使用率，要超过私信中表达正向情感语言的三倍（Bazarova et al.，2013）。考虑到自我呈现中表达情感的正面性或者负面性，以及自我呈现的关注点是在个人还是他人，人们选择的交流渠道也会有所差异。如果马上要进行的人际互动可能会对本人的自我呈现造成负面影响，比如向他人坦白或者道歉，那么人们更多会选择电子邮件或者一对一私信的方式。如果马上要进行的人际互动可能会对他人的自我呈现产生正面影响，人们就更愿意采用公开的方式，比如在群聊里发布赞扬或者恭喜他人的信息。

（三）社交媒体与自我呈现的元感知

元感知（meta-perception）指的是人们对自己给别人留下的印象的感知（Kenny & DePaulo，1993）。用通俗的语言来说，元感知就是指我们认为别人眼中的我们是什么样的。例如我们时常会想，别人会不会认为我是笨蛋，别人会不会觉得我是个好人之类的问题。虽然元感知在面对面交流的情境中也存在，但是社交媒体的特性会对社交媒体上自我呈现的元感知造成系统性的影响。有关社交媒体上元感知的研究聚焦于三个问题：一是社交媒体用户认为别人眼中的自己是什么样的，二是人们认为社交媒体上呈现的自我和真实的自我是否一致，三是社交媒体上的自我呈现对何种特质进行了夸大。

社交媒体的可编辑性、非共时性、受众细分等特征都可以为人们进行策略化、选择性的自我呈现提供更多可能。一方面，社交媒体的公开性和开放性在很大程度上促使人们以积极的方式进行自我呈现；另一方面，社交媒体的积极性偏差也会导致人们认为社交媒体上呈现的自我比实际的自我更加积极，但是还没有达到理想化自我的程度。简而言之，在积极性方面，理想化的自我既大于社交媒体上的自我，又大于实际的自我。

此外，人们还认为他们在社交媒体上公布的个人资料，在某些方面是优于实际的自我的，例如有趣、外向、爱冒险等；在某些方面与实际的自我一致，比如有创造力、外表有吸引力等；而在另一些方面，社交媒体上呈现的自我不如实际的自我，例如聪明、礼貌和可靠等特质。如果社交媒体上出现了关于自我的负面信息，人们则倾向于把负面的形象归因于好友在社交媒体上发布的内容（Toma & Carlson，2015）。

思考题

1. 什么是印象管理？为什么它在人际交往中很重要？

2. 在不同的社交场合中，个体如何有策略地向他人展示自己？

3. 文化规范和期望如何影响印象管理策略？如何看待印象管理方面存在的文化差异？

4. 社交媒体在印象管理中扮演了什么角色？人们如何通过策划在线角色来创造特定的印象？

5. 印象管理是否有伦理层面的规范？印象管理能被认为是操纵或欺骗吗？

6. 印象管理如何帮助个人驾驭社会互动并实现其人际目标？它能促进还是阻碍信任和亲密关系的发展？

实践训练题

李佳和陈涛是同一家公司市场部的同事。李佳是一个非常注重形象的人，总是精心打扮，言辞得体，努力给同事们留下良好的印象；而陈涛性格直率，常常打扮随意，言辞直白，显得不太在意他人眼光。最近，公司举行了一次重要的业务汇报会议，李佳和陈涛都参与其中，并且负责不同部分的内容展示。

在汇报前，李佳精心准备了一份发言稿，并在上台前仔细检查了自己的着装和措辞，力求在同事和领导面前展示出专业与自信的形象。陈涛则认为自己只需要专注于内容，不必过于在意外表和言辞，因此他在汇报时穿着休闲装，讲话也没有过多修饰，直接表达了自己的观点。

汇报结束后，李佳得到了领导和同事们的赞扬，认为她非常专业，给人留下了深刻的印象；而陈涛表现得较为随意，有些同事私下里对他的“轻松”态度产生了些许疑问，认为他对这次汇报不够重视。

1. 根据本节的内容，分析李佳和陈涛在这次汇报中的自我呈现和印象管理策略。李佳如何通过外表、言辞和行为管理自己的形象？陈涛又是如何通过自我呈现影响他人对他的看法？请结合具体行为分析他们的印象管理策略。

2. 李佳和陈涛在这次汇报中的印象管理方式如何影响他们在公司中的形象和人际关系？如果李佳没有那么注重形象，是否会影响别人对她的评价？同样，如果陈涛更加注重细节和外表，是否能改善他与同事的互动？

3. 根据印象管理理论，提出两条建议，帮助李佳和陈涛在未来的职场沟通中更好地管理自己的印象，平衡专业性和自我表现，以达到更好的工作效果。

要点小结

- 印象管理
  - 身份管理——控制他人对自己形成的印象
  - 自我呈现
    - 动态过程
    - 多重身份管理
    - 在不同情境下展现不同身份
  - 戈夫曼
    - 社会自我与私人自我
    - 社会自我在社交互动中的呈现
  - 面子理论与拟剧理论
    - 面子建构、维护和恢复
    - 人际互动中的面子
  - 自我呈现的目标
    - 展示社交能力
    - 建构身份
    - 保护印象完整性
    - 恢复印象完整性
  - 自我呈现的策略
    - 戏剧化
    - 理想化
      - 积极
      - 消极
    - 误导化
    - 神秘化
  - 社交媒体上的自我呈现
    - 更广阔的舞台
    - 专业化、理想化和误导化的表现
    - 灵活选择展示内容与受众
    - 受众细分
  - 社交媒体上的积极性偏差
    - 积极和正面情绪的展示
    - 消极和负面内容偏离社会规范
  - 社交媒体与自我呈现的元感知
    - 影响自我形象感知
    - 别人眼中的印象
    - 优于实际自我
    - 未达到理想化自我

第三节 印象形成

每天学点人际传播

李娜是一名新加入公司的市场营销经理，最近在工作中表现出色。为了提升自己在业内的影响力，她决定在社交媒体上打造自己的专业人设，尤其是通过职业网站建立专业形象，分享一些业内的营销文章和个人心得。她的目标是吸引同行业内的专家和潜在客户的关注，并扩展自己在业界的社交关系网络。李娜发布了各类内容，包括行业趋势、市场分析以及一些职场经验分享。她的帖子内容通常精简且富有深度，配有适当的图表和数据分析，旨在传递她的专业性。起初，李娜的朋友和同事看到她的分享时，觉得她是在做“常规的社交媒体活动”，并没有太多关注。然而，随着李娜的坚持，一些行业领袖和专家开始关注她的帖子，并在评论中表示了肯定和提出了建设性意见。李娜的帖子逐渐获得越来越多的点赞和转发，她开始在业内逐步建立起自己的“专家”形象。

在这个过程中，李娜的社交媒体形象逐步通过印象形成的四个环节被构建出来：首先，她的行为——发布专业内容和定期更新帖子——引起了潜在关注者的“注意”；其次，受众对李娜的行为进行了“解释”，认为她是一个市场营销领域的活跃参与者，并且分享的内容具有深度和有价值的见解；再次，受众将李娜的行为解释为其“专业性”或“职业精神”的持续；最后，受众会根据形成的印象来评价李娜的专业水平，以及是否值得与她在职业网络中建立更紧密的联系。

作为人类社会中的一员，个体几乎时时刻刻都在对自己和他人的心理属性做出判断。这些心理属性既包括个体对自我的认知，也包含其对他人的印象，还包括情绪、态度以及有关真实性的判断。其中，广受人际传播研究者关注的现象就是印象形成。印象是指个体脑中形成的针对他人的形象，包括对一个人的身体特征、个性、社会角色、行为模式的描述。印象形成就是个体对他人形成了解的心理过程。虽然印象形成主要属于心理学的研究范畴，但它发生在人际传播的过程中，所以人际传播学者也对印象形成这一研究主题给予了极大关注。

印象形成研究受到了20世纪二三十年代德国格式塔心理学运动的启发。格式塔心理学家认为人们积极努力地去理解他们周围的世界，这一观点与当时以美国为主的学习理论家形成了鲜明对比，学习理论家认为人是对环境的被动反应。格式塔主义对于印象形成有一个经典的隐喻，即将观察者看作天真的科学家（naïve scientist），他们观察他人的行为，进行推断，然后形成对他人的印象。这个隐喻暗示，就像科学家做研究一样，我们对一个人形成印象，是因为我们想理解这个人，而形成的印象就像科学家形成的理论所起的作用一样。科学理论试图描述、解释并预测和控制现实世界的事物。类似地，印象既提供了对一个人的行为和外表的描述，也提供了对这个人的性格和角色方面的行为解释；印象既能预测他人未来的行动，又能设法控制何时以及如何与他人互动。

一、印象形成的四个环节

以最简单的双人社会交往为例，观察者对观察目标形成印象的过程可以分成四个环节。第一，观察者观察目标的行为；第二，观察者认为目标的行为事出有因；第三，如果观察者对于目标行为的解释是某种持续或永久的特征，就会对目标形成相应的印象；第四，观察者用形成的印象来评价目标（Kenny，1994a）。

印象形成的第一个环节是对行为进行观察。这里要注意，不是观察目标的每个行为都值得被观察或被用来形成印象。一般来说，特殊的、反常的或者负面的行为会受到更多的关注。行为观察可以被分成两步，第一步是分组，这涉及把目标连续的行为划分成适合形成印象的认识单元。认识单元可大可小，会受观察者对观察行为的既有知识的影响，比如有经验的人力资源管理人员（观察者）能将面试者（观察目标）的行为拆分成几个大的部分，而没有经验的人员可能会事无巨细地对面试者进行多方面的观察。此外，认识单元的划分还会受观察目的的影响。如果观察的目的是回忆观察目标的具体行为，那认识单元的划分就会更细致；如果观察的目的是形成印象，那么认识单元的划分就会更粗略。

行为观察的第二步是贴标签。贴标签的说法形象地说明了我们如何使用语言给行为赋予情感色彩。对于同样的行为，比如面试过程中面试者提出的与面试官不同的看法，观察者既可以将其描述为正面的，即“有独立的思考能力，敢于提出异议”；也可以描述为中性的，即“提出了不同意见”；还可以描述为负面的，即“标新立异（讽刺），固执己见”。贴标签的过程也会受到个人特征、情绪或当下情境的影响。贴标签的过程对于后续形成的印象有重要影响，具体可以用首因效应（第一印象的重要性）来解释。

印象形成的第二个环节是行为归因。在第一步观察的基础上，观察者会对观察目标的行为进行归因，判断行为产生的原因是内部的还是外部的。归因的具体过程可以参考本章第一节关于归因理论的介绍。简而言之，如果观察者启用外部归因，就会认为目标的行为是情境或者环境因素造成的，就不会形成对目标的印象；如果观察者认为目标的行为是目标的性格或者个人特征导致的，就会形成对目标的印象。

印象形成的第三个环节是观察者形成对目标的印象。在观察者对目标的行为完成了归因之后，就会形成对目标性格、品质以及其他个人特质的印象。归因的过程还会造成额外特质的附加，比如我们一旦认为某人具有某种特质，就会倾向于把类似的特质也附加于对方。心理学中的光环效应常常被用来解释积极和消极印象的形成。在 20 世纪五六十年代提出的心理原型理论也有类似论断，即人们会对一定职业或者特征的人形成类型化的印象。比如人们倾向于认为执法人员是严肃、严谨的，青少年是具有反叛精神的，律师是能言善辩的。

印象形成的最后一个环节是对目标进行评价。一般来说，对目标的整体评价是对印象中特定属性进行评价的结果。如果观察者对目标形成的各种印象总是积极的或者消极的，那么整体评价也会如此。印象形成还会受首因效应的影响，观察者对目标新的行为的解释以及印象的形成会受第一印象的影响，这也可以用来解释刻板印象的形成。

二、人际感知的基本问题

人际传播的双方进行互动时，互动的过程和结果都会影响双方对自己和对方的印象（Kenny，1994b）。在人际传播过程中，一般会涉及以下几类印象：自我印象、他人印象、元印象（元感知）、实际心理特征。举例来说，A 同学在和 B 同学聊天，如果我们以“观察者（观察目标）”的形式来表示形成印象的主体和对象，那么这两人在聊天过程中可能会形成的印象包括：

（1）自我印象：A（A）与 B（B）——A 对 A 自己的感知与 B 对 B 自己的感知。

（2）他人印象：A（B）与 B（A）——A 对 B 的感知与 B 对 A 的感知。

（3）元印象：A［B（A）］与 B［A（B）］——A 认为 B 怎么看待 A 自己与 B 认为 A 怎么看待 B 自己。

（4）实际心理特征：A 与 B——客观上 A 与 B 的实际心理特征。

根据人际传播中会涉及的以上几种印象，人际感知研究主要关注以下九大类问题（见表 3－2）：

表 3－2　人际感知研究的九大问题

问题	人际印象的类别	公式	例子
问题 1	同化性	A(B)＝A(C)	在 A 看来，其他人是否相似？
问题 2	一致性	A(B)＝C(B)	他人对 B 形成的印象是否一致？
问题 3	独特性	A(B) vs. A(C)， A(B) vs. C(B)	A 认为 B 是否独特？
问题 4	互惠性	A(B)＝B(A)	A 和 B 对彼此的印象是否类似？

续表

问题	人际印象的类别	公式	例子
问题 5	目标准确性	A(B)=B	A 对 B 的印象是否准确?
问题 6	假定互惠性	A[B(A)]=A(B)	A 认为的 B 对自己的印象是否与 A 对 B 的印象类似?
问题 7	元印象准确性	A[B(A)]=B(A)	A 认为的 B 对自己的印象是否与 B 对自己的实际印象一致?
问题 8	假定相似性	A(A)=A(B)	A 对自己的印象与 A 对 B 的印象,在多大程度上一致?
问题 9	自我与他人一致性	A(A)=B(A)	A 对自己的印象是否与 B 对自己的印象一致?

人际印象形成的研究和理论建构主要围绕以上九大问题展开。需要注意的是,以上九大问题并不是各自独立的。在某些情境下,对于某类问题的假设会排除其他问题存在的可能,例如,如果对他人的印象能够达到完美的一致,那么同化性或者独特性问题就不存在了。在另一些情境下,对于某类问题的假设会隐含着另一类问题,比如人际印象的互惠性和假定互惠性,就隐含着元印象准确性。

社会关系模型(social relations model)是被广泛用于研究人际印象形成的模型(Back & Kenny,2010)。在使用社会关系模型时,通常涉及多名观察者对多个目标进行观察以形成印象,同时每一个目标也会被多名观察者审视。社会关系模型除了考虑个人层面上的观察准确性外,还会考虑到关系的因素。比如 A 认为 B 是一个很挑剔的人,可能是因为大家都认为 B 很挑剔;也可能是因为 B 在和 A 单独交流的时候,给 A 留下了很挑剔的印象。

在人际印象形成研究领域,已经有了大量的实证研究围绕以上九大问题展开。比如人际印象的同化性已经得到了验证,即人们确实认为其他人之间看起来比他们实际上要更类似。同化性在一定程度上也验证了人际印象中的刻板印象,比如一个人如果觉得其他人都很自私,那么他自己以及他生活中的重要他人大概率是自私的。

关于人际印象形成的一致性,研究发现,只有在心理学人格测量中的外向性上才能够观察到较高的一致性(Paulhus & Bruce,1992)。并且,外向性的判断在人际交流的初期很容易形成,并且基本能维持稳定;即如果一开始接触某人时就觉得对方很外向,那么大概率会一直觉得对方是个外向的人。

在人际印象形成的独特性方面,研究发现,不同的人对同一个目标,通常会各自形成非常独特的印象。比如恋爱中的情侣,其中一方对另一方的印象肯定与别人对另一方的印象有很大差异;即便对于同样的行为,不同观察者的解读也不一样(Kenny,1994a)。此外,与只是点头之交的关系类型相比,陌生人之间和好友之间,更容易形成独特的印象。

生活中的人际传播

张强是一名新入职的项目经理，刚刚加入一家知名的IT公司。在公司里，张强首先与项目团队的成员召开了一次正式的介绍会。张强在介绍会上表现得非常自信、直接，讲解了自己过去的项目经验和领导风格，给大家留下了良好的初步印象。团队成员对他表示欢迎，并且对张强的能力充满期待。然而，在接下来的几天里，张强在与团队成员的互动中表现出了一些与初次见面时的形象略有不同的特质。比如，他在团队内部的会议中有时显得缺乏耐心，甚至偶尔表现出焦躁的情绪，这种表现显然不符合他最初所展示出的冷静、果断的形象。虽然这些负面的行为并不常见，但它们打破了团队成员对张强最初的印象，并使得团队成员对张强的印象开始变得复杂。这种新出现的行为赋予了张强独特性，因为他的人际印象不再是单一的专业形象，而是多维的、带有某些矛盾的特质——既自信又有些情绪化。团队成员开始在对张强的判断中融入这些新的信息，这使得他的人际印象不再具有一致性，而是更加独特和复杂。

然而，尽管张强偶尔会表现出焦虑和不耐烦，团队成员仍然倾向于将这些行为与他的总体专业形象相结合，认为只是暂时的情绪波动，而不是对他性格的全面反映。在之后的几次团队合作中，张强持续展现出专业的工作能力，并通过合理的决策和领导力赢得了团队的信任。因此，团队成员对张强的最终印象逐渐趋于一致，即他虽有时显得焦虑，但总的来说，还是一个非常有能力的领导者。这表明，尽管张强的某些行为显得与最初的形象不完全一致，但他的专业能力和领导力的展现最终让团队成员对他的整体印象保持了一致性。

在上面这个例子中，张强的行为首先给团队成员留下了一个专业、冷静的印象，这种初步印象与他后来的行为产生了一定的冲突，使得团队成员对他的印象呈现出独特性。但随着时间的推移，团队成员逐渐将他的行为与他整体的专业能力和领导力相结合，最终对他形成了一致的、积极的印象。人际印象的形成不仅受到初次表现的影响，还随后续行为和情境变化发生调整，而一致性和独特性的平衡能帮助我们更全面地理解他人的形象。

在互惠性和假定互惠性方面，首先在个人层面，互惠性只体现在宜人性上，即如果一个人认为别人很随和，那么别人也会认为他很随和；其次在关系层面，如果关系的双方中有一方喜欢另一方，那么另一方也会有很大概率喜欢他/她。而假定互惠性仅存在于人际喜欢的层面，即如果一个人认为某个人喜欢他，那么很有可能他也会喜欢对方（Kenny & DePaulo，1993）。

目标准确性判断的难点在于目标的真实性格衡量，所以在衡量准确性时，大部分研究都采用先让观察者对目标的行为进行观察再评价的方式。准确性判断一般分成两个维度：一种是综合准确性，另一种是一对一准确性（Kashy & Kenny，1990）。综合准确性指的是对一个人和大多数人交往时的行为的预测，而一对一准确性指的是对其和特定对象交流时的行为的预测。实证研究的结果表明，观察者在大多数情况下都能形成对目标的准确印象。

元印象准确性和目标准确性类似，也可以被分为两种类型：一种是综合元印象准确性，即一个人在多大程度上能准确判断大多数人怎么看待他；另一种是一对一元印象准确性，即一个人在多大程度上能准确判断一对一交流的对象怎么看待他。研究结果表明，综合元印象要比一对一元印象更准确，尤其是在人际印象一致性的前提下，因为大多数人依赖自我感知而不是他人的反馈来形成综合元印象（Kenny，1994b）。

最后，关于自我感知和他人感知的差异，有研究发现，人们会进行自我提升，即人们都认为自己比别人强。同化效应可能会影响自我感知，即如果一个人很自私，那么他可能会认为其他人也很自私。甚至人际关系的亲密程度还会加强这种自我感知，即与一个人关系越亲密，越认为其与自己类似（Kenny & Albright，1987）。此外，自我感知还涉及别人怎么看自己与自己怎么看自己的差异。针对这个问题的研究对其他社会科学的理论也具有启发性，比如象征互动论就认为，个人对自我的认知都来源于他人。

三、中介化的印象形成：担保理论与透镜模型

中介化的印象形成，主要是指通过媒介这一中介来形成印象。这一类理论和研究的共同点在于，把媒介的特征纳入对印象形成的考量。早期的研究主要聚焦以电话和电视为中介的印象形成，互联网技术和与之相关的应用兴起之后，相关研究也拓展到了以计算机为中介的印象形成，以及后来的社交媒体印象形成。

（一）担保理论

上一节的印象管理主要从信息发出者的角度对互联网和社交媒体的特性进行了讨论，这一节主要从印象形成的角度讨论信息接收者如何判断他人自我呈现的真实性与可靠性。基于互联网技术的在线平台以及社交媒体，给用户提供了隐藏自己真实身份的能力，担保理论（warranting theory，又译确证理论）就聚焦于解释人们如何利用和评价网上的信息，从而形成对他人的印象（Walther & Parks，2002）。

担保理论认为，人们在评估网络上的信息时会根据信息的合理性和可信度，给不同的信息赋予不同的价值，从而形成对他人的印象。在互联网平台或社交媒体上，我们会遇到形形色色的他人，会对他人形成中介化的印象。为了形成印象，人们会参考各种类型的信息，不同的信息具有不同的担保价

值，即信息在多大程度上不受目标的操纵或控制。目标对信息的控制程度越高，信息的担保价值就越低，对印象形成的影响就越小。比如，社交媒体上他人留下的对目标的评论，就比目标自己发布的信息更具有担保价值（Flanagin & Metzger，2013）。

信源、目标提供信息的变异性以及他人提供信息的变异性，都会影响信息的担保价值。确定信息担保价值的第一步在于确定信息的来源。一般来说，目标提供的自我主张的担保价值很低，他人提供的信息的担保价值更高（Walther & Jang，2012）。举例来说，电子商务网站上其他用户对商品的评价，就比商家对自己商品的评价更可信。

目标提供信息的变异性也会影响观察者对目标自我主张的评价（DeAndrea，2014）。首先，受众会对目标的自我呈现形成限制。例如，如果目标对自己过去的工作经历或者恋爱经历进行了隐瞒或者虚构，其他受众就会发现其中的不一致，甚至公开指出目标自我呈现的虚假；如果目标对自己的兴趣和爱好进行了虚构，鉴于受众可能不具有此类知识，就无法验证目标自我呈现的真实性。其次，对未来交往的预期也会限制目标的自我呈现。例如，如果线上的关系要转移到线下，或者涉及未来进一步的交往，目标考虑到要对自我呈现进行兑现，就不可能做出太不符合现实的自我呈现。同时，这种对未来交往的预期也会影响观察者对目标自我呈现的担保价值的判断。比如，在网恋的情境下，一旦观察者和目标形成对未来交往的预期，就会对目标的自我呈现形成限制，目标考虑到与观察者未来长期交往甚至见面的可能性，无法使用虚假的图片或者呈现虚假的信息，那么观察者就可以对目标提供的信息做出具有高担保价值的判断（Toma et al.，2008）。

他人提供信息的变异性会影响观察者对他人提供信息的担保价值的判断（DeAndrea，2014）。在有些情况下，他人提供的信息也可能被目标控制和操作。一些共同协作类的网站，例如维基百科，就允许用户编辑他人提供的信息。修改控制是指目标在多大程度上可以参与和控制对信息的修改。观察者感受到的目标对信息的修改控制，会影响其对他人提供信息的担保价值的判断。此外，分发控制，即目标被认为在多大程度上能够控制关于自己的信息被发布在网站上，也会影响信息的担保价值。例如，有些互联网平台虽然不允许用户修改别人提供的信息，但是平台可以选择性地删除或者控制用户生成的内容。再有，当观察者有理由质疑信息源模糊时，信息的担保价值也可能会降低。人们可能会利用在线平台的功能来掩盖自己的真实身份，以达到自私自利的目的。例如，一名政客可能假装成一名关心社会的老百姓，或者一名企业主可能假装成一名普通消费者。信息源模糊就是指观察者对信息源真实身份的不确定。观察者对信息源的真实身份越不确定，就越会怀疑该信息源产生的信息的担保价值。

生活中的人际传播

Alex是一名刚开始在社交媒体上活跃的时尚博主。他通过Instagram发布自己的穿搭分享，并且引用了一些知名时尚品牌和设计师的合作案例。虽然Alex的粉丝基数不大，但他通过分享各种时尚内容，不断强化自己的时尚达人形象。在社交媒体上，Alex通过展示与知名品牌的合作、分享时尚秀场的照片和参加行业活动，使得形象得到了“担保”——这些外部验证信息（如品牌合作、行业活动）为他在粉丝和潜在客户眼中的专业性提供了可信度。相较于单纯的自我推荐，他通过引用外部验证信息使得自己在社交媒体上的形象更具担保价值。

（二）透镜模型

社交媒体是中介化的公众（mediated publics），用户可以通过社交媒体进行自我表达并且从他人的反应中学习（Donath & Boyd，2004）。在社交媒体上，个人的自我介绍、自我呈现都可以被看作中介化的自我展示，并且这种自我展示还伴随着社交媒体上其他用户生成的反馈。社交媒体上的各种功能，例如状态更新、内容发布（文本、图片、视频等），都可以作为符号载体传达一种特定的印象。社交媒体上的各类行为都可以被看作一种特定的自我表现行为，被中介化的公众见证。

在中介化的印象形成研究中，一个常被用到的解释模型为透镜模型（lens model）（Brunswik，1956）。该模型由于其实用性和精准性，常被用来研究人际感知与人际关系。总的来说，透镜模型可以被用来解决以下两大问题：第一，我是谁？第二，别人怎么看我？透镜模型，结合担保理论，可以帮助解决社交媒体印象形成研究中的以下问题，即社交媒体上的哪些线索与目标的实际心理属性相关（线索有用性），观察者使用什么线索来判断目标的性格（线索利用），以及这些线索在多大程度上是一致的（诊断保证）。

在传统的人际传播情境中，透镜模型大多被用于观察物理环境中目标的心理属性，比如目标生活和工作的物理环境（卧室、起居室、办公室等）。典型的研究方式为，在目标不在场的情况下，观察者通过对物理环境的观察来判断目标的心理属性（Vazire & Gosling，2004）。虽然目标不在场，但研究者认为，目标的活动留下了行为残留物，这些残留物在一定程度上也可以暴露目标的性格特征。类似地，在社交媒体上，虽然观察者没有和目标进行直接的、中介化的互动，但是观察者可以通过目标的个人资料、状态更新、照片、个人喜好以及他人对目标的反馈，形成对目标的印象（Hall et al.，2014）。

透镜模型可以用于确定社交媒体上的哪些线索与社交媒体用户的潜在心

理属性有关，哪些线索被陌生人用来形成对用户的印象，以及两者之间的一致性。为了确定哪些线索与用户的性格有关，有研究者让用户进行性格自评，同时对用户个人资料页面的内容进行内容分析，并把社交媒体上的特性分解成离散的线索（Hall et al.，2014）。然后，研究者将用户的性格自评与他们个人资料页面的内容相关联。自评和线索之间的相关性可以体现透镜模型的线索有用性。研究者还招募陌生人作为参与者，让他们浏览用户的个人资料页面，然后评估个人资料所有者的性格。将每一名参与者对每个用户性格的评价进行汇总，当作他人对社交媒体用户的笼统评价。再然后将他人评价与每个用户个人资料页面的内容线索进行相关性分析，他人评价与线索之间的相关性可以体现透镜模型的线索利用。而这两组相关性之间的匹配，就可以被看作诊断保证。

（1）准确性。

首先，在准确性的维度上，透镜模型可以检验观察者对目标心理属性判断的准确性。在实证研究中，准确性是通过目标自我报告的心理属性与观察者形成的对目标的心理属性间的差异来判断的。结论表明，心理属性中的外向性、开放性、尽责性以及幽默感，都可以通过线上的自我呈现得到准确的判断。

其次，观察者在准确性判断上存在个人差异。在比较观察者对目标的心理属性判断结论之后，有研究发现，有的观察者的确能比其他观察者形成更加准确的判断。

（2）诊断线索。

对于印象形成来说，哪些社交媒体上的线索更有效？首先，对多个类似的实证研究进行的元分析表明，有些线索比其他线索有更强的预测能力，并且也能被观察者利用，从而进行更准确的印象判断。比如，社交媒体用户在主页上分享阅读书目、喜欢的音乐以及其他各类内容，可以被用来判断该用户的开放性；所发布照片中的人物看起来很友好，可以说明该用户具有很高的宜人性；社交媒体上拥有的好友数量越多、发布的照片中人数越多以及更多的积极情感表达，都表示该用户具有更高的外向性。

其次，社交媒体上的其他一些线索，虽然本身也具有很高的线索有用性，但是实际上没有被观察者用来形成准确的印象。比如，用户对他人社交媒体主页的浏览和评论，可以表示用户的宜人性，但实际上这个线索没有被利用。类似地，用户有关家庭主题的发言与照片，可以被用来诊断其尽责性，单人的照片可以表明其开放性，但这些线索都没有被利用。

最后，还存在部分线索被误用的情况。比如，观察者会利用社交媒体用户的好友的外向性来判断该用户的外向性，利用具有吸引力的照片来判断其宜人性，利用与政治相关的发言来判断其尽责性，以及利用不活跃的社交媒体使用来判断其神经质倾向。但实际上，类似的线索并不属于准确的诊断线索。

思考题

1. 刻板印象在印象形成中起到何种作用？先入为主的观念如何影响我们感知和评价他人的方式？

2. 肢体语言、面部表情和语调等非言语线索是如何影响印象形成的？

3. 考虑情境因素在印象形成中的作用。情境因素如何影响我们感知他人的方式？

4. 与面对面的互动相比，在线互动，如基于文本的即时通信和虚拟会议，将如何影响印象形成？

5. 回想一下你对某人形成错误印象的一次经历，是什么因素造成了这种误解？

6. 个人如何才能提高对他人形成准确、公正印象的能力？可以使用哪些策略来减少偏见和刻板印象？

实践训练题

李婷和王洁是同一所大学的学生，刚刚成为室友。李婷是一个外向、爱交朋友的人，刚搬进宿舍不久就主动和周围的同学打招呼，参加社交活动。王洁则相对内向，喜欢独自待在宿舍里看书或上网，对社交活动兴趣不大。

李婷在搬进宿舍的第一天，就积极邀请王洁一起参加学校的迎新晚会，并和她聊了很多关于学校和专业的事情。王洁虽然感到有些不自在，但还是勉强答应了她的邀请。然而，晚会开始后，王洁就感觉有些不适应，觉得自己在李婷和她的朋友们中显得格外安静，整晚都处在边缘的状态。第二天，李婷主动和王洁聊了起来，问她昨晚的感受，并提议下次一起去参加其他活动。但王洁仍然感觉自己和李婷的兴趣差异很大，心里有些不安，开始对李婷产生了她“过于热情”的看法。

李婷在接下来的几天里，也一直表现得非常友好，时常和王洁聊天，帮她介绍一些其他的同学。李婷渐渐觉得，王洁虽然不太合群，但人品很好，做事很细心。王洁则开始欣赏李婷的外向和乐观，认为她总是能在任何环境中轻松交到朋友。

1. 根据本节内容，分析李婷和王洁在相识初期如何通过观察目标的行为、对目标行为原因的解释、行为解释的持续性归因、最终印象的评价四个环节，形成对彼此的印象。请结合两人的具体行为分别分析她们在每个环节的表现，并思考可能产生的偏差或误解。

2. 根据人际感知中的互惠性和假定互惠性概念，分析李婷和王洁在这段相识过程中的印象形成是否受到互惠性原则的影响。李婷是否在王洁的行为中看到了对自己的回应（如同样表现出友善）？王洁是否期望回报李婷的友善，进而增加她对自己的好感？

要点小结

- 印象形成
  - 人际交往中的心理过程
    - 自我认知
    - 他人印象
    - 情绪
    - 态度
    - 真实性
  - 格式塔心理学运动的影响
    - 观察者的角色
    - 推断与印象的形成
    - 类比科学家的研究
  - 印象的作用
    - 描述与解释他人的行为和性格
    - 影响未来行动预测
    - 影响与他人的互动方式
  - 形成印象的环节
    - 观察行为
    - 归因行为
    - 形成印象
    - 评价目标
  - 人际感知研究
    - 自我印象
    - 他人印象
    - 元印象
    - 实际心理特征
  - 担保理论
    - 中介化的印象
    - 担保价值
      - 信源
      - 目标提供信息的变异性
      - 他人提供信息的变异性
    - 关系因素
  - 透镜模型
    - 线索有用性
    - 线索利用
    - 诊断保证

参考文献

宋巧丽，田辉．(2022)．“表征”与“超越”：“土味视频”的“区隔”

研究．新闻与传播研究，29（2），58－74，127.

杨恬，张放．(2021). 关系动机驱动自我呈现策略的跨文化逆反效应：基于在美中国旅居者社交媒体使用的实证研究．国际新闻界，43（6），73－97.

Ashforth，B. E.，& Kreiner，G. E.（1999）．"How can you do it?"：Dirty work and the challenge of constructing a positive identity. *Academy of Management Review*，*24*，413－434.

Back，M. D.，& Kenny，D. A.（2010）．The social relations model：How to understand dyadic processes. *Social and Personality Psychology Compass*，*4*（10），855－870.

Bazarova，N. N.，Taft，J. G.，Choi，Y. H.，& Cosley，D.（2013）．Managing impressions and relationships on Facebook：Self-presentational and relational concerns revealed through the analysis of language style. *Journal of Language and Social Psychology*，*32*（2），121－141.

Brunswik，E.（1956）．*Perception and the representative design of psychological experiments*. Berkeley，CA：University of California Press.

DeAndrea，D. C.（2014）．Advancing warranting theory. *Communication Theory*，*24*（2），186－204.

Donath，J.，& Boyd，D.（2004）．Public displays of connection. *BT Technology Journal*，*22*，71－82.

Flanagin，A. J.，& Metzger，M. J.（2013）．Trusting expert-versus user-generated ratings online：The role of information volume，valence，and consumer characteristics. *Computers in Human Behavior*，*29*，1626－1634.

Goffman，E.（1955）．On face-work：An analysis of ritual elements in social interaction. *Psychiatry*，*18*（3），213－231.

Goffman，E.（1959）．*The presentation of self in everyday life*. Garden City，NY：Doubleday Anchor.

Goffman，E.（1963）．*Stigma：Notes on the management of spoiled identity*. Englewood Cliffs，NJ：Prentice Hall.

Goffman，E.（1967）．*Interaction ritual：Essays in face-to-face behavior*. New York，NY：Pantheon Books.

Hall，J. A.，Pennington，N.，& Lueders，A.（2014）．Impression management and formation on Facebook：A lens model approach. *New Media & Society*，*16*（6），958－982.

Heider，F.（1958）．*The psychology of interpersonal relations*. New York，NY：Wiley.

Kashy，D. A.，& Kenny，D. A.（1990）．Do you know whom you

were with a week ago Friday? A re-analysis of the Bernard, Killworth, and Sailer studies. *Social Psychology Quarterly*, *53*, 55 - 61.

Kelley, H. H. (1973). The processes of causal attribution. *American Psychologist*, *28* (2), 107 - 128.

Kenny, D. A. (1994a). Using the social relations model to understand relationships. In R. Erber, & R. Gilmour (Eds.), *Theoretical frameworks for personal relationships* (pp. 111 - 127). Hillsdale, NJ: Lawrence Erlbaum Associates.

Kenny, D. A. (1994b). *Interpersonal perception: A social relations analysis*. New York, NY: Guilford Press.

Kenny, D. A., & Albright, L. (1987). Accuracy in interpersonal perception: A social relations analysis. *Psychological Bulletin*, *102*, 390 - 402.

Kenny, D. A., & DePaulo, B. M. (1993). Do people know how others view them? An empirical and theoretical account. *Psychological Bulletin*, *114* (1), 145 - 161.

Lewis, N., & Sznitman, S. R. (2017). You brought it on yourself: The joint effects of message type, stigma, and responsibility attribution on attitudes toward medical cannabis. *Journal of Communication*, *67*, 181 - 202.

Paulhus, D. L., & Bruce, M. N. (1992). The effect of acquaintanceship on the validity of personality impressions: A longitudinal study. *Journal of Personality and Social Psychology*, *63* (5), 816 - 824

Roloff, M. E., & Miller, C. W. (2006). Mulling about family conflict and communication: What we know and what we need to know. In L. H. Turner, & R. West (Eds.), *The family communication sourcebook* (pp. 143 - 164). Thousand Oaks, CA: Sage.

Sillars, A. L. (2009). Interpersonal conflict. In C. Berger, M. Roloff, & D. R. Roskos-Ewoldsen (Eds.), *Handbook of communication science* (2nd ed., pp. 273 - 289). Thousand Oaks, CA: Sage.

Toma, C. L., & Carlson, C. L. (2015). How do Facebook users believe they come across in their profiles?: A meta-perception approach to investigating Facebook self-presentation. *Communication Research Reports*, *32* (1), 93 - 101.

Toma, C. L., Hancock, J. T., & Ellison, N. B. (2008). Separating fact from fiction: An examination of deceptive self-presentation in online dating profiles. *Personality and Social Psychology Bulletin*, *34* (8), 1023 - 1036.

Vazire, S., & Gosling, S. D. (2004). e-Perceptions: personality impressions based on personal websites. *Journal of Personality and Social Psy-*

chology，*87*（1），123－132.

Walther，J. B.，& Jang，J. W.（2012）. Communication processes in participatory websites. *Journal of Computer-Mediated Communication*，*18*（1），2－15.

Walther，J. B.，& Parks，M. R.（2002）. Cues filtered out，cues filtered in：Computer-mediated communication and relationships. In M. L. Knapp，& J. A. Daly（Eds.），*Handbook of interpersonal communication*（3rd ed.，pp. 529－563）. Thousand Oaks，CA：Sage.

Weiner，B.（1972）. Attribution theory，achievement motivation，and the educational process. *Review of Educational Research*，*42*，203－215.

第四章

关注个体信息的人际传播理论

本章聚焦于人际传播中的信息生成过程，探讨人们在互动中如何构建、组织和传达信息。人际传播是一个复杂的社会过程，人们通过交换信息来生成意义，实现社会目标。在人际交流中，信息并非静态存在，而是在动态互动中被创造、整合和传递的。通过对几个核心理论的介绍，本章阐释了信息生成的复杂性以及行为背后的逻辑，从而帮助读者理解在人际交往中如何有效达成个人目标和促进交流。

本章介绍的人际传播理论重点关注人际传播中的信息处理——以信息为中心的人际传播理论，认为人际传播的本质在于信息的交换。

行为组合理论强调在复杂的互动情境下，人们如何通过组合不同的行为来达到交流目的。人际传播并非单一行为的结果，而是多种行为协调和整合的产物。通过对该理论的学习，读者可以理解如何在互动中灵活调整和组合不同的交流策略，以应对多变的社交情境。

目标-计划-行动理论进一步探讨了信息生成的目的性。这一理论强调，人际交流是目标导向的，个体会根据设定的社交目标制订具体的计划，并通过行动来实现这些目标。无论是简单的日常对话还是复杂的谈判，个体都会根据对情境和他人的理解，灵活调整自己的行动计划。通过对该理论的理解，读者可以学会如何在交流中明确自己的目标，并采取有效行动来达成这些目标。

建构主义理论关注的是个体如何通过认知框架和个人经验来生成信息。人际交流中的信息生成并不仅仅依赖于外部环境，还受到个人认知结构和思维框架的深刻影响。每个人可根据自身的经验和认知偏好，对交流情境和互动行为做出不同的解读与回应。本章将引导读者理解这种认知过程如何影响信息的构建和传达，以及它如何塑造个体的交际方式。

第一节 行为组合理论

每天学点人际传播

小张正在家中忙着准备工作上的报告，突然门铃响起，是一位邻居来借扳手。然而，小张正专注于自己的工作，既不想冷落邻居，又不想被打断。于是，小张微笑着打开门，先表达歉意："不好意思，我现在正赶一份急件。"然后他迅速提供解决方案："不过修理工具都放在门边的柜子里，你可以自己拿去用，用完记得还回来就好！"邻居满意地道谢后离开，小张也得以继续做自己的工作。

这个日常情景展现了行为组合理论中的"程序记录"和"行为组合"过程。小张的反应体现了以下几个要素：迅速识别邻居的需求，并调取借物时的礼貌性表达和解释行为的程序记录；在忙碌状态下，将表达歉意、提供解决方案和行为礼貌巧妙结合，形成了新的应对方式。这样既维护了邻里关系，又保障了自己的专注时间。

在日常生活中，我们都有过类似这样的经历：面对朋友失恋，没能给予更好的安慰；在会议上发言时，没有表达清楚自己的想法；面对冲突时，没能有效地提出解决办法。行为组合理论（action assembly theory）主要关注人们生产言语信息和非言语信息的认知过程与心理结构。从信息的角度来看，人际传播就是关于言语信息和非言语信息的生产与交换，所以行为组合理论涉及的内容非常广泛。除了信息的生产外，该理论还触及了意识的本质、思维与行动的关系、组成行为的言语和非言语成分之间的关系以及人们如何计划和编辑所表达的言语信息和非言语信息等。

简单来说，行为组合理论关注两个问题。第一个问题是人们在和他人进行人际交流与社会互动时，采用了什么行为，说了什么话，是怎么说的；第二个问题以第一个问题为前提，聚焦互动行为和话语背后的心理过程，即人们生成言语信息与非言语信息时的心理过程。除了已实施的互动行为外，该理论还关注未被实施行为的思考过程，比如我们经过思考之后不打算告诉别人。

作为一个系统性的理论，行为组合理论反映了科学的认知方式，即对经验主义、主体间性和科学严谨性的强调。行为组合理论的最大特点在于其对认知行为与过程的关注，通过对导致人们采取某一行为的心理状态和心理过程进行描述来解释人们的行为。作为聚焦认知过程的理论，行为组合理论带有功能主义的色彩，即从输入到输出的关系推断思维的本质。行为组合理论在 20 世纪 80 年代由美国传播学者约翰·格林（John Greene，1984）提出，后来经由他本人与他的学生的发扬光大，对行为组合理论的研究一直持续到现在。

一、行为组合理论的四项前提

格林提出的行为组合理论，基于对人类行为的四种观察，也即这一理论的四项前提。

首先，行为既是重复的，又是有创造力的。这两个关于行为的论断看似矛盾，实则不然。虽然组成行为的具体成分和单元是重复的，但是人们在传播中可以发挥创意和主观能动性，对不同的行为进行整合、组合或者再造，从而进行创造性的活动。就像演奏音乐，虽然音符的数量是固定的、有限的，但人们可以对音符进行各类组合和整合，从而谱写出新的旋律。

其次，行为的基础是人们赋予所输入刺激的意义。输入层面的刺激虽然是客观存在的，但是不会在所有情况下、对所有人都产生同样的效果。人们认识和判断行为的标准，主要取决于主观上对刺激的解读（Greene，2008）。例如，同样是面对餐厅服务员的粗鲁对待，有人会做出忍耐的行为；有人当面不会发作，但是事后会想告诉其他人，或者在社交媒体上发布有关该餐厅的负面评论；有人会当面指出服务员的态度无礼；还有人会选择诉诸第三方，比如向餐厅的经理或者负责人进行投诉。

再次，行为有时是无意识的，有时是高度有意识的。日常生活中，很多和人际传播相关的行为都是无意识的，比如我们去超市购物时和收银员进行的互动和对话，就是无意识的、不假思索的，有的时候行为发生之后我们都意识不到。但如果在面试、开会或者寻求他人意见的时候，我们的行为又会具有高度的意识性，我们会时刻注意自己和他人的言谈举止。

最后，行为虽然是由输送命令的机制引导和控制的，但同时，行为作为一种现象体验，还包括抽象的动作规范。命令输出（efferent command）主要是指大脑发出的对于身体活动启动和协调的指令（Greene，1984）。言语或者非言语行为都需要依赖脑部的神经元发出对于行为的命令输出才能完成。除了基础层面上的生理因素的影响，行为作为一种直觉的体验，还包括更抽象一些的动作规范。举例来说，我们第一次去别人家做客时，在具体层面上的行为由命令输出指导，比如做出握手、拥抱的动作，调动肌肉发出声音、做出面部表情以及身体动作的协调；同时在抽象层面上，行为也受动作规范的影响，比如要表现得彬彬有礼，注意自己的仪态，等等。

二、行为组合的呈现：程序记录

通过以上四大前提我们可以看出，行为组合理论关注的基本问题在于如何理解人类行为看似矛盾的模式化和创造性。行为组合理论认为，人类行为的模式化来自人类在一生中获得的长期记忆结构，这种记忆结构被称为程序记录（procedural record）（Greene，1997）。程序记录可以被看作微小的信息包，其中包含了关于人为了实现特定的目标，在特定的情况下，应该做出什么行为的判断与指令。举一个很简单的例子，当做出伤害到别人的举动的时候，我们会道歉，说“对不起”，以期获得别人的原谅，挽回伤害。程序记录一般会以行为-结果-情境的形式存在。

程序记录可以被视作储存在长期记忆中的一些结构化的单元，为了更好地理解，我们可以将其想象成一种以各种相关概念作为节点而形成的网状结构。程序记录主要具有以下特征。

首先，储存在程序记录中的行为特征只是一种有限的记录。实际行为发生时，可能会涉及多种复杂的认知、心理、行为过程的协调。特征记录会涉及多种符号类型，比如语义层面的、语法层面的、社会感知层面的等。

其次，不同的程序记录在抽象性上存在差异。由于程序记录是关于行为、结果和情境的象征性表征，因此不同的程序记录会在抽象性上存在差异。有些程序记录更为抽象和概念化，比如在伤害了别人的情境下要道歉；有些程序记录更为基础，比如走路、伸手抓东西时要使用的行为和动作指令。在人际沟通情境中，也有不同类型抽象程序记录的体现。比如，当朋友需要帮助的时候，我们可以通过提供情感慰藉来增进友谊；或者当室友生病时，我们可以通过为其做饭、送饭来赢得喜爱。抽象的程序记录也由基本的程序记录组成，比如表达歉意时，我们需要调动身体器官，尤其是发音器官来发出“对不起”的声音。人类拥有大量的程序记录，一个成年人可能拥有数万到数十万的各类程序记录。

再次，不同的程序记录还会在强度上存在差异。在信息生产的过程中，我们需要调用不同的程序记录，有些程序记录经常被调用，有些则不然。所谓强度上的差异，主要体现在程序记录被调用的新近程度和频繁程度上。刚被使用过的，以及经常被使用的程序记录，就更会被人们牢牢地记住。

最后，程序记录具有层次性。层次性是指，程序记录由不同层级的元素组成，对人类行为的指引，体现在环环相扣、不同层次的记录上。比如，和别人初次见面的时候要问好，关于问好的程序记录首先体现在词语的层面上——说出“你好”，这一层面上的记录包含了更为基础的关于“你好”的发音规则记录，而发音规则记录又包含了具体的对于肌肉和气息的控制记录。

三、启动机制与组合

既然程序记录的本质是大脑长期记忆中的一种结构，那么接下来，行为组合理论就要回答，在如此多的有关行为的程序记录中，究竟是什么决定了我们在程序记录上做出的选择。行为组合理论认为，行为的模式化属性反映了长期记忆中程序记录的内容：我们的行为倾向于反映我们自己做事的方法。行为的创造性是两个过程的结果，通过这两个过程，程序记录中储存的内容才能实际作用于信息生产行为。

第一个过程是激活。激活本质上是一个选择过程，当当前情境与程序记录中储存的情境特征相匹配时，相应的程序记录就会被激活。情境与程序记录中的情况一致性越高，程序记录就越有可能被启动。

第二个过程是组装。组装主要是指将启动的程序记录组装和整合起来，然后输出，即做出相应的行为。从本质上说，当我们组装动作特征的新配置时，我们就在进行创造性的行为。就像一个孩子可能用同样的一小组积木建造出无穷无尽的堡垒、塔楼和墙壁一样，人类在传播过程中也会不断地通过组装动作特征形成新的思想、话语和非言语行为。

行为组合的本质在于联合（coalition），即将合适的程序记录组合在一起，使其相互强化，更好地储存在我们的记忆中，甚至可以在未来吸纳更多的程序记录，从而形成更复杂的程序记录。联合的过程也可以解释为什么有的程序记录能被我们意识到，而有的不会出现在我们的显性行为当中。行为组合理论的解释是，高度被激活的、持续时间更长、与个人特征更加相符的联合会更容易被意识到，而被意识到的联合又会反过来发挥作用，促使我们实施计划、排练计划、修改和解决问题。

行为组合理论描述了个人在社会交往过程中思考和行为的过程，在面对某个具体场景时，我们记忆中的程序记录会被激活，根据情境的不同，我们可能调用某一个或者某几个程序记录，创造性地将其组合为程序记录的联合，而抽象的联合又会指导我们的显性行为，从而使我们做出言语和非言语行为。

四、输出

一旦程序记录在某种情境下被激活，行为输出就会启动，并通过一系列表面的或隐含的、动作的或心理的机制被执行。行为组合理论将行为输出划分为四个层次，分别是：

（1）互动表征，一般作为计划的形式呈现，包括目前的情境、状态、目标以及完成行为的步骤；

（2）理念表征，主要是指行为输出的理念内容，包括与该行为相关的各种理念；

（3）话语表征，包含组成语言时用到的词语和语法；

（4）感知与运动表征，主要是指行为所包含的感官系统与运动系统的协调方式。

生活中的人际传播

小李计划和朋友们聚餐，但由于每个人的时间安排和饮食口味不同，安排起来颇有难度。经过沟通，小李最终提出了一套兼顾时间和口味的聚餐方案，得到了大家的认可。

这里涉及的行为输出的四个层次分别如下。

互动表征：小李在计划阶段明确了聚餐的目标（找一个大家都能接受的餐厅和时间），考虑了当前情境（朋友们的时间安排和饮食口味不同），并设计了沟通步骤（先确认时间，再选择餐厅）。

理念表征：小李提出了折中方案，兼顾到朋友的不同需求。例如，选择一家有多种菜系的餐厅，同时确保时间安排方便大多数人。

话语表征：小李在群聊中以简洁而礼貌的语言表达了方案，例如："大家看一下这家餐厅怎么样？我查了一下菜单，有中餐、西餐和素食，还靠近地铁站。"

感知与运动表征：小李在与朋友面对面讨论时，通过语气和肢体语言（如微笑、点头等）来表现对朋友意见的尊重和关注，同时在线上快速回复群聊消息，确保沟通顺畅。

从目标制定到具体执行，小李的行为输出经过了四个层次的处理，最终成功协调了聚餐安排。

行为输出的过程，对人们的认知中心处理能力提出了相当高的要求。因此，输出调动的资源和能力可以间接地体现在行为生产的速度或延迟上（Greene，1984）。然而，行为组合理论又提出，在以下两种情境下，行为的组装与输出可以降低对时间和加工能力的要求。

一方面，个人可以通过在实际行为之前就提前组装好输出表征的部分内容，来避免一些更具有时效性的要求。实证研究也发现，提前计划好的行为可以更快速地被实现（O'Hair et al.，1981）。

另一方面，行为组合理论认为，在某些情况下，一组程序记录可能会作为一个组装好的单元存储在长期记忆中。这些模块化的程序集是通过程序记录的特定子集的重复激活和组装产生的。我们可以用积木来举例：行为输出的过程可以类比为用积木搭出一座房子，而搭房子的组件是相对固定的，比如门、床、墙、天花板和地板，我们可以提前把搭房子的组件预装好，这样真正要搭房子的时候，就不用从头搭起，而是以已经预装好的模块为基础迅速完成搭建。

五、行为组合失败的情况

需要注意的是，行为组合和输出不总是顺理成章的，有时候也会遇到组合困难甚至失败的情况。行为组合失败的情况主要有以下三种（Green & Geddes，1993）。

（一）不相容的双重或多重行为特征

人们在面对复杂的社交情境或者试图达成多种社交目标时，就可能会遇到行为组合困难的情况（O'Keefe & Shepherd，1987）。比如，你的好朋友把创作好的画作向你展示，你一方面觉得朋友的画技有待提高，但又不想表达得过于直白，以免伤害你们之间的感情，这时候你可能就会支支吾吾，半天说不出话来，用传播学者的语言来形容，就是言语流畅性降低。此外，人们在行为组合能力上的个人差异，也可能导致行为组合失败。比如，面对相同的情境，有人能快速进行程序记录的组合，有人则无法应对，最终失败。

（二）组合过程受限

程序记录的抽象性和层次性，有可能会造成不同级别的程序记录出现矛盾。在某些情况下，一个人拥有在某种情境下如何行动的高级知识，但由于缺乏相关的低层次的具体行为知识，而不能采取更符合情境的行动。举例来说，你接受朋友的邀请，去参加一场优雅的钢琴演奏会。你拥有的和印象管理相关的知识告诉你，在这种场合要表现得更为大方与得体，适当的时候要对演奏者的水平进行一定的评价。但由于你缺乏具体的、关于演奏者当下表演的相关知识，无法恰当且合适地对其做出评价。

在另外一些情况下，一个人拥有的具体的或者低层级的行为指令，可以超过抽象的或者高层级的行为指令。还是回到参加钢琴演奏会的例子，抽象的印象管理目标会指导你做出符合高雅场合的举止，但是言语行为的习惯性可能会导致你说出比较粗鲁的话。

（三）注意力受限

在行为组合的过程中，人们可以主动地、自由地将注意力集中于这一过程的任何阶段与任何方面。行为组合理论提出的行为规范的分层和多功能概念，也意味着人们可以将注意力集中在输出表征的某一个层次、某一个任务或某一个目标上，但这可能会导致人们在其他方面有缺陷。比如常见的社交焦虑，就会作为限制条件阻碍我们做出符合情境的行为组合。

思考题

1. 行为组合理论如何描述人际传播行为的决定过程？

2. 行为组合理论与其他传播理论（如社会交换理论或象征互动论）有何异同？

3. 请举例说明行为输出的四个层次。

4. 行为组合理论如何解释语境和情境因素在塑造人际传播行为中的作用？

5. 反思你自己的人际沟通经历，你能否找到在社交互动中遵循程序记录的例子？

6. 行为组合理论如何帮助个人成为更有效的沟通者？该理论对提高沟通技巧和解决人际冲突有什么启示？

实践训练题

阅读以下情境描述，结合行为组合理论的四项前提和行为输出的四个层次，回答问题并设计应对策略。

小张是一名大学生，在课堂上向教授提问时常常感到紧张，这导致他在表达方面遇到了一些困难，甚至会忘记自己原本准备好的问题。在一次课后讨论中，他希望向教授请教一个重要的问题，并且想要给教授留下良好的印象。

1. 根据行为组合理论的四项前提，分析小张在这一情境中可能面临的行为组合挑战。

2. 根据行为输出的四个层次，设计一个小张可以应用的具体提问策略，帮助他有效表达自己的问题。设计时请说明如何激活相关程序记录，以及如何通过行为组合实现目标，策略应包括从计划、表达、语言选择到非言语行为的完整流程。

要点小结

- 行为组合理论
  - 关注言语信息和非言语信息的认知过程与心理结构
  - 涉及信息的生产、意识的本质、思维与行动的关系等
  - 两个核心问题：互动行为和心理过程
  - 四项前提
    - 行为的重复性与创造性
    - 行为基于输入刺激的意义
    - 行为的无意识性与有意识性
    - 行为的命令输出与动作规范
  - 程序记录
    - 结构化单元，包含行为判断与指令
    - 储存于长期记忆中，形式为行为-结果-情境
    - 特征记录、抽象性差异、强度差异、层次性
  - 启动机制与组合
    - 激活：情境与程序记录一致性导致启动
    - 组装：将启动的程序记录整合输出、新配置的组合
  - 输出层次
    - 互动表征：计划与步骤
    - 理念表征：相关理念
    - 话语表征：词语和语法
    - 感知与运动表征：感官系统与运动系统协调
  - 行为组合失败的情况
    - 不相容的双重或多重行为特征
    - 组合过程受限：抽象性与层次性矛盾
    - 注意力受限：注意力集中在某一方面，导致其他方面的缺陷

第二节　目标-计划-行动理论

每天学点人际传播

小美需要出差几天，但家里的宠物狗旺旺无人照料。这让她有些犯愁，直到她想到好友小明曾经提到自己很喜欢狗。于是，小美决定请小明帮忙，但她知道直接提出请求可能会显得突兀，于是制订了一个周密的计划。

小美选择先和小明聊天，以拉近关系。她见到小明时，随意地聊起了一些日常话题，随后自然地提道：“对了，小明，我记得你之前说过特别喜欢狗，是吧？”小明点头笑道：“是啊，狗狗多可爱啊。”听到这话，小美抓住时机继续说道：“那真是太巧了，我正好有件事想请你帮忙。我要出差几天，旺旺没人照顾。它特别乖，只要每天早晚遛一遛，喂它点吃的就行。它肯定也会很喜欢

和你相处的!”

小明听后有些犹豫:“可是我白天上班,怕照顾不过来。”小美连忙补充道:“没关系,我会提前把食物和玩具都准备好,放在家门口。你只需要遛它十几分钟就行,其他的都不用操心。”小明最终被小美的细心打动,答应了她的请求。

人们在进行社会活动的过程中会有各种各样的目标,比如有人想成为艺术家,有人想存钱去海外旅行,有人想向恋爱对象求婚,有人想向老板提出升职加薪。目标指的是个人想要达到或者维持的某种期望的结果或状态。林林总总的目标背后隐藏着一个不争的事实,即人们希望通过影响他人来达成自己的目的。互动目标是目标中的一种,主要是指涉及与他人沟通和协调的目标。计划是指经过组织的认知结构,包含多层次的行为指令。目标会促进计划形成,计划又会促进实际交互的行动。

在 20 世纪 70 年代,传播学者开始考虑如何在人际传播领域解决关于说服效果的问题,即人际影响。当时,人际传播学者主要研究的是个人特征和情境变量如何预测各种类型的人际影响信息的使用或偏好。但一系列研究表明,个人特征和情境变量的影响微乎其微,于是,研究转向了对信息产生原因的讨论,即人们在特定的人际互动中试图达到什么目的。

为了解决这一问题,相关研究分成了两派:一派采用认知理论来解释人们在形成系列的言语和非言语行为的过程中所经历的心理过程;另一派更加关注话语的形式和话语在社会环境中的位置(Dillard & Knobloch, 2011)。在本节中,我们主要介绍认知方面的理论,其中最有代表性的就是目标-计划-行动理论。此外,还有多重目标理论以及与其他人际影响目标策略相关的理论建构。

目标-计划-行动理论(goals-plans-action theory)的重点在于解释人们如何根据既定目标进行计划,并且实施行动,从而达到维持或者改变他人态度或行为的目的(Dillard, 1990)。目标-计划-行动理论有三个前提:(1)人类拥有一定程度的主观能动性,这使意图和行为之间的联系成为可能;(2)并非所有的行为都是有意识的,但所有的人际沟通行为都是策略性的;(3)策略性行为是由多个目标引导的多层次规划的复杂过程的产物。

一、形成目标

和上一节介绍过的行为组合理论类似,目标-计划-行动理论也认为我们关于目标和情境的知识像由相互联系的节点组成的网状结构般储存在我们的长期记忆之中。当我们处在任意一种人际传播情境之中时,我们和这一情境相关的记忆就会被激活。比如,在面对父母的时候,我们和家庭相关的记忆和习得的概念就会被激活。

但仅是简单的激活不足以使我们形成人际影响的目标,目标的形成依赖于三个条件：适配性（fit）、强度（strength）与时间接近性（recency）。适配性指的是在一个给定的人际传播情境当中，有多少和形成目标相关的概念出现；强度指的是概念在过去出现的频率；而时间接近性主要是指最近一次相关概念被激活的时间接近程度，新近被激活过的概念更利于记忆调取。这三个关于目标形成的条件说明，目标的本质是认知的，它是当前情境和合适的信息的最佳反映。

二、目标的类型与特点

在人际传播中，人们追求各种各样的目标，这些目标可以从不同的角度、采用不同的方式来归类。

（一）根据目标重要性的划分

根据目标的重要性，人际传播中的目标可以被划分为主要目标（primary goals）和次要目标（secondary goals）。主要目标之所以被称为主要目标，是因为主要目标可以激活信息生成，并且为后续的交往行为提供合适的行为指示。比如，你想让你的好朋友帮你照看宠物，你可能会思考到底用什么样的方式提出请求最合适。你可以说“我要出差几天，拜托你帮我照顾我的猫吧，它很乖的，不会给你添太多麻烦”，也可以说“上次你生病时我照顾了你好几天，你欠我个人情，帮我照顾我的猫吧”，还可以说“你不是很喜欢我的猫吗？我恰好要出差，你可以趁我不在和我的猫单独相处几天”。当然，不同的方式可能会产生不同的效果，但是提出请求之后，双方就都明白了这是你在提出请求，而对方要进行回应。所以也有人把主要目标称为推动（push）目标，因为主要目标会促使人们做出行为。

次要目标主要涉及在考虑主要目标时产生的其他动机。次要目标经常反复出现，有时也会限制主要目标的实现，所以也有人把次要目标称为拉回（pull）或者限制目标。常见的次要目标有身份目标，即个人要考虑的自我概念和自我呈现，比如我们都希望自己表现出善良、有爱心，而不是精于算计的形象；此外还有关系目标，主要是指涉及和他人建立以及维护社交关系的目标，比如我们想和家人维持良好的家庭关系等；自我控制目标，主要是指我们对自己心理状态和情绪的管理目标，例如沟通重要事项可能会带来紧张、害怕等负面情绪，但这类负面情绪有的时候也可以被加以利用，增强传播的效果；最后还有元目标，例如沟通的效率高低以及合适与否，类似的元目标可以超越各种情境，影响我们的行动。

在通常情况下，主要目标和次要目标之间存在竞争性。比如前文你让朋友帮忙照顾猫的第二种方式，如果朋友答应了你的请求，你就不用担心猫没有人照顾（主要目标）；但是你不想让朋友觉得你是一个自作主张的人（身份目标），也不希望这个请求破坏你们之间的关系（关系目标），同时你也不想感到内疚（自我控制目标），或者觉得沟通方式不合适（元目标）。

在其他情况下，主要目标与次要目标是兼容的，甚至会出现主要目标与次要目标相互促进的情况。在请求他人帮助的情境中，关系的互惠性会起到催化的作用。比如请求朋友帮忙照顾猫，虽然你不能马上给予回报，但提出请求这一行为背后就暗含了你想和对方开启一段长期互惠关系的意愿，这种不期待立即回报的求助行为是友情的一大特征。所以，很有趣的是，你请求朋友帮忙照顾猫的行为能够增进友情。

人际传播中经常会出现同时想要达成多个目标的情况，在这种情况下，信息的生成就会变得复杂起来。所以，与其说人际传播是一个达成目标的过程，不如说是一个对目标进行管理的过程，这体现为在具体情境下如何优化和管理自我的多个目标。如果对次要目标的评估超过了主要目标，我们可能就会避免和他人互动，或者在互动的过程中决定终止互动。比如，你认为让朋友帮忙照顾猫这个请求可能会伤害你们的关系，经过考虑，你放弃了向朋友提出请求，转而去联系宠物托管服务；甚至在和朋友提出请求之后，你也可以改变主意。

（二）根据目标指向性的划分

根据目标的指向性，目标可以被分为三种类型，分别是自我呈现目标、关系目标以及工具性目标。自我呈现目标主要是指我们行为、态度、自我价值的一致性；关系目标是指我们想和他人发展、保持甚至忽略或者结束某类关系；工具性目标是指我们希望通过人际传播来获取资源或者寻求帮助。其中，工具性目标也可以结合人际影响来理解，主要分为以下几种常见的类型（见表4-1）。

表4-1　工具性目标类型及示例

目标类型	例子
获得帮助	“我出差期间，你能帮我浇花吗？”
提供意见	“我觉得这身衣服不适合你。”
共同完成行为	“周末咱俩一起去逛街吧？”
改变态度	“你这种事不关己、高高挂起的态度是不对的。”
改变关系	“咱俩分手吧。”
获得许可	“我能借你的手机用一下吗？”
强调权利和责任	“说好平摊家务的，我做饭了，你是不是应该洗碗？”

（三）根据目标具体性的划分

目标在具体性上也存在差异。目标可以被看成一种层级形式的体现，高级别目标包含低级别目标。高级别目标更加抽象，而低级别目标更加具体。比如，企业员工的目标是在企业中好好表现，学生的目标是获得学业进步，人际交往的目标通常是和他人建立有意义的关系，等等。类似这样的目标都属于高级别目标，因为这些目标通常较为抽象，没有明确的标准和行为准则，要完成类似的高级别目标会涉及很多具体的、低级别目标的实现。低级别目标一般指更容易实现、更加具体的目标，低级别目标总是为高级别目标服务。比如，员工想在企业中好好表现，就需要完成每个月的考评目标或者业绩，更具体的低级别目标可能涉及每天几点到岗和几点下班。

（四）根据目标完成难度的划分

目标还在完成难度上存在差异。人们对自我表现的评价也依赖于自己是否能完成很有挑战性的目标。比如，如果对一个目标的完成难度评估很高，我们就会在追求这个目标上付出更多的努力，而这一目标的完成也能带给我们更大的满足感。除此之外，目标的完成难度也可以用同时追求的目标的数量来评估。对多个目标同时进行管理，需要我们同时处理更多的信息，一个人在同一时间内追求的目标越多，实现目标就会变得越困难。

三、计划与行动

目标一旦形成，就会催生相应的计划。计划可以被定义为个人在回忆、生成、选择、实施、修改计划时的心理和传播过程（Dillard et al.，2002）。计划也可以被看成是为了实现个人目标，而分层次组织起来的对于未来行为序列的认知表征。计划的本质是认知，不可以直接被观察；计划的内容包括促使目标形成的先决条件、对于突发情况的应对和应该采取的行动。个人关于完成目标的计划可能来源于多种途径，包括过去的经历、对他人的观察、对情境的想象等。

计划在抽象程度、复杂性和完整性等维度上存在差异。和目标类似，计划也存在抽象程度差异，有的计划很抽象（如计划和朋友共度新年），有的计划很具体（如计划在晚上7点和朋友在地铁站见面）。计划的复杂性主要是指计划中包括的步骤的数量以及可能涉及的偶发情况的备案数量，有的计划很复杂（如外出旅游之前制订的详细的旅行计划以及对于旅行中突发情况的备案），有的计划很简单（如饭后出门散步）。计划的完整性是指计划的完备程度，有的计划很完备（如为了应对期末考试而制订的学习计划），有的计划很仓促（如考试前一天临时抱佛脚）。计划的复杂性会受到很多因素的影响，其中包括计划实施者对完成主要目标的渴望程度、拥有的相关知识储备以及次要目标的数量。计划实施者对完成主要目标越渴望，拥有的相关知识储备越多，以及次要目标的数量越多，就越有可能形成复杂的计划。目标越重要，人们越会认真地制订计划，而认真制订的计划通常也会促进更有效率的行动（Henningsen et al.，2011）。

行动是指用于追求多个目标的、可被观察到的言语行为与非言语行为

(Caughlin & Wilson，2014)。根据主要目标和次要目标的相对优先级，行动者可能会改变表达的直接程度、提供的理由，以及是否强调听者遵守的积极结果，或不遵守的消极结果（Dillard et al.，1989）。

但复杂和完整的计划并不意味着在计划的时候能穷尽所有可能的情况。由于他人行为的难以预测性以及人际传播情境的复杂性，再完备的计划都不可能是百分之百完整的。互动时，目标的实现会受到各种各样的问题与挑战的影响。对于受挫的计划，常见的应对方法包括继续既定的行动、尝试更多的努力或者暂时放弃目标。比如，如果你的目标是邀请心仪的对象去约会，在寒暄之后，你得知对方今天心情不好，那么你可以忽略这种情况，按照既定的计划发出邀约；你也可以尝试更有说服力的办法，比如把约会形容成帮助对方舒缓心情的活动；你还可以暂时放弃，等对方心情好了再邀约。目标-计划-行动理论认为，人们对受挫的计划的管理会遵从等级性原则，即从低层次开始，比如换一种说话的方式，而不是一开始就彻底改变自己的策略或者最终的目标。

四、获得服从

生活中的人际传播

王先生到一家理发店理发，理发师小刘在为他修剪发型时，利用对话巧妙地推荐店内的会员卡，采用了以下几种获得服从的策略。

小刘一边理发一边和王先生攀谈，问道："您这头发应该挺爱出油吧？和我头发的发质一模一样！我也总喜欢用清爽控油的洗发水。"通过建立共同点，小刘拉近了与王先生的距离，为后续的推荐做好了铺垫。

小刘随后说道："我们最近有个活动，首次充值会员只需要200元，能享受两次免费的头皮护理。这个护理特别适合您这样的发质，您要不要先试一次？"小刘先从较小的请求入手，逐步引导王先生对会员服务产生兴趣。

在服务快结束时，小刘拿出一张店里的优惠券递给王先生："这是我们送您的体验券，您下次来店可以免费享受一次肩颈按摩。"通过先给予小恩惠，小刘增强了王先生对办卡的好感度。

最后，小刘提出："我们还有更高级的会员卡，充值5 000元可以全年不限次数洗剪吹，特别划算。"见王先生犹豫，小刘随即改口："如果您觉得不适合，其实充值1 000元的普通会员卡就够用了，也能享受八折优惠。"通过先提出较大的请求再退而求其次，王先生更容易接受较小的请求。

获得服从可以说是一种特殊的人际传播目标，与获得服从相关的传播技巧研究一直是人际传播研究的重点。我们可以简单地做个类比：大众传播中的效果研究关注的是不同的宣传、说服和传播策略，如何影响大众的认知、态度和感知；而人际传播中的获得服从研究也是关注在人际传播的层面上，人们如何使用各种人际影响策略和技巧来获得他人的服从（Dillard & Knobloch，2011）。

笼统来说，获得服从策略可以根据人际交往所需要的互动回合数量来划分，包括单一互动、三重互动以及多重互动三大类型。单一互动是指策略只需要单次互动就能完成，例如行动者 A 采用策略，目标对象 B 要么服从，要么不服从。三重互动是指策略必须要对方做出反应和配合才能完成，例如行动者 A 采用策略，目标对象 B 做出反应，A 再采取策略，B 要么服从，要么不服从。多重互动是指在互动中，策略至少需要两个互动回合才能完成。接下来，我们介绍一些常见的获得服从策略。

1. 不仅如此（that's not all）

"不仅如此"策略是指通过降低价格或者增加其他收益的方式来促使对方服从。举例来说，在购物时，商品促销员会告诉消费者"这个产品原价 5 元，买第二件 1 元"；朋友请求你帮忙照顾植物时，可能会说"三天浇一次水就行，你顺便还能在我家玩一会儿我的游戏机"。

2. 诱惑（the lure）

"诱惑"策略也称"诱饵"策略。比如你去商场买衣服时，看到店里有打折活动，你挑好了喜欢的款式，也确定了这件衣服的打折价格是你能接受的，刚决定要购买，导购员突然告诉你："真抱歉，这件衣服被别的客人预订了。不过我们店里还有一些别的款式，和这件非常像，但是是新品，不打折。"在这种情况下，有的消费者就会受到导购员"诱惑"策略的影响，转而购买"不打折的新品"。

3. 肯定微小贡献（legitimizing paltry contributions）

这一策略在慈善捐赠场景中很常见。比如募捐活动中，募捐人员劝说潜在的募捐对象"滴水之恩""小善大可为"等，从而增加捐赠行为发生的概率。

4. 将欲取之，必先予之（pregiving）

该策略成立的前提是人类行为的互惠性，这一策略的开展方式是在获得别人服从之前，先给对方一点小恩小惠。该策略在慈善组织募捐活动中的效果也非常明显，比如慈善组织在募捐时会先分发一些小礼物，诸如便利贴、铅笔、扇子之类的小件物品；募捐对象在接收了这些小礼物后，就会觉得自己也要做点什么来回馈，比如捐赠。

5. 套近乎（unit relationship techniques）

"套近乎"也是一种很常见的策略，其使用方式是行动者在和目标对象攀谈时，通过找到共同点拉近双方的心理距离，增强共同群体身份。比如，你去理发店理发时，发型师会和你聊天："你是××发质吗？太巧了，我也是！"通过这种方式，双方就建立了共同的身份认同，拉近了距离，在后续进行获得服从的尝试时更容易取得成功。

6. 以退为进（the door in the face）

“以退为进”策略的英文表达非常形象，指的是行动者首先从一个非常困难的请求开始，行动者明确知道这个请求肯定会被目标对象拒绝，所以会换一个简单一点的或者更可行的请求，从而获得目标对象的同意。这个策略在一些情况下是可行的，比如在借钱这种情境下，借款人会先提出一个离谱的数额，对方拒绝后，再换成一个相较来说更可行的数额。目标对象因为先前已经拒绝过行动者，所以可能会出于内疚和同情的心理，同意第二次的请求。

7. 先进一步（the foot in the door）

“先进一步”策略的英文表达也非常形象，其使用方式几乎和“以退为进”策略相反，指的是行动者首先从一个很小的请求开始，然后逐步加码，直到达到自己预先设定的目标。对这个策略的经典研究最早在美国开展，研究者前往郊外的住宅区，逐户询问“你介意在你家的窗户上挂一个小标志，上面写着安全驾驶吗?”面对这一请求，不少住户表示了同意。接下来，研究者又提出第二个请求，询问住户是否愿意在自己家的前院竖起一个较大的广告牌，为期一周。在这个实验中，那些先前接受第一个请求的住户，即愿意在窗户上悬挂小标志的住户，同意第二个请求的概率是没有同意最初请求的住户的两倍（Freedman & Fraser，1966）。

8. 低球（the low ball）

“低球”策略的使用方法和“诱惑”策略类似，但区别在于“诱惑”策略是单一互动策略，而“低球”策略是三重互动策略。“低球”策略最常见的应用场景为汽车销售，该策略的使用方法遵循以下步骤：首先，销售人员会给出一个出乎消费者意料的低价；然后，在消费者做出购买决定之后，销售人员借故要和领导请示，离开顾客；接下来，销售人员回来告知消费者，领导拒绝了这个低价，因为价格太低会赔本，所以销售人员只能给出一个比一开始承诺的价格要高的价格。虽然这种策略看起来反常识，但研究发现，“低球”策略的成功率在“以退为进”和“先进一步”之间（Brownstein & Katzev，1985）。

9. 有苦难言（the foot in the mouth）

“有苦难言”也是一种三重互动策略。具体的使用方式是，行动者在提出真正的请求之前，先和目标对象闲聊，并在闲聊中询问对方的感受，从而取得目标对象的配合。通常情况下，人们在被问到“感觉怎么样”的问题时，会回答“挺好的”“我很好”“我感觉不错”。在给出这类回答之后，目标对象就会产生一种压力，即要保持自己态度、观点和行为的一致，因此当行动者提出请求的时候，目标对象就会有更大的可能性同意请求。

10. 高概率程序（the high probability procedure）

“高概率程序”策略的开展方式和“先进一步”策略类似，但区别在于行为开展的回合数量不同："先进一步"是三重互动策略，而"高概率程序"是多重互动策略。"高概率程序"策略的使用方式为行动者接二连三地提出多项不太可能完成的请求，通过连续的、有压迫性的甚至命令式的要求，最终获得目标对象的配合。这一策略的成功在很大程度上取决于行动者和目标对象的关系亲密程度，在亲密关系中，该策略更容易获得成功。

11. 丢弃与追逐（dump and chase）

"丢弃与追逐"也是一种多重互动策略，通常需要多个互动回合才能完成。首先，行动者提出直接的请求，目标对象拒绝服从；然后，行动者追问拒绝的原因，采用其他方式打消目标对象的顾虑后，继续提出请求，目标对象列举可能阻止行动的障碍；行动者帮助目标对象解决障碍，最终获得服从（Boster et al.，2009）。在这一过程中，有多种心理状态共同发生作用：第一，持续的请求可能会让目标对象感受到压迫感或者紧迫感；第二，目标对象多次拒绝行动者之后，可能会产生内疚、同情等感受，导致在持续的请求之后，最终服从；第三，目标对象可能还会经历认知不协调，因为在互动过程中，目标对象声称完成行为可能存在某些障碍，行动者提出解决方案后，目标对象如果继续拒绝，可能就会有认知不协调的感受，为了避免这种不协调，目标对象最终会服从行动者的请求。

思考题

1. 常见的人际传播目标有哪些？

2. 如何理解主要目标与次要目标之间的辩证关系？

3. 目标-计划-行动理论如何解释和理解人际传播中的目标设定和行动计划过程？请举例说明。

4. 在目标-计划-行动理论中，目标设定和行动计划对人际传播的影响体现在哪些方面？

5. 以你自己的人际交往实践为例，请分析在具体的实践中，你的目标如何影响你的计划，计划又如何影响行动。

6. 人际传播过程中，交流的双方都有自己的目标与计划，如何在沟通的过程中实施双方的计划？当双方产生矛盾的时候，应如何处理？

实践训练题

小李是一名销售员，想向新客户张女士推销一款高端咖啡机。张女士对咖啡机有兴趣，但表示预算有限，不确定是否需要购买高端款。为了达成交易，小李需要制订一个推销计划，同时考虑张女士的需求与顾虑。

1. 根据目标-计划-行动理论，分析小李在这一情境中的主要目标和次要目标分别是什么。

2. 请为小李设计一个具体的推销计划，说明他可以采用哪些获得服从的策略来达成交易目标。

3. 在推销过程中，如果张女士对购买表现出犹豫，小李可能会遇到哪些挑战？请结合目标-计划-行动理论，提出相应的解决方案。

要点小结

- 目标-计划-行动理论
  - 三个前提
    - 主观能动性
    - 行为策略性
    - 多层次规划
  - 形成目标
    - 适配性
    - 强度
    - 时间接近性
  - 目标的类型与特点
    - 目标重要性
      - 主要目标
      - 次要目标
    - 目标指向性
      - 自我呈现目标
      - 关系目标
      - 工具性目标
    - 目标具体性
      - 高级别目标
      - 低级别目标
    - 目标完成难度
      - 挑战性
      - 目标数量
  - 计划与行动
    - 计划的本质是认知表征
    - 计划抽象程度
    - 计划复杂性
    - 计划完整性
    - 行动
  - 获得服从
    - 不仅如此
    - 诱惑
    - 肯定微小贡献
    - 将欲取之，必先予之
    - 套近乎
    - 以退为进
    - 先进一步
    - 低球
    - 有苦难言
    - 高概率程序
    - 丢弃与追逐

第三节 建构主义理论

每天学点人际传播

一名顾客在餐厅就餐时发现菜品上桌过慢，于是向服务员小李投诉。小李面对顾客的抱怨，可以选择以下两种回应方式。

回应A："这道菜本来就需要时间烹饪，而且今天我们店里的客人特别多，您等得不算久了。您再稍等一会儿吧，菜品很快就能上桌。"

回应B："非常抱歉让您久等了，这是我们的疏忽。我可以理解您对等待的感受，如果我是您，可能也会觉得不舒服。为了弥补我们的疏忽，我们可以为您提供一份免费的甜点作为补偿，同时我会催促厨房尽快准备好您的菜品。"

回应A是直接解释问题原因，但缺乏对顾客情绪的关注，甚至可能让顾客感到被忽视或轻视；回应B则体现了"以人为本"的沟通方式，更具效果：小李首先承认了顾客的感受并道歉，化解了顾客的不满情绪；通过赠送甜点和催促厨房等具体行动，展现了对顾客需求的重视。最终，小李根据餐厅服务的实际情况调整了应对方式，既保证了顾客体验，又提升了品牌形象。

日常生活中，我们可以观察到人们在传播的方式和技巧上存在差异。比如你失恋了，你的两个好朋友分别给你发来了安慰信息，一个朋友说："别闷闷不乐了，搞不清楚你有啥不开心的，反正那个人也不适合你，现在分手了，你应该感到庆幸和开心。"而另一个朋友说："我完全能理解你为啥这么难过，如果我是你，我肯定也会很伤心。你们毕竟在一起那么久，肯定有很多美好的回忆和不舍。如果你想找个人聊聊，或者陪你做点其他的事情分散一下注意力，我随时奉陪。"你觉得哪个朋友的安慰信息更有效果？

第二个朋友的信息代表了大多数人认为的更为敏感、复杂、有效的沟通。在社会交往中，有些人总是比其他人更善于沟通。他们拥有更好的沟通技巧，总是表现得很尽责，能够迅速判断情境，理解他人的意思，以有效和适当的方式向他人传达自己的想法，顺利地进入和管理与他人的对话。同样，也有一些人似乎对自己所处的社交场合一无所知，他们从来不明白别人的意思，不能用别人能够理解的方式表达自己的想法，在谈话中总是很生硬，甚至粗鲁。具有良好沟通效率的人一般具有什么品质、能力和知识？如何获得这些品质、能力和知识？建构主义理论就试图回答，什么样的表达才是更有效、更有技巧的传播行为。

建构主义理论的核心是功能性传播技巧与能力，即个人在沟通能力和沟通技巧上的差异，尤其关注个人感知如何影响社会信息的生成。该理论早在

20 世纪 70 年代就由美国传播学者杰西·迪莉娅（Jesse Delia）及其合作者提出，早期的理论建构受到了瑞士心理学家让·皮亚杰（Jean Piaget）、美国建构主义心理学家乔治·凯利、美国哲学家乔治·赫伯特·米德（George Herbert Mead）等的影响，将有效的传播建立在个人在多大程度上能够接受或者代入他人观点和想法的能力上（Delia et al.，1982）。

建构主义理论的形成过程遵循以下流程：首先，建构主义理论界定了社会感知（个人获取、保留、操纵和使用社会信息的能力）、信息生产（个人通过生产言语和非言语信息来有效实现个人目标与社会目标的能力）和信息接收（个人充分理解他人信息的字面意思以及信息背后的动机和意图的能力）过程中涉及的个人能力；其次，在界定个人能力的基础上，探究导致人们在以上三个过程中存在传播技巧差异以及个体差异的原因（Burleson，2007）。通常，一项典型的建构主义研究会招募一些参与者，请他们针对一系列常见的人际传播情境设计出信息；之后，研究者会对参与者提供的信息进行分类与编码，并评价信息质量；接下来，研究者会分析影响信息质量的因素，重点关注社会感知、信息能力等方面的个体差异。

建构主义理论关注功能性传播技巧与能力，我们一般将其看作科学实证范式的理论。需要注意的是，建构主义理论也具有诠释和批判主义的色彩。建构主义理论应该被理解为一种认识论层面上的建构主义，正如迪莉娅所说，“虽然事件是独立于与其相关的概念或者建构而存在的，但人们只能通过应用概念来认识和理解事件”（Delia，1976）。建构主义理论认为，社会化的个人积极地去感知和解释自己的经验，建构对周围世界有意义的理解，社会的、历史的、文化的因素会对个人理解世界产生结构化的影响（或者说限制）。在批判的层面上，建构主义理论解释了人们在传播行为和技巧上的差异，旨在解放个人。

功能性传播能力

有效传播是一个复杂的过程，通常需要参与传播的个人具有一定的知识储备和能力。在最基本的层面上，传播者需要具备理解和生产言语信息的语言能力；其次，传播者需要明白和理解使用语言时所处的社会、历史、文化背景，即社会语言能力；再次，传播者还需要知道如何灵活地生成和处理信息，以有效地实现个人目标和社会目标，即在不同的场合、面对不同的对象，能令人信服地说服他人，敏感地处理他人的情绪，领会他人信息中的细微差别，甚至从字里行间揣测出他人的目的，这种能力被统称为功能性传播能力（Burleson，2007）。语言能力是语言学家和心理学家关注的，社会语言能力主要由社会学家和人类学家研究，而传播学者主要关注的就是功能性传播能力。

在功能性传播能力研究方面，美国学者布兰特·伯利森将建构主义理论具象化为一种针对个人生成与处理信息能力的研究，聚焦于人们如何处理信息，从而以更恰当和有效的方式完成社会目标的能力（Bodie & Jones, 2015）。伯利森认为，功能性传播能力应该由四个相关联的过程构成，在这四个过程中，又有四个方面的能力，包括社会感知能力、信息生产能力、信息处理和接收能力以及互动协调能力。在对这四种能力进行描述时，伯利森采用了以下框架：首先，确定特定过程中的能力性质与形式；其次，确定拥有该能力的决定因素；再次，确定拥有该能力的动机和前提；最后，分析拥有该能力的人的个人影响和社会影响（Bodie & Jones, 2015）。

建构主义研究表明，人际认知的复杂性与个人高级社会认知功能呈正相关。具体来说，“认知复杂”的个人可以更快速和有效地识别与感受他人的情感，能够形成对他人更为全面和复杂的印象，更好地整合和调节自我与他人的矛盾，对社会行为的原因和后果有着不同的理解，并且能策略性地使用各种方式来追求人际交往的不同目标（Waltman, 2002）。

个人掌握和提高功能性传播能力能带来实实在在的好处（陈力丹，2006）。首先，功能性传播能力可以帮助个人在工作和生活中取得成功，善于沟通的人更有可能得到工作上的晋升，在个人生活中获得更高质量的人际关系。其次，具有功能性传播能力的个人会对他人的目标和意图更加敏感，能更好地协助他人实现目标，这反过来也会改善其与他人的人际关系。最后，具有功能性传播能力的个人还有可能提高他人的沟通技巧，比如父母的共情能力可以影响到儿童，从而帮助儿童提升未来进行有效的社会互动所需要的能力。

（一）社会感知过程中的能力

1. 社会感知能力

社会感知能力是一种个人感知社会信息的能力，是一种知觉能力。知觉是指注意、识别和解释客观世界事物的心理过程。知觉不只是人类被动地接收关于外部世界的信息，还是积极地从外部世界中寻找意义的过程。在形成知觉的过程中，人们会选择性地将注意力集中在特定的事物上，根据既有认知对感知到的事物进行分类，然后从记忆中调取过去类似的经历作为参考，形成对当前事物的认知。虽然认知过程经常发生在不经意间，很少有人会关注自己形成知觉的过程，但是该过程客观存在。

知觉认识对象的范围很广，不仅包含自然环境，也包含社会环境中的万事万物。在各种知觉中，社会感知特指人们理解人类特有的行为和社会世界中事物的过程，其中包括人们对自己、他人、社会关系与社会制度的体验（Burleson, 2007）。在社会交往中，他人的行为和品质尤为重要，所以社会感知的对象经常集中在他人身上。比如，我们与他人交往时会格外关注对方的身份、对方与我们的关系以及对方的行为、意图和动机，我们与他人的交往都建立在社会感知之上。

社会感知过程包括很多类型，比如情感识别（分辨他人的情绪状态）、因果性归因（对行为进行归因）、非言语行为解码（分析他人非言语行为的意义）、印象形成（综合各类信息形成对他人的印象）、信息整合（识别与调和关于他人信息的矛盾之处）、社会评价（对他人做出评价）、社会视角代入（猜测别人的想法和情绪）等。总体上，社会感知过程中所涉及的能力主要聚焦在信息输入的层面，是人们根据信息和刺激所做出的反应性或者反射性知觉过程。这些和社会感知过程相关的能力在不同的人身上会呈现出差异，比如有人先天具有敏锐的非言语行为解码能力，有人经过后天学习，可以掌握高水平的信息整合能力。

2. 个人差异

社会感知过程是通过使用人际建构（interpersonal construct）这一认知要素完成的。人际建构指的是人们拥有的可以用来判断和区分他人的思想、行为、品质和特征的认知基模或者说心理模板（Burleson & Kunkel，1996）。人际建构一般由一个判断的双向维度构成，例如好/坏、礼貌/不礼貌等（Kelly，1955）。人们通过多种人际建构形成对他人的认知。从某种程度上说，人际建构是人们认识社会、他人的滤镜，我们每一个人都通过自己特有的人际建构滤镜，开展各类社会认知活动（Delia et al.，1982）。打个比方，人际建构就像人体的肌肉一样，各种类型的肌肉可以帮助我们完成各种运动，类似地，人际建构也可以帮助我们完成各种各样的社会认知活动。

人际建构的工作方式也和人体肌肉的运动方式类似，肌肉具有强度、力量、柔韧性和耐力上的差异，人际建构中的三种属性也会造成人的社会感知能力差异，这三种属性分别是分化、抽象和整合（Waldron & Applegate，1994）。分化指的是个体认知系统中已有的人际建构的数量，人际建构系统分化程度越高的人，在解释他人活动时可使用的认知基模或者说心理模板就越多。抽象指的是人际建构的概念质量，有些人际建构很具体，聚焦他人的表面特征，比如身体特征（性别、体型）、特定的行为（爱笑、喜欢跑步）或者特定的社会角色（教师、律师、医生）；有些人际建构更为抽象，主要聚焦他人更深层的、潜在的心理品质，比如性格（随和、严肃）。整合指的是不同的人际建构能被组织起来、形成连接，易于获取和调用。

每个人都有自己独特的人际建构系统，同时，每个人也具有多个不同的人际建构系统，适用于不同的情境。例如，企业的销售人员一般会有更复杂的和销售相关的人际建构系统，比如对客户的分类等；与不从事销售工作的人相比，销售人员会对客户的言语和非言语行为更为敏感，更熟悉客户的需求。一个人拥有的人际建构系统越具有分化、抽象和整合的能力，他就越具有高水平的人际认知复杂程度。一个人的人际认知复杂程度越高，他就越能够理解他人的心理、行为，更容易对社会上的他人做出合理的判断，反过来也越能做出适合情境的合理决策。从这一点上也可以看出建构主义理论对人际传播功能性的理解。

常用的人际认知复杂程度的测量指标为角色分类测量（role category questionnaire），该指标先让被测量者对认识的他人进行印象描述，然后由经过训练的编码员对印象描述进行分析，分别在分化、抽象和整合三个层次上打出分数（Burleson & Waltman，1988）。这里要注意，人际认知的复杂性来源于各种形式的社会化过程，比如儿童时期与父母、同伴、老师和社会他人的互动。但这并不是说每个人通过同样的社会互动过程，都能获得同样的技能发展，个人差异会导致某些人比其他人的人际认知程度更为复杂。

（二） 信息生产过程中的能力

信息生产指的是生成言语和非言语信息及行为的过程。和社会感知过程类似，信息生产也是一个复杂的过程，涉及对各种能力的调用。但建构主义理论只关注一项信息生产能力，即生成高度以人为本（person-centered）的信息的能力。所谓以人为本，是一种对信息质量的评价，指的是人际交往中的信息在多大程度上能够考虑并且适应交往的情境、关系与情感（Burleson，2007）。

在第一节的时候我们讲过，人际传播中有不同类型的互动，一类是比较简单的，不太需要调动我们的认知能力，甚至是程式化的，比如见到熟人要打招呼、去超市购物要和营业员进行简单的对话等；还有一类是需要我们集中注意力去完成的，比如说服他人或者给他人提供建议。要实现特定的传播目标，我们所传递的信息就必须体现出对目标对象特定心理和社会情境的关注与适应，即定制化的信息。在人际传播中，活跃气氛、提供安慰、说服他人、赢得争论等都属于复杂的交流任务，需要我们充分考虑目标对象的意图、特征和感受。

1. 以人为本的信息

以人为本是功能性传播的重要特征，和其他信息相比，以人为本的信息更加关注和适应传播情境中的个人主观感受与关系特征，是一种总体的对于信息质量的衡量。举例来说，如果你是一名大学生，错过了提交期末作业的截止日期，需要向老师进行解释和道歉，请试着比较以下两则解释信息。

A：老师，抱歉，我不小心睡过了，错过了提交作业的截止时间。期末考试和作业太多了，我压力很大，睡眠不足，好不容易睡了一觉，结果睡过了，室友们也没提醒我。不好意思，我现在马上写完交给您。

B：老师，抱歉，我错过了提交作业的截止时间。您上课的时候和我们说过，作业的质量比数量更重要。您的课对我来说很重要，是我在大学里最喜欢的课之一，我非常想认真地完成您的期末作业，给这门课画上一个令人满意的句号。临近期末，您的工作也很繁忙，需要阅读很多学生的论文。我与其为了赶上截止日期交给您一份凑字数的作业，不如认认真真完成一篇高质量的论文，虽然这意味着我可能会因为错过截止日期而被扣分。总之，我写信是想向您说明真实的情况，希望能得到您的谅解。

这两则信息除字数上的差异之外，还有哪些不同？第一则信息是从自己的角度出发的，而第二则信息更多地考虑了老师的立场和视角，更好地表明了自己的意图以及行为的理由，呈现出了以人为本的信息特征。对于个人来说，如果需要通过人际沟通来影响和规范他人的行为，那么使用以人为本的信息，通过代入他人的视角，引导他人进行反思和推理，能更好地起到影响他人行为的作用。

与劝服相比，以人为本的信息更常见的使用场景是给他人提供安慰和支持。高度以人为本的信息承认、阐述和合法化他人的感受，并鼓励他人表达自己内心的感受（Burleson，2007）。回想前文所举的例子，第一个朋友的反应其实在本质上否定了失恋的痛苦和你的主观感受，虽然他的说法从长期来看可能确实如此，但是这样的安慰一方面质疑了你找对象的品位，另一方面质疑了你的感受，所以从功能的角度来看，并没有起到实质性的安慰作用。而第二个朋友的安慰信息合法化和正当化了你的感受，同时也表达了自己的支持。相比而言，第二个朋友提供的安慰信息是更以人为本的信息。

需要注意的是，以人为本的信息不一定就是更"好"或者说更客气的，但一般而言，这种信息具有较复杂的形式，也会涉及人际传播情境中的各类特征。除复杂的形式之外，以人为本的信息所具有的其他特征，也能说明它是一种信息生产能力的体现。第一，个人对以人为本的信息的使用频率会随着年龄增长而提高，这说明此类信息是一种更为成熟的表达方式；第二，在追求特定的沟通目标时，更有经验的人会更多地使用以人为本的信息；第三，人际沟通的目标越强烈，人们使用以人为本的信息的可能性越大；第四，效果研究表明，以人为本的信息确实在安慰、劝服等方面更能发挥作用；第五，以人为本的信息能给人带来更好的人际关系和职业成就。综上所述，以人为本的信息可以被看作信息生产能力的一个重要体现。

2. 以人为本的信息的影响因素

既然以人为本的信息如此重要，那么什么因素会影响一个人生成和使用以人为本的信息呢？作为人际传播所涉及的过程之一，信息的生成和使用与一个人的社会认知能力息息相关。一个人的社会认知能力越强，拥有的人际建构系统越复杂，就越有可能在多种人际沟通的情境中生成和使用以人为本的信息。

人际建构系统复杂的人会对他人的目标和意图更加敏感，更能将自己代入他人的视角，更容易感知到他人的情绪状态，对人际关系有更深刻的理解，更加敏锐地感知社会情境；反过来，这也导致他们为特殊的情境定制更加复杂的目标。想要更好地理解目标在这里起到的作用，请参考第一节的行为组合理论。人们都具有程序记录的系统，程序记录指的是我们关于如何做事情的记录。程序记录与具体的行为、行为出现的情境以及行为的结果相关联，当人际传播中的情境特征和大脑中储存的程序记录相匹配时，相应的程序记录就会被激活，相关的记忆就会被整理和整合，呈现出输出表征，类似行为组合理论中的信息或者行为的计划。

为了使程序记录对信息生成产生影响，程序记录就必须从长期记忆存储中被激活。目标和感知会在激活这一步起到相应的作用。目标和对相关情境特征的感知能够激活程序记录，所以在特定事件中形成的目标和感知到的情境特征越多，可能被激活的程序记录的数量就越多。被激活的程序记录数量越多，人们就越有可能生成和使用高度以人为本的信息。

（三）信息接收过程中的能力

信息接收指的是人们解释他人的传播行为，以努力理解他人行为背后的意义的过程。信息接收是一种特殊的社会感知过程，它侧重于理解和语境化他人有意的表达。信息接收能力体现在对于他人信息的字面意义和言外之意的理解上，并且更加强调对于他人的意图和动机的判断。

与以上两个过程类似，信息接收也是一个复杂的过程。当我们从他人那里接收到一条信息时，我们首先会尝试理解信息字面上的意思（比如对方说了什么），其次会关注信息背后的意图（比如对方表现出的意图），以及信息和意图所反映的深层次的动机（比如对方通过信息和意图究竟想达到什么目的）。举个例子，妻子对丈夫说“空调的温度很低”，字面上的意思很容易理解，比如什么是空调、温度低的表现等；妻子说话的意图很可能是想让丈夫把空调关掉，或者把空调的温度设置得高一些；妻子说话意图背后的动机是想获得丈夫情感上的关心以及对其行为上的控制。

以上这种信息接收过程符合标准的表面信息处理。在这种处理中，信息接收者假定信息可以被看作表面信息，即他人的信息表达的是他人所想。具体来说，在进行表面信息处理时，接收者理所应当地认为：第一，信息发出者在进行直接、坦诚的交流；第二，信息发出者公开地表达个人的意图和动机；第三，如果他人有疑问，信息发出者随时会进行澄清和解答。在通常情况下，我们对于他人的信息接收都遵循以上步骤，大多数人也具有进行表面信息处理的能力。

但是，在另外一些情况下，人们就会渴望完全或者透彻地洞察他人的信息以及信息背后深层次的含义。比较常见的情况是，我们完全明白对方所发出信息的字面意思，但是不确定信息背后的意图和深层次的动机。类似情况在人际传播中时有发生，比如你觉得对方的信息有前后矛盾或者不一致之处，或者社会交往的情境对我们来说意义重大。在这种情况下，人们就会对信息进行更进一步的深度处理。深度处理包括对信息、信源或交流情境进行有动机的、系统的和有意识的研究。例如，怀疑信息发出者有偏见、涉及欺骗或者提供虚假信息等。如果怀疑信息发出者有偏见，或者故意欺骗，接收者就会试图判断发出者的动机，并在几种可能的解释中找到最合理的。因此，深度处理可能会造成信息接收者对发出者真实意图和动机的多种假设。

和表面信息处理相比，深度处理需要调动更多的认知资源，对个人来说是费时费力的，所以人们并不总会花费精力来深度处理他人的信息，即便在某些情况下很有必要进行深度处理。心理学理论认为，人们都是认知的吝啬鬼，有时会忽略需要格外关注的线索，这有可能是因为他觉得这个问题目前不是很重要，也有可能是因为他期盼在未来的某个时间能解决这一问题。此外，人们进行深度处理的能力还会受到注意力和信息处理能力的限制。有时人们会直接采取行动来解决疑惑，比如直接要求信息发出者澄清意图和动机。

常见的影响深度处理的因素包括：第一，在交流过程中的分心或者其他形式的干扰会影响深度处理；第二，个人具有的相关知识和既有的态度会影响深度处理，对信息的主题和信源了解越多，就越有可能进行深度处理；第三，认知复杂程度高的人更容易进行深度处理，他们更容易回忆起互动的细节，更容易调动认知资源开展深度处理；第四，复杂的信息本身也会导致人们进行深度处理，信息所包含的内容越多，涉及的目标和意图越复杂，人们就越容易启动深度处理方式来处理信息。

思考题

1. 建构主义理论的核心是什么？建构主义理论如何塑造我们对传播过程的理解？

2. 建构主义理论如何强调社会建构和共享意义在人际互动中的作用？

3. 个人是如何发展和使用他的个人建构来解释和理解社会世界的？

4. 你能举例说明建构主义理论是如何被应用于现实生活中的交流场景的吗？它如何帮助解释人际关系中的误解或冲突？

5. 请你对以人为本的信息下一个定义，产说明这个定义中最重要的元素是什么。

6. 建构主义理论如何解释人们在人际沟通表现方面的差异？这是否一种精英主义价值观的体现？

实践训练题

小张是一名客服人员，某天接到一位客户的投诉电话。客户情绪激动地抱怨："你们的产品质量有问题！我刚买回来用了两天就坏了，这让我非常失望。我还推荐给了朋友，现在丢了面子！"小张需要在有限的时间内安抚客户的情绪，并提供可行的解决方案。

1. 请分析小张需要达成的主要目标和次要目标分别是什么，并说明这两个目标之间的关系。

2. 根据建构主义理论，设计一段以人为本的回应，帮助小张安抚客户并维护公司形象，同时指出该回应如何体现以人为本的信息特质。

3. 如果客户仍旧表示不满，试分析可能存在的原因，并提出进一步化解矛盾的策略，结合建构主义理论说明理由。

要点小结

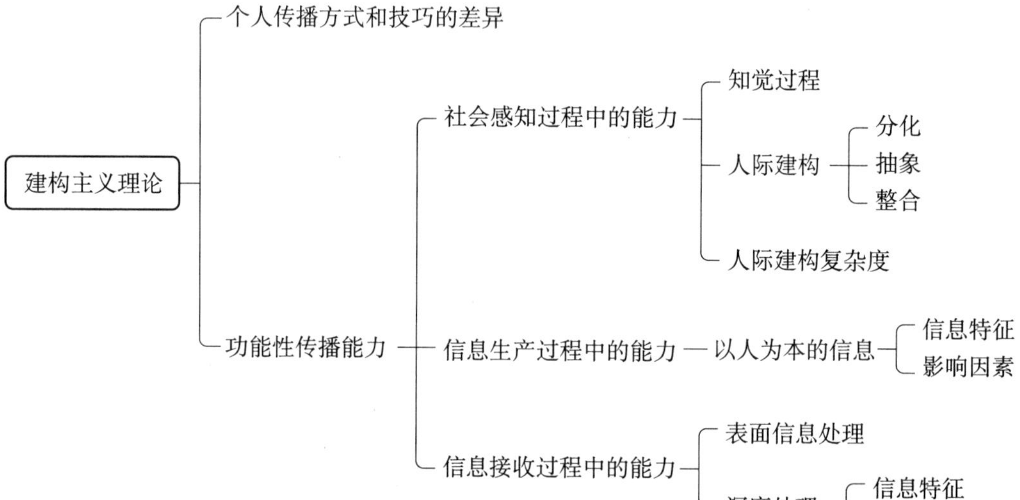

参考文献

陈力丹．(2006)．试论人际传播．西南民族大学学报（人文社科版）(10)，191－197.

Bodie，G. D.，& Jones，S. M.（2015）．Constructivism. In C. R. Berger，& M. E. Roloff（Eds.），*The international encyclopedia of interpersonal communication*（pp. 201－223）．Hoboken，NJ：Wiley-Blackwell.

Boster，F. J.，Shaw，A. S.，Hughes，M.，Kotowski，M. R.，

Strom, R. E., & Deatrick, L. M. (2009). Dump-and-chase: The effectiveness of persistence as a sequential request compliance-gaining strategy. *Communication Studies*, *60* (3), 219 – 234.

Brownstein, R. J., & Katzev, R. D. (1985). The relative effectiveness of three compliance techniques in eliciting donations to a cultural organization. *Journal of Applied Social Psychology*, *15* (6), 564 – 574.

Burleson, B. R. (2007). Constructivism: A general theory of communication skill. In B. B. Whaley, & W. Samter (Eds.), *Explaining communication: Contemporary theories and exemplars* (pp. 105 – 128). Mahwah, NJ: Lawrence Erlbaum Associates.

Burleson, B. R., & Waltman, M. S. (1988). Cognitive complexity: Using the Role Category Questionnaire measure. In C. H. Tardy (Ed.), *A handbook for the study of human communication: Methods and instruments for observing, measuring, and assessing communication processes* (pp. 1 – 35). Norwood, NJ: Ablex Publishing.

Caughlin, J. P., & Wilson, S. R. (2014). Multiple goals theories: From message production to evaluation. In D. O. Braithwaite, & P. Schrodt (Eds.), *Engaging theories in interpersonal communication: Multiple perspectives* (2nd ed., pp. 52 – 63). Los Angeles, CA: Sage.

Delia, J. G. (1976). A constructivist analysis of the concept of credibility. *Quarterly Journal of Speech*, *62* (4), 361 – 375.

Delia, J. G., & O' Keefe, B. J. (1982). The constructivist approach to communication. In F. E. X. Dance (Ed.), *Human communication theory: Comparative essays* (pp. 147 – 191). New York, NY: Harper and Row.

Dillard, J. P. (1990). The nature and substance of goals in tactical communication. In M. J. Cody, & M. L. McLaughlin (Eds.), *The psychology of tactical communication* (pp. 70 – 90). Bristol, UK: Multilingual Matters.

Dillard, J. P. (2014). Goals-plans-action theory of message production: Making influence messages. In D. O. Braithwaite, & P. Schrodt (Eds.), *Engaging theories in interpersonal communication: Multiple perspectives* (2nd ed., pp. 63 – 74). Los Angeles, CA: Sage.

Dillard, J. P., & Knobloch, L. K. (2011). Interpersonal influence. In M. L. Knapp, & J. A. Daly (Eds.), *The Sage handbook of interpersonal communication* (4th ed., pp. 389 – 422). Thousand Oaks, CA: Sage.

Dillard, J. P., Segrin, C., & Harden, J. M. (1989). Primary and secondary goals in the production of interpersonal influence messages. *Com-*

munications Monographs, *56* (1), 19－38.

Dillard, J. P., Anderson, J. W., & Knobloch, L. K. (2002). Interpersonal influence. In M. L. Knapp & J. A. Daly (Eds.), *Handbook of interpersonal communication* (3rd ed., pp. 425－474). Thousand Oaks, CA: Sage.

Greene, J. O. (2008). Action assembly theory: Forces of creation. In L. A. Baxter, & D. O. Braithwaite (Eds.), *Engaging theories in interpersonal communication* (pp. 23－36). Thousand Oaks, CA: Sage.

Freedman, J. L., & Fraser, S. C. (1966). Compliance without pressure: The foot-in-the-door technique. *Journal of Personality and Social Psychology*, *4* (2), 195－202.

Greene, J. O. (1984). A cognitive approach to human communication: An action assembly theory. *Communications Monographs*, *51* (4), 289－306.

Greene, J. O. (1997). A second generation action assembly theory. In J. O. Greene (Ed.), *Message production: Advances in communication theory* (pp. 151－170). Mahwah, NJ: Lawrence Erlbaum Associates.

Greene, J. O. (2000). Evanescent mentation: An ameliorative conceptual foundation for research and theory on message production. *Communication Theory*, *10* (2), 139－155.

Greene, J. O. (2006). Have I got something to tell you: Ideational dynamics and message production. *Journal of Language and Social Psychology*, *25* (1), 64－75.

Greene, J. O., & Geddes, D. (1993). An action assembly perspective on social skill. *Communication Theory*, *3* (1), 26－49.

Henningsen, M. L. M., Valde, K. S., Russell, G. A., & Russell, G. R. (2011). Student－faculty interactions about disappointing grades: Application of the goals-plans-actions model and the theory of planned behavior. *Communication Education*, *60* (2), 174－190.

Kelly, G. A. (1955). *The psychology of personal constructs* (2 Vols.). New York, NY: W. W. Norton & Company, Inc.

Kunkel, A. W., & Burleson, B. R. (1999). Assessing explanations for sex differences in emotional support: A test of the different cultures and skill specialization accounts. *Human Communication Research*, *25*, 307－340.

O' Hair, H. D., Cody, M. J., & McLaughlin, M. L. (1981). Prepared lies, spontaneous lies, Machiavellianism, and nonverbal communication. *Human Communication Research*, *7* (4), 325－339.

O' keefe, B. J., & Shepherd, G. J. (1987). The pursuit of multiple objectives in face - to - face persuasive interactions: Effects of construct differentiation on message organization. *Communications Monographs*, *54* (4), 396-419.

Waldron, V. R., & Applegate, J. L. (1994). Interpersonal construct differentiation and conversational planning: An examination of two cognitive accounts for the production of competent verbal disagreement tactics. *Human Communication Research*, *21* (1), 3-35.

Waltman, M. S. (2002). Developments in constructivist work in communication studies, psychology, and education: Introduction to the special section on constructivism. *American Communication Journal*, *5* (3), 1-6.

第五章

关注社会信息的人际传播理论

本章聚焦于人际传播中的信息处理过程，探讨个体如何在人际互动中接收、解读和回应信息。人际传播不仅涉及信息的传递和生成，更关键的是如何处理这些信息，以便做出合理的反应。信息处理的过程复杂且多层次，既受环境、文化和关系的影响，也受到个体心理和认知机制的制约。本章将通过三类经典理论，深入分析人们在社会互动中如何降低不确定性、建立信任并逐步加深关系，以及社会性别对人际互动的影响。

不确定性减少理论阐明了在人际互动初期，个体如何通过信息交换减少对对方认知的不确定性。这一理论认为，人们在首次相遇时往往会感到不确定，并通过提问、观察和互动来获取更多信息，以便预测对方的行为并调节自己的沟通策略。通过理解这一理论，读者可以学会如何在新的人际关系中有效降低不确定性，从而建立信任和沟通基础。

社会渗透理论解释了在人际关系中，个体如何逐步揭示自己更深层次的个人信息，并在此过程中加深与他人关系的亲密度。该理论通过将人际关系比作“洋葱”，层层剥开个人信息的不同层面，从表层的肤浅交流逐步深入更私密的层次。这一理论可以帮助读者理解人际关系中信息披露的重要性，以及如何逐步通过自我表露来增强关系的深度与双方的信任度。

性别传播理论聚焦性别在语言、沟通行为和社会互动中的作用。在社会的各个层面，语言不仅是一种表达工具，更是性别角色、权力关系和文化规范的再现。通过分析性别与传播的关系，学者们揭示了语言如何成为维持或挑战性别不平等的手段。本章将探讨两种关于性别与传播的重要理论：性别方言理论和批判的女性主义传播理论。性别方言理论从社会互动的角度重点研究男性和女性在语言使用与沟通方式上的差异，探讨这些差异如何影响人际交往、权力关系以及社会角色的构建。该理论认为，性别不仅体现在生理差异上，还是一种通过语言和互动行为表现出来的社会建构结果，语言使用将反映出权力的不平等。批判的女性主义传播理论从性别平等和社会正义的角度，分析了语言、传播与性别之间的关系。与性别方言理论不同，批判的女性主义传播理论更强调语言在维护和挑战性别压迫中的作用。该理论的基础是女性主义批判理论，认为性别不平等是由父权制的社会结构维持的，而传播过程（包括语言使用、媒体表达等）是这一不平等结构的重要组成部分。

本章通过不确定性减少理论、社会渗透理论和性别传播理论，帮助读者深入理解信息处理在人际传播中的核心作用。这些理论不仅为解释如何在人际关系中减少误解、建立信任提供了框架，还为如何在复杂的社会互动中实现有效沟通提供了策略。

第一节　不确定性减少理论

每天学点人际传播

小张是一名刚转学到新学校的学生。她从小镇来到市区，面对陌生的环境、陌生的同学和老师，感到十分紧张，不知道自己该如何与新同学打交道。

转学第一天，她走进新班级的教室，环顾四周，发现每个人似乎都已经找到了自己的位置。她坐到一个空座位上，心里忐忑不安。班里的几个同学注意到了她的到来，但她感到自己像一个外人，不知道该与谁交流。就在这时，班长小李走了过来，微笑着说："嘿，你是新来的同学吧？我叫小李，今天我可以带你参观一下学校，介绍一下我们班级的活动。"小张感到有些意外，但也放松了下来。小李简短的几句话像是打开了一扇门，让小张感受到了温暖和接纳。

在接下来的几天里，小李成了小张的朋友，每天都会和她一起上学放学。每当小张有不明白的地方，像是课后作业的安排或者交作业的方式，小李总会耐心地解释给她听。渐渐地，小张了解了班级的更多情况，与其他同学也开始有了更多的接触和交流。她发现班里的人其实都很友好，大家有很多共同的兴趣爱好，像是喜欢同样的电影、音乐和运动。

在一次课间，小张主动和几个同学聊起了她喜欢的篮球队，没想到这些同学也都是篮球迷。那一刻，她感到自己不再是那个完全陌生的转学生，而是这个群体的一部分。她变得更加自信，开始主动与更多人交谈。

对不确定性的厌恶是人类的一大特征。从远古时期开始，人类就有想获得有关外部环境的信息的天性。对气象的预测可以帮助我们更好地进行农业生产和日常生活的规划，对他人行为的预测可以帮助我们进行人际交往和沟通。不确定性减少理论由美国传播学者查尔斯·伯杰在 20 世纪 80 年代提出，主要关注人们在对他人和环境感到不确定的情况下的传播行为。

一、核心概念

不确定性减少理论中的核心概念就是人际交往中的不确定性，该理论将不确定性定义为人们对自己和他人的行为缺乏预测与解释（Berger，1997）。在社会交往情境中，当我们缺少关于周围环境信息的时候，就会产生不确定感。通常来说，有两种类型的不确定性：一种是行为不确定性，主要指人们对自己和他人行为的不确定；另一种是认知不确定性，主要指人们对自己和他人信念、想法和观念等的不确定。

那么，人际传播和不确定性之间的关系是怎样的？按照伯杰的说法，人际传播在不确定性减少过程中扮演两种角色：一方面，人际传播是人们试图预测和解释他人的行为之一；另一方面，人际传播也是人们试图收集信息、形成预测和解释的方法。换句话说，人际传播既是减少不确定性的目的，也是手段。减少不确定性可以是前瞻性的，专注于预测未来的行为；也可以是追溯性的，专注于解释过去的经历。

伯杰认为，人际交往的一大动力就是减少不确定性。不确定性减少理论的后实证主义倾向认为，不确定性不应该被等同于模糊性，模糊性更多是指客观上缺乏信息或者信息的呈现发生了冲突的情况；而不确定性指的是个人主观上的对于不确定性的感知和体验。在日常交往中，我们经常会使用模糊性的表达，比如“回头见”或者“有空我们一起吃饭”，这一类表达具有高度的模糊性；但多数情况下我们不会体验到不确定性，只有当这种模糊性与我们个人的感受和利益高度相关时，我们才会更加注意到不确定性。例如你有求于你的朋友，很想在近期和她见面吃饭，当面拜托她帮你照看宠物，如果她没有对你的邀约做出明确的回答，只是回复有空再约，那么你对于这次会面的计划和安排就会感到更强的不确定性。

以上这个例子也说明了对不确定性的感知和其他一些情境化的因素息息相关。以下三种情况会强化减少不确定性的动机：激励、偏差与对未来交往的预期。当我们判断人际交往的对象能给我们带来例如情感支持、欣赏和陪伴时，或他人的行为偏离了可预测的情况或者出乎意料时，抑或我们渴望在未来与他人进行更多的交往时，我们就有更大的减少不确定性的动力。

二、基于变量关系的理论模型

不确定性减少理论在概念设计上参考了信息论中关于信息和不确定性的定义与测量，把不确定性定义为可能出现的选择的数量与可能性的函数（Berger & Bradac，1982）。比如，如果预测的结果有好几种，并且这几种结果出现的可能性差不多，那么与之相关的不确定性就高；如果预测的结果只有一种，那么不确定性就低。

值得注意的是，不确定性减少理论是第一个真正意义上的起源于人际传播领域并且由人际传播研究学者提出的传播理论，其他的人际传播理论或多或少都受到了其他领域的启发，例如心理学、社会学、修辞学等。此外，该理论采取了客观实证主义的理论建构方式，对一系列概念进行了变量的可操作化，同时根据变量之间的关系形成了可被测试的假设与公理（axioms），然后通过公理中涉及的变量的变化与影响的逻辑关系抽象出了定理（theorems）。该理论在设计初期包含 7 个初始公理（Berger & Calabrese，1974），再加上后续基于传播网络的（Parks & Adelman，1983）的公理，一共有 8 个公理，分别为：

公理一：不确定性与言语传播行为数量呈负相关。

在初次见面的场景中，人际交往的双方都会感受到高度的不确定性，随着双方言语传播行为的增加，不确定性会减少；随着不确定性的减少，双方会更多地进行言语传播行为。

公理二：不确定性与非言语表达行为数量呈负相关。

随着人际传播过程中非言语表达和行为的增加，不确定性会减少；随着不确定性的减少，非言语表达会增加。

公理三：不确定性与信息搜寻行为呈正相关。

在高度不确定的情境下，人们会更多地进行信息搜寻行为；随着不确定程度的下降，信息搜寻行为会减少。

公理四：不确定性与传播内容的亲密程度呈负相关。

人际关系中的不确定性越高，传播内容，比如自我表露的亲密程度就越低；传播内容的亲密程度越高，不确定性就越低。

公理五：不确定性与互惠的速率呈正相关。

人际传播中高度的不确定性会导致人们更快地进行互惠式的行为，比如，初次见面的场景具有高度不确定性，一方透露了个人信息之后，一般都伴随着另一方互惠式的自我表露。而当人际关系已经趋于稳定，不确定性维持在较低的水平时，人际交往的双方就不会在意即时的信息互惠。

公理六：不确定性与传播者相似性呈负相关。

人际交往的双方的相似性越高，不确定性就越低；双方的相似性越低，不确定性就越高。

公理七：不确定性与人际好感程度呈负相关。

人际交往中对对方的好感程度越高，不确定性就越低；好感程度越低，不确定性就越高。

公理八：不确定性与共享的传播网络重合度呈负相关。

人际交往中双方共享的传播网络重合度越高，不确定性就越低；传播网络重合度越低，不确定性就越高。比如在浪漫关系中，二人的社交圈子重合度越高（与对方家人、朋友、同事交流越多），彼此的不确定性就越低。

下面我们举例来说明公理之中的变量关系。假如你是一名刚入校的大学生，来到了自己的宿舍，见到了舍友，和舍友交谈起了过去的经历。你们先从一些无关紧要的话题聊起，比如什么时候到的学校，来自哪里，是不是同班同学（公理三、公理四）。然后又聊到了自己喜欢吃的食物，平时的兴趣爱好，甚至对作息时间的偏好（公理五、公理六）。聊得越多，你们越倾向于使用更多的肢体语言和表情（公理二），并且对对方的好感进一步加深（公理七），对对方的不确定性逐渐减少（公理一）。聊到最后你们发现，两人还有共同的熟人（公理八）。

在 8 条公理的基础上，不确定性减少理论又推理出了 28 条定理。比如公理二是不确定性与非言语表达行为数量的负相关关系，而公理四是不确定性与传播内容的亲密程度的负相关关系，那么通过这 2 条公理涉及的变量与不确定性的关系，就可以推导出非言语表达行为数量与传播内容的亲密程度呈正相关关系（定理九）。这 28 条定理所涉及的变量关系可以参照表 5－1。表中的数字代表定理顺序，正负号表示涉及的两个变量间的正相关或者负相关关系。

表 5－1 不确定性减少理论的公理与定理

	公理一：言语传播－	公理二：非言语表达－	公理三：信息搜寻＋	公理四：亲密程度－	公理五：互惠＋	公理六：相似性－	公理七：人际好感－	公理八：共享传播网络－
公理一：言语传播－								
公理二：非言语表达－	1＋							
公理三：信息搜寻＋	2－	8－						
公理四：亲密程度－	3＋	9＋	14－					
公理五：互惠＋	4－	10－	15＋	19－				
公理六：相似性－	5＋	11＋	16－	20＋	23－			
公理七：人际好感－	6＋	12＋	17－	21＋	24－	26＋		
公理八：共享传播网络－	7＋	13＋	18－	22＋	25－	27＋	28＋	

三、不确定性管理策略

不确定性贯穿人际传播的始终。不确定性有时会激发传播行为，反过来，传播行为也会影响人们对不确定性的感知。虽然人际交往中无处不在的不确定性会在生理和心理上给个体带来不适——当然人们对不确定性的感知和容忍存在个体差异——但是人们通常会采取多种多样的行为来降低或者管理不确定性。伯杰基于行为观察和一系列研究，总结出了常见的三种不确定性管理策略，分别是：信息寻求、计划制订以及间接暗示。

（一）信息寻求

信息寻求主要是指参与人际传播的个体通过主动采取行动来获得关于对方的信息。不确定性减少理论进一步划分了三种信息寻求策略。第一种为被动策略，通常指被动地、非介入式地观察对方的行为。被动策略包括两类：第一类指观察目标个体如何在社会情境下对他人做出反应，比如在餐馆约会时，观察约会对象如何与服务员进行交谈；第二类指观察目标个体在非正式情境下的行为，这一类观察也被称为“去抑制研究”（disinhibition research），强调观察对方在没有他人在场、缺乏社会情境线索的场景中如何表现，比如观察对方的居住环境以及对方独自在家时的行为举止。采用被动策略不容易引起对方的注意，可以在便利的情况下进行观察，同时保全个人的面子。但仅通过被动策略可能无法获得自己想获得的所有信息。

第二种信息寻求策略为主动策略。顾名思义，主动策略指的是参与人际传播的个体主动地采取非直接与对方交流的行为获得对方的信息。这一策略包含的行为有主动向他人询问目标对象的信息，或者设计一个场景来观察目标对象的反应。比如，你可以通过暗恋对象的好友打听关于暗恋对象本人的情况，也可以召集很多朋友一起出行，在暗中观察暗恋对象和他人的互动。向他人询问在多数情况下能获得更多信息，但是存在潜在的风险，包括第三人向目标对象透露你的行为，或向你提供不准确的信息。当然，这不一定就说明第三人存在恶意欺骗或者隐瞒事实的情况，也有可能是因为第三人没有掌握关于目标对象的准确而详细的信息。

第三种信息寻求策略为互动策略，主要是指个体主动与目标对象交流，以获得对方的信息。常见的互动行为包括主动询问，主动进行自我表露来引起对方的自我表露，以及尽量使对方放松之后透露关于自己的信息。采取互动策略可以帮助我们快速和直接地获得关于对方的信息，但如果互动的方式太直接，也有可能让对方感觉到被拷问，威胁对方的面子。

生活中的人际传播

小张和家人刚搬进新小区，作为新居民，他们对周围的环境和邻居们几乎完全不了解。搬进来的第一天，小张感到有些紧张，尤其是对邻居李女士产生不确定感。李女士总是很安静，几乎不与任何人交流，这让小张开始猜测她是否对他们有敌意，或者只是性格内向。

小张开始通过**观察**来了解李女士的情况，她注意到李女士每天作息时间固定，早晨非常早就离开，晚上才回家，而且常常独自一人，这让她推测李女士可能是一个比较内向的人（**被动策略**）。然而，这种观察并不能完全解答小张的疑问，因此她决定主动与李女士进行交流。在一次偶遇中，她微笑着打招呼并询问："你好，李女士，我刚搬到这个小区。咱们小区有业主交流群吗？能不能拉我进去？"（**主动策略**）通过这次简单的交流，小张得知李女士平时并不讨厌社交，只是比较习惯独处，这一信息帮助她减少了对李女士的猜疑。

除此之外，小张还通过一些**细微的行为**来表达她的友好。比如，每次在走廊里遇到李女士时，她会主动微笑、点头打招呼（**互动策略**）。某次，看到李女士要把好多废纸箱送去回收站，但显得很吃力，小张主动帮忙一起将废纸箱搬到了回收站。尽管李女士没有开口请求帮忙，但小张的行为无声地传达了善意和友好（**间接暗示**）。李女士渐渐放下了戒备，也开始与小张有了更多的互动。

（二）计划制订

第二种不确定性管理策略为计划制订。计划指的是人们为了达到某个目标而形成的对于未来行为的预期与规划。在不确定性管理的语境下，计划指的是人们为了减少不确定性，而进行的对于未来行为的规划。比如在和相亲对象初次见面之前，人们会制订详细的约会计划来应对约会中可能发生的各种情况，甚至会采取先去约会地点踩点、熟悉地理环境、彩排自己和对方的对话等行为，以减少不确定性。

（三）间接暗示

间接暗示（hedging），有时也被翻译为"拐弯抹角"，主要是指人们采用间接的或者暗示的方式来管理不确定性。为了避免人际交流中有可能产生的对自己面子的威胁，人们很有可能采取除直接方式以外的其他方式来管理自己的不确定性。例如你想获得暗恋对象对约会的评价，可以采用间接询问的方式，比如"我猜你可能不喜欢刚才那家餐馆吧"；或者可以通过转移话题来消除尴尬，比如"你误会了，我不是这个意思"。还有一种常见的方式是不直接说出自己的请求，而是旁敲侧击地暗示。比如你想向领导请假外出旅行，但是不确定对方是否会同意，那么你可以主动询问对方的放假安排，或者采用撇清自己意图的说法，比如“我不是要休息，我只是想提前制订工作计划”，甚至可以采取以退为进的方式，比如“我今年上半年休过一次假了。如果这次不休假也没关系”。

四、不确定性减少理论的应用与拓展

不确定性减少理论主要在以下四个方面开展了研究，并且进行了原始理论的拓展。

第一个应用场景是人际传播中陌生人初次见面的情况。早期不确定性减少理论的实证检验，都发生在陌生人初次见面的场景下。已有大量的研究表明该理论中的公理得到了证明，比如不确定性与言语传播行为数量、传播内容的亲密程度、共享的传播网络的重合度、传播者相似性以及人际好感程度之间的关系。但公理三中描述的不确定性与信息搜寻行为之间的关系只得到了很有限的支持。

第二个应用场景是跨文化交流的情况。致力于研究跨文化交际的学者威廉·古迪孔斯特（William Gudykunst）就受到了不确定性减少理论的启发，提出了跨文化传播的焦虑/不确定性管理理论（anxiety/uncertainty management theory）。该理论认为，当人们与来自不同文化背景的他人进行交流时，作为情绪感受的焦虑与作为认知概念的不确定性会同时出现，焦虑会与不确定性共同发挥作用，影响人们的传播行为。与不确定性减少理论类似，焦虑/不确定性管理理论也采用了后实证主义的理论建构方式，将跨文化传播中的有效交流当作最终结果，关注自尊、相互依赖性、人际吸引、权力、共享人际网络以及合作行为等各种因素之间的交互关系，从而形成了 34 条公理。

第三个应用场景是对现有人际关系中不确定性的研究。在不确定性减少理论的理论建构和实证研究的基础上，有学者提出了关系动荡模型（relational turbulence model）（Solomon & Knobloch，2004），用以解释不确定性在亲密关系过渡时期的作用。关系动荡模型认为，不确定性不是一种稳定的状态，处在人际关系中的个体常常需要更新关于自己、对方以及关系本身的知识储备。在这一情境之下，不确定性被更进一步细化为“关系的不确定性”——人们对其所处关系的不自信（Knobloch & Solomon，2004）。关系的不确定性主要有三个组成部分，分别是对自己的不确定性、对对方的不确定性以及对关系本身的不确定性。关系的不确定性会使人们更加不安，更容易对对方产生嫉妒心以及做出更苛刻的评价，影响双方的沟通效果，使得关系更加不稳定。

第四个应用场景主要聚焦作为人际传播动力的不确定性。有学者对不确定性减少理论中有关不确定性作为促进交往的原始动力这一说法提出了质疑——在初次交往的情境中，与陌生人交往的动机可能是提升交往的回报率以及降低成本（Sunnafrank，1986）。也有人质疑，如果为了降低不确定性而获得的信息是负面或者有威胁性的，那么人际传播的参与者可能更愿意维持不确定性。在这种质疑的基础上，学者们又提出了动机信息管理理论（theory of motivated information management）（Afifi & Morse，2009），区分了渴望的确定性与实际的确定性，指出二者之间的差异会产生焦虑，而焦虑在传播中的作用，又会受到期待和信息搜寻的自我效能感的影响。

思考题

1. 不确定性减少理论如何解释人际传播中的不确定性感知？请举例说明。

2. 公理三认为，不确定性与信息搜寻行为呈正相关。请结合一个社交媒体场景（如初次加好友或关注某人），讨论该公理是否成立？有无例外？

3. 不确定性减少理论如何适用于跨文化交流和国际传播中的不确定性管理？

4. 公理六认为，不确定性与传播者相似性呈负相关。请思考，是否存在“看似相似但实际误解更深”的情境？这种情况对理论有什么启示？

5. 请比较主动策略和被动策略在获取对方信息时的优缺点，并说明在什么情境下你更倾向使用其中一种。

实践训练题

你是一名大一新生，刚加入了一个社团。社团的活动丰富多彩，每次活动后大家都会聚在一起交流。你注意到社团成员小王比较安静，似乎与其他社团成员互动较少。你对他产生了不确定感，不知道他是性格内向还是不喜欢和大家打交道。

为了更好地融入社团并与小王建立联系，你决定通过观察和交流来减少你与小王之间的社交不确定性。

请结合不确定性减少理论的 8 个公理，分析如何减少与小王之间的社交不确定性，并回答以下问题：

1. 你会采取哪些具体行动来增加与小王的沟通，从而减少彼此之间的社交不确定性？

2. 你计划如何主动获取更多关于小王的信息？你将采取什么方式来主动了解他的兴趣爱好或性格特点？

3. 如何通过控制你与小王的信息交流来避免过多暴露个人隐私或造成不必要的尴尬，以减少不确定性？

4. 在与小王的互动中，你会如何使用非言语信息（如肢体语言、面部表情等）来减少不确定性并让他感到舒适？

5. 如果你发现与小王的谈话可能会引发冲突，你将如何采取策略来避免冲突，保持友好的交流氛围？

要点小结

- 不确定性减少理论
  - 核心概念
    - 不确定性的定义
    - 人际传播与不确定性的关系
    - 减少不确定性的动机
  - 基于变量关系的理论模型
    - 公理与定理
    - 变量关系示例
  - 不确定性管理策略
    - 信息寻求
    - 计划制订
    - 间接暗示
  - 应用与拓展
    - 初次见面情况
    - 跨文化交流
    - 现有人际关系中的不确定性
    - 不确定性作为人际传播的动力

第二节 社会渗透理论与关系发展的阶段

每天学点人际传播

小丽和小张在工作中相识，两人都是公司的新员工。在初次见面时，他们的对话大多围绕工作内容展开，比如讨论项目的进展、团队的合作等。此时，小丽对小张的了解还停留在表层，几乎没有涉及对方的兴趣爱好、个人生活等内容。

随着合作次数的增加，他们开始一起吃午餐，不只聊工作上的事情，也开始聊一些生活、家庭、电影等轻松的话题。小丽向小张透露了自己刚刚搬到这个城市，生活上有些不习惯，还分享了自己未来的职业规划。而小张也渐渐打开了心扉，讲述了自己大学时期的梦想，以及目前对工作的期望。

有一次，小丽因为工作压力大，向小张倾诉自己在团队中的焦虑感，谈到自己常常因对未来的不确定而感到困扰。小张听后非常理解，分享了自己面临类似情况时的经历，并给予了她一些建议。

在接下来的几个月里，他们常常在周末一起参加运动、看电影，交流的内容越来越私人化。小丽甚至向小张透露了一些不为人知的秘密，比如童年时的一些不愉快的经历，以及自己对婚姻的看法。而小张也逐渐对小丽产生信任，讲述了自己在家庭中的困境，以及自己不喜欢的生活方式。随着自我表露的增加，小丽和小张的友情变得越来越深厚，他们不仅能够在工作上互相支持，也能在生活中相互倾诉，成了真正的朋友。

作为社会化的个体，每个人都注定要与他人形成某种关系。有的人际关系来自血缘，比如与父母、子女以及其他亲属之间的关系；有的人际关系来自社会交往，比如与好友、亲密伴侣之间的关系。在不同的关系类型和不同的关系对象之间，我们与他人形成亲密关系的方式和过程呈现出多样性。为什么有的关系发展得快，而有的关系发展慢呢？什么样的特征能说明和代表关系亲密的程度？为了回答这些问题，社会心理学家欧文·奥尔特曼（Irvin Altman）和达尔马斯·泰勒（Dalmas Taylor）在20世纪70年代提出了社会渗透理论。

该理论被提出的一大初衷，主要是修正之前理论对传播情境的关注。在社会渗透理论被提出之前，主流的人际传播理论通常都认为人际传播是情境化的，比如相关研究会明确区分人际交流中面对面的情境、通过电话中介的情境以及通过其他媒介中介的情境。而社会渗透理论采用关系发展的视角，强调社会关系的发展、维持和恶化是不同的过程，人际关系从不亲密到亲密再到更亲密，甚至到终止，每个过程都有其特征。在后续的理论建构中，社会渗透理论经过了多轮修正，以更好地反映关系发展中反复、周期性的过程，而实现这一过程的关键就在于，人们会通过控制信息交换的亲密程度来管理和调节公共与私人之间的张力。

一、自我表露

根据社会渗透理论，关系的亲密或者疏远是通过言语和非言语行为来界定的。而言语层面的变化主要体现在关系双方的自我表露上。所谓自我表露（又译自我透露、自我披露），广义而言，是指个人自愿和有意地分享关于自己的信息的过程（Altman & Taylor，1973），并且在一般情况下，所表露的信息是重要且不为人知的。

在人际交流中，经常会出现这样一种情况：我们会主动且有选择性地进行自我表露，把自己的所思所想甚至隐私透露给对方，通过示弱来建立信任。这意味着自我表露具有以下几个特征。

第一，自我表露具有意图性或者说策略性。意图性和策略性主要表现为刻意或者有意为之的表露。在每一种人际关系中，参与的双方都会对在不确定的时间内维持关系的好处和坏处进行评估，并且有意识地调整自我表露程度。按照这个特征，如果只是无意间向家人提起正在考虑换工作，或者在上课的时候打了个哈欠，都不能被算作自我表露。

第二，自我表露的信息具有重要性。不管是什么类型、什么内容的自我表露信息，在表露者看来都是很重要的，甚至是可以定义一个人的。

第三，自我表露的信息一般要不为人所知。如果你今天和老板发生了正面冲突，同事们也都目睹了这个过程，那么一起吃午餐时你又向同事提起和老板的冲突，就不能被算作自我表露了。

社会渗透本质上是一种关系变化的过程，所谓渗透，可以被形象地描述为关系从浅表向深层发展的过程（Altman & Taylor，1973）。社会渗透通过自我表露实现，自我表露的程度可以影响关系的亲密程度（Derlega et al.，1993）。社会渗透可以发生在不同的关系中，包括友情关系、浪漫关系、社会团体中的关系和同事关系等。在后续的发展中，社会渗透理论也被应用于新媒体人际传播，如在社交媒体、相亲网站、网络论坛和虚拟社区等中的传播。

二、社会渗透

社会渗透理论把人的内心比喻成“洋葱”。一个人的人格就像洋葱一样具有多重性，剥开一层，下面还有一层，层层深入，一直到最核心的部分。在“洋葱”，也就是人格结构的最外层，是个人的公共自我，对所有人都可见；中间层包括个人的态度、喜好、观点、看法等，对于中间层的自我，我们会选择性地表露给一些人看；核心层一般包括个人的自我、价值观、深层次的情感、内心深处的担忧甚至恐惧，是最私密的部分，对绝大多数的他人不可见，但是对我们的私人生活有重要的影响。

对自我表露开展研究，首先要明确自我表露的类型。社会渗透理论从广度和深度两个维度来定义自我表露。自我表露的广度（breadth）指的是表露时涉及话题的数量；自我表露的深度（depth）主要是指所透露信息的私密程度。我们在接近他人时，会试图向对方表露自己，从而使自己变得更脆弱。社会渗透就伴随着人际交往的双方互相向对方进行互惠式的自我表露，从表层开始，逐渐扩大范围，并不断深入，直到触及核心层。虽然自我表露更多地被用来定义关系的亲密程度，但是在各类人际关系中，都伴随着不同广度和深度的自我表露。比如，我们在日常生活中的所谓熟人关系，就伴随着高广度、低深度的自我表露；我们和他人形成的专业关系，就伴随着低广度、高深度的自我表露；亲密关系中的自我表露，则可能既广又深。

社会渗透一般具有以下特点：

第一个特点是表露的深度和频率呈反比，即越浅层的信息越经常被表露，越深层的信息越不经常被表露。一般而言，外层的信息会更频繁甚至更快速地被表露。比如和陌生人初次接触时，以及在相亲时，双方首先聊到的话题一般是一些表层的信息，比如年龄、家乡、行业、工作单位、居住地等。

第二个特点是自我表露是互惠的或者说相互的。尤其是在关系发展的早期，一方的自我表露通常都伴随着另一方回馈式的自我表露。试想在人际交流中，如果只是一方进行自我表露，另一方不透露任何关于自己的信息，那么人际信任就无法被建立，今后也很难有发展亲密关系的可能了。在20世纪六七十年代开展的一系列关于自我表露的研究，细化了自我表露的互惠性。自我表露的互惠性通过各种方式体现，包括人际传播的双方在谈话的过程中进行了同等程度的自我表露，双方的自我表露具有相关性，抑或是一方的自我表露在后续谈话中引起了另一方的自我表露。在这一点上，社会交换理论也有过类似的解释。

第三个特点是社会渗透的速度会发生阶段性变化。渗透在关系建立的初期非常迅速，但是随着自我表露的层层深入，渗透的速度会慢慢降低。一旦形成较为稳定的关系，渗透的速度就不会发生太大变化了，甚至在双方分开或者承受压力之后还会发生反渗透。

最后一个特点是社会渗透中存在反渗透现象。和渗透一样，反渗透也是一个循序渐进、层层撤退的过程。可以联想一下自己曾经拥有过的恋情或者友情，你是不是也在不知不觉中慢慢降低了自我表露的频率和深度，久而久之，与对方的关系就慢慢变淡了。

三、关系发展的阶段理论

生活中的人际传播

电影《爱在黎明破晓前》讲述了两个陌生人——美国青年杰西和法国女孩塞琳——在火车上偶遇并决定一起度过一个浪漫的夜晚的故事。尽管他们知道这次相遇很可能是短暂的，他们还是选择在有限的时间内深入了解对方，分享彼此的内心世界。

刚开始，杰西和塞琳的对话主要围绕一些普通话题展开，如旅行经历、彼此的国家和文化差异等。尽管他们之间的对话已经触及了一些个人的生活细节，但这些话题仍然停留在较浅的层面。他们互相了解了对方的基本情况，没有涉及太多私密的内容。

随着两人一起漫步在维也纳的街头，杰西和塞琳开始分享更多自己内心的想法和感受。杰西向塞琳透露了自己对即将结束的这段旅程的忧虑，他讲述了自己在生活中面临的困惑和对未来的不确定感。塞琳也敞开心扉，谈到自己对爱情、人生和未来的看法。她讲述了自己曾经的恋爱经历，甚至提到了自己所理解的理想的婚姻。此时，尽管他们处于一个相对短暂的相识阶段，但自我表露已经变得更加个人化和情感化。

在夜晚的最后阶段，杰西和塞琳变得更加开放和真诚，彼此深入地探讨了关于爱与失落、人生选择的复杂话题。他们开始谈论更深刻的个人经历，甚至分享了自己的一些痛苦和不安。杰西讲述了自己过去的一段感情如何让他变得对爱情充满怀疑，而塞琳分享了她对未来的期望和担忧。在这一过程中，两人通过深度的自我表露建立了更强的情感连接，哪怕他们知道这段关系可能并没有未来。

电影的结尾，尽管面临着即将分别的现实，两人还是通过自我表露和真诚的交流，给彼此留下了深刻的印象。这种密集而深层的自我表露让他们在有限的时间内完成了关系的快速发展，成为彼此生命中重要的“过客”。

电影《爱在黎明破晓前》中的情节生动地展示了社会渗透理论中自我表露对关系发展的重要性。通过这部电影我们可以看到，自我表露是关系发展的重要推动力，尤其是在短时间内建立关系时，适时的自我表露能够加速情感的连接和理解。对于日常生活中的人际交往，我们也可以从中得到启示：在初次相识时应保持适度的自我表露，逐渐建立信任，并推动关系的发展。

自我表露是人际传播研究中的一个广受关注的概念，因为自我表露通常与人际关系的建立、维持、深入都具有密切的联系。比如在人际交往中，我们常常会用自己和对方分享了多少信息来确定关系的亲密程度；处于恋爱关系中的情侣会骄傲地向别人宣称“我们之间没有秘密”。自我表露与人际关系的亲密程度之间到底有怎样的关系？社会渗透理论给出了明确的解释。

社会渗透理论的核心命题是自我表露的深度和人际关系亲密程度之间的相关关系。社会渗透理论认为，人际关系的发展主要依赖于交往双方在自我表露的广度和深度上的逐步推进；而这种表露的意愿取决于双方对交往中成本与回报的权衡。如果其中一方认为交往对自己有利，他就会主动表露更广泛的信息和更深入的想法。并且，鉴于自我表露具有互惠性，一方的自我表露又会带来另一方互惠性的自我表露，这种对于彼此了解的加深有助于双方形成更加亲密的关系，这一过程一般会以线性的方式体现出来。基于自我表露的阶段性特征，社会渗透理论将关系发展的过程分为以下几个阶段。

一是定向阶段（orientation stage）。在定向阶段，交流的双方一般从简单的、简短的信息交换开始，传递一些不是很亲密和隐私的信息。在这个阶段，个人在表露关于自己的信息时会比较谨慎，更倾向于公开关于公共自我的信息，而不太可能公开隐私。例如初次和同学或者同事见面时，人们会介绍自己的家乡、年龄、所学的专业等，尽力避免冲突性或者敏感性话题，期待自己和对方都能以符合社会期许的方式完成交流，比如表现得礼貌与客气。

二是试探性情感交流阶段（exploratory affective exchange stage）。在这一阶段，交流的双方开始展现自我，自我表露的内容会超越公共自我，双方也会不那么拘谨，更多表达个性和对于各类公共议题的看法。自我表露的广度会被拓展，可以交流的话题变多，并且在某些话题上涉及中间层的信息。处在试探性情感交流阶段的双方可能是生活中的熟人、工作中的同事或者学校里的同学。

三是情感交流阶段（affective stage）。在情感交流阶段，交流的双方会谈论比较私人的话题。双方可能会用肢体语言表达亲密的情感，比如更多的眼神接触、丰富的面部表情、相互的触摸或者拥抱等。同时，这一阶段可能还会伴随着争论或者批评，自我表露的深度加深，主要处于中间层，有时也会触及核心层信息，但是交流双方对于核心层信息的表露尚较为谨慎。这一阶段的自我表露是随意的、自发的，也反映了双方对关系的承诺，甚至会伴随互相打趣、开玩笑，处在情感交流阶段的双方可能是好友或者恋爱关系。

四是稳定阶段（stable stage）。稳定阶段中的双方会向对方开放所有层面的信息，基本达到了知根知底、无话不谈的地步，双方分享私人的物品，甚至可以预测对方的情绪反应。但要注意的是，自我表露的广度和深度因人而异，并不是所有人都会把自己的所思所想告诉他人。

五是反渗透阶段（depenetration stage）。与关系建立的过程一样，关系的恶化和消解也不是突然发生的，而是一个反渗透的过程。其运行的方式和社会渗透的相反，但也是随着时间的推移一步一步从亲密的阶段回退，双方在越来越多的话题上不再进行亲密的自我表露，关系慢慢破裂。

尽管后期的研究没有很好地支持以上几大阶段之间的严格区分，但社会渗透理论提出的关系发展的阶段，对人际关系研究产生了重要影响，因为它是第一个将关系发展视为传播过程的理论。更重要的是，新的研究结果启发了社会渗透理论发展，进一步纳入了辩证的观点，强调关系的潮起潮落以及自我表露管理中的开放和封闭的持续紧张关系。

后来的关系发展和消解的十阶段模型（Knapp，1978），参考社会渗透理论用阶梯型的模型来描述建立亲密关系时的向上运动方式以及关系消解时的向下运动方式。在区分十个阶段的基础上，研究者还标注了每个阶段中所交换的自我表露信息的类型，以及加入了辩证元素，即并非所有的关系都能够按照模型所描述的十个阶段有序发展，而是可能在阶段中向前或者向后运动，最终稳定或保持在某一个阶段（Knapp & Vangelisti，2008）。后续的对婚姻关系以及家庭关系的归类，也参考了关系发展阶段的划分标准。

四、有关自我表露的后续研究

社会渗透理论给我们研究人际传播和人际关系提供了很好的解释，从 20

世纪 70 年代至今，自我表露一直是人际传播研究中的一大重点。目前还有很多实证研究聚焦自我表露对各种人际关系、自我认知、自我呈现以及身心健康的影响，这是一个经久不衰的研究问题。

在人际交往方面，自我表露在人际关系的发展和维护中扮演着重要的角色。比如，有研究发现：(1) 个人喜欢自己愿意透露信息的人；(2) 个人愿意向喜欢的人透露信息；(3) 个人喜欢向自己透露信息的人。从他人那里得到个人信息这一行为本身，就可以被看作一种回报，也表明了透露信息的人想要维持现有关系或者更进一步发展关系的愿望。从信息处理的角度来看，自我表露可能会强化表露者的正面形象，比如可爱、信任、支持等，从而增加他人对表露者的好感。事实上，一些从事为他人提供帮助的工作的人，比如医生、护士等，有时会向患者进行自我表露，以建立融洽的关系，从而获得患者的配合。

还有研究发现，自我表露与人际关系亲密程度之间的关系并不总是成立的。比如在寻求和提供社会支持的语境中，一方的自我表露可能会被另一方看作在寻求帮助，而不是简单的自我表露；与此同时，另一方给出的回应则被看作在提供帮助与支持，而不是互惠性自我表露 (Pan et al., 2020)。心理抗拒理论认为，每个人都具有自主性，即自己做决定的自由。而互惠性自我表露隐含着对他人自我表露的回报。按照心理抗拒理论，互惠性是对个人自由的威胁，所以在有些情境中，如果个人觉得自由受到了威胁，就会将不回馈对方的自我表露作为重申自由或者重建自主性的方式。

自我表露也可能提高个人主观幸福感。归属感假说认为，人们有建立和维持关系的强烈愿望 (Baumeister & Leary, 1995)。当人们在人际关系中取得成功时，他们会体验到积极的情绪，这会有利于他们的心理和生理健康。此外，社会支持相关研究也表明，自我表露可能会激发他人提供信息、情感、自尊以及物质支持，并帮助个人建立稳定的社会支持网络。当然，正面的结果在很大程度上取决于被表露者的反应。有时，主动的自我表露可能会受到他人的反对，这样的结果则会降低表露者的主观幸福感。

针对自我表露与健康之间关系的研究发现，自我表露行为本身对表露者有好处。比如，以写日记或者录音的方式倾诉自己的创伤经历，可能会促使一个人创造一种连贯的叙述，从而对创伤经历建立更好的理解，缓解个人心理层面的压力。与此同时，个人仅仅通过对自己的表露，就能够卸下他们由于对他人隐瞒真相而产生的情绪负担 (Pennebaker & Graybeal, 2001)。

早期研究一般针对面对面交流的情境，现在通过社交媒体的交流已经成为我们和他人交流的主要方式，那么，关于自我表露的广度和深度的划分和社会渗透的原则适用于社交媒体吗？社交媒体人际传播主要是指非面对面、缺少视觉线索、大量依赖文本、通过技术中介进行的传播形式。由于缺少视觉线索，与面对面情境相比，线上情境缺乏个人身份线索和社会在场感，这一特征可能会对自我表露造成两个方面的影响。一方面，匿名性和身份线索的缺失会使他人评价带来的压力有所减轻，从而更容易表露核心层信息。比如在网上交友和参与多人网络游戏的情境中，人们会和线上的他人无话不谈，进行深入的互惠性社会渗透。

但是另一方面，出于隐私保护的考虑，原来在面对面情境中最先被透露的个人身份线索，比如姓名、年龄、住址等，在线上情境中反而变得更私密了。例如有研究发现，在匿名论坛上透露私密的性幻想比透露个人身份信息更常见。这是不是表明，线上、线下两种情境颠倒了我们对自我表露深度的感知和划分？还是说社会渗透理论对于线上社交关系缺乏解释力？

一项基于线上互助论坛的实验研究表明，与表层自我表露相比，含有深层自我表露的求助帖更能引起网民的情感投入，同时也能带来更多的互惠性自我表露。这一发现更符合社会渗透理论以及过去关于关系沟通中自我表露研究的结论（Bargh & McKenna，2004）。人们一贯遵循的建立亲密关系和人际关系的准则同样适用于虚拟环境中与陌生人的交流（Pan et al.，2018）。

思考题

1. 社会渗透理论如何解释人际关系发展中的自我表露？请举例说明。

2. 在社会渗透理论中，什么是渗透？渗透必然意味着互惠性吗？

3. 请分析社会渗透理论在人际传播中隐私保护方面的作用和影响。

4. 在线上的虚拟交往中，自我表露的特征是否与线下不同？这是什么因素造成的？

5. 社会渗透理论假设关系的发展是渐进和互惠的。但在现实生活中，你是否经历过“关系迅速升温”或“突然断裂”的情况？这些现象如何挑战该理论的基本假设？

实践训练题

假设你正在使用某社交平台（如微博、豆瓣或小红书等），并加入了一个关于旅行的讨论小组。在该平台上，你分享了自己的旅行照片，同时也与其他用户进行了互动和交流。随着时间的推移，你开始分享一些个人生活细节，例如旅行中的心情波动、一些私密的旅行故事等。你的粉丝和小组成员开始在评论区与你互动，甚至有人给你发私信，向你询问更多的私人信息。虽然自我表露有助于建立关系和获得支持，但公开过多的个人信息可能会影响到你的隐私安全。你开始思考如何在分享个人信息的同时，进行适当的隐私管理。

请根据本节的内容，回答以下问题：

1. 你在分享旅行经历时，已经提到了旅行中的一些私人情感和你的家庭背景。假设你收到了一名陌生粉丝的私信，他询问了旅行中一些更为私密的细节，比如你与家人的关系、旅行中发生的争执等。你是否会回应这些问题？如何回应？请说明你的思考过程，并选择适当的应对策略。

2. 你在社交媒体上分享的个人的旅行故事受到了很多用户的关注。几个月后，你收到了一份工作的面试邀请，面试官提到他看过你在社交媒体上分享的内容。如何看待你的线上自我表露对职业发展的影响？你是否会因此而调整自己未来的自我表露方式？请简述你的考虑。

要点小结

- 社会渗透理论
  - 缘起
    - 修正之前理论对传播情境的关注
    - 强调关系发展、维持和恶化的过程
  - 关键概念
    - 自我表露
      - 意图性或策略性
      - 信息的重要性
      - 信息的不为人知
    - 社会渗透
      - 广度和深度两个维度
      - 渗透的频率
      - 互惠性
      - 渗透的速度
      - 反渗透
  - 关系发展的阶段理论
    - 定向阶段
      - 简单、简短的信息交换
      - 公共自我信息的表露
    - 试探性情感交流阶段
      - 自我表露的内容超越公共自我
      - 表达个性和公共议题看法
    - 情感交流阶段
      - 谈论私人话题
      - 争论或批评
    - 稳定阶段
      - 所有层面的信息开放
      - 知根知底、无话不谈
    - 反渗透阶段——关系恶化和消解
  - 有关自我表露的后续研究
    - 人际交往方面
      - 个人喜欢自己愿意透露信息的人
      - 个人愿意向喜欢的人透露信息
      - 个人喜欢向自己透露信息的人
    - 自我表露与个人主观幸福感
      - 增强归属感
      - 缓解心理压力
    - 自我表露与社交媒体
      - 线上交流的自我表露特点
      - 社会渗透理论对线上交流的适用性

第三节　性别传播理论

每天学点人际传播

小杨和小李是一对刚开始约会的情侣。小杨是一个典型的“解决问题型”沟通者，他习惯在听到别人抱怨或发现别人遇到困难时，迅速给出解决方案。而小李更倾向于“情感支持型”沟通，她希望在与他人交流时能够得到理解和情感上的支持，而不仅仅是解决问题。在一次约会中，小李分享了自己在工作中遇到的压力，期望能从小杨那里得到一些安慰和共鸣。然而，小杨开始提出具体的解决办法：“你应该跟你的经理谈谈，看看能不能调整工作量。”小李听后有些失落，她并没有感到被理解，反而觉得小杨忽视了她的情感需求。

20世纪80年代有一本很著名的畅销书，名为《男人来自火星，女人来自金星》，这本书描述了生活中常见的性别差异，尤其是亲密关系领域的性别差异，解释了男性和女性在思维方式、沟通风格、情感需求等方面的不同。作者用“火星”和“金星”这两个象征性的行星比喻男女，表明他们来自不同的“世界”，因此存在根本性的差异。本节将介绍两个与性别相关的传播理论，第一个是性别方言理论，第二个是批判的女性主义传播理论。

一、性别与语言

性别与语言理论和相关研究最早由罗宾·拉科夫（Robin Lakoff）等语言学学者提出，拉科夫的研究在性别与语言关系研究方面具有开创性。她最著名的作品是1975年出版的《语言与女人的地位》（*Language and Woman's Place*），该书提出了许多关于女性语言特征的理论和假设，强调了语言作为一种社会权力和性别差异的载体，不仅反映了性别的社会分工，也加深了性别不平等（Lakoff，1975）。

（一）女性的语言特征

拉科夫提出，女性的语言具有一些特定的特征，这些特征反映了社会赋予女性的次等地位。她列举了以下几种常见的女性语言特征：礼貌用语（如“请”“谢谢”）、缓和语气（如“也许”“可能”）、升调问句（如在陈述句末尾使用升调，表示不确定性）和语气词（如“哦”“嗯”）。这些特征表现出女性在语言使用中倾向于温和、间接，避免与他人发生直接冲突。

（二）语言是社会权力的反映

拉科夫的基本前提是：语言不仅是沟通的工具，还是社会权力的反映。在一个父权制社会中，男性占据主导地位，而女性处于从属地位。男性和女性的语言行为反映了这种不平等的权力分配。因此，女性的语言特征（如礼貌、间接、缺乏确定性）表现出她们在社会中的次等地位。语言成了权力的象征，通过语言，人们可以确立自己在社会中的地位或挑战社会中的权威。

（三）语言性别差异是社会化的结果

性别差异在语言中的表现，不是生理或本能上的差异所导致的，而是由社会化过程塑造的。拉科夫认为，男性和女性的语言风格不是天生的，而是在成长过程中通过文化、教育和社会规范逐渐习得的。男孩和女孩从小就被教导如何“恰当地”使用语言，社会期待女孩表现得更为礼貌、温顺、柔和，而期待男孩表现出自信、独立和果断。这种社会化过程不仅体现在家庭教育中，还通过学校、媒体和其他文化传播工具得到了强化。

（四）语言是性别差异的再生产工具

语言不仅反映了现有的权力关系和性别差异，日常的语言行为还不断地再生产这些差异。也就是说，女性在使用特定的语言风格时，不仅是在被动地反映她们的社会地位，还会通过这种使用方式持续地强化性别角色。例如，缓和语气、礼貌用语或不确定的陈述会让女性在社交中显得缺乏权威性，从而继续强化她们在社会中的次要地位。

（五）语言性别差异体现了社会不平等

语言性别差异是社会不平等的标志。拉科夫并不认为男性和女性之间的语言差异只是“不同”，这种差异表明了女性在社会中的失权。男性的语言风格往往具有更强的权威性、明确性和主导性，而女性的语言风格表现出谦逊和不确定性。这些差异使得女性在对话中难以获得与男性相同的话语权，也进一步巩固了社会中的性别不平等。

（六）语言可以作为挑战性别不平等的手段

尽管拉科夫的研究揭示了语言性别差异的不平等根源，但她相信，语言也可以作为挑战性别不平等的手段。通过意识到语言中隐含的差异和权力关系，女性可以主动改变她们的语言风格，以此提高在日常生活、工作场所和公共领域中的影响力。这一前提为后来发展出的语言与性别研究中的语言变革主义提供了理论依据，该主义主张通过改变语言使用方式来促进性别平等。

二、性别方言理论

如果说拉科夫关于性别与语言的研究更多是从社会性别的角度探讨语言的使用，那么性别方言理论则是从传播（尤其是人际传播）的角度，关注性别对传播和人际互动的影响。早在20世纪70年代，美国学者切里斯·克雷默（Cheris Kramer）就系统性地考察了语言使用与性别之间的关系，他从语言的语法、语音、语义以及语用的层面分析了男性与女性的语言使用差异（Kramer，1974）。随后，他提出了性别语言［genderlect，这一词语在英文中由两个单词组成，gender（性别）＋lect（即dialect，方言）］这一术语，指代男性和女性的语言使用差异。性别语言提供了一套描述男性和女性语言使用差异的系统性方法，其中的关键要素有发音、句法、形态、语义以及重音、语调、音高等。

之后，妇女运动（第二次女权主义浪潮）又将性别语言拓展到了超越基本语言使用的层面，并且认为，即便男性和女性使用的是同一种语言，但两种性别的人在使用语言的方式上存在系统性差异。更加值得注意的是，男性和女性在语言使用上的差异是后天习得的，身为男性或者女性，我们从小就被告知女孩应该是什么样的，男孩应该是什么样的，其中当然也包括语言的使用和沟通的方式。

美国学者德博拉·坦嫩（Deborah Tannen）在性别语言的基础上提出，男性和女性会在沟通中使用不同的语言风格，这种差异类似于不同方言间的区别。因此，男性和女性的沟通方式可以被视为两种不同的“性别方言”，每一种都有其独特的规则和模式。这一理论并不认为某种沟通方式优于另一种，而是强调沟通风格的性别差异源于文化与社会化过程（Tannen，1987；1992）。

性别方言理论解释了男性和女性各自的语言特征集如何在性别文化适应过程中发展，以及这些与性别相关的语言特征如何在社会环境中成为男性或女性的身份标记。进化心理学的研究成果表明，男性更加在意社会地位，女性更加在意与他人的关系。坦嫩用两种语言特征来表示女性和男性的语言使用差异，即关系融洽的交谈（rapport talk）与报告式的交谈（report talk）。在人际交往中，女性更加注重关系的和谐与融洽，而男性更加注重谈话的效率。这两种语言使用方式会在以下几个维度上呈现出差异。

（一）语言目标

坦嫩认为，男性在沟通中倾向于关注地位和独立性。他们的语言风格更多具有显示权威、控制话题或解决问题的作用。男性常使用竞争性的语言，表现出自信和独立，强调个体成就和权力。相反，女性更注重建立和维护社会关系。女性在沟通时倾向于使用支持性、能产生共鸣的语言风格，强调倾听和表达情感。这种风格主要用于维持关系，减少冲突，表达关心和理解。

（二）具体表现

（1）私人场合和公共场合：虽然如此形容语言使用的性别差异会强化我们对两种性别的刻板印象，但是在通常情况下，女性会在私人场合说更多的话，而男性在公共场合多是谈话的发起者和主导者。

（2）讲故事：男性和女性在讲故事的方式上也存在差异。比起女性，男性更倾向于用笑话的形式讲故事。对于男性来说，通过讲故事展现自己的幽默，也是一种获得身份和地位的方式。除展现幽默之外，男性常在所讲的关于自己的故事当中把自己刻画为英雄式的人物，表现自己的男性气质。而女性所讲故事中的自己常常是谦逊的，甚至会在故事中进行自我贬低，比如女性经常会说起自己糟糕的经历。这种自我贬低式的故事可以降低对他人自尊和自信的威胁，也更容易让女性获得同辈之间的社会网络支持（Tannen，1987）。

（3）倾听：在倾听他人说话时，女性会通过身体语言或者语气词来表示自己听到了对方的发言以及对对方发言的鼓励，而男性很少会进行类似的表达。

（4）提问：与男性相比，女性更会在交谈的过程中提问，并且使用试探性的语言，例如“可能”“或许”“有点儿”等。在句法上，女性会在发表观点之后进行确认性的提问，比如“我们去吃火锅吧，冬天更适合吃火锅，你说呢?”而男性会更多地使用肯定的语言，比如祈使句或者陈述句。在语调上，女性会更频繁地使用向上的语调，而男性会更多地使用向下的语调。

（5）冲突：在面对冲突时，男性会使用更具对抗性的解决方式，而女性则会尽量避免冲突。

由于男女沟通风格的差异，坦嫩指出，双方在日常交谈中往往会对彼此产生误解。例如，当女性表达情感或寻求情感支持时，男性可能会误认为这是在要求他提供问题的解决方案，而不是单纯的情感交流。同样，当男性直接表达意见或建议时，女性可能会觉得对方不关心自己。

（三）性别方言并非严格按照性别划分

虽然坦嫩的理论强调了沟通中的性别差异，但她也指出，性别方言并不是绝对的。一些男性也可能会表现出较为“女性化”的沟通风格，反之亦然。性别方言理论的重点在于社会文化而不是生理性别对性别沟通方式的影响。也有一些关于实证研究的元分析发现，虽然男性和女性在某些语言使用方式方面存在一定差异，但这些差异的大小和影响力都非常有限，并且常常被夸大（Dindia & Allen，1992）。

性别差异微小假设（gender similarities hypothesis）认为，男性和女性在语言使用上的相似性大于差异性（Hyde，2005）。许多关于性别语言差异的理论（如男性偏向竞争性语言、女性偏向合作性语言）在实际应用中往往被过度简化或夸大了。这些理论过分强调两性在语言使用上的差异，忽略了两性在绝大多数日常沟通场景中的相似性。比起性别，个体差异（如性格、文化背景、教育水平）往往更能解释沟通风格的不同。研究者应更加关注个体的多样性，而不是仅仅基于性别来划分语言行为。社会情境对语言行为的影响可能比性别更大。在不同情境下，男性和女性可能会表现出相似的沟通模式。例如，在工作场所，两性在语言风格上的差异会比在家庭或非正式场合中更小。

三、批判的女性主义传播理论

受历史、社会和文化因素的影响，人际传播研究一直由实证研究范式主导，但随着更大社会范围内的女性主义与批判主义研究的兴起，人际传播研究也认识到了批判的女性主义的重要性。有学者从 20 世纪 90 年代起就开始呼吁在人际传播领域开展批判的女性主义研究（Lannamann，1991）。随着整个人文社科领域开始关注福柯的权力和知识研究与女性主义社会思潮的兴起，人际传播领域也逐渐有学者开展批判的女性主义传播研究。批判的女性主义传播研究主要从人际传播的角度，探讨性别权力不平等在社会互动和沟通中的表现，并强调语言、文化规范和社会结构维持这种不平等。批判的女性主义传播理论基于对父权制的批判，认为性别不平等是通过人际互动和社会规范不断再生产的，并探讨如何通过沟通来质疑和挑战这种不平等。批判的女性主义与人际传播的关系，可以通过以下四个要素进行阐释，分别是声音、差异、表征与权力（Manning & Denker，2015；Rakow & Wackwitz，2004）。

首先，批判的女性主义传播研究的核心目标之一是确保女性的声音被听见，通过研究如何使被边缘化群体的声音在传播中显现，揭示和挑战权力不平等。批判理论通过研究主导与边缘群体如何表现和抵抗权力来识别文化如何运作。女性主义研究则专注于如何通过传播放大女性的声音，以反映更广泛的社会正义和性别平等需求。

其次，批判的女性主义传播研究关注性别差异如何在传播中得到体现，这一差异往往还与文化、历史和权力结构交织在一起。理解这一差异能够帮助研究者揭示在不同社会背景下，男性与女性在沟通中的不同需求和挑战。批判的女性主义传播研究强调多样性，承认不同背景、文化和身份的女性在传播过程中的差异。这种多样性是探索女性经验的重要基础，能够为构建更加包容的传播环境提供支持。研究应探索如何打破性别刻板印象，通过对差异的理解促进更公平的交流。这意味着不仅要关注女性的声音，也要关注男性与女性之间的互动及其对性别平等的影响。

再次，表征是批判的女性主义传播研究的另一个关键主题。传播中，对女性的表现和代表至关重要，其不仅反映了社会中的性别角色，还在一定程度上影响了公众对性别的认知和期望。分析文化产品（如媒体、文学）中女性的表征，揭示这些表征如何影响社会对女性的理解和期望，有助于理解性别不平等如何在文化和传播中被再现和维护。通过揭示表征中的不平等，批判的女性主义传播研究旨在推动文化和社会变革，鼓励对话和行动，以实现更公平的性别表现。

最后，批判的女性主义传播理论认为，语言是性别权力关系的主要表现工具。在日常的沟通中，男性往往有着更大的话语权，女性的语言则被边缘化或贬低。女性的语言风格（如更礼貌、含蓄）常被视为弱势的表现，而男性的直接、果断的语言风格被赋予更多权威性。男性和女性从小就被教导使用不同的沟通方式，这些方式不仅反映了社会中的性别角色期待，还维持了性别不平等。人际传播中的性别压迫体现在女性被要求遵守某些沟通规范，这些规范让女性在互动中处于次要地位。例如，女性在表达观点时可能会更倾向于使用缓和的语气或礼貌性词语，而男性更多以自信、主导的方式参与对话，这进一步强化了权力的不平等。这种权力的不平等，不只体现在正式的权力层面，例如婚姻和财产，还体现在“细微的日常”实践活动中（Foucault，1984），例如女性在家庭中承担的无报酬和重复性的家务劳动。

在批判的女性主义传播研究中，声音、差异、表征与权力紧密相关，通过确保女性的声音被听见、理解性别差异、揭示文化中的性别表征与性别权力不平等，研究者可以更有效地推动性别平等和社会公正。此外，以这四个关键议题为基础，批判的女性主义传播理论还具有四个关键属性，分别是解释性、政治性、多元性和变革性（Denker，2021）。

（一）解释性：揭示被忽视的经验

批判的女性主义传播理论的第一个关键属性是解释性，它试图揭示和解释被主流理论忽视或排除的性别经验。在传统的传播理论中，女性的声音和经验往往会被边缘化，无法得到充分表达。批判的女性主义传播理论通过质疑父权制下传播对权力的服务，强调女性在传播过程中的边缘地位，尤其是女性的个体经验如何在这种结构中被压抑。例如，在人际传播中，女性可能被赋予了更少的话语权或表达空间，批判的女性主义传播理论则尝试解释这种不平等如何形成、维持以及如何在交流中表现出来。在传统的职场环境中，性别歧视可能以隐性形式存在，例如女性在会议中更容易被打断发言，或她们的观点不被重视。这类情况通常被解释为个性差异或沟通风格不同，而不是性别不平等。然而，批判的女性主义传播理论揭示了这种现象背后的父权制权力结构，指出这不是个别现象，而是系统性问题，是文化和制度共同作用的结果。长久以来，性别角色期望和社会权力关系不平等，会导致女性在职场中难以获得话语权，并且这一问题不是个体层面的问题，而是制度与文化问题。

（二）政治性：个人即政治

批判的女性主义传播理论的第二个关键属性是政治性，它强调“个人即政治”，认为个人的经历和感受与更广泛的社会和政治结构息息相关。批判的女性主义传播理论强调，沟通和传播并不是中立的，而是会反映和维持社会中的权力结构。通过对性别、权力和压迫的揭示，它将人际传播与更广泛的社会、文化和政治议题联系起来，旨在推动性别平等。

在家庭中，尤其是在异性恋伴侣关系里，情感劳动通常被看作女性“天生擅长”或“喜欢”的任务，因此人们将其视为女性的个人责任，期待女性承担更多的情感劳动，即管理情感、协调家庭关系、照顾家人情感需求等。批判的女性主义传播理论认为，情感劳动的分配不均体现了家庭内的性别权力不平等，这是一种制度性压迫，通过性别角色分工限制了女性的生活选择和发展机会。女性在家庭中承担过多的情感劳动，影响了她们在其他社会领域（如职业、个人成长等）中的参与和投入。因此，这不是单纯的私人家庭事务，而是与更广泛的社会不平等相关的政治问题。批判的女性主义传播理论将这一现象政治化，揭示了它背后的性别压迫机制。

（三）多元性：承认差异性与多样性

批判的女性主义传播理论具有多元性，它承认女性的声音、经验和身份的多样性，拒绝单一化、普遍化的女性经验。不同的女性有着不同的经验和声音，不能简单地用单一的性别经验来概括所有女性的处境。批判的女性主义传播理论强调不同女性群体在传播中的不同需求和观点，涵盖了种族、阶级、性取向等多重身份因素对女性传播行为的影响。通过承认和分析差异，批判的女性主义传播理论试图将不同的女性群体聚集起来，共同应对传播中的性别不平等。

在医疗场景中，不同种族和文化背景的女性常常有着截然不同的沟通经验与需求。批判的女性主义传播理论通过多元性视角揭示，不同种族的女性在与医生沟通时，面临的挑战、被对待的方式以及能够获得的支持常存在差异。白人女性在医疗场景中往往更容易被重视，而非裔、拉丁裔或其他少数族裔女性常常面临被忽视的情况。批判的女性主义传播理论强调，这不仅是性别问题，还是种族和阶级问题，即不同种族背景的女性由于种族和性别的双重压迫，在医疗场景中可能无法得到充分的关注和支持。这种差异反映了性别、种族和阶级交织在一起，共同影响女性的传播体验和健康结果。

（四）变革性：促进社会变革和个人成长

批判的女性主义传播理论具有变革性，它不仅仅局限于分析传播中的性别不平等，还旨在通过传播促进社会变革和个人成长，打破现有的性别不平等结构，推动更公平的人际交往模式。批判的女性主义传播理论主张将理论与实践相结合，通过传播实践推动社会政策的改变，同时鼓励个体在传播过程中实现自我赋权和成长。这种变革不仅仅是制度层面的，更是智力和情感层面的。

在传统家庭中，育儿责任通常被认为是女性的主要职责，而男性更少参与日常育儿工作。这种性别分工不仅限制了女性的职业和个人发展，还加剧了性别不平等。批判的女性主义传播理论主张通过家庭沟通打破这种性别分工，促使男性更多参与育儿工作，承担起育儿责任。例如，在家庭内部，可以通过定期的家庭会议或讨论明确育儿责任的重新分配，鼓励男性主动参与孩子的日常生活决策、情感沟通和教育互动。这种沟通的变革性体现在通过语言和协商改变家庭内部的性别结构，使男性承担起与女性同等的育儿责任。男性在家庭中承担更多的育儿责任，有助于打破性别刻板印象，促进整个社会对育儿责任建立平等认知，从而推动更广泛的性别平等。批判的女性主义传播理论关注家庭中的沟通模式，推动育儿责任的重新分配，以打破性别对沟通和家庭分工的限制，进而促进育儿沟通中的性别平等。

思考题

1. 性别方言理论如何解释男性和女性在冲突解决中的不同策略？你是否认同该理论的解释？为什么？

2. 你是否认为性别方言理论过度简化了性别沟通中的差异？还有哪些因素可能导致个体之间的沟通风格不同，而不只是性别？

3. 批判的女性主义传播理论如何看待语言的力量？如何通过改变沟通模式挑战和改变现有的性别不平等？

4. 批判的女性主义传播理论如何看待情感劳动的性别分配？在家庭和工作场所的人际传播中，如何重新分配情感劳动？

5. 在家庭沟通中，批判的女性主义传播理论如何解释性别分工的不平等？如何通过沟通改变这种分工？

实践训练题

在批判的女性主义传播理论中，声音、差异、表征与权力是关键要素。请根据这四个关键要素的特点开展以下行动，并回答相关问题：

1. 选择一个你熟悉的媒体平台（如社交媒体平台、播客平台或微短剧平台），分析其中女性角色的声音是如何被呈现的。是否有女性角色在重要场景中被边缘化？她们是否被赋予与男性同等的权力？

2. 观察你的学校或者社交圈子中不同性别的人之间的沟通差异。例如，男性和女性在讨论同一话题时是否有不同的表达方式？是否存在性别化的语言风格或沟通模式？

3. 选择一部近期的电影或电视剧，分析其中女性角色的表征。她们是如何被刻画的？是传统的性别角色，还是突破了性别的刻板印象？这些表征对观众的性别认知有何影响？

4. 选择一个社交场合（如家庭、学校、职场等），观察女性在表达观点或决策中是否处于权力的边缘。她们的发言是否容易被忽视或被男性观点覆盖？

要点小结

- 性别传播理论
  - 语言与性别
    - 女性语言特征
      - 礼貌用语
      - 缓和语气
      - 升调问句
      - 语气词的使用
    - 语言是社会权力的反映
    - 语言性别差异是社会化的结果
    - 语言是性别差异的再生产工具
    - 语言性别差异体现了社会不平等
    - 语言可以作为挑战性别不平等的手段
  - 性别方言理论
    - 语言目标
    - 具体表现
      - 私人场合和公共场合
      - 讲故事
      - 倾听
      - 提问
      - 冲突
    - 性别方言并非严格按照性别划分
  - 批判的女性主义传播理论
    - 要素：声音、差异、表征、权力
    - 属性：解释性、政治性、多元性、变革性

参考文献

Afifi，W. A.，& Morse，C. R.（2009）. Expanding the role of emotion in the theory of motivated information management. In T. D. Afifi，& W. A. Afifi（Eds.），*Uncertainty*，*information management*，*and disclo-*

sure decisions: *Theories and applications* (pp. 87 - 105). New York, NY: Routledge.

Afifi, W. A., & Weiner, J. L. (2004). Toward a theory of motivated information management. *Communication Theory*, *14* (2), 167 - 190.

Altman, I., & Taylor, D. (1973). *Social penetration*: *The development of interpersonal relationships*. New York, NY: Holt.

Bargh, J. A., & McKenna, K. Y. (2004). The internet and social life. *Annual Review of Psychology*, *55* (1), 573 - 590.

Baumeister, R. F., & Leary, M. R. (1995). The need to belong: Desire for interpersonal attachments as a fundamental human motivation. *Psychological Bulletin*, *117* (3), 497 - 529.

Berger, C. R. (1997). Message production under uncertainty. In G. Philipsen, & T. L. Albrecht (Eds.), *Developing communication theories* (pp. 29 - 55). Albany, NY: State University of New York Press.

Berger, C. R., & Calabrese, R. J. (1974). Some explorations in initial interaction and beyond: Toward a developmental theory of interpersonal communication. *Human Communication Research*, *1* (2), 99 - 112.

Berger, C. R., and Bradac, J. J. (1982). *Language and social knowledge*: *Uncertainty in interpersonal relations*. London, UK: Edward Arnold.

Denker, K. J. (2021). Critical feminist theory: Giving voice and visibility to gendered experiences. In D. O. Braithwaite, & P. Schrodt (Eds.), *Engaging theories in interpersonal communication*: *Multiple perspectives* (3rd ed., pp. 233 - 245). New York, NY: Routledge.

Derlega, V. J., Metts, S., Petronio, S., & Margulis, S. T. (1993). *Self - disclosure*. Newbury Park, CA: Sage.

Dindia, K., & Allen, M. (1992). Sex differences in self-disclosure: A meta-analysis. *Psychological Bulletin*, *112* (1), 106 - 124.

Foucault, M. (1984). *The Foucault reader*. P. Rabinow (Ed.). New York, NY: Pantheon Books.

Gudykunst, W. B. (2005). An anxiety/uncertainty management (AUM) theory of effective communication. In W. B. Gudykunst (Ed.), *Theorizing about intercultural communication* (pp. 281 - 322). Thousand Oaks, CA: Sage.

Hyde, J. S. (2005). The gender similarities hypothesis. *American Psychologist*, *60* (6), 581 - 592.

Knapp, M. L. (1978). *Social intercourse*: *From greeting to goodbye*. Needham Heights, MA: Allyn & Bacon.

Knapp, M. L., & Vangelisti, A. L. (2008). *Interpersonal communication and human relationships* (6th ed.). Boston, MA: Pearson Education.

Knobloch, L. K., & Solomon, D. H. (2002). Information seeking beyond initial interaction: Negotiating relational uncertainty within close relationships. *Human Communication Research*, *28* (2), 243–257.

Kramer, C. (1974). Women's speech: Separate but unequal?. *Quarterly Journal of Speech*, *60* (1), 14–24.

Lakoff, R. T. (1975). *Language and woman's place*. New York, NY: Harper & Row.

Lannamann, J. W. (1991). Interpersonal communication research as ideological practice. *Communication Theory*, *1* (3), 179–203.

Manning, J., & Denker, K. J. (2015). Doing feminist interpersonal communication research: A call for action, two methodological approaches, and theoretical potentials. *Women & Language*, *38* (1), 133–142.

Pan, W., Feng, B., Wingate, V. S., & Li, S. (2020). What to say when seeking support online: A comparison among different levels of self-disclosure. *Frontiers in Psychology*, *11*, 978.

Pan, W. J., Feng, B., &Wingate, V. S. (2018). What you say is what you get: How self-disclosure in support seeking affects language use in support provision in online support forums. *Journal of Language and Social Psychology*, *37* (1), 3–27.

Parks, M. R., & Adelman, M. B. (1983). Communication networks and the development of romantic relationships: An expansion of uncertainty reduction theory. *Human Communication Research*, *10* (1), 55–79.

Pennebaker, J. W., & Graybeal, A. (2001). Patterns of natural language use: Disclosure, personality, and social integration. *Current Directions in Psychological Science*, *10* (3), 90–93.

Rakow, L. F. & Wackwitz, L. A. (Eds). (2004). *Feminist communication theory*: *Selections in context*. Thousand Oaks, CA: Sage.

Solomon, D. H., & Knobloch, L. K. (2004). A model of relational turbulence: The role of intimacy, relational uncertainty, and interference from partners in appraisals of irritations. *Journal of Social and Personal Relationships*, *21*, 795–816.

Sunnafrank, M. (1986). Predicted outcome value during initial interactions: A reformulation of uncertainty reduction theory. *Human Communication Research*, *13* (1), 3–33.

Tannen, D. (1987) *That's not what I meant!: How conversational style makes or breaks your relations with others*. New York, NY: Ballantine Books.

Tannen, D. (1992). *You just don't understand: Women and men in conversation*. London, UK: Virago.

Taylor, D. A., & Altman, I. (1987). Communication in interpersonal relationships: Social penetration processes. In M. E. Roloff, & G. R. Miller (Eds.), *Interpersonal processes: New directions in communication research* (pp. 257 - 277). Thousand Oaks, CA: Sage.

第六章

关注意义建构的人际传播理论

本章探讨了人际传播中的意义建构过程，重点分析人们在互动中如何通过语言、符号、规则创造和协商共享的意义。人际传播不仅仅是信息的传递，更是一个建构和协商意义的过程。在交流过程中，参与者通过符号、语言、行为来表达和解释意图，确保彼此理解并协调沟通的目的。本章将通过几个核心理论，帮助读者理解人们如何在互动中共同创造、调节和管理意义。

本章首先介绍了两个来自诠释主义视角的理论——象征互动论和意义协调管理理论。象征互动论关注符号和互动在塑造个人的感知和行为中的作用，并且强调在交流中分享意义和解释的重要性，以及个体如何通过社会互动中的象征互动完成身份建构。意义协调管理理论与象征互动论类似，也看重人际传播在创造和维持社会现实中的作用，但其理论重点在于在人际交往中协调和协商意义的重要性。意义协调管理理论进一步说明了在互动中，个体如何通过协商达成对彼此行为和言辞的理解。沟通中的双方并不总能对信息有相同的解读，因此需要通过不断的反馈和调适来消除误解并达成共同的意义。

此外，本章还介绍了传播隐私管理理论。传播隐私管理理论探讨了个体在沟通中如何管理个人信息和隐私。这一理论认为，在人际互动中，人们对信息的公开和隐私的控制有着复杂的策略与规则。通过理解传播隐私管理理论，读者可以学习如何在交流中有效控制信息的披露，平衡隐私与公开之间的关系，在维护个人边界的同时建立信任。

第一节　象征互动论

每天学点人际传播

某个清晨，会议室内的气氛略显紧张。刚刚加入公司的小李站在会议室门口，略微迟疑了一下。几秒钟后，他深吸了一口气，推开门走进了会议室。会议桌旁已经坐满了同事，大家的目光都聚焦在他身上。小李微微低头，快速地扫了一眼同事们的神情，迅速坐到角落的位置。

会议开始后，小李将注意力集中在领导张总的发言上。张总总是能够清晰、有力地表达观点，而且语气平和、用词简洁。每当讨论问题时，他总是能用简短的句子凝练重点，偶尔用一些幽默的表达让气氛变得轻松。小李留意到，其他同事也都不时点头、微笑，并且对张总的每一次发言都给予热烈的响应。

会议结束后，小李返回自己的工位，开始回想张总和同事们在会议中的互动方式。他虽然并不习惯用那么简洁且有条理的语言表达自己，但他意识到，如果想在这个团队中更顺利地与同事沟通，就需要调整自己的表达方式和行为模式。

接下来的几天里，小李虽然依旧觉得自己在发言时有些紧张，但开始模仿张总和其他资深同事的交流方式，用更加简练、直接的语言表达自己的观点，并在适当的时候插入一些幽默的评论。他注意到，这样的小改变似乎让同事们的反应变得更加积极，自己也感到更自在了。

通过这些细微的调整，小李逐渐获得了团队的认可，并且发现自己与同事之间的沟通变得越来越顺畅。而这背后，正是小李在观察他人行为、解读这些行为的意义上做出的努力，他在此基础上调整自我，与同事完成了更有效的互动。

在日常生活中，我们都有过和自己的好朋友交换礼物的经历。想象一下这一场景：你童年时期最好的朋友亲手制作了一个小玩偶送给你，你很开心地收下了，你们的友情也更进了一步。这一行为表面上看起来只是简单的礼物赠予，但其中还有深意。

好朋友送你的小玩偶不仅仅是一个物品，还可以被视为一种象征，代表着你们的友情。小玩偶的意义是通过你与好朋友的互动形成的。对于你的好朋友来说，这个小玩偶可能代表着他对你的好感和感激；对于你来说，这个小玩偶可能意味着好朋友对你的关心、体贴和你们之间的共同经历。这一意义建构的过程，是通过你和好朋友在交换礼物时的言语和非言语传播来完成的，通过各种类型的互动，你们会更加明白礼物背后的象征意义。在对礼物的象征意义进行解读时，你们都会带着各自的记忆、经历和对彼此意图的理解，而礼物的交换也会强化你们对于友情、双方在这一关系中扮演的角色、关系的归属感与彼此之间的联系的认识。在这个例子中，象征互动论可以帮助我们理解符号象征、意义、互动、解释和身份建构是如何塑造人际关系的。

一、理论背景

象征互动论（symbolic interaction theory）认为，个体在与他人沟通时，会根据其赋予他人和事物的意义采取行动，这些意义是其在与自我对话以及与他人沟通时的思维活动以及语言活动中产生的。英文中的“symbol”一词，既有象征也有符号的意思，所以也有人将象征互动论翻译为“符号互动论”。但参考乔治·赫伯特·米德的原意以及新近的教材翻译，本书采用“象征互动论”的提法。

尽管象征互动论的起源可以追溯到德国的理想主义（或前苏格拉底主义），但其近代的学术基础是20世纪早期的实用主义者和心理学家，比如查尔斯·S. 皮尔斯（Charles S. Peirce）、威廉·詹姆斯（William James）和约翰·杜威（John Dewey）关于社会结构的观念，即意义是通过互动创造的。当美国社会学家查尔斯·H. 库利（Charles H. Cooley）和米德将他们的研究成果应用于社会生活研究时，象征互动论就诞生了。大多数学者都认同该理论主要来源于芝加哥大学的米德以及他的学生，因为米德是首先将这一观点系统化的学者。

在20世纪早期，有多位持有实用主义观点的学者在美国的艾奥瓦大学和芝加哥大学任教，但在这两大学术重镇，象征互动论的研究者采取了两种不同的认识论与方法论，从而发展出了两大学派。艾奥瓦大学的曼福德·库恩（Manford Kuhn）以及他的学生主要采用量化的方法开展象征互动研究，研发了针对自我态度的20题量表，对象征互动的核心概念进行量化和测量。但这种量化取向未能被其他学者接受。同样来自艾奥瓦大学的卡尔·库奇（Carl Couch）建立了“新”艾奥瓦学派，虽然他也采用量化的方法，但他认可的是通过对谈话录像进行分析，从而对互动行为开展研究。

在芝加哥大学任教的米德及其学生赫伯特·布鲁默（Herbert Blumer）则认为，对于人的研究不能采取量化的方法。他们提倡使用案例分析、历史研究和访谈来开展研究。虽然米德在他的学术生涯中没有发表过什么作品，但布鲁默在米德去世之后，参考米德的讲义及其生前的一些谈话内容整理编写了一本书，即《心灵、自我与社会》。布鲁默延续了米德的研究，并且在1969年出版了自己关于象征互动论的论文集。

说起象征互动论，我们通常指的是相关的理论集合，而不是具体的某一个理论。包括欧文·戈夫曼和肯尼思·伯克（Kenneth Burke）在内的许多传播学学者，都在自己的著作中明确地表示了对于米德的观点和象征互动主义假设的借鉴。米德的工作为其他具体的传播理论提供了基础，比如意义协调管理理论和建构主义理论；同时，象征互动论也为很多关于传播在个人认同和社会现实形成中的作用的研究提供了主要的理论框架，比如近年来有学者对美国全国代表性调查数据进行了分析，研究高度可见的女性榜样对年轻女性的影响（Mariani et al.，2015）。因此，不管是从该理论在学术界得到的认可，还是从启发他人研究的影响力，抑或是从学术的活跃程度来说，象征互动论都可以说是传播学史上最重要的理论之一。

二、核心前提和观点

象征互动论的独特之处在于，它强调了人类行为和互动的重要性，从而把象征性的互动放置于人类社会存在的核心位置。人类互动的特殊性就在于，在互动中，人们不仅会对彼此的行为做出反应，而且会对行为进行定义或者解释（Blumer，1962）。象征互动不应该被认为是次于社会形态或个人意识的存在，而是为它们提供了基础，人类的互动是通过对于符号的使用、解释或解读行为的意义实现的。

此外，象征互动论从根本上拒绝了许多社会心理学和社会学理论中强调的人类行为的刺激-反应模型。根据象征互动论，人类互动既不是两个（或更多）参与者的行为在一系列简单因果链中的机械反应，也不是一方行为必然引发另一方立刻、毫无思考的回应。对于象征互动论研究者来说，互动必须被理解为相互协调和角色扮演的动态演变过程。每一个行动者的行为都不能脱离另一个行动者的反应，也不能脱离他们相互作用形成的整体模式。

象征互动论的核心思想在于：个体在与他人交流时会使用语言和重要符号。象征互动论研究者并没有研究普遍的社会制度如何定义和影响个体，而是将注意力转移到对主观观点的解释，以及个体如何从他们独特的角度理解他们的世界。象征互动论研究者往往不太关心客观的结构，而是更关心主观的意义，即个体之间重复的、有意义的互动是如何定义社会构成的。简而言之，象征互动论的三大基本前提分别是：个体通过传播的过程建构意义；自我概念推动行为；个体和社会之间存在特殊的关系。

（一）个体通过传播的过程建构意义

象征互动论认为，意义不是客观存在的，而是由人创造的。事实上，互动的目的就是创造共享的意义。意义共享是传播得以完成的前提条件，如果人们不共享符号背后的意义，传播就不可能完成。在日常人际交往中，经常会有对意义的不同理解所造成的误会，比如你和朋友约好周六一早一起去逛公园，但是双方对于“一早”的定义不一致，一方认为是 8 点，而另一方认为是 10 点。象征互动论在这一前提下，又可以衍生出以下三个论断（Blumer，1962；LaRossa & Reitzes，1993）：

首先，个体的行为基于他人对其的意义。个体在互动中对他人做出的行为，会受到他人对自己的意义的影响。比如，你在同自己十分尊敬的长辈交往时，会认为对方是具有权威和生活阅历的，对方如何看待你的生活，如何看待你，在很大程度上会影响你的行为。象征互动论研究者认为，传播行为是在互动的过程中产生的，与其关心实际的行为，不如关心行为背后的意义，他们会运用社会心理学和社会学的理论来解释行为并寻找意义。

其次，意义从与其他个体和社会的互动中产生。象征互动论研究者认为，参与传播互动的主体具有主观能动性和主体间性，在与他人的互动中交换关于象征符号的解释，创造和共享意义。在米德看来，意义并非严格意义上的为个人所有，意义产生于人与人之间，是一种社会产物，“通过人们互动时的定义活动产生和形成”（Blumer，1969）。既然社会交往是意义的起源，那么意义就不属于个人的心理过程。

最后，意义通过与他人互动中的解释过程不断地被创造和再创造。个体行动者必须学习一组适当的、相关的意义，这对他们在所处环境中搞清楚方向具有至关重要的作用。这既可以通过学习语言，也可以通过与其他行动者的特定互动（他们传递社会认可的对象意义）来实现。个体行动者通过角色扮演来了解一个对象的意义，这个社会过程是意义问题的核心。

（二） 自我概念推动行为

自我概念对于象征互动论的构建至关重要。在后续的理论发展中，布鲁默多次强调了米德提出的人的自我的概念。米德认为，人类可以成为自己行为的对象，可以像对待他人那样对待自己，比如告诉自己“应该这样做”或者“不应该那样做”，鼓励自己，说服自己（Blumer，1962）。除认为自我可以成为自己行为的对象之外，象征互动论还将个体看作主动的自我，通过不断地与他人进行互动，个体得以建立自我概念，并且影响未来的行动。这一前提包含两个层面的意思：（1）个体需要在与他人的互动中建立起自我概念；（2）个体对自我的认识（自我概念）会推动行为的发生。

首先，该理论认为，作为社会中的一员，个体只有通过与他人互动，才会获得对自我的认识。人的自我认知在很大程度上来源于与他人的互动，每个人的自我概念都是在与周围人互动的过程中逐渐形成的。比如，一项针对被收容男孩的情绪紊乱认知的研究就发现，男孩的自我概念会随着时间推移而变化，尤其会随着男孩认为别人怎么看待自己而变化（Rosengren，1961）。通过对这些男孩的长期研究，研究者观察到了与他人持续和密切的接触如何能够更深刻地影响自我概念。

其次，自我概念会推动行为的发生。每个人的自我概念，即自己怎么看待自己，又会影响其行为。心理学的自证预言就是最好的例证：如果你认为自己是一个坚强的人，那么你在面对困难的时候就能表现出隐忍和坚毅；事实上，你的确能在遇到困难的时候表现出超出常人的忍耐力。

综合以上两点，象征互动论认为，人会使用对周围事物的认识指导自己的行动。比如，我们在日常生活中听到别人的谈话，观察到别人的表情，意识到自己要完成某个任务等，都是我们的意识对外界的主观认知。反过来，我们意识不到的事物，就是主观上没有对自己进行暗示的事物。

（三）个体和社会之间存在特殊的关系

象征互动论认为，互动发生在特定的社会和文化背景下，物理和社会对象（人）以及情境必须根据个体的意义来定义或分类。米德和布鲁默认为，社会结构和社会秩序不仅会对个人的行为产生影响，也会在个人互动的过程中不断被建构和改变。对于布鲁默来说，象征互动论只是“发生在人与人之间的互动的独特的特征”（Blumer，1962）。换句话说，象征互动论并不是用来解释社会普遍现象的宏大理论，而是用来揭示人与人之间互动过程中所展现出的独特性质和具体特征的一种视角。在他看来，社会制度只在互动中存在；社会不是一种结构，而是一个持续的过程，在这个过程中，行动的能动性和不确定性被强调。

为了进一步说明个体和社会的关系，布鲁默将象征互动论与其他的结构主义或者功能主义的社会理论做对比：功能主义的社会理论将个体的行为视作对社会结构的一种体现，社会制度、社会地位、社会角色、社会规范等因素会影响个体的行为，个体的行为也被视作对这些因素的表达；功能主义的社会理论否认或者说至少忽略了人类的自我（Blumer，1962）。

布鲁默认为，将社会视为结构化的、模式化的或稳定的的观念本质上是一种对观念和现象的混淆，因为社会就像个体行动者之间的互动和经验一样，是在不断变化的。继米德之后，布鲁默的象征互动论将社会制度设想为发生在特定情境中的“社会习惯”，其对情境的参与者来说是共享的。对于布鲁默来说，意义是主体间的和可感知的，并且在个体之间不断地被重新解释。行动者所面对的人或物中没有固有的意义——他们更愿意将意义赋予被认为具有独特性的实体。行为只是行动者对某种情况的解释做出反应的特殊方式。

三、心灵和意义之间的关系

象征互动论对互动的关注，为意义的起源提供了独特的解释。米德把心灵定义为使用具有共同社会意义的象征符号的能力。但所谓心灵的形成不是孤立的，而是个体通过语言在与他人互动的过程中习得的。所以，心灵可以被简单地理解为个体对于社会环境的内化。与其他把意义的起源归结到人类思维或者物体本质的理论不同的是，象征互动论认为意义产生于社会互动，意义不能从象征互动过程中剥离。在某种程度上，正是象征互动产生了它所指向的对象，即它所响应的外部环境或世界。

首先，个体从未存在于一个没有意义的环境中，或面对一个没有意义的对象。这是因为一个对象的意义只不过是个体对该对象的预期未来行为。意义是行动者与对象之间的行为关系，是行动者准备如何处理它的隐含声明；因此，一个不熟悉的对象是一个行动者不容易将其纳入活动模式的对象（这就是我们所说的毫无意义的对象，或者行动者难以解释的对象）。此外，米德认为，这种意义的定义既适用于人，也适用于物；既适用于抽象概念，也适用于具体范例；既适用于静态实体，也适用于动态过程。

其次，意义不是严格意义上的私人物品，而是社会产品；既然社会交往是意义的起源，意义就不能简单归结为个人的心理过程。个体行动者必须学习或者被社会教导一系列适当的、相关的意义，这会对他们在社会环境中的行动起到导向的作用。这既可以通过学习语言，也可以通过与其他行动者的特定互动来实现。米德认为，个体通过象征性的想象，把自我悬置，想象自己成为他人，从他人的角度来看待问题。一个行动者通过角色扮演的过程来了解一个对象的含义，假设另一个行动者对该对象的看法。这个社会过程是意义问题的核心；社会互动是创造、协商和再创造构成社会世界的对象的手段。

最后，象征互动论认为，心灵不是严格意义上的个人化现象。相反，心灵是一种起源于社会的活动。当一个行动者流畅的、不加思考的行为被打断时，无论是因为障碍还是因为其他人不理解，行动者都被迫暂停并解释行为，设想采取其他的行为或者采取类似辩论的替代途径，以最终达到一开始设定的目标。这种思维过程不仅反映了行动者对他人的依赖——因为社会互动为行动者提供了其思维所使用的意义储备——而且反映了行动者的社会化，这也反映了象征互动论研究者对自我或身份本质的解释。

四、自我与社会

米德将自我定义为一个人从他人的角度反思自我的能力。在象征互动论中，自我将人类与其他动物区分开来；尽管像其他动物一样，人类也可以用肢体语言进行对话，但人和其他动物的不同点在于，人能够独特地反思自己的行为。因此，人类的特征是意识和自我意识——使自己成为反思对象的能力。象征互动论确定了人类自我的两种形式：作为过程的自我（self-as-process）和作为对象的自我（self-as-object）。作为过程的自我有时也被米德称为主体的自我（主我）或者积极的自我，作为对象的自我可以被等同于米德所说的客体的自我（客我）或者被观察的自我。前者是人生来就具备的，而后者只能在社会交往和社会化过程中形成。

在某些方面，作为对象的自我与行动者世界中的任何其他客体并无不同。作为对象的自我永远不可能是单纯独立的个体，因为它的存在依赖于对行动者自身活动具有意义的符号，而这种象征性的意义首先涌现于自我与重要的他人（又译特定的他者）的互动中。在与重要的他人的互动中，人们能够逐渐建立自我；人们从家人、朋友、同事以及其他重要的社会关系对象中获得他人对自己的看法，重要的他人会影响人们的身份认同和社会认同感。但在另一种意义上，作为对象的自我是一种独特的对象，因为它要求行动者将自己分离出来，走出主我的视角，代入他人的视角，从外部观察自己。相似地，库利将作为对象的自我称为镜中我（looking-glass self）。库利的说法强调的是角色的形成过程，其核心是从他人的注视中看到自我的能力。

米德考察了这种独特的、属于人类的社会交往过程，并用游戏和竞赛对客我的发展进行了例证。自我最基本的形成出现在儿童的游戏中。在儿童经常会进行的角色扮演游戏“过家家”中，儿童会扮演一个特定的角色，比如父母或者老师，扮演这些角色能够影响人格的发展（Mead，1934）。儿童在这一阶段缺乏组织，幼儿园老师或者幼儿的主要看护人通过这种方式，可以使幼儿掌握各种各样他人的特征，并且形成彼此之间的有组织的社会关系。米德认为，这一阶段的结果正是幼儿园主要的工作目标。

这个阶段之后，儿童会进入更有组织的、角色扮演的竞赛（竞争性的活动）。竞赛和游戏的根本区别在于，在竞赛中，儿童必须根据自己和他人相关的行动来认识多种角色，并且在特定的、有组织的环境中掌握角色与行动之间的相互关系。比如儿童在参加足球比赛时，他本人的动作取决于他所设想的其他参赛人的动作。每个参与足球比赛的儿童，都要考虑其他参赛人的态度，所有参赛人的态度形成一个整体，而这个整体也控制着个人的反应。

最后一个阶段是儿童能够从多元的、抽象的、泛化的他人的角度，来看待他自己的行为。在这一阶段，儿童能够反思自我是如何被社会上的泛化的他人看待的，并且已经具有一个成熟的自我。泛化的他人（generalized others，又译概化的他者）与前文提到的重要的他人不同，主要指代社会群体或整个文化的态度与观点。米德认为，个体扮演不同社会角色，实现不同社会分工，属于不同社会群体，泛化的他人向个体提供了角色和群体的行事规则以及群体共享的社会态度；只有当一个人采取其所属群体对于群体性活动所持的态度时，这个人才实际发展出一个完全的自我。

儿童有一个强势的客我来补充主我。正是在自我的这两个方面的关系中，社会生活的戏剧才得以展开。主我可以被社会建构的客我制约，甚至重新导向；主我虽然不是由客我决定的，但是会被客我的行为规范和框架限制。这种指示和解释、一致性和自发性、个人表现和社会期望之间的紧张关系，在人类构成和重建他们共享的社会世界的互动传播中得到了协商。

五、线下的自我和线上的自我

在对米德重要的他人概念进行现代性的阐释时，社会学家齐格蒙特·鲍曼（Zygmunt Bauman）在对线下的自我和线上的自我的比较中，进一步分析了现代社会中个人自我的变化，尤其是在数字时代，个体如何在两种不同的社交环境中扮演不同的角色，以及这种变化对自我观念和身份认同的影响。线上互动和线下互动的关系已经变得越来越复杂，线上世界不仅提供了更多展示自我的机会，也对个人的自我塑造和身份认同提出了新的挑战。

鲍曼指出，传统的线下的自我是相对稳定和一致的。重要的他人在自我的形成中扮演着重要的角色——自我要么做出符合重要的他人期待的行为，要么打破这种框架，与之搏斗。这是自我与他人进行互动的一种基本模式（Bauman & Raud，2015）。在面对面的互动中，个体的身份是通过持续的、长期的社交关系和行为表现逐渐形成的。线下交往通常具有较高的情境依赖性，即人们的自我表现会根据其所处的社会环境、角色和群体做出调整。例如，一个人在家庭中的身份可能与他在职场中的身份有所不同，但这种差异通常受社会角色期待的调节，而非出于个人选择或刻意“表演”。因此，线下的自我通常更加连贯和持久，因为它是在一个固定的社会框架中形成的，个体的行为和言辞都受到社会规范和文化背景的制约。

相比之下，线上的自我则表现出更高的流动性和分裂性。在数字平台中，个体往往会通过精心策划的内容展示自我，而这种自我展示会根据平台的性质、受众的期待及个人的需求不断发生变化。鲍曼强调，线上的自我更像是一种表演，它不像线下的自我那样根植于长期的、直接的社会互动，而是通过短期的、快速的反馈和即时的社会认可形成。例如，在社交媒体上，个体可能会选择展示自己某一方面的形象，而隐藏其他方面的自我，以符合某种社会标准或期待。这种表现出的自我是流动的，容易根据外部反馈的变化进行调整，缺乏线下的自我的一致性和稳定性。

线下和线上甚至可以被比作两个宇宙，二者最大的区别就在于自我与受众互动的舒适度和便利性。鲍曼认为，这可能也是线上交流能迅速取代线下交流并得以大规模普及的重要原因（Bauman & Raud，2015）。曾经主我和客我之间的协商，以及自我为了获得社会认可而付出的劳动，在线上被简化到了面目全非的程度。线上交流的便利性使得人们以一种看似轻松的方式获得了连接，如果连接的代价太大，个体大可放弃这一“网络”，并轻而易举地加入其他“网络”。此外，线上受众的异质性，也导致个体在面对不同的受众时很容易展现不同的自我。但自我的连贯性和本真性，确实会对线下的自我提出最苛刻的要求（Bauman & Raud，2015）。

线下的自我与线上的自我之间存在一种张力。在现代社会，个体不仅在现实世界中进行社交互动，还要在虚拟世界中展示和塑造自我。这种“分裂”往往会让个体在两种身份之间感到矛盾和不安。例如，个体在社交媒体上展示出的理想化的形象可能与他在线下生活中真实的自我大相径庭。鲍曼指出，这种冲突可能会导致个体产生自我认同危机，因为他们需要在两种不同的社交环境中不断调整自己的表现，以适应不同的社交期待。这一张力尤其在年轻人和社交媒体重度使用者中表现明显，他们可能会感到线下的自我和线上的自我之间没有一个稳定的连接点，从而产生疏离感或认同困惑。

尽管线下的自我与线上的自我之间存在张力，但鲍曼也提到，现代人不断在尝试将这两者整合。个体可能会努力让线上展示与线下行为相一致，以实现某种自我认同的连贯性。然而，这种整合并非总会顺利进行，尤其是当线下的自我和线上的自我发生冲突时，个体往往会感到困惑或无法找到平衡。鲍曼指出，这种努力的最终结果可能是自我分裂，个体在不同的社交情境中不断切换自我，从而失去了一种统一、稳定的自我感知。

鲍曼通过对线下的自我与线上的自我的比较，揭示了数字时代个体自我认同的复杂性。在这个时代，线下的自我与线上的自我之间的界限变得越来越模糊，个体的身份呈现变得流动且多变。尽管线上的自我为个体提供了更多表现自我的自由和空间，但也带来了认同上的困惑和疏离感。最终，个体在面对自我呈现的表演性和自我认同的压力时，可能会感到迷失，并努力寻找其中的平衡。

思考题

1. 象征互动论如何解释人际传播中的符号和象征行为？请举例说明。

2. 请简要说明象征互动论如何理解意义的产生过程。为什么该理论认为意义不是客观存在的？

3. 象征互动论强调个体赋予行为意义的主观性，这种强调是否忽略了社会制度和权力结构对个体行为的限制？

4. 请分析象征互动论对于角色扮演和身份建构在人际传播中的作用及意义。

5. 象征互动论如何适用于新媒体时代的人际传播研究？请列举一些应用场景和案例。

6. 对于传播学实践和研究者而言，掌握象征互动论的核心概念和观点有何意义？请谈谈你的看法。

实践训练题

假设你是一名社会学研究者，正在研究大学生之间的沟通模式。你决定通过观察两组大学生在课堂内外的互动来探讨他们如何通过象征性符号（如语言、体态、表情等）来构建对彼此角色的理解。

1. 观察并记录两组学生在课堂内外的互动。在他们的对话或行为中，识别出至少三种象征性符号，例如语言、肢体语言或面部表情，并分析这些符号如何影响他们对彼此角色的理解。

2. 结合象征互动论，分析在这些互动过程中，自我的构建是如何被体现的。考虑到互动中的反应、角色扮演以及符号的共享意义，讨论他们如何通过互动形成对自己和他人身份的认知。

3. 思考在这种互动中，文化背景（如性别、年龄、学科背景等）如何影响对这些符号的使用与理解。

要点小结

- 象征性互动理论
  - 理论背景
    - 礼物与意义建构
    - 芝加哥学派vs.艾奥瓦学派
    - 理论延伸影响
  - 三大前提
    - 意义建构
    - 自我概念
    - 个体与社会
  - 心灵与意义
    - 心灵=社会内化
    - 角色扮演理解意义
    - 意义不断重构
  - 自我与社会
    - 自我的两种形态
    - 镜中我概念
    - 自我发展三阶段

第二节　意义协调管理理论

每天学点人际传播

在一家跨国公司中，新员工小刘在一次会议上提出了提高工作效率的建议，但由于对公司文化不熟悉，建议未能得到采纳，反而受到了资深员工李先生的反对，李先生觉得该建议过于理想化，并直接表达了批评。小刘感到有些困惑，甚至产生了白费口舌的感觉，认为自己没有被重视。

小刘提出建议的言语行为本意是提供帮助，但李先生的反应带有批评性质，这种偏差让小刘没有理解李先生只是从经验角度提出意见，而是感到被否定。更重要的是，小刘与李先生之间的信任关系尚未建立，这使得李先生的反应没有被小刘理解为对公司文化的正常回应，而是个人层面的否定。

事实上，问题出在双方未能协调彼此行为的意义。小刘的建议虽然内容有效，但没有考虑到公司的历史沟通模式和文化背景，这使得他的建议显得脱离实际。李先生的反应虽带有建设性，却由于言语上的尖锐被误解为否定。更关键的是，新员工和资深员工之间的信任尚未建立，李先生的批评未被理解为经验分享。

此外，小刘对公司文化中的批评方式缺乏理解，未能意识到批评是为了改善工作，而非人身攻击。作为回应，小刘没有及时调整自己的沟通方式，这进一步加剧了误解。如果公司能够及时帮助小刘理解这些文化差异并调整其表达方式，便能避免类似冲突。最终，只有当双方在沟通中能够意识到并协调彼此的意义和行动时，才能真正避免"对牛弹琴"的困境，顺利达成有效的合作。

人际传播不是个人的自说自话和天马行空的表达，两个人之间的传播和沟通之所以能够顺利进行，是因为双方对意义有共识。在开会这种常见的场景中，我们或许都经历过开会的各方各怀心思，只努力推进对自己有利的议题，而毫不顾及其他人的情形。在这种情况下，每个人都会产生深深的无力感，然后感叹"我真是在对牛弹琴"。

巴尼特·皮尔斯（Barnett Pearce）与弗农·克罗农（Vernon Cronen）在20世纪70年代提出的意义协调管理理论（coordinated management of meaning，CMM），就是针对人际传播中的个人如何协调和组织互动这一问题的。意义协调管理理论一直被学术界认为是经典的传播理论，并且适用于各种各样的情境。皮尔斯和克罗农在1980年出版了《沟通、行动和意义》一书，在书中，两人详细地阐述了个人如何建立规则、创造和解释意义，以及在沟通中如何使用规则协调意义。他们认为，意义协调管理理论"在解决传统的智识问题和紧迫的社会问题时具有重大价值"（Pearce & Cronen，1980）。

多年来，意义协调管理理论受到了来自社会建构主义、控制论、语言哲学、对话理论、心理学理论的启发和扩展，虽然一开始只是作为一般意义上的描述性理论，但发展到如今，意义协调管理理论已经被大量地运用到各类实践领域，用来分析伴侣、家庭以及组织内的传播行为、意义协调以及叙事。正如两位学者所描述的，该理论在后来的发展过程中，广泛地被心理治疗师、教师、企业管理者和研究者采用，以解决智识和实践问题。

一、理论前提

与线性传播模型相比，意义协调管理理论最大的特点就是采用了互动的视角，对个人以及个人与社会、他人的关系给予了充分的重视。皮尔斯认为，意义协调应该被当作一个"敏感性概念"（sensitizing concept）（Blumer，

1954)。所谓意义协调，不是说社会世界中的各种互动都必须经过对意义的协调，而是说，我们在关注社会中的互动时，可以有意地关注一下意义协调。换句话说，意义协调研究不在于告诉我们协调与不协调的边界是什么，而是关注人们如何考虑自我和他人的传播行为，无论是否能协调好（Pearce，2007)。该理论主要建立在以下三个前提下：

首先，意义协调管理理论认为，人际传播从来都不是孤立的行为，而是一个复杂的系统。不管是发生在家庭中的还是组织中的人际沟通，都不是简单的对话行为，而是一个动态的过程。线性传播模型将传播看成一种工具，对传播的评价标准是意义有没有被准确地表达以及接收（Pearce，1989）。而意义协调管理理论认为，构成社会的事件和对象是被传播建构的，换句话说，人类生活在传播之中。传播的形式和内容可以建构甚至破坏我们的人格、关系和社会制度。

其次，参与传播活动的个人通过发起行为和解读他人的行为，来建构意义和规则。意义协调管理理论认为，传播不是简单的信息传递，而是依赖个人意义与人际意义（Philipsen，1995)。线性传播模型关注的问题大多是信息的表述是否准确、是否清楚、是否完整以及渠道是否有效；而意义协调管理理论认为，个人意义必须通过与他人协商或者协调，才能完成共享和传播。当参与传播的双方都同意彼此的解读时，人际意义就形成了。比如，人际传播中许多符号的意义是模棱两可、未被阐明的，想要达到意义的共享，人们就必须对所使用符号的意义进行解读；只有互动的双方对彼此的解读达成一致，才能共享意义，建构意义交换的规则。

最后，在这两个前提的基础上，意义协调管理理论认为，个人的行为与互动的系统互相依赖，共同构成社会现实。参照其他学者关于既有社会结构与个人行动之间相互依赖关系的论述（Gumperz & Hymes，1972)，皮尔斯和克罗农也围绕个人和社会之间的辩证法，提出人们会在交谈中共同建构社会现实。参与人际传播的双方，各自带着个人层面的社会现实进入谈话，在互动的过程中，双方会从过去的谈话中提取社会现实，这种互动又会创造属于人际传播的新的社会现实。

二、意义、行动和语境

参与人际传播的双方在每次交流中都会解释或赋予意义，并采取行动，二者紧密相连——意义导致行动，行动形成意义。随着时间的推移，人际传播的双方必须协调彼此的意义和行动。因此，在所有的社交场合中，行动者必须管理好自己的意义和行动，同时对他人的意义和行动做出回应。

根据意义协调管理理论，意义可以被分为以下六个层级：内容、言语行为、情节片段、关系、生活剧本以及文化模式。

（1）内容指的是我们在日常生活中接收到的各类信息，比如与工作相关的信息、与家庭成员相关的信息等。内容在这里可以被等同于信息，甚至是缺乏语境的信息（Pearce & Conklin，1979）。

（2）言语行为指的是用语言来实施的某种行为。英国语言学家与哲学家约翰·奥斯汀（John Austin）将日常对话划分为六种类型，即命令、要求、道歉、祈使、邀请以及感叹（Austin，1975）。言语行为和内容最大的不同点就在于，内容可以是个人的、孤立的，但言语行为需要互动的双方协调完成。在解读言语行为时，需要把双方关系的历史也考虑进来，不然就无法理解内容的意义。比如你意在夸赞你的伴侣，却被对方解读为冒犯。但需要注意的是，虽然言语行为被冠以言语的说法，但是言语行为也可以通过非言语行为来表达，比如动作、表情等。

（3）情节片段指的是被关联在一起的、能够组成故事的连续言语行为（Pearce，2007）。情节片段就像我们在日常观看电影或者电视剧时，观察到的有明显的开端、发展、高潮和结局的桥段。在人际传播中，我们经常会对目前正在进行的对话的发展方向有着不同的判断，比如订婚的情侣，一方认为应该先把消息告诉双方的家人，而另一方认为应该先把消息告诉好友。情节的划分会呈现出复杂的个人差异，同时也会受到关系和文化的影响。

（4）意义的关系具有可能性和局限性。关系不只包括人际层面上的关系，还包括更大范围内的各类关系，甚至个人和组织的关系、街区和城市的关系（Pearce，2007）。关系的可能性和局限性不仅定义当下的关系，同时也预示未来的关系。关系会影响人际传播的双方如何交往。

（5）生活剧本由一系列过去和现在的情节片段组成，也可以被想象为当下的自我，每个人都有自己独特的生活剧本，在这个意义上，生活剧本其实指的就是我们个人的人生经历。人际传播中的双方都有各自的生活剧本，在进行互动时，双方对当下和未来的交往都会有预期，个人曾经的经历不仅会影响当下的行动，也会影响对未来的预期，还会影响双方共同建立的生活剧本。

（6）文化模式指的是个人的文化认同，这种认同既体现在个人对宏观层面上的国家、民族、政治制度、宗教信仰等的认同上，也可以体现在对个人所属的社会阶层、从事的行业以及兴趣爱好等的认同上。文化模式影响着个人的生活剧本、情节片段与言语行为，尤其在跨文化人际传播的情境中，它会变得格外重要。

根据意义协调管理理论，人际传播的双方根据个人的经验进行解释和行动，这种经验形成了一种语境，为情境中的意义和行动奠定了基础。该理论将意义和行动的语境分为五个层级，其中低级别的语境嵌在高级别的语境中。按照等级关系，意义首先体现在信息的内容上，而内容要通过言语行为来理解，行为要根据情节片段来理解，情节片段又要根据关系来理解，关系要根据生活剧本来理解，生活剧本要根据文化模式来理解。

然而，这些意义之间的层级关系可以根据语境改变。例如，情节片段可以在生活剧本的语境中被理解，或者生活剧本可以在言语行为的语境中被理解。即使是单独的个人，也可以在不同的语境中来回转换，从一个时刻到另一个时刻，从一种情境到另一种情境。因此，情境是流动的和动态的。出于这个原因，意义协调管理理论经常会借助循环隐喻，强调情境之间的相互蕴涵或反身关系。

三、规则

对意义进行分层之后，参与人际传播的个人就会采用规则指导自己的传播行为。在对规则进行描述时，意义协调管理理论深受语言哲学的影响。从前文中对言语行为的划分和强调也可以看出，对意义的协调管理是根据语言的使用规则来解释意义和行为。在这个意义上，规则是一种主导方针，传播中的个人依照规则给行为赋予意义，并且根据意义来采取行动。

意义协调管理理论提出了两种规则，分别是制度性规则和调节性规则。制度性规则也被叫作意义的规则或者构成性规则，主要指在既定的语境下如何解释具体的行为。简单来说，制度性规则可以告诉我们具体的言语和行为、事件和情节、自我和他人应该如何被解读。制度性规则规定了一个层次上的意义如何被另一个层次上的意义解读（Pearce，2007）。比如一个微笑，既可以被理解为善意，也可以被理解为对幽默的反应，还可以被理解为虚情假意甚至反讽。情节片段、关系以及文化模式都会影响我们采取何种制度性规则来理解意义。

调节性规则也被叫作行为的规则，指导我们在当下情境中应该做出何种行为。与制度性规则不同，调节性规则不解释意义，但指导行为。比如，调节性规则对于微笑这一行为的指导是互惠，即应该以微笑去回报对方的微笑。

四、逻辑驱动力

笼统来说，人的行为会受到规则的指引，但在具体的情境下，人际传播中双方的具体行为会受到逻辑驱动力（logical force）的影响，逻辑驱动力是意义和行为之间的认知联系（Pearce，2007）。在给定的情境中，只有某一种意义和行为上的联系在逻辑上是正确的——比如我们在受到别人责难时，都会有觉得必须做点什么或者说点什么来反击的驱动力。

按照意义协调管理理论，逻辑驱动力可以被划分成四种类型，分别是预示驱动力、实际驱动力、语境驱动力和隐含驱动力。

预示驱动力（prefigurative force）是指，一个先行的事件会导致一个后续的行为。传播中的个人会因为前一个对话回合中发生的事情而决定在下一个回合采取或者不采取某种行为。例如，一个人受到批评时，可能会采用愤怒或者防御性的表达来回应批评，并觉得自己别无选择。

实际驱动力（practical force）是指，对未来事件的预期会导致当下的行为。传播中的个人由于对下一个回合中对方行为的预期，而采取当下的行为。从因果关系的链条来看，在某种程度上，实际力量和预期力量是一对相反的力量。例如，一个人受到批评时，可能会通过反过来批评对方来回应别人的批评，但目的是在将来不受打扰。

语境驱动力（contextual force）是指，人际传播中，一个人的行为决策与特定的先前行为联系较少，而更多由语境上的意义决定，即觉得在某种情况下必须以某种方式行事。比如，一个人受到了批评，如果这是一个公开聚会的情境，并且这个人认为自己应该在这种情境下表现得大方得体，那么他可能会忽略别人的批评，以证明自己的大度。

隐含驱动力（implicative force）是指，行为的目的是改变语境。还是回到一个人受到批评的例子，如果被批评的人决定以一种友好的、合适的方式来回应和接受批评，那么他就会把这一系列事件的意义从“批评”转变为“提供建设性意见”。

五、意义和行为的循环

意义的等级划分遵循高层级意义指导低层级意义的原则。但有时也会出现低层级意义反过来影响高层级意义的情形，这一反作用的过程被称为循环（loop，又译圆圈）。当意义和行动保持一致并且能互相印证时，就会形成迷人的循环（charmed loop，又译魔圈）。例如，如果一个人有着严格的道德观念，那么他的行为可能会被限制在一套规定的行为方式之内，而这反过来又构建了严格的道德观念。与道德相关的观念和行为就会在一个高度连贯的封闭系统中相互加强。当意义和行为不一致且相互矛盾时，就会形成奇怪的循环（strange loop，又译怪圈）。当情境的含义发生变化，导致意义和行为规则发生变化时，就会出现奇怪的循环。酒鬼悖论是一个经典的例子：我是一个酗酒者（生活剧本），常常无法控制自己的饮酒行为（情节片段），在控制了自己的饮酒行为后，我认为我对自己的生活有了控制能力，那我就不再是一个酗酒者，可以继续饮酒。在这种循环中，酗酒者从“自我控制”转变为“自我失控”，将自我与行为联系起来的规则也从喝酒转变为不喝酒。

生活中的人际传播

在一家初创企业中，项目经理小王负责协调多个部门的工作，但在一次项目进展会上，他对团队成员提出了严格的上班时间要求。团队成员张明对此表示不满，认为这种要求过于苛刻，容易导致过度疲劳并影响工作质量。张明在会后私下向同事表达了他的不满，并建议大家遇到类似情况时，应当提出反对意见。然而，在下次项目进展会上，小王再次提出了类似的严格要求，张明和其他团队成员并未提出任何反对意见，只是默默接受了指令。

在这一过程中，意义和行为形成了一个典型的循环。小王的要求被他自己解读为推动项目进度的必要措施，而对张明而言，这种要求象征着高压和管理上的不合理。尽管张明心中有不满，但他没有采取行动，而是选择了隐忍，这种行为反过来又使小王认为他的管理方式是有效的。从张明的角度来看，他虽然在心理上产生了反对情绪，但没有将这些情绪付诸行动，而是保持沉默，这导致他没有对小王的管理方式做出任何有效反馈。这种反应使得小王继续维持原有的工作方式，认为团队成员都能适应这种高压要求，而张明也因此未能有效改变自己的态度或行为模式。

随着时间的推移，这种循环变得越来越明显——小王的高压管理继续导致张明的不满，而张明的沉默又促使小王继续按同样的方式实施管理。最终，这种不协调的循环不仅导致了张明的职业倦怠，也让小王意识不到自己的管理方式存在问题，直到两者间的信任和沟通彻底破裂。

这个例子反映了“意义和行为的循环”，双方未能打破不满与沉默的循环，既没有改变自己的行为，也未能协调各自的意义，从而导致了双方沟通的僵化。这种奇怪的循环表明，虽然行为和反应看似正常，但内部充满了未被表达的负面情绪和未被解决的问题，最终影响了团队的合作和生产力。

六、意义的协调管理

协调指的是参与人际传播的个人将各自的意义和行为组织起来，从而形成对双方有意义的模式的过程。人际传播的一方实施行为，另一方要对行为做出解释和反应；然后，先行动的一方又会根据另一方的行为实施自己的行为。在互动的过程中，双方都在不断地解释，或者说解读对方的行为，同时思考自己应该做什么。如果互动顺利完成，那么双方会觉得意义得到了完全的协调。但很多时候，由于双方解释行为的意义层级不同，因此会出现不能协调或者只能达到部分协调的情况。

有一点需要注意，意义协调不总是好的。有时候，沟通的双方会陷入一种非常协调但是双方都不满意的无谓的重复模式（unwanted repetitive patterns)：意义和行为被捆绑在一个紧密的循环中，双方都无法打破。在这种重复模式当中，双方都无法找到意义和行为的新规则，也无法找到可能带来沟通模式转变的新语境。亲密关系中的暴力行为就是一个很好的例子。

在亲密关系中，双方的互动会遵循某种模式或者脚本，可能涉及权力动态、控制策略和冲突升级。例如，施暴者可能会使用言语或非言语行为暗示、恐吓或操纵其伴侣，形成一种强制控制的模式。在虐待关系中，意义生成过程可能涉及暴力的合理化、正当化和正常化。例如，施暴者可能会通过指责受害者或尽量减少其行为的影响来为自己的行为辩护，而受害者可能会内化错误的信念，认为自己应该受到虐待或无法离开这段关系。此外，权力不平衡、依赖和恐惧也可能塑造关系。例如，施暴者可能通过威胁、孤立或经济依赖来施加控制，而受害者可能会感到无助、羞耻和被孤立。

思考题

1. 意义协调管理理论有哪三个基本前提？请简要列出。

2. 在意义协调管理理论中，什么是协调？为什么说协调并不总意味着沟通效果良好？

3. 请简要区分制度性规则和调节性规则的不同功能。

4. 意义协调的过程如何有助于更有效地解决或管理冲突？

5. 思考一下意义协调管理理论中“意义协调”的概念。当面对相互矛盾的解释或期待时，个人如何协调意义？

6. 在线交流如何对意义协调构成挑战，个人可以采用什么策略来克服这些挑战？

实践训练题

你是一个成年人，与你的父母在日常生活中存在沟通障碍。每当你和父母讨论自己的生活决策或职业发展时，他们会提出自己的看法和建议，但这些建议常常让你感到困扰。你认为他们过于干涉你的私人生活，无法理解你作为成年人所做的选择。在与父母沟通的过程中，你常常感到不耐烦，甚至避免和他们讨论这些问题。这种沟通模式使得你和父母之间的关系更加紧张了。

根据意义协调管理理论，请回答以下问题：

1. 描述一下你认为自己与父母之间存在沟通障碍的原因，并结合“意义和行动的循环”来分析这种障碍如何逐渐加剧。

2. 作为子女，如何在未来的沟通中打破这种恶性循环？请结合本节内容，提出至少两种可能的沟通策略来改进你和父母之间的互动。

要点小结

- 意义协调管理理论
  - 理论前提
    - 人际传播是复杂的系统
    - 传播依赖个人意义与人际意义的互动
    - 个人行为与互动系统共同构成社会现实
  - 意义、行动和语境
    - 意义导致行动，行动形成意义
    - 意义分为六个层级：内容、言语行为、情节片段、关系、生活剧本、文化模式
    - 语境分为五个层级，低层级的语境嵌入在高层级的语境
  - 规则
    - 制度性规则：解释具体行为的意义
    - 调节性规则：指导情境中的行为
  - 逻辑驱动力
    - 预示驱动力
    - 实际驱动力
    - 语境驱动力
    - 隐含驱动力
  - 意义和行为的循环
    - 形成迷人的循环或奇怪的循环
    - 意义和行为的循环会影响人际传播
  - 意义的协调管理
    - 协调是形成有意义模式的过程
    - 协调可能导致无谓的重复模式

第三节 传播隐私管理理论

每天学点人际传播

在一次周末聚会中，小张和他的好友小李坐在沙发上聊天。小李兴奋地拿出手机，开始给小张展示他最近的旅行照片。照片中，小李和新认识的女朋友笑得灿烂，看起来非常幸福。小张在看了一会儿后，突然放下了手中的饮料，眼神变得有些犹豫。

“小李，这些照片看起来太完美了吧？是不是P过？”小张忍不住问。小李愣了一下，脸上闪过一丝不安。“啊，那个……其实稍微处理了一下，但这也不算什么，反正只是给自己找点自信。”他说着，笑了笑，但语气有些不自然。

小张注意到了小李的反应，心里有些疑惑。他知道，小李一直很在意自己在朋友圈里的形象，尤其是在人际交往中，他总是想要表现得很完美。小张想了想，决定不再继续追问，但心里有些不舒服。其实，这种情况并不陌生。几个月前，小李曾在一次聚会上说自己和前女友的分手是“和平分手”，然而，小张后来从其他朋友那儿得知，那段关系并不如小李所描述的那样简单。

第二天，小张和小李再次见面，小张感觉气氛有些尴尬，小李似乎并不愿意谈及照片背后的真实情况。他开始意识到，在某些问题上，他们之间似乎有着无法跨越的障碍。尽管他们是多年好友，但在涉及个人情况时，似乎总有一些东西被刻意隐藏了。

这一次，小张决定不再对小李隐瞒自己的感受。他说：“昨天的事让我有些困惑。你知道，我并不是要批评你，只是觉得你有时候会刻意把自己塑造成一个完美的人，但我们是朋友，你不需要这么做。”

小李沉默了一会儿，终于低下头，说道：“其实我知道你很关心我。只是有些事情我不想让大家知道，我怕别人看不起我。”

两人静静地坐着，气氛变得柔和起来。通过这次对话，小张明白了小李隐藏真实自我的原因。而小李也意识到，尽管他在某些事情上选择了隐瞒，但真正的朋友会理解和接纳他。

在日常人际交往中，我们经常会遇到一些两难的情景，比如：家中长辈得了不治之症，时日不多，我们究竟是应该隐瞒，还是告知他实情？面对恋爱对象，我们是否应该向对方袒露自己过去的恋爱经历？在好友发布的朋友圈自拍照片下，我们是否应该评论这张照片是 P 过的？在同学微信群里，我们是否应该分享自己得知的关于其他人的“八卦”？

以上的情景都涉及一个共同的问题——对个人隐私的管理。传播学者桑德拉·佩特罗尼奥（Sandra Petronio）在 20 世纪 80 年代提出了传播隐私管理理论，用以理解和解释人们在不同的社会关系中，如何处理以及如何透露涉及个人隐私的信息。作为产生于传播学内部的理论，传播隐私管理理论起源于家庭传播和关系传播研究，一直以来都是人际传播研究中的重点理论。随着近年来社交媒体的发展与普及，传播隐私管理理论还被广泛地应用于线上关系和社交媒体中的隐私透露话题，例如个人医疗信息的透露、社交媒体上的隐私管理、工作场所的电子监控、传染性疾病信息的透露等。

一、理论前提

传播隐私管理理论可以追溯到 20 世纪 70 年代社会心理学家开展的自我表露研究，正如本书第一章中的社会渗透理论。但在当时，研究者对于什么是个人隐私、信息的隐私程度、对隐私信息的透露还没有做出明确的界定与划分。通过一系列的研究和探索，学者们认为自我表露必须和隐私放在一起作为一对辩证的关系来看待。只有将隐私和表露结合起来，才能更好地理解人们为什么在面对某些情境时选择透露某些隐私信息，而在另外一些情境下选择隐瞒某些隐私信息。

传播隐私管理理论将隐私信息定义为会令人受伤或暴露弱点的信息，通常来说，由于这类信息的脆弱性，人们会想要控制隐私信息的传播与扩散（Petronio，2002）。比如，传染性疾病的患者或者污名化疾病的患者在向他人透露健康信息时，就会非常小心谨慎。通过这种筛选，我们可以更好地理解人们在面对不同的关系对象时，如何既拓展和管理自己与他人的社交关系，又能保持自我的独立。传播隐私管理理论主要建立在三大理论前提下：公共与私人的辩证关系、隐私管理以及边界控制。

（一）公共与私人的辩证关系

传播隐私管理理论认为，隐私的透露中存在一对辩证关系，即公开与隐藏之间的张力。一方面，在面对隐私信息时，个人有公之于众的动力，这一动力受多种因素影响，可能是因为自己的性格，也可能承受了道德或者伦理压力，还可能是考虑到了对方的利益；另一方面，个人也受到隐藏信息的限制，这一限制也可能由多种因素造成，比如出于对他人的保护，也可能是为了维护个人的形象选择不透露。举例来说，如果家中有老人罹患绝症，在考虑是否告知长辈实情时，我们就会考虑这对辩证关系。

（二）隐私管理

传播隐私管理理论的第二大理论前提，在于人们对个人隐私所隐含的看法。首先，人们认为自己对个人的隐私信息拥有所有权，与自己相关的隐私信息理应属于自己。其次，隐私信息是关乎个人的敏感信息，一旦被透露给他人，就有可能对自己造成伤害。考虑到这一点，人们会认为自己有权管理和控制隐私信息的透露。最后，人们对隐私信息的管理和控制可能会产生冲突，管理不当可能会造成负面的后果。

（三）边界控制

传播隐私管理理论的第三大理论前提，在于隐私信息所有权的边界控制。边界指的是人们对自己隐私信息控制的程度。比如，有人可能对某类信息控制得很严格，绝对不向他人透露；但对其他类别的信息比较随意，在某些情况下会透露给别人。举例来说，可以和同事分享自己的生活细节，却不愿意透露每个月的收入。所谓边界不是固定的，而是会根据透露的对象、话题、情景等发生变化。

二、理论框架

根据上述理论前提，传播隐私管理理论提出了以下针对传播隐私管理的原则（Petronio，2010；Petronio et al.，2021）。

原则一：每个人都认为对自己的隐私信息享有所有权，并且有权控制和管理自己的隐私信息。比如，一名男性知道自己家族中有精神疾病病史，那么他会认为他对这一隐私信息享有所有权，他有权决定将这一信息分享给他人，或者隐藏。

原则二：个人可以通过向他人表露隐私信息，而让他人成为该隐私信息的共同所有者。从表露者的角度来看，共同所有者有义务保护该隐私信息。比如，一个班级的同学之间可能会分享自己的恋爱经历，但是被分享的同学应保守秘密，不在朋友圈中随意发布。

原则三：人们既然认为对自己的隐私信息享有所有权，就会通过选择透露或隐瞒、全部或部分共享来管理自己的隐私边界。例如，有些人在初次见面时只愿透露自己的职业，而不愿说明具体职位或收入水平；有的人喜爱在社交媒体上分享旅行照片，却不会说明自己的同行者或行程安排。不同文化和关系背景下，隐私边界的管理策略也有所不同。在一些文化中，家庭成员之间被认为应当保持信息的高度透明，而在另一些文化中，即使是亲密关系中的个体，也会保留一定的个人空间和信息私密性。这些隐私管理规则，往往受到文化、关系、动机、风险-收益评估、情境等多重因素的影响。

原则四：个人将隐私信息透露给他人之后，为了确保双方在面对第三方时以共同的边界来维护隐私信息，需要进行一定程度的隐私规则协调。按照协调的原则和双方的责任，隐私规则协调可以采取以下三种形式：第一，隐私信息的所有者与共同所有者协调隐私规则，明确第三方能否获取这一隐私信息。第二，隐私信息的所有者与共同所有者协调隐私规则的渗透性，即第三方可以知道多少或者可以在多大的程度上获取这一隐私信息。第三，隐私信息的所有者与共同所有者协调信息所有权使用，也就是说，双方中的每一方可以独立于另一方行使多少控制权。

原则五：当隐私信息的原所有者和共同所有者之间无法协调隐私规则时，就可能发生隐私混乱，从而引发对个人隐私的侵犯。比如，一个人从自己的父亲处得知，父亲在考虑和母亲离婚，并且父亲要求不要把这个信息告诉别人。但出于对母亲的关心，这个人将父亲的这一意图告诉了母亲，那么这一行为就违反了其与父亲之间的隐私规则。

三、隐私管理中涉及的核心概念

以上五大原则，主要围绕隐私管理的四个核心概念展开，即隐私边界、隐私规则、集体隐私协调以及隐私边界混乱。

（一）隐私边界

隐私边界表明了个人对于隐私信息的所有权，隐私边界的厚度可以被等同为“边界渗透性”，即隐私信息的所有者策略性地允许或者拒绝他人获得隐私信息，从而实现自己对隐私信息和隐私边界的控制。比如，社交媒体用户会采用允许他人看到自己的主页信息或发布的内容的方式，来实现对隐私边界的控制。很多社交媒体都会给用户提供隐私边界控制功能，协助用户管理自己的隐私边界。在网上发布内容时，有人还会给自己发布的文字、图片、视频等加上水印，体现自己对隐私信息的所有权；也有人在匿名讨论中特意透露一些关于自己真实身份的信息，从而佐证观点的真实性（McNealy & Mullis，2019）。以上这些例子都能够说明，人们会积极地使用各种策略来管理自己的隐私边界。

对隐私边界的控制分为低控制和高控制两种类型。低控制一般体现为隐私信息访问限制较少，对共同所有者更为信任，边界也更具渗透性；高控制一般体现为隐私信息访问限制较多，对共同所有者更为不信任，边界更具阻隔性。举例来说，低控制可以体现为信息所有者告诉共同所有者，“你可以把这个信息分享给你信任的人”；而高控制可以体现为，信息所有者告诉共同所有者，“你不许把这个信息告诉任何人”。

（二）隐私规则

传播隐私管理理论认为，人们在决定是否向他人透露隐私信息时，会使用不同的隐私规则。隐私规则规定了私人信息如何从个人边界转移到集体边界。例如，在家庭中，家庭成员通过直接或者间接的方式，协定什么话题是可以在家庭内部谈论的。通过明确和协调集体的隐私边界，成员可以明确对未来隐私信息的管理方式以及期待（Petronio & Child，2020）。

隐私规则可以被分为两类，第一类叫作核心规则，第二类叫作催生规则（Petronio，2010）。核心规则的影响一般更为广泛和持续，包括文化、性别和个人本身的隐私倾向等。比如，在美国文化中，年龄是较为隐私的信息，而在中国文化中，个人更倾向于认为年龄是公开的信息。催生规则指的是出于情境需要而协商出的规则，此处的情境如透露隐私信息的风险-收益比的变化、透露隐私信息的动机发生改变或者发生了一些事件（例如结婚、离婚）等。这两类不同的隐私规则会共同发挥作用，影响人们使用隐私规则协商隐私边界的行为。

隐私规则可以通过对已有隐私规则的社会化形成，在新的情况下会产生新的隐私规则。举例来说，在童年时期，个人会在家庭中习得隐私规则。但在社会化过程中，个人的生活环境会发生变化，比如开始一份新的工作。在面对新的环境时，可能会发现工作场所的隐私规则与个人从家庭中习得的隐私规则不一致。在家中可以和家人无话不谈，在工作中与同事的交流却仅限于工作，不透露任何个人生活方面的信息。

（三） 集体隐私协调

个人将自己的隐私信息透露给他人之后，就需要与其他的共同所有者协商和设置集体的隐私边界。集体隐私协调的策略和方式与隐私规则在总体和特殊层面上的两类区分一致，也涉及一致性的规则以及特殊的情况。具体来说，集体隐私协调可通过以下三种方式来完成：隐私边界连接、隐私边界渗透、隐私边界所有权划分。

隐私边界连接指的是隐私信息的所有者在集体中协调隐私边界。比如，来自一个家庭的兄弟姐妹互相分享自己的秘密，并且约定不许告诉父母。

隐私边界渗透指的是隐私信息的所有者与共同所有者协调能在多大程度上将隐私信息透露给别人。比如，姐姐告诉妹妹自己的离婚计划和原因，但同时告诉妹妹，如果父母问起，可以透露有离婚的可能，但是不能告知离婚的原因。

隐私边界所有权划分指的是隐私信息的所有者独立决定将隐私信息分享给他人。有人会在与他人分享隐私信息后重申自己对于隐私信息的所有权，比如告知他人，“把这个信息告诉别人之前，要先问我，我来决定”。

当个人采取以上三种策略完成个人与集体层面的隐私管理和协调时，集体层面的隐私边界管理可能存在三种情形。第一种情形是不成比例的协调（disproportionate），集体中的每个人透露隐私的程度不一样，有的人透露较多，有的人透露较少。比如，在一个公司内部，下属透露的隐私信息比上司透露的多；或者在医患关系中，病人透露的隐私信息多于医生透露的。第二种情形叫作相互交叉（intersected），即集体中的每个成员都以公平且对等的方式分享和共同拥有隐私信息。比如，欧美大学的兄弟会或者姐妹会在新成员正式入会前，都会要求新成员透露自己的隐私信息，而其他成员共同拥有这些信息。第三种情形叫作统一（unified），即每个成员都对共同所有的隐私信息负责。比如，婚姻关系中的两个人对婚姻状态的隐私信息享有统一的集体边界，这一隐私信息对个人和集体会有同样的影响。

（四） 隐私边界混乱

隐私边界混乱指的是隐私管理出现问题，导致隐私规则、所有权、控制、边界和关系的中断。造成隐私边界混乱的原因有：对隐私信息分享的不同预期、对隐私规则的误解、隐私信息涉及的利害关系等。最常见的隐私边界混乱的表现形式是对隐私规则的违反，例如未经同意将他人的隐私信息透露给第三人。

生活中的人际传播

小林和小赵是多年的好朋友，关系非常亲密。小林最近经历了婚姻中的一段风波——他在一次商务旅行中与同事小吴发生了短暂的婚外情。虽然这段关系很快结束，但小林并没有告诉妻子小丽，而是选择隐瞒，试图继续维持原本看似平稳的婚姻生活。

然而，事情并没有像小林预想的那样顺利。小赵最近与小林的妻子小丽成为朋友。一次，小赵在与小林一起喝酒时聊到了小林的婚姻状态。酒精作用下，小赵感到自己作为小林的朋友有责任帮助他，或者至少让他意识到自己的行为会影响婚姻。尽管他知道这段婚外情是小林的隐私，但他也意识到如果不提醒小林，他可能永远不会面对这个问题。

于是，小赵做出了一个决定——他将小林的婚外情告诉了小丽。他认为，这样做对小丽是公平的，因为她有权知道丈夫的不忠行为，毕竟他们是夫妻，婚姻应该建立在信任的基础上。

小丽得知这个消息后完全无法接受。她震惊、愤怒，于是她找到小林，与小林发生了激烈的争执。小林无法理解小赵为什么会告诉小丽这些私事，他觉得小赵的行为是一种严重的隐私侵犯，自己的隐私边界被破坏了，朋友竟然如此轻易地泄露了他的个人隐私。

在小林看来，这是他们夫妻之间的问题，不该被朋友揭露出来。而小赵认为这样做是为小丽好，提醒她关注丈夫的行为。

这件事最终导致小林与小赵的关系变得紧张，小林觉得自己被朋友背叛了，而小赵感到自己处于道德困境中。他认为自己的初衷是为朋友着想，但实际上伤害了他的婚姻。

根据传播隐私管理理论，小赵的行为涉及了隐私信息的所有权和边界控制。小林显然认为婚外情属于个人隐私，他有权决定是否与妻子分享这一信息；而小赵在面对道德压力时，做出了透露隐私的决定，试图为小丽提供她应该知道的信息。这一行为违反了小林对隐私边界的控制，导致了双方的信任破裂。

这也反映了隐私管理中的公共与私人的辩证关系。在面对伦理道德压力时，人们可能会选择公开信息，认为公开比隐瞒更为有利。小赵出于对朋友小林婚姻的关心而透露信息，但他的行为侵犯了小林对隐私的所有权，造成了边界混乱。

四、传播隐私管理理论的具体应用

1. 社交媒体

如今，社交媒体成了个人进行形象管理和自我呈现的天然场域。在社交媒体上管理和他人的社交关系时，人们将自己的隐私信息有选择性地呈现给“好友”，或者通过分组、设置内容可见时效性的策略来控制自己的隐私信息。通过对社交媒体上个人隐私信息的管理，人们在自我与他人之间设立了集体的隐私边界（Petronio & Child，2020）。

传播隐私管理理论在社交媒体语境下的研究，主要聚焦影响社交媒体分享隐私信息的因素。有研究发现，自我意识强与控制倾向高的人在社交媒体上发布内容时，更倾向于采取适合大众的方式，寻求更多人的认同（Child et al.，2009）；在发布博客内容时，和男性相比，女性更加注意隐私管理，会使用更为隐晦的语言，限制隐私信息的所有权，对于他人添加好友的请求也更为审慎。

对于脸书的隐私管理，有研究发现，脸书用户经常会调整自己的隐私偏好设置，从而更好地保护自己的隐私，比如用户时常会删除自己过去发布的内容，从而避免被他人恶意揣测或解读（Child et al.，2012）。对于不同社交媒体平台之间的比较，有研究发现，阅后即焚（Snapchat）用户会比脸书用户更自由地分享隐私信息（Hollenbaugh，2019）。

2. 家庭传播

传播隐私管理理论认为，家庭是人们学习和应用隐私规则的重要场域。家庭隐私管理倾向指的是家庭中各成员会使用共同的隐私规则，这一概念可以被视为一种特殊的集体隐私规则管理与协调。因为家庭语境通常涉及多人，他们都将自己视为家庭的一员，一方面有个人的隐私倾向，另一方面也会受到家庭的影响。这一影响既体现在家庭成员之间如何管理隐私上，也涉及家庭作为整体，如何与家庭以外的其他人分享或管理隐私（Petronio，2002）。

家庭中的子代在成长过程中会持续地与父母协商隐私边界。儿童通常没有隐私边界，可以和父母分享任何个人的隐私信息。随着年龄的增长，青春期的未成年人会经常感受到父母的隐私侵犯，比如父母阅读自己的日记，偷听自己和朋友的谈话，在社交媒体上搜寻信息，等等。家庭中的隐私规则也会随着家庭或人际互动的改变而发生变化，以适应家庭成员在生命周期中不断的变化（Petronio et al.，2021）。家庭中的子代成年后，会因为需要对年老的父母进行照顾而接触到父母的隐私信息，隐私边界会再一次发生变化。有些父母可能会将自己的私人信息全部开放给子女，也有的父母会在隐私信息权限上进行选择性的管理，比如将一些私人信息分享给某一位家庭成员，而将另一类型的私人信息告知另一位家庭成员。

思考题

1. 在人际传播中，隐私边界是如何随着关系的发展、情境的变化而动态调整的？请举例说明。

2. 传播隐私管理理论中，哪些因素会影响人们制定隐私规则？请列举至少三种影响隐私规则的因素。

3. 社交媒体如何改变了人们的隐私透露行为和隐私管理策略？这些变化带来了哪些挑战和机遇？

4. 传播隐私管理理论将隐私信息透露后的信息管理称为什么？在这个过程中，信息所有者和共同所有者需要协调什么？

5. 什么是隐私边界混乱？请简要举例说明它是如何发生的。

6. 随着技术的进步（如加密、匿名化等技术），人际传播中的隐私保护有哪些新的可能性和挑战？

实践训练题

假设你是一名大学生，与你的室友小王关系非常好。你们不仅一起学习，还会分享各自的私人生活。最近，小王向你透露了一些个人隐私：他有抑郁症，正在接受治疗。小王请求你保持沉默，不告诉任何人，特别是你们共同的好友小刘，因为小刘很可能会因此改变对他的看法。一天，你和小刘一起讨论了近期的就业机会，小刘提到他有一个心仪的公司，而这家公司对员工的健康状况有严格要求。小刘提到，如果这家公司知道某个候选人有健康问题，可能会考虑其他人选。

几天后，小刘向你表示，他和这家公司已经有了进一步的接触，并且可以推荐你们班的一名同学去面试。你知道小王的健康状况，而这家公司的健康筛查标准非常严格，你面临是否要告诉小刘小王健康状况的抉择。

1. 你认为，小王的隐私信息是否应该由你透露给小刘？请结合“隐私边界”和“隐私规则”这两个核心概念来分析你的决策。

2. 如果你决定不透露小王的健康信息，你认为小王会如何看待你的决定？如果你决定透露这个信息，你认为小刘会做出怎样的反应？

3. 根据传播隐私管理理论，思考如何协调隐私信息的透露，以避免隐私混乱和边界冲突。请提出可能的解决方案。

要点小结

- 传播隐私管理理论
  - 起源与发展
    - 家庭传播、关系传播
    - 社交媒体发展：线上关系、隐私披
  - 理论前提
    - 公共与私人的辩证关系
    - 隐私管理前提：所有权、自我控制
    - 隐私边界控制
  - 五大原则
    - 原则一：隐私信息所有权
    - 原则二：共同所有权与责任
    - 原则三：隐私边界的动态管理
    - 原则四：隐私规则协调机制
    - 原则五：隐私混乱及其后果
  - 核心概念
    - 隐私边界（厚度/渗透性）
    - 隐私规则（核心规则/催生规则）
    - 集体隐私协调
  - 应用场景
    - 社交媒体：隐私设定、信息可见性
    - 家庭传播：代际协商、生命周期变化

参考文献

Austin, J. L. (1975). *How to do things with words* (2nd ed.). Cambridge, MA: Harvard University Press.

Bauman, Z., & Raud, R. (2015). *Practices of selfhood*. Hoboken, NJ: John Wiley & Sons.

Blumer, H. (1954). What is wrong with social theory?. *American Sociological Review*, *19* (1), 3 - 10.

Blumer, H. (1962). Society as symbolic interaction. In A. M. Rose (Ed.), *Human behavior and social processes: An interactionist approach* (pp. 179 - 192). Boston, MA: Houghton Mifflin.

Blumer, H. (1969). *Symbolic interactionism: Perspective and method*. Englewood Cliffs, NJ: Prentice-Hall.

Burleson, B. (2010). The nature of interpersonal communication: A message-centered approach. In C. Berger, M. Roloff, & D. Roskos-Ewoldsen (Eds.), *The handbook of communication science* (2nd ed., pp. 145 - 163). Thousand Oaks, CA: Sage.

Child, J. T., Haridakis, P. M., & Petronio, S. (2012). Blogging privacy rule orientations, privacy management, and content deletion practices: The variability of online privacy management activity at different stages of social media use. *Computers in Human Behavior*, *28* (5), 1859 - 1872.

Child, J. T., Pearson, J. C., & Petronio, S. (2009). Blogging, communication, and privacy management: Development of the blogging privacy management measure. *Journal of the American Society for Information Science and Technology*, *60* (10), 2079 - 2094.

Gumperz, J. J. & Hymes, D. (1972). *Directions in Sociolinguistics*. New York, NY: Holt, Rinehart, Winston.

Gumperz, J. J., & Cook-Gumperz, J. (2007). A postscript: Style and identity in interactional sociolinguistics. In P. Auer (Ed.), *Style and social identities. Alternative approaches to linguistic heterogeneity* (pp. 477 - 502). Berlin, GE: Mouton De Gruyter.

Hollenbaugh, E. E. (2019). Privacy management among social media natives: An exploratory study of Facebook and Snapchat. *Social Media + Society*, *5* (3). https://doi.org/10.1177/2056305119855144.

LaRossa, R., & Reitzes, D. C. (1993). Symbolic interactionism and family studies. In P. G. Boss, W. J. Doherty, R. LaRossa, W. R. Schumm, & S. K. Steinmetz (Eds.), *Sourcebook of family theories and methods: A contextual approach* (pp. 135 - 166). Boston, MA: Springer US.

Mariani, M., Marshall, B. W., & Mathews-Schultz, A. L. (2015). See Hillary Clinton, Nancy Pelosi, and Sarah Palin run?: Party, ideology, and the influence of female role models on young women. *Political Research Quarterly*, *68* (4), 716 - 731.

McNealy, J., & Mullis, M. D. (2019). Tea and turbulence: Communication privacy management theory and online celebrity gossip forums. *Computers in Human Behavior*, *92*, 110 - 118.

Mead, G. H. (1934). *Mind, self and society from the standpoint of a social behaviorist*. Chicago, IL: University of Chicago Press.

Pearce, W. B. (1989). *Communication and human condition*. Carbondale, IL: South Illinois University Press.

Pearce, W. B. (2007). *Making social worlds: A communication perspective*. Hoboken, HJ: Wiley-Blackwell.

Pearce, W. B., & Cronen, V. E. (1980). *Communication, action, and meaning: The creation of social realities*. New York, NY: Praeger.

Pearce, W. B., & Conklin, F. (1979). A model of hierarchical meanings in coherent conversation and a study of "indirect responses." *Communication Monographs*, 46 (2), 75 - 87.

Petronio, S. (2002). *Boundaries of privacy: Dialectics of disclosure*. Albany, NY: State University of New York Press.

Petronio, S. (2010). Communication privacy management theory: What do we know about family privacy regulation? . *Journal of Family Theory & Review*, *2* (3), 175 - 196.

Petronio, S., & Child, J. T. (2020). Conceptualization and operationalization: Utility of communication privacy management theory. *Current Opinion in Psychology*, *31*, 76 - 82.

Petronio, S., Child, J. T., & Hall, R. D. (2021). Communication privacy management theory: Significance for interpersonal communication. In D. O. Braithwaite, & P. Schrodt (Eds.), *Engaging theories in interpersonal* communication (3rd ed., pp. 314 - 327). New York, NY: Routledge.

Philipsen, G. (1995). The coordinated management of meaning theory of Pearce, Cronen and associates. In D. Cushman, & B. Kovacic (Eds.), *Watershed research traditions in human communication theory* (pp. 13 - 43). Albany, NY: State University of New York Press.

Rosengren, W. R. (1961). The self in the emotionally disturbed. *American Journal of Sociology*, *66* (5), 454 - 462.

第七章

关注非言语行为的人际传播理论

本章聚焦人际传播中的非言语行为，分析个体如何通过身体动作、面部表情、姿态、手势等方式来进行沟通。非言语行为在人际传播中起着至关重要的作用，往往能够传递出比言语行为更加丰富和细腻的信息。它不仅是言语交流的补充，甚至在某些场景中能完全替代言语的作用。

传播适应理论提出，人们在互动过程中会根据对方的非言语行为调整自己的沟通方式。个体会在交流中不断根据对方的反应做出行为上的调整，以达到更好的协调与适应。这一理论旨在帮助读者理解人际交流中的灵活性，展示了如何通过调整非言语行为来增进沟通效果和建立融洽的互动氛围。

预期违反理论讨论了个体如何对超出预期的非言语行为做出反应。在人际互动中，人们通常会对对方的行为有一定的预期。当这些预期被打破时，会引发积极或消极的反应。该理论旨在帮助读者认识到在沟通中通过打破或满足预期来影响他人的态度和行为，从而产生理想的沟通效果。

言语与非言语行为不一致理论研究了当言语和非言语行为不一致时，如何对人际传播产生影响。非言语行为往往能够比言语行为更加真实地反映个体的内在感受，因此当二者不一致时，接收者往往更倾向于相信非言语线索。这一理论能够帮助个体在不同的社交情境下更加敏锐地解读他人发出的非言语信号，进而更好地应对和调整自己的行为。

第一节　传播适应理论

每天学点人际传播

小李是一位来自中国的工程师，最近被派遣到美国总部工作。在一次项目会议上，他注意到会议的氛围非常轻松，同事们经常用一些幽默的语言和玩笑缓解压力。会议开始时，美国同事们笑着分享自己周末的趣事，气氛轻松愉快。小李本能地保持沉默，习惯性地等着会议正式开始。但看到同事们的互动越来越轻松，小李决定融入其中。

在接下来的几次会议中，小李开始模仿同事们的风格。他在介绍自己的项目进度时，特意加入了一些轻松的语句："这个问题就像我最近看的一部电影里的桥段，差点就闹笑话了!"他的语气变得不那么正式，还引用了大家熟悉的电影台词。美国同事们听后笑了起来，表示"这句话说得不错"，并开始主动邀请小李发表更多意见。小李感到自己慢慢融入了团队，工作也变得更加顺利。

然而，在一次与德国同事马丁的会议中，情况有所不同。马丁是一位非常严谨且注重效率的工程师。在讨论技术问题时，小李试图用之前那种轻松的方式开场，带着一点幽默："这个技术难题是一个'大 boss'级别的挑战。"马丁没有笑，只是点了点头，继续谈论技术细节。会议的气氛变得稍显沉重。小李意识到，马丁更倾向于直接、高效的沟通方式，因此他调整了自己的遣词造句，开始使用更加正式的风格，简洁明了地阐述问题，并避免任何过多的玩笑。马丁对他的表现表示赞赏。

在日常生活中，我们应该都有过类似的经历：在与幼儿说话的时候，我们会用幼稚的语言和扮鬼脸；在与青少年聊天时，我们会用一些听起来更新鲜或者更流行的语言，比如"YYDS、绝绝子"；在与老年人交流的时候，我们会增大音量、提高声调、放慢语速；在与心仪对象谈话时，我们会更多地适应和模仿对方的口头语言与身体语言；在与讨厌的人接触时，我们会尽量保持自己的立场和态度，极力撇清和对方的关系。为什么我们在人际传播中的行为会出现这样大的差异？霍华德·贾尔斯（Howard Giles）和他的同事们提出了传播适应理论，用以解释人们在面对来自不同群体的他人时，选择言语趋同（convergence）或者背离（divergence）的原因。

传播适应理论起源于20世纪70年代，一开始的名称为言语适应理论，关注的现象仅限于人们在社会交往中说话风格的变化，比如谈话者如何调整自己的口音、声调、语速等以更好地配合交流对象。在后续的几十年间，贾尔斯和其他研究者又将言语层面上的趋同和背离拓展到了更广泛的适应（accommodation）和不适应（non-accommodation）。值得一提的是，虽然传播适应理论是基于后实证主义的理论建构方法提出的，但在后续发展过程中也有研究者采用质化的研究方法来开展解释性研究（Gallois et al.，2017）；同时，该理论也得到了语言学（尤其是社会语言学）、跨文化传播以及社会心理学领域的关注，是人际传播理论中较为少见的、适用情境广泛的、具有影响力的理论之一。

一、理论框架

传播适应理论的核心论点是：传播适应不仅仅是简单的信息交换或促进信息流动的问题，更是一种管理人际关系和群体关系的方式。在社会交往中，人们会面对来自不同文化、不同社会、不同性别、不同身份的他人，当参与交流的个体希望得到他人的好感或者融入一个群体时，就会有策略地进行适应的行为；当个体希望保持自己的个人和社会身份或者保持自己和其他群体的距离时，就会策略性地进行不适应或者保持距离的行为。

传播适应理论有三个一般性的前提。

前提1：传播是嵌在社会历史语境之中的。

首先，传播永远都不可能发生在真空之中，而总是发生在社会历史语境之中。社会历史语境会在两个层面上对传播造成影响：在直接层面上，社会历史语境可以直接影响开展人际传播和群体传播的可能性。比如，在种族隔离时期，美国白人和黑人之间的人际传播就充满对抗性和偏见；而在21世纪初，“黑人的命也是命”社会运动时期，两个种族之间的传播又呈现出另外的特点。在间接层面上，社会历史语境也可以通过影响双方对当时交流中具体语境的感知，而间接影响传播行为。比如，社交媒体上关于性别差异的讨论非常热烈，这会影响人际传播中男性和女性如何感知交流语境，进而影响双方的行为。

除社会历史语境之外，还有其他一些宏观的因素会对人际互动中的传播适应造成影响，包括：参与互动双方所属的社会群组以及群组背后的历史渊源；所属社会群组的活跃度（如社会地位、人口统计学特征以及群组内组员的系统性支持）；群组边界的渗透性（不渗透性）；群组关系的稳定性与合法性（Giles，1978）。这些因素共同作用，有助于建立群体之间接触和互动的社会规范，比如什么时间、什么场合、与谁、进行什么样的互动是合适的。

前提2：传播既是指涉意义的交换，也是个人与社会身份的协商。

人际传播中，参与传播的双方会在互动的过程中确定双方的社交距离，协商双方的个人与社会身份。这个前提和关系辩证法理论以及面子协商理论的核心内容非常类似，主旨是说明参与传播的双方需要确立和协商双方的身份，其中一方面要满足双方“求同”或者说对归属感的渴望，而另一方面要满足“求异”或者说个人对独特性的追求。

前提3：参与传播的个体，通过言语的、非言语的，文本的、非文本的行为，去适应或者不适应感知到的个人和群体特征，从而达到传播的信息功能或者关系功能。

适应是参与传播的双方调节传播行为的过程，这一过程包括双方采用特定的语言、口音、语速、眼神接触等行为，这些不同行为背后反映出双方

“求同”或者“求异”的目的。参与传播的双方基于对外部群体成员的刻板印象以及普遍的社会和情境规范，会对对方的适应行为产生期待。比如，一位富有的顾客在和服务员交流时，会根据双方所处的社会经济地位，对服务员的礼貌与客气程度有所期待；在互动中，即使从服务员的角度来看已经主动做出了适应的行为，但如果没有达到顾客的期待，那么还是会被认为没有主动适应，以及造成了行为的内部负面归因。

二、适应与不适应

在介绍具体的适应与不适应策略之前，我们需要先明确一下互动的概念。虽然互动、交往、沟通之类的说法，我们在日常生活中也经常使用，但在严谨的学术研究中，互动被定义为“一个连续的过程，这个过程中包含多个事件，涉及参与者可被观察到的行为和他人的主观反应”（Surra & Bohman，1991）。关注互动意味着研究者可以去探究个体认知过程、传播过程和认知转移过程中的动态变化与相互作用，从而能够理解个体认知过程、传播过程、主体间性之间的联系（Pitts & Giles，2008）。

适应又译顺应，指的是参与传播的个体采用各种适应性的策略，从而表现得更像参与传播的他人或群体（Coupland et al.，1988）。常见的适应策略包括：（1）匹配对方的口音、语速或非言语行为，比如与外国人交流时，主动使用简单的外语词汇；记者在与采访对象谈话时，主动使用采访对象熟悉的方言。（2）提出澄清性的问题，比如与上司交谈的时候，主动询问对方自己的理解是否正确。（3）选择双方都熟悉的话题，比如在火车上与陌生人闲谈时，主动说起共同的家乡。（4）调整语言的复杂性以匹配对方知识储备，比如医生在和病人沟通时，选择更为简单的通俗的语言来解释病情。

不适应，指的是参与传播的个体采用各种限制性的策略，从而表现得和参与传播的他人或群体更加不同（Gallois et al.，2005）。常见的不适应策略有三种，分别是反适应（counter-accommodation）、适应不足（under-accommodation）和适应过度（over-accommodation）。反适应有时也被称为趋异，指的是参与传播的个体最大化自己与交流对象之间的差异。比如在对方说方言的情况下使用标准的普通话。适应不足指的是保持自己的行为和立场，不去主动适应对方的行为或者需求。比如年轻人和老年人交流的时候，老年人要求年轻人讲话大声点或者语速放慢点，而年轻人始终保持自己说话的音量和语速。适应过度指的是参与传播的个体希望适应对方的行为，但是适应行为被对方理解为消极意图或者对社会规范的打破。比如在与来自国外的朋友聊天时主动降低语速或者使用更简单的词语，但被对方误解为屈尊俯就或者取笑。

适应与不适应行为既可体现在言语层面，也可体现在非言语层面。通常情况下，大部分的适应行为是通过模仿对方行为来完成的，但是还有部分适应行为可以通过做出适合情境的行为来完成，比如向对方进一步询问或者仔细倾听、避免打断。此外，适应与不适应行为可能还会有持续时间上的差异，它可以是长期的，例如领导和下属在工作时间采用正式的交流方式，而在私下聚会的时候采用非正式的交流方式；也可以是短期的，比如收银员和顾客的简单交流。另外，有的交流方式是被公认为更合适的，比如在专业的交流场合（会议、商业咨询等），参与者就会认为应该使用专业的表达方式，而不是口语化或者随意的表达方式。

三、适应与不适应的机制

适应与不适应行为的背后隐含着人的主观意识，当参与传播的个体选择做出适应或不适应行为时，其背后的意图一般都是策略性的，虽然这种策略性不是总能被明确地感知到。例如，适应行为背后的动机，常常是和他人建立社交关系或者被他人喜欢。和目标-计划-行动理论类似，传播适应理论认为，适应或不适应行为都由人际交往的目标驱动。常见的目标有情感目标，比如和他人建立亲密的关系；或者认知目标，比如增加沟通的效率。

在解释适应与不适应的机制上，传播适应理论借鉴了社会认同理论（Tajfel & Turner，1986）。社会认同理论认为，个人通过将自己与他人联系起来或者区分开的行为来管理自己的身份。因此，当一个人认为他人或他人所属的群体是正面的、积极的时，就会想让自己与他人联系起来，并会使用一些适应性的策略来实现这一目标。举例来说，如果你是 A 校的一名学生，在和 B 校的一名学生聊天，如果你认为 B 校的学生更优秀，就会做出一些行为举止、说一些话，强调自己和对方都属于大学生群体。相反，当一个人认为他人或他人所在的群体是负面的时，就会想与对方划清界限，重申自己的身份，因此会采取不适应策略（Gallois et al.，2005）。回到刚才大学生的例子，如果你认为 B 校的学生成绩不好，通常给人不学无术的印象，就会采取一些区隔的行为，强调自己和 B 校的学生不一样。

从功能的角度考虑，适应行为可以实现两个层面上的功能：在认知层面，适应可以促进信息的理解和传递；在情感层面，适应可以增进彼此相似性的感知，从而表达人际好感、包容和社会归属感（Giles et al.，1991）。如果你是一名新入职的乡镇公务员，在与村民打交道的时候使用当地方言，一方面可以帮助村民更好地理解你要表达的意思，另一方面也会拉近你们彼此之间的距离。

不适应行为的功能也可以体现在类似的两个层面上：在认知层面，传播者的不适应或者保持，可以表示不同的社会身份，或者向对方的行为表示抗议，希望对方能采取一种适合当前情境的交流方式；在情感层面，传播者的不适应是为了强调双方的差异，从而强化传播者自我身份的优越感。比如青春期的少年在和成年人沟通的时候，常常会采用特定的、属于青少年的表达方式，这一方面强调了自己年龄和身份的特殊性、表达了异议，另一方面也强化了青少年自我身份的优越感。

需要注意的是，传播者的适应行为以及接收者对于适应行为的解读，都具有强烈的主观性。首先，人们会在自我主观判断的基础上去适应对方的传播内容，但是这种适应的行为是传播者主观认为的，而不是客观存在的一种特征。我们举例来说明：在人际传播中，人们经常会对某些特定群体的成员，例如老年人或者身体有障碍的人士，带有一定程度的偏见。在与老年人交流的时候，人们会采取格外礼貌的态度，降低语速，增大音量，过分地适应。这种行为在人们自己看来是为了照顾和迁就老年人，但是对不认为自己需要照顾的老年人来说，这种适应就会被解读为高人一等或者歧视性的。此外，在公共场所，人们也会给予身体有障碍的人士额外的照顾，比如辅助对方移动、帮对方提重物等。做出照顾行为的人在主观上肯定认为自己是在献爱心，但对身体有障碍的人士来说，这种献爱心的行为可能会被视作廉价的，甚至是损害尊严的。

想要达到既定的目标，传播者的适应与不适应行为就需要被接收者捕捉到，或者说感受到。如果接收者没有正确理解适应或不适应背后的意图，传播者实际的适应就不能被真正地看作适应行为，甚至会被解读为消极的、负面的。如果适应行为被正确地解读了，就可以起到增加人际好感的作用。人们都喜欢与自己相似的人，而适应行为本身就可以被看作增加传播双方相似性的策略，所以人际传播中的适应行为可以增加人际好感和吸引力。

此外，适应与不适应行为既可以反映在言语层面上，即实际的言语行为，也可以反映在心理层面上，即传播者主观的意愿和动机。有研究将社会地位高的人和社会地位低的人进行匹配，观察他们如何交谈，发现地位高的人放慢了语速、使用了口语化的表达，而地位低的人加快了语速、使用了更标准的表达。客观上来看，谈话双方的行为改变扩大了双方的差异，但实际上，双方都认为自己在主动适应对方。对于地位低的人来说，他们不是在适应对方实际的语言特征，而是在适应刻板印象（即社会地位高的人语速更快、表达更准确）。

四、理论命题

传播适应理论源自后实证主义传统，在理论建构的过程中也大量参考了假设演绎的论证方式，在理论前提成立的基础上，提出了一系列命题来描述其理论框架（Soliz et al.，2022）。传播适应理论有 11 个核心命题，描述了人际传播中双方（A 和 B）不同的行为与动机。

在了解具体的命题之前，我们首先需要明确，人际传播都发生在特定的社会历史背景之下，涉及双方的社会身份、所属群体的交往历史、关系的好坏以及社会平等或者不平等。传播的语境可能包含容易渗透或者不容易渗透的交往边界。除社会身份和群体特征之外，还会涉及双方个人的交往历史，比如以前的关系、个人的价值观和身份等。

命题 1： 在（1）A 和 B 所属的群体有过负面的交往历史时，以及（2）A 有强烈的群体认同，并且认为其所属群体的活跃度较低，或者与 B 进行了没有安全感的社会比较时，或（3）A 曾经与 B 所属的群体有过负面的交往历史，并且 A 认为 B 是其所属群体的典型代表时，A 更倾向于用群体身份与 B 交流，并且会更倾向于采取不适应的行为。

举例来说，A 是一个来自美国西部小镇的印第安人，B 是一个来自波士顿地区显赫家族的白人，由于（1）历史上两个人所属的群体发生过很多负面甚至暴力的冲突，（2）A 认为印第安人的社会地位低，没有被给予尊重，（3）A 的父亲与 B 的父亲之前就有过冲突，并且 A 认为 B 是非常典型的含着金汤匙出生的白人，A 会更强烈地表现自己的印第安人身份，拒绝使用英语，拒绝迁就 B。

命题 2： 在（1）A 和 B 过去有过良好的人际交往经历，以及（2）A 只有比较弱或者没有明显的群体认同时，A 更倾向于用个人身份与 B 交流。

命题 3： 当 A 认为互动中的个人身份要强于群体身份时，A 会对感知到的 B 的个人特征进行心理适应。

命题 4： 当 A 认为互动中的群体身份要强于个人身份时，A 会对感知到的 B 的群体特征进行心理适应。

对于命题 2、3、4，我们举一个例子来说明。A 和 B 曾经是高中同学，后来从事了不同的工作，A 成为一家上市公司的董事长，B 是一家超市的售货员，多年后他们在同学聚会上相见。对于命题 2 来说，如果（1）两人高中时候关系不错，（2）A 不在意自己的家庭和社会地位，那么两人聊天时，A 就会更倾向于采用面对老朋友和老同学的亲昵方式交流。对于命题 3 来说，如果 A 在面对 B 时，更多是把 B 看成老同学，而不是服务员或者员工，也会更加迁就 B，比如主动聊 A 认为 B 会感兴趣的话题。对于命题 4 来说，如果 A 在面对 B 时采用了顾客和服务员或雇主和员工的身份框架，就会对 B 的群体特征（服务员或者员工的刻板印象）进行适应，比如聊一些 B 所属群体普遍面临的问题。

命题 5： 当 A 主要抱有情感动机以及有强烈的“求同”需求时，A 甚至可能会牺牲理解的便利，而去进行心理适应。

命题 6： 当 A 主要抱有认知动机以及认为增加相似性可以辅助认知效果时，A 甚至可能会牺牲对自己身份的维持或者关系发展的可能，而去进行心理适应。

命题 5 和 6 说明，适应与不适应行为背后的情感或认知动机，可能时常处在竞争的状态中，情感动机驱动的行为会牺牲认知的便利，而认知动机驱动的行为会牺牲身份或者关系。为了更好地理解命题 5 和 6，我们再举一个典型的例子。比如 A 是一名医生，B 是一名病人，如果 A 对 B 的境况产生了同情和人际层面的好感，那么 A 可能会放弃医生的专业诊断，而给 B 提供情感和人际层面的支持；如果 A 想要保持医生的专业性，那么 A 在明知用更通俗的语言表达可以拉近和 B 的距离的情况下，仍旧会选择采用专业的、超出 B 理解范围的表达。

命题 7：在社会身份和地位显著的情境下，双方都更有可能在心理层面上适应占主导地位的群体的社会语言特征以及行为。

命题 7 较容易理解，比如 A 和 B 都是求职者，来自不同的地方，有着不同的专业背景，来面试同一个职位。两人在攀谈时，都有可能采用更加专业的、客气的、标准的、更适应这一新职位的方式来交流。

命题 8：当 B 做出了适应 A 的行为时，如果 A 将 B 的行为进行了友好的内部归因，或者 B 和 A 属于同一个社会群体，那么 A 会更有可能对 B 的行为给予正面评价。

命题 9：当 B 做出了不适应 A 的行为时，如果 A 将 B 的行为进行了负面的内部归因，或者 B 和 A 属于不同的社会群体，那么 A 会更有可能对 B 的行为给予负面评价。

命题 8 和 9 是关于行为的归因。我们再举一个例子。A 是一名老年人，B 是一名街道办事处的年轻工作人员。在命题 8 中，如果 B 主动适应 A，讲话的时候提高音量、放慢语速，而 A 把 B 的行为归结于 B 的人品好，或者两人来自同一个地方，那么 A 就更有可能把 B 的行为解读为正面的。在命题 9 的情况下，如果 B 不适应 A，讲话的时候用较小的音量、较快的语速，而 A 把 B 的行为归结于 B 人品不好、没有耐心，或者两人来自不同的地方，那么 A 就更有可能把 B 的行为解读为负面的。

命题 10：当 A 对 B 做出了正面评价时，A 会更愿意将 B 看成一个独特的个体或者群体内部的成员进行人际传播，也会更愿意和 B 所属群体的其他典型成员进行互动。

命题 11：当 A 对 B 做出了负面评价时，A 既不愿意将 B 看成一个独特的个体进行人际传播，也不愿意和 B 所属群体的其他典型成员进行互动。

最后两个命题关于个体层面的互动如何影响群体层面的互动。还是回到前一个老年人 A 和年轻工作人员 B 的例子。命题 10 是说，如果 A 对 B 做出了正面的评价，A 会更愿意将 B 看成一个很好的个人，也愿意和 B 建立更深厚的人际关系，还有可能会更愿意和其他年轻人或者街道办事处的工作人员交往。命题 11 是说，如果 A 对 B 做出了负面的评价，A 就会觉得 B 的问题是年轻人普遍有的问题，也不愿意和其他年轻人或者街道办事处的工作人员打交道。

以上 11 个命题共同定义了传播适应理论模型，但需要注意，实际的适应过程是动态的，不是一直按照既定路线来完成的。在互动过程中，也可能会有突然的变化，例如对情境的意识、对他人意外行为的警觉等，从而影响双方的行为，甚至还会出现适应困境。比较典型的情境是，几个来自不同种族、群体、社会团体的交流者会面临多种矛盾，从而无法确定适应的对象或适应的行为（Dragojevic，2019）。

生活中的人际传播

小张是一名来自中国的大学生，最近刚刚赴美留学。在适应全新文化的过程中，他发现自己在与美国同学的沟通中遇到了许多挑战。在中国，沟通通常较为正式，尤其是在课堂上，学生们习惯于遵循老师的指示，不太打破常规；而在美国，小张发现同学们在课堂上非常活跃，经常与老师互动，甚至开玩笑，气氛轻松而自由。这种差异一开始让小张感到有些不适应。

在第一次课堂讨论中，小张注意到，老师和同学们的互动非常随意，甚至会讲一些幽默的故事来活跃气氛。当小张被要求发言时，他紧张地用中文思维组织了一段话，语速较慢且显得有些拘谨。尽管他说的内容与课堂讨论相关，但他的发言没有引起同学们的共鸣，老师也只是礼貌地点了点头。小张意识到，他正式和保守的风格可能与美国同学的沟通方式有所冲突。

于是，小张决定改变自己的表达方式，尽量适应美国课堂的开放氛围。在接下来的几次讨论中，他努力模仿同学们的说话风格，开始主动举手发言，并加入了一些笑话。在一次小组讨论中，他主动提出自己的观点，并用幽默的方式阐述了一个关于学习策略的想法："如果你们像我一样每晚做梦都想着期末考试，可能就能更好地做考前准备了！"这句话使同学们哄堂大笑，也让他感到自己融入了小组讨论的氛围。

然而，随着时间的推移，小张逐渐意识到，不是所有的交流情境都适合幽默和过于随意的表达方式。在一次课外活动中，他与来自中东地区的同学阿里聊天时，试图使用轻松的语气和幽默的表达开场："你也许需要更多的咖啡来熬过这个长周末吧！"但阿里没有笑，反而显得有些不开心。小张觉得气氛有些尴尬，于是停止了幽默的表达，开始更加正式和严肃地谈论课外活动的计划。阿里放松了下来，开始与小张分享自己的看法。

通过这次经历，小张意识到，尽管他在美国适应了更加开放和幽默的沟通方式，但不同的文化背景和个人性格会影响交流。在与不同文化背景的同学交流时，他必须更加留心对方的反应，根据语境调整自己的表达。

小张的传播适应行为展示了多个因素的共同作用：一方面，他的群体身份和文化背景（中国文化中的正式和内敛）促使他最初在课堂上表现得更为拘谨；另一方面，面对美国同学的轻松幽默，他通过调整自己的语言和行为进行适应，采取了更加开放的表达方式。然而，在面对来自不同文化背景的同学时，他的适应策略出现了偏差。在意识到对方的不适应时，他迅速调整了自己的行为。这一过程充分体现了传播适应理论中的如何根据不同的群体身份、个人经验和社会语境做出灵活的适应行为。

五、技术语境下的传播适应

早期的传播适应研究大部分是针对面对面的情境开展的。随着互联网和社交媒体的发展，也有研究者尝试将传播适应理论放在网络传播的情境中加以检验。例如，早期的网络传播大多基于文本，而文本中的语言线索与个人身份和群体身份十分相关，相应地，就有研究关注在非共时的、基于文本的网络传播中，人们如何采用适应与不适应行为，以及两类行为会如何影响印象的形成、沟通的效率和关系的发展。比如在电子邮件收发、论坛讨论、线上聊天室交流、社交媒体聊天等情境中，用户一般会采用语言层面的趋同或趋异策略控制个体身份和群体身份的显著性（Bunz & Campbell，2004；Gibson，2019；Marko，2022）。

除了通过技术中介的人际传播之外，随着人工智能技术的发展，目前还出现了人类与人工智能进行交流和传播的情境。有研究表明，人类在和人工智能进行交互时，倾向于采用人际交流的框架和脚本。自然，也有研究关注在人类与人工智能交互的过程中，双方采用自我表露、语言同步等方式交流的情况（Cirillo et al.，2022）。甚至还有研究发现，在分别面对人类或人工智能时，人类更倾向于适应人工智能的语言使用特征，而不是人类的（Shen & Wang，2023）。

关于传播适应理论在新技术语境下的应用的研究表明，传播适应理论是一个具有顽强生命力的人类传播理论，可以随着技术、语境和传播情境的变化，做出与时俱进的调整，不仅可以运用在基于文本的人际交流中，也可以运用在面对人工智能的交流中。此外，贾尔斯也强调，所谓理论的适用与发展，不应该仅仅停留在语境的层面，而更应该关注语境背后反映出来的、关于什么是传播和交流的本体论的问题（Giles et al.，2023）。这些本体论的问题反映在具体的研究当中，就会涉及人类适应或者不适应人工智能的动机、人类如何根据人工智能的反馈来调整自己的传播行为、人工智能如何影响适应与不适应行为的构建以及主观和客观行为的划分等。

思考题

1. 社会身份会如何影响人际传播中的适应行为？

2. 根据传播适应理论思考，人们为什么会进行传播适应？请列举两个常见动机。

3. 适应过度和适应不足分别会造成哪种后果？

4. 假如你是一名客户服务代表，传播适应理论如何能够帮助你有效地面对愤怒的顾客？

5. 传播适应和人际好感有什么关系？

6. 假如你是一名网红，在面对不同社交媒体平台上的不同人群时，你会如何利用传播适应来调整你的沟通方式？

实践训练题

假如你是一名街道办事处工作人员，负责与社区居民沟通，提供社区服务。你的工作包括通知居民重要信息、收集居民意见、调解邻里纠纷等，你需要与不同背景、年龄和性格的居民进行有效沟通。

1. 你需要收集一些传统、保守的老年居民对于社区活动中心的意见。你会如何通过调整你的沟通方式来尊重和适应老年居民的文化和年龄特点？

2. 一些居民对社区活动中心的关闭感到非常不满。作为工作人员，你会如何运用传播适应理论来建立情感共鸣，并有效地收集他们的意见？

3. 有两位居民找到你，其中一位投诉另一位家中有噪声。你会如何解决邻里之间的噪声纠纷？如何通过调整自己的沟通方式来缓和双方的矛盾，并寻找合适的解决方案？

要点小结

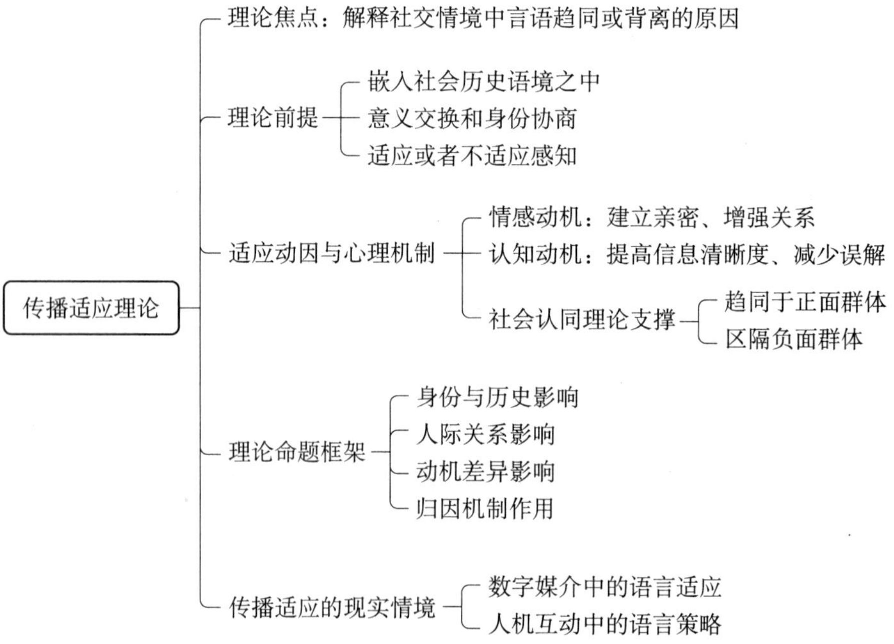

第二节　预期违反理论

每天学点人际传播

小杨是一个活跃的社交媒体用户，特别喜欢在微信上和朋友们互动。他一直保持着与高中同学小李的联系，两人虽然毕业后并不常见面，但常通过微信朋友圈分享生活点滴，偶尔评论对方。小李通常会分享一些生活中的小事，如旅行、餐馆推荐等，语气亲切自然，给人一种随和、乐观的感觉。

某天，小李发布了一条内容极为情绪化的朋友圈：“有些人真是让我失望到极点，我再也不想和他们有任何联系了！”没有任何额外的解释或背景，只有简单的愤怒和失望情绪。这种朋友圈内容让小杨感到有些震惊，因为他从未见过小李在社交媒体上如此消极，平时她总是以积极的形象出现。他预期看到的小李朋友圈的内容，是充满阳光和活力的，而这条信息完全违反了他对小李的期待。

小杨在看到这条朋友圈时，心里产生了疑问：“这是在针对我吗？”于是，小杨选择私信询问小李：“你最近怎么样？为什么在朋友圈发那样的内容？”小李回复说：“哦，不是针对任何人，只是心情不好，发泄一下。”小杨松了口气，但他也意识到，社交媒体上预期之外的情绪化行为让他产生了不小的困扰。

这个案例体现了预期对人际传播的影响。小杨对小李的行为预期是正面的，通常情况下他认为小李会分享积极的内容，但这则情绪化的更新完全违反了他的预期，导致了他对小李行为的高度关注和评估。在这个过程中，小杨的反应不仅是对行为本身的评价，也涉及他对小李个人的认知预期。

小李在小杨心中的形象是一个积极、乐观的朋友，因此小李的行为即使违反了小杨的预期，仍然会被理解为一种情感上的发泄，而不会得到过度负面的评价。这也表明，个体的社会身份和之前的交往历史会在很大程度上影响对预期违反的评价。

在日常交往中，我们每个人都有自己舒适的社交距离，他人入侵我们的个人空间时，我们有时会觉得惊喜，从而拉近彼此之间的距离；但其他时候我们会觉得被对方打扰，从而对他人形成负面的评价。究竟是什么原因造成了我们为同样侵犯社交距离的行为赋予了不同的解释？预期违反理论就是这样一种人际传播理论，该理论提出和描述了一些违反常识的论断，用来解释和预测意外的传播行为造成的影响（Burgoon，2015）。

预期违反理论由人际传播学者朱迪·伯贡（Judee Burgoon）提出，该理论建立在基于言语的期望理论和空间关系的分区理论基础上，最初是作为一种探究人际社交预期违反造成的影响的理论，后来经过了 40 多年的发展，被拓展到其他形式的言语和非言语行为违反上，并且被应用于访谈、人际对话、信息理解、人际说服、人际冲突和欺骗等各种情境。近年来，该理论还被运用于解释人类与人工智能交互的情境。

一、空间关系学

空间关系学主要关注个人对于空间的定义和使用。一般在人际传播中，人们更加关心的是信息，而将传播过程中涉及的空间关系视为理所当然。但如果细想，在面对面的情境下，传播者对于空间的使用会影响信息的表达以及意义的获取。预期违反理论在初始建构时，就大量参考了空间关系学对于个人空间的划分，同时在空间划分的基础上，对违反个人空间的行为进行了正向和负向的区分与解读。

空间关系学由人类学家爱德华·霍尔提出，他认为空间关系是“文化的隐藏维度”之一，是一种“无声的语言”，在不同文化中被普遍使用（Hall，1966）。霍尔通过对北美的居民进行观察和研究得出人际交往中有四个空间分区，分别为：

（1）亲密距离（0~18 英寸，即 0~0.46 米，保留给最亲密的他人，比如父母、子女、伴侣、挚友等）；

（2）个人距离（18 英寸～4 英尺，即 0.46～1.2 米，一般对应与亲戚、朋友或者熟人的交往）；

（3）社会距离（4～12 英尺，即 1.2～3.7 米，一般对应与同事的交谈和社会上其他人士的一般交往）；

（4）公共距离（12 英尺之外，即 3.7 米之外，一般对应正式的社交场合，比如公共演讲、会议或授课的场景）。

对于人际交往空间进行分区，可以帮助我们更好地理解对于他人入侵空间的判断。领地占有指的是个人对于空间、地点或者物体的占有权。比如，我们会在自家的院子周围修筑篱笆或者围墙，在自己的水杯上写上名字，用来表示自己对于空间或者物体的所有权。基本领地指的是个人排他性的领地，比如自己的工位或者个人电脑；次级领地指的是个人对于某个空间和物体的某种非排他性的联系，比如经常上课的教室、开会使用的会议室；公共领地指的是不属于个人的空间和物体，比如公园、公共交通工具等。每个人对于自己的领地都具有所有权，如果他人侵犯我们的领地，我们就会采取画记号、贴标签甚至攻击性的行为等，保护自己的领地。

在 20 世纪 70 年代，大部分关于空间关系学的研究都集中在人际间隔、对话距离和领地占有相关的社会规范上（Argyle & Ingham，1972；Dittman，1972；Ekman，1976）。社会交往中的座位安排、就座距离和站立距离等，都会受到社会心理和人口因素的影响，如文化、性别、年龄、地理位置、熟悉程度和个性等。举例来说，来自地中海文化的人比来自斯堪的纳维亚文化的人的交往距离更近；与女性相比，男性会倾向于在和他人闲聊时站得更远；与外向的人相比，内向的人更愿意与他人保持距离。此外，人与人之间的关系类型也会影响空间的选择。不管是坐着还是站着，人们都希望离他们喜欢、钦佩和信任的人更近。一般来说，个人会与跟自己地位或年龄差异较大的他人保持更远的社交距离。

但是，每个人也并不是总希望与他人拉近距离。人们需要在自己和他人之间保持一定程度的空间隔离，以获得隐私和免受威胁。打破他人的“个人空间”，即入侵到他人的个人空间或者占有他人的物品，都是一种侵犯他人期望的行为。当时主流的研究观点认为，在与他人交往时，要尽量符合和贴近他人对于交流空间的预期，尽量不要违反。但预期违反理论提出，在有些情况下，对交流空间预期的违反会起到积极的效果，它综合了传播者的期望、传播者赋予空间距离的含义以及符合或违反预期行为造成的结果。

我们举一个例子来说明。小刘是公司里新来的实习生，他第一次和组里的同事们一起开会。通常情况下，实习生在会议中只需要安静地倾听、观察和做好会议记录。但这一次会议中，当组长和组员们商量未来的销售方案时，小刘突然举手发言，出乎意料但自信地呈现了一个完备的销售企划。组里的同事可能会对小刘形成两种判断。第一种为正向的预期违反，即同事们深深地为小刘的聪明才智和渊博的知识所折服，认为小刘超出预期的表现是无懈可击的，这种好印象甚至可能加快小刘转正的速度。第二种为负向的预期违反，即同事们认为小刘是在故意炫耀，因而对小刘形成了负面的印象，这种负面印象甚至会影响未来对他实习期间表现的评价。

二、核心概念

通过上面这个案例我们可以看到，对违反预期的行为的评价涉及预期、预期违反效价以及传播者奖励效价。

（一）预期

预期是指在人际交往中，对他人言语和非言语行为的一种持久的认知。预期是特定情境下社会规范的产物，也是一个行动者对另一个行动者所拥有的任何个性化信息的产物（Burgoon & Walther，1990）。这一说法有两层含义。首先，情境会定义预期。即便是面对同样的人，在不同的情境，比如开会的情境或者社交聚会的情境中，我们也会有不一样的预期。其次，情境固然重要，但针对特殊的个体的个性化信息也会影响我们的预期。比如，我们对自己的好朋友很了解，知道她是一个非常内向的人，那么在社交场合，我们就会假设她很害羞，不擅言谈。

预期既包含非言语行为，也包含言语行为。比如，面对多年未见的好友，我们预期重逢时会拥抱对方，同时伴有很多亲昵的对话。预期由两部分组成，分别是社会预期和个人预期。社会预期包括对于他人代表的特定文化、社区、社会角色、社会规范的期望，比如我们会期望警察是有威严的。个人预期指的是由于与特定的他人有交往的历史，因此产生的对其行为的期望，比如你知道你的好朋友性格很内向，不会期待与他有过多的身体接触。

预期会受到以下三种因素的影响，分别是传播者个人因素、关系因素以及环境因素。传播者个人因素包括性别、年龄、外貌、个性等，例如闲聊时，女性更能接受聊天对象站在离自己很近的位置。关系因素包括传播者先前的交往历史、地位差异、吸引力差异以及喜爱程度等，例如社会地位高的人更容易直视他人，相互喜欢的人会离得更近，眼神接触更多。环境因素包括情境的和互动的两种，比如是正式场合还是非正式场合、是社会交往的场合还是完成任务的场合等。举例来说，老师和学生在教室上课和在食堂吃饭时，对对方行为的预期就会有差异。

（二）预期违反效价

以上因素结合，就会影响个人对人际传播的预期。这里需要注意，预期不是一个固定的值。拿社交距离来说，我们一般不会对双方站立的距离有非常特定的要求，而是把它看作一系列对于习惯性行为的预期的区间。当另一个人的行为超出这个范围，并且因足够偏离预期而引起注意时，就会发生预期违反。在有些情况下，预期违反行为很明显，也会被传播者有意地捕捉到。其他时候，行为虽可能超出了一定的阈值，但仍然没有在意识层面上被注意到，这时，是否发生了预期违反，就只能从他人行为的变化中推断出来。

此外，要注意，预期违反是相对于预期肯定而言的。虽然在理论建构的过程中，预期违反理论总是针对“违反”的情景开展预测和验证，但违反只是预期的一种情况，更为常见的另一种情况则是预期肯定。对于预期肯定，也有两种评价方式：一种为正面的，另一种为负面的。

正面的预期肯定指的是，你对交流抱有正面的预期，而实际上的交流结果也肯定了你的正面预期。比如你遇到了麻烦事，想找你最好的朋友商量，你预期和好友的交流可以安慰你的情绪，带给你美好的体验，实际上你好朋友的表现也肯定了你的正面预期。

负面的预期肯定指的是，你对交流抱有负面的预期，而实际上的交流结果也肯定了你的负面预期。比如你在过年的时候回家探亲，远房亲戚们要来参加家庭聚会。其中有一位你很反感的叔叔，你认为他举止粗俗，一事无成，还总爱慕虚荣。果然，在家庭聚会中，他又讲了别人的闲话，喝醉了酒，还和别的亲戚发生了口角。实际上这位叔叔的表现，肯定了你对他的负面预期。

预期一旦被违反，传播者就需要对违反该预期的行为进行评价，预期违反效价指的是对预期违反行为的评价。和预期肯定的情况类似，预期违反效价也可以分成正面的和负面的。比如，关系很一般的同事突然在和你说话的时候离你很近，那你肯定会感到不适，认为他的行为违反了一般的社交礼仪，你会对这一预期违反行为做出负面的评价；但如果同样是这位同事，不动声色地把你叫到一边，对着你的耳朵悄悄地告诉你公司要裁员的消息，那么你会对这位同事违反预期的行为给予正向的评价。

（三）传播者奖励效价

对于违反预期的行为，如果很难确定违反效价，那么个体就会转向对传播者奖励效价的评估。所谓传播者奖励效价的提法，主要来自传播学修辞学中的诉诸品格的传统，传播者的品质可以体现在性格、能力、地位、社交能力和活力、可信度等方面。伯贡对于奖励效价的提法，同时借鉴了斯金纳的强化学习模型（奖励和惩罚模型），即一个行为的积极或消极结果，会影响后续的反应。

根据预期违反理论，预期违反行为的接收者会评估做出该行为的个体对他的净奖励价值，尽管这个评估通常是无意识的。传播者奖励效价也受到影响预期的相同因素的影响，例如传播者的性别、年龄、沟通方式、地位和吸引力等。简单来说，在预期违反效价不明确的情况下，人们会转向关注传播者奖励效价，社会地位更高、更受欢迎、外表更具吸引力的传播者的言语或非言语行为会被赋予更为正面的意义。

我们再举一个例子来说明传播者奖励效价如何影响个体对预期违反行为的评价。张总是公司里一位备受同事们尊敬的项目经理，她专业能力很强，同时也具有领导才能。在周一的项目推进会上，张总在没有和同事们提前沟通的情况下，突然提出了一个新的工作流程。这项新举措对同事们来说都很意外，因为一般在项目推进会上提出的议程是要提前和同事们集体讨论的。但由于张总的良好声誉，团队一致相信她的专业判断和经验，因此她提出的新流程也被同事们一致认为是积极的、有效的。

三、核心假设

预期违反理论的建构也参考了后实证主义的研究范式，伯贡采用命题的方式阐述了该理论涉及的核心变量之间的关系（Burgoon，1978）。

命题 1：个人空间预期，可以表现为社会规范和传播者已知特质之间的某种函数关系。

命题 2：传播互动的结果，可以表现为传播者奖励效价、预期违反效价与预期违反程度之间的某种函数关系。

命题 3：对于评价者来说，如果将对方的距离调整看作对自己的关注，那么对方的距离越近，评价更为正面，距离越远，评价更为负面；但如果将对方的距离调整看作对自己的威胁，那么对方的距离越近，更具有威胁性，距离越远，则威胁性越小。

命题 4：过近的距离令人厌恶，会产生不适。

命题 5：传播者奖励效价越高，引起威胁的阈值范围就会越小。

命题 6：和不具备奖励效价的传播者相比，具有奖励效价的传播者的预期违反行为，会得到更多的容忍或更为正面的评价。

命题 7：预期违反效价和预期违反行为本身之间存在交互。具体体现为：

（1）与正向的预期肯定相比，正向的预期违反能达到更好的传播效果。

（2）与负向的预期肯定相比，负向的预期违反会产生更差的传播效果。

（3）正向的预期违反和预期肯定，比负向的预期违反和预期肯定，能达到更好的传播效果。

将以上命题结合，预期违反理论对人际传播过程中行为的解释过程如下。首先，在人际传播中，一方违背社会规范或者个人规范的行为，会引起评价者心理或者生理上的激活，导致评价者将注意力从表面上对言语行为的关注，转移到违反预期的行为上。与预期肯定行为相比，预期违反行为会引起更多的注意。

其次，评价者会经历两个阶段的解释和评估过程。他们会先为预期违反行为本身赋予意义。比如，他人对个人空间的侵犯是具有威胁性的，还是具有亲密性的？然后，他们会对传播者奖励效价做出评估。这是因为对预期违反行为本身效价的评估，也会受到传播者奖励效价的影响。例如，一个很有魅力的异性靠近你，这一举动很有可能被解读为对方对你感兴趣的信号；如果是一个缺乏个人魅力的异性做出同样的举动，你可能就会把这一举动解读为对你的骚扰。

这里需要注意，虽然在理论建构的过程中，我们对违反预期的行为给出了详尽的描述和解释，甚至这种详尽的描述会让人觉得这是一个经过深思熟虑的考量过程，但是在实际的生活中，对违反预期的行为的评价可能就发生在一瞬间。

最后是关于预期违反和预期肯定行为之间的比较。正如命题 7 中所阐释的，预期违反理论提出了一个违反直觉的主张，即预期违反行为有时能比预期肯定行为起到更好的传播效果，尤其是在预期违反行为被认为是积极的和正向的的情况下。

生活中的人际传播

李明是一名在大公司工作的年轻员工，最近刚加入一个新的项目小组。小组成员包括他的同事小王（一个性格外向、总是与人亲近的团队领导）和小陈（一个相对内向的资深同事）。在小组的第一次团队建设活动中，大家一起在公司附近的餐馆聚餐。小王很快就和大家聊开了，甚至坐在了李明旁边，笑着拍了拍他的肩膀，询问他工作上的感受。这种亲近的行为让李明感到有些不适应，他习惯了在初次见面时保持一定的距离，特别是对一个刚刚认识的同事。但小王的热情让李明觉得不好直接疏远他，于是微笑着回应，但内心有些紧张。

然而，小陈的行为让李明感到更加困惑。与小王不同，小陈在社交场合中表现得相对冷静，几乎没有主动发言。他只是安静地坐在一旁，偶尔点头回应小王的笑话，但从未主动靠近任何人。在餐桌上，李明预期小陈会在这样的社交场合表现出更多的参与感，毕竟大家是同事，应该有一定的互动。但小陈明显没有这种想法，李明感到有些失望，他原本希望能够更好地融入团队，并与每个人建立联系。

这时，小王注意到了小陈的沉默，突然拍拍小陈的肩膀，用开玩笑的语气说："小陈，今晚你可是全场的最寡言者，得多喝点酒，让我们也听听你的高见！"小陈被点名后笑了笑，虽然显得有些尴尬，但也回应了小王的打趣，开始和大家聊起了工作中的一些挑战。李明这时注意到，小陈在面对小王轻松幽默的态度时表现得相对放松，开始逐渐融入互动。

在这次聚餐中，李明对小王的亲近行为和小陈的距离感产生了预期。由于李明习惯于在初次见面的社交场合保持一定的个人空间，因此他对小王过于亲密的举动感到不适。根据命题 1，这种个人空间预期受到李明认知的影响，小王的行为偏离了李明的预期，导致李明产生了不适的感受。

虽然小王的行为让李明感到不适，但小王在团队中的地位较高，且李明知道小王是团队中的领导者，在这种情况下，李明因为小王的高地位而容忍了其行为的预期违反，对小王的预期违反行为也有更为正面的评价（命题 2），理解小王的行为是在活跃团队气氛。这反映了命题 6，即具有高奖励效价的传播者的违反行为，通常会被更加宽容地接受。

相反，李明对小陈的"沉默"这一预期违反行为产生了较强的负面反应，因为李明认为在聚会中，同事之间应该多互动，展示更多的社交热情。然而，当小王打破了小陈的社交障碍，通过幽默的语言和亲密的行为促使小陈逐渐融入团队时，李明对小陈的反应有了正向的评价。这符合命题 7 的解释：正向的预期违反行为（小王的亲密行为）比负向的预期肯定行为（小陈的沉默）更有助于团队内的互动。

这个典型案例表明，李明对小王和小陈的社交行为产生了不同的预期，而小王的亲密行为和小陈的沉默都在一定程度上违反了李明的预期。李明对这两种行为的反应不仅受小王和小陈的社交行为的影响，还受他们在团队中的地位、李明的个人情感动机和社交需求等因素的综合作用。这表明，预期违反理论中的多个命题，如个人空间、传播者奖励效价以及行为的正向或负向影响，会共同作用并影响个体对预期违反行为的评价。

四、理论拓展

预期违反理论提出之后，大量地被用于解释人际传播中的非言语行为。除空间距离之外，该理论还被用于解释人际传播中的身体接触、眼神接触等多种非言语行为（Burgoon，2016）。由于非言语行为是人际传播的重要组成部分，也有研究关注亲密关系、友谊、家庭关系中的预期违反行为。例如，在亲密关系中，不同程度的预期违反行为会显著地影响关系满意度和信任度。

此外，由于技术的发展，预期违反理论还被拓展到社交媒体和在线交往中。例如，有研究关注脸书用户的社交行为，探讨发布过度情绪化的状态或者违反社交规范加别人为好友的行为，会如何影响他人的好感和评价（Bevan et al.，2014；Rui & Stefanone，2018）。关于脸书的研究表明，个人特征（如年龄和性别）、关系特征（如社交媒体使用频率）和群体特征（如用户的匿名性）会显著影响脸书群组成员对严重和轻微的违规行为的反应（Tomasi et al.，2022）。还有研究探讨了当线上的好友在线下见面时，这种交往模式的转换如何作为一种预期违反，影响双方的感知和评价（Ramirez & Wang，2008）。甚至在社交媒体上收到的点赞，也会通过正向或负向的预期违反影响用户感知到的社会支持以及心理健康（Tang，2022）。

随着人工智能的兴起，近年来，研究者还将预期违反理论应用于解释新媒体传播和人机交互中的情境。最新的研究结果表明，不同的媒介带来的信息的中介模式，都伴有与之相关的预期，这些预期可能出于各种各样的原因被违反，人们对预期违反行为的评价，会由于违反行为的主体特征（人、计算机、人工智能）而出现不同的情况（Burgoon et al.，2016；Hong et al.，2021）。

思考题

1. 预期违反理论的核心概念有哪些？这些概念如何相互作用，影响印象形成？

2. 如果你要做一场公开演讲，你计划如何运用预期违反理论来增强你的演讲效果?

3. 预期违反理论如何解释人际传播中对非言语传播预期违反的反应?

4. 文化规范如何影响人际交往中的期望?

5. 传播者奖励效价在预期违反中的作用是什么?

6. 在一次面试中，面试官问了你一个意想不到的私人问题，预期违反理论如何能给出实际行动的指引，让你能巧妙地化解这种尴尬?

实践训练题

假设你是一名大学生，刚刚加入了一个新的学术小组。小组成员包括你的同班同学小李（一名非常外向且总是积极参与讨论的学生）以及小王（一名比较内向、话不多的学生）。在一次小组会议中，小李和小王分别表现出了不同的行为方式，令你产生了预期违反的感受。

小李的行为：小李平时非常开朗和热情，因此你预计他在会议中会表现得非常活跃，主动参与讨论。然而，在这次会议中，小李突然变得异常安静，几乎没有发言。你感到有些不解和失望，因为这与他以往的表现完全不符。

小王的行为：小王平时话不多，你预计他会在会议中保持低调，尽量少说话。然而，在这次会议中，小王突然主动发表了一个非常有见地的观点，并且提出了一个创新的解决方案，让大家都感到很惊讶。你对他的表现感到既惊讶又钦佩，认为此举极大地提升了会议的质量。

根据预期违反理论，分析和评价这两种行为，回答以下问题：

1. 根据命题 1（个人空间预期）和命题 2（传播互动结果的函数关系），你如何解释小李在这次会议中的安静表现？你认为他的行为是如何违反了你的预期的？他的行为对你产生了什么样的影响（正向还是负向）?

2. 根据命题 6（传播者奖励效价的影响）和命题 7（预期违反行为的效价和行为本身之间的交互作用），你如何评价小王突然主动发表意见的行为？你对小王行为的反应是什么？这种行为给你带来了什么样的心理感受？他的行为是否符合你的预期？为什么?

3. 比较小李和小王的行为，哪种行为更符合你对他们的预期？分别对这两种预期违反行为进行评价，并说明你在这两种情境下的感受和行为反应。

要点小结

- 预期违背理论
  - 解释和预测意外的传播行为造成的影响
  - 空间关系学
    - 个人空间定义
      - 亲密距离
      - 个人距离
      - 社会距离
      - 公共距离
    - 领地占有
      - 基本领地
      - 次级领地
      - 公共领地
    - 影响因素——文化、性别、年龄、地理位置、熟悉程度、个性等
  - 核心概念
    - 预期
      - 持久的认知，受情境和个体信息影响
      - 包含非言语和言语行为
      - 个人因素、环境因素、关系因素影响
    - 预期违反效价——正面或负面的评价
    - 传播者奖励效价——评价传播者的品质和预期违反结果
  - 核心假设
    - 空间预期受规范与个体特质函数影响
    - 互动结果与奖励效价、违背效价成函数关系
    - 距离改变的正负评价取决于动机解读距离过近产生厌恶和不适
    - 奖励效价越高，违背行为越易被容忍
    - 有奖励效价的传播者更容易被原谅其违反行为
    - 正负预期肯定/违反之间的交互影响
  - 理论拓展
    - 非言语行为
    - 社交媒体和在线交往
    - 新媒体传播和人机交互情境

第三节　言语与非言语行为不一致理论

每天学点人际传播

小张在互联网公司工作，对科技产品有着浓厚的兴趣。经过长时间的研究和比较，他下定决心，用一个月的薪水购买了一台梦寐以求的昂贵电脑。这台电脑不仅性能卓越，而且设计时尚。小张兴奋地将新电脑带到了办公室，迫不及待地想要展示给同事们看。他精心地将电脑放置在办公桌上最显眼的位置，并在午餐时间找到了同事李明，李明也是办公室里公认的科技爱好者。

小张满怀期待地问李明："怎么样，我新买的电脑不错吧?"李明看了看小张的电脑，停顿了一下，然后说："不错，挺好的。"但他在说话的同时，不易察觉地撇了撇嘴，眼神中似乎闪过一丝不屑。这个微妙的非言语行为与小张期待中的正面反馈形成了鲜明对比。

面对矛盾的行为，小张开始思考李明的真正意图。他的言语表达是积极的，但非言语行为似乎透露出不同的含义。

在解读时，小张可能会更多地依赖对方的非言语行为，因为非言语行为往往被认为是更难以控制和伪装的，能更真实地反映一个人的内心感受。李明的撇嘴和眼神中的不屑可能表明他并不真心认为这台电脑"不错"，尽管他口头上是这么说的。

小张选择直接询问李明，以更深入地了解他的真实看法。"李明，你是不是对我的新电脑有什么特别的看法?"通过这种方式，小张表现出了对同事感受的关心，也为进一步的沟通打开了大门。

以上这一情境在人际传播的过程中时常会发生，当言语与非言语行为不一致时，个人对这一情境的解读会影响认知、感受、情绪和互动中的行为。言语与非言语行为不一致理论（discrepant verbal-nonverbal profile theory）关注人际传播中言语与非言语行为不一致的现象，从认知、感受、情绪和互动的层面进行分析和解读。

一、理论渊源

需要明确的是，言语与非言语行为不一致理论的建构主要采取了后实证主义的范式。不一致传播主要指在人际传播的过程中言语传播和非言语传播间的差异甚至矛盾（Grebelsky-Lichtman，2014a）。不一致传播贯穿人际传播始终，并对人际传播的过程和结果造成深远的影响。言语与非言语行为不一致理论起源于儿童心理学中的发展理论、非言语传播理论以及传播研究中的多渠道信息传播视角。

首先，儿童心理学中的发展理论表明，儿童接收到的来自父母的不一致的信息，会影响学龄前儿童社会技能的发展和人格的形成（Schaffer et al.，1983）。不一致的言语与非言语信息，会消极地影响儿童对自身能力的认知（Burgoon & White，1997）。虽然在一般情况下，不一致的信息通常是模棱两可或多意的，信息接收者可以从多种角度进行解读，但是相较于成年人，儿童则更倾向于从负面的角度解码不一致的信息，忽略不一致的信息中的积极内容，并认为信息都是消极、负面的。

关于不一致的言语与非言语行为的产生原因，有相关的临床研究结果表明，不一致的传播行为经常与不良的家庭功能有关（Lessin & Jacob，

1984)。在临床心理学实践中，时常会有儿童被诊断为有慢性的行为和情绪方面的问题，与此同时，患病儿童的父母中有较高比例的母亲会在和儿童的沟通中经常做出言语与非言语不一致的传播行为（Buckhalt et al.，1978）。此外，非临床医学的研究也发现，不一致的信息容易引起处理的混乱，儿童可能难以处理不一致的信息（Swann et al.，1992）。

其次，言语与非言语行为不一致理论也借鉴了非言语即时性相关研究和预期违反理论相关前提假设。非言语即时性相关研究表明，非言语行为，比如手势、眼神交流、面部表情等，可以加强人际传播中双方的亲密感和参与感，这种感受继而会影响传播的效果。但当非言语行为表现出的即时性和言语信息矛盾时，就需要言语与非言语行为不一致理论来提供解释。而预期违反理论认为，当人们对传播的预期被违反时，他们就会集中注意力，从而导致对传播者行为的审慎思考和评价。言语与非言语行为不一致理论正是在此基础上发展而来的，旨在探讨语言与非言语行为之间的不一致如何体现人际交往中对传播预期的违反，并进一步分析这种违反如何影响人们对传播者的判断。

最后，信息的双重处理模型也普遍认为，信息是通过言语和非言语渠道加工的，通常情况下，这两类渠道传递的信息的含义是一致的，而这种一致性会增强传播的效果；但当两者之间出现差异或者矛盾时，就会破坏这种双重编码过程，导致认知失调和信息解释的改变。以往的大多数研究一般将言语行为和非言语行为分开进行考察，而传播研究中的多渠道信息传播视角认为，言语与非言语行为通过不同的渠道同时发生，不同传播渠道之间的互动一致性需要得到重视（Jones & LeBaron，2002）。在面对面的情境中，言语与非言语行为一般会同时或交替地发生，信息接收者会同时接收到来自不同渠道的言语与非言语信息，其对信息的感知方式，取决于对言语与非言语信息的解读（Schultz et al.，2012）。

近年来，随着各类生理心理学测量方法的引入，对言语与非言语传播之间的关系的研究也取得了一定的进展，同时评估言语与非言语传播，比单独只看一种渠道的信息传播更加全面。言语与非言语行为之间的联系，可以通过两种方式来归纳。第一种叫作一致性的连接，在一致性的连接中，言语与非言语信息之间存在一致性和连贯性，两类信息会相互强化。第二种叫作不一致性的连接，即言语与非言语信息之间存在差异，甚至是完全矛盾的（Grebelsky-Lichtman，2014b）。

从传播者的角度来看，言语与非言语行为之间的差异，是认知上的不一致或者不连贯造成的。行为组合理论将人际传播技巧定义为汇集、整合言语与非言语程序记录的能力，这种能力主要体现在包含三种类型信息的长期记忆单元上，即行动特征、结果和情境特征（Greene，2007）。简单来说，就是“if-then-when”的组合，即如果-那么-情境。由于传播者可能缺乏对相关行动特征的整体整合能力，即没有掌握以上的组合条件，那么在信息生成中，整体的表达可能会传达相互冲突的含义，具体体现为言语与非言语行为的特征难以匹配甚至互相矛盾。在这种情况下，由于言语与非言语行为缺乏连贯性或出现脱节，因此人际传播的质量就会受到影响。

从接收者的角度来看，对不一致的信息的解读，也具有重要的社会意义，因为它会影响接收者对传播者的印象。接收者同时接收言语和非言语信息，两种模式传递信息的一致性会影响其对信息的解读（Grebelsky-Lichtman，2017）。一致的信息可以增强传播的效果，而不一致的信息一般会与不太积极的印象相关，接收者可能会将不一致的信息解读为信息发出者缺乏相关知识、准备不充分或者缺乏能力。

二、核心框架

言语与非言语行为不一致理论的核心框架聚焦于人际传播中两个最明显的特征，即表达性和响应性，这两个特征以传播的语境为中介。表达性主要是指发出或显示言语与非言语行为的差异性信息，而响应性主要是指信息接收者对差异性信息的反应（Grebelsky-Lichtman，2021）。此外，该理论框架还详细界定了何种情境会激发传播者对不一致的信息的生成和表达，以及接收者在面对言语与非言语行为不一致的情况下，能做出何种反应。

（一）言语与非言语行为的表达性特征

任何言语与非言语行为都有表意的特征，虽然有时的表意是刻意的，有时是不经意流露出的，甚至在另一些情况下，是为了达到欺骗的目的而故意做出的。如果要对言语与非言语行为的一致性进行检验，首先要限定所谓一致性适用的层次。言语与非言语行为不一致理论中所讨论的一致或者不一致，主要指行为效价，即正向或负向（Grebelsky-Licktman，2021）。那么根据言语与非言语的二分，以及正向或负向效价的二分，我们可以得出四种结果（见表 7－1）。

表 7－1 言语/非言语行为与正向/负向效价的交互

	非言语：正向	非言语：负向
言语：正向	正向一致	泄漏性不一致
言语：负向	适应性不一致	负向一致

但言语与非言语行为不一致理论主要关注的是不一致的情况，一致的情况不在该理论的讨论范围内。那么排除掉一致的两种情况，即正向一致和负向一致后，不一致就可以进一步划分为两种类型：泄漏性不一致（非言语行为：负向；言语行为：正向）与适应性不一致（非言语行为：正向；言语行为：负向）。

泄露性不一致主要是指不容易受控制的非言语行为泄露出和言语不一样的意思，并且这种意思通常是负面的。比如一名学生被老师提问，学生可以以言语表达对老师提问的理解和回答问题的自信，但学生的非言语行为，如紧张的表情、绷紧的嘴唇、额头上的汗珠或者轻微抖动的双手，都透露出其实学生对自己的答案不自信。在这种情况下，言语行为的正向表达与非言语行为的负向表达，就出现了不一致。两种渠道中，更难主动控制的渠道会更容易出现泄漏性不一致的情况。

比起言语行为，非言语行为难以通过主动的意识控制和协调，更容易出现不自觉地透露甚至“出卖”的情况。关于撒谎行为的研究中，经常会用非言语线索来判断一个人是否撒谎。虽然撒谎时要涉及的言语信息可以提前进行设计甚至排练，但是在实际撒谎的情境中，非言语行为很难控制，例如避免眼神交流、手部的紧张动作等。此外，关于人际印象形成的研究中，也有关注言语与非言语行为不一致的情况。例如，在对他人进行观察和形成印象的过程中，比起对方声称的个性特征，人们更愿意通过观察目标对象的生活环境或者其和他人交往的方式来判断对方的个性（Walther et al.，2008）。

虽然泄漏性不一致在大部分的情况下，是不自觉的、不经控制的、下意识的，但也存在主动或者刻意的泄漏性不一致。这种情况在家庭的亲子沟通或者亲密伴侣的沟通中很常见。比如，孩子会问母亲：“妈妈，我能叫小朋友来家里玩吗?”母亲虽在言语上表示“好吧”，但做出了耸肩、嘴角向下等一系列表示失望或者不情愿的非言语行为。在这种情境下，有可能是母亲刻意做出了类似的非言语行为，希望孩子能明白自己不情愿家里来客人的心情，从而产生内疚感，然后做出不邀请小朋友来家中做客的决定。

这种行为从表面上看，是通过间接或者不产生直接冲突的方式解决人际关系中的矛盾，但实则是一种操纵，而且是一种隐蔽的操纵，会对儿童的心理发展产生负面的影响。此外，泄漏性不一致还会对传播过程以及人际印象造成负面的影响，比如产生误会、误解，影响传播效率，对传播者形成负面评价或者印象，等等。

适应性不一致与泄漏性不一致相反，主要是指言语行为表达负面，而非言语行为表达正面的情况。适应性不一致也常见于亲密关系与亲子关系的传播活动中。比如，恋爱关系的双方经常会出现一边称呼对方为“傻瓜”“笨蛋”，一边做出微笑、拥抱或者拉手的亲密行为；在亲子关系中，当孩子考试的成绩不理想时，父母也常会一边指责“这么简单的题怎么算错了”，一边做出拍拍肩膀或者帮助改正错题的行为。

泄漏性不一致被认为对传播和人际关系具有负面影响，适应性不一致则被认为对传播和人际关系具有建设性的影响。这种建设性的影响可以这样来理解：传播者负面的言语行为，是在一种积极和支持性的氛围下被表达出来的，这会让原本带有负向效价的行为变得更具有建设性；那么对于接收者来说，在这种积极的氛围下接收负面信息，不太会被伤及自尊，同时也更容易接受这种负面信息。在适应性不一致的表达中，正面的非言语信息通常会营造出一种支持和稳定的氛围，在这种情形下，虽然言语上表达的是负面的信息，但是正面的非言语信息可以缓和负面的非言语信息对个人形象的指责与贬低，使接收者更容易接收，更容易促成合作。

（二）言语与非言语行为的响应性特征

在对言语与非言语不一致的行为做出反应时，接收者既可以对言语行为做出反应，也可以对非言语行为做出反应；同时还能做出互惠式的，即同样言语与非言语不一致的反应。

比如在家庭传播的情境中，丈夫和妻子就家务分工产生了分歧。丈夫表示只能在处理完工作之余为妻子分担家务。妻子虽然言语上表达了“行吧，那就这样吧”，但做出了拒绝眼神接触、撇嘴或者失望的表情。丈夫可以选择对妻子的言语行为做出反应，说“你接受就好了，谢谢理解”。丈夫也可以选择对妻子的非言语行为做出反应，比如提供具体的解决方案：“需要我请假处理吗？还是请一位家政服务人员来处理？”或者提供情感支持：“你是不是不高兴？我最近工作太忙了，抱歉，让你一个人承受了太多。”丈夫还可以采取同样的言语与非言语不一致行为进行回应，比如言语上表达“好吧，我尽早回家帮你”，但非言语行为上表现出失望、不满和不情愿。

针对他人的言语与非言语不一致行为进行单一的、仅言语或者非言语行为的回应，是很容易理解的，但做出互惠式的、双方共同的不一致性行为，就体现了人际传播的复杂性。人际传播中，双方都采取不一致行为的最好的例证，常见于处于亲密关系中的两方。恋爱过程经常伴随着高度的不确定性和安全感的缺乏，恋爱关系中的两人在交流时常会出现口是心非的情况。比如恋爱关系中的男生会问女生：“你是不是生气了？”女生在言语上回答“我没生气”，但同时伴随着生气的表情。那么男生针对女生的不一致行为，很可能会做出互惠式的反应，具体也体现为言语与非言语行为的不一致，比如在言语上回应“好，行，你没生气”，但在非言语行为上表现出不满意或不屑。

生活中的人际传播

张丽和李涛是一对已婚夫妇，最近他们因为家务分配问题发生了一些矛盾。张丽觉得家里的家务活大部分都落在她身上，而李涛觉得自己工作很忙，已经为家庭做了很多贡献。因此，他们在讨论家务分配时产生了激烈的争执。

张丽一开始说：“涛，我觉得家里的家务分配不公平，大部分家务活都是我做的，我真的很累。”然而，李涛的回答是：“好吧，我理解你的感受，我会帮忙的。”虽然他言语上表示理解和承诺，但他的非言语行为让张丽感到不满。他不仅没有起身去整理东西，也没有眼神接触，而是低头看着手机，脸上似乎流露出一丝不耐烦的表情。张丽对李涛的反应感到很失望，认为他并没有认真对待她的感受。她不禁思考，李涛言语与非言语行为的矛盾是怎么产生的？

虽然李涛通过言语表达了理解和承诺，但非言语行为（低头玩手机、不耐烦）暴露了他其实并不重视张丽的感受。张丽将李涛的非言语行为解读为“冷漠”和“敷衍”，认为李涛并不像他所言那样关心家务分配问题。张丽对李涛行为的评价是负面的，她感受到了忽视和伤害，在这种情境下，言语与非言语行为的不一致表现为泄漏性不一致。

然而，张丽并没有立即进行对抗，她决定采取一种更温和的方式表达自己的感受。张丽说：“我知道你很忙，但家务问题确实让我有些压力，我需要你的帮助。”这时，李涛感到了一丝愧疚，他放下手机，稍微靠近了张丽，并且用更加温和的语气说：“好，我知道了，我会尽量多做家务的。”虽然李涛在言语上依然承诺帮助，但这次，他的非言语行为（靠近张丽、面带微笑、眼神接触）传达了更多的支持和理解。

张丽对李涛这次的反应产生了不同的解读。尽管李涛的言语和之前一样，但他的非言语行为让她感到李涛真正关注她的感受，这种行为缓解了她的负面情绪。张丽对李涛行为的评价趋于正面，她感到李涛虽然没有直接改变言语，但通过对非言语行为的调整表达了关心，这种言语与非言语行为的适应性不一致反而提升了沟通效果。

然而，尽管张丽感到李涛有所进步，但她心里还是有些不满足，认为李涛并没有完全理解她的需求。于是，张丽再次采用了言语与非言语行为不一致的方式回应李涛。她说：“你知道吗？我真的有些疲惫，每天做这么多家务，真的好累。”这次，张丽的语气中带着些许责怪，但她的非言语行为完全不同。她主动为李涛倒了一杯水，面带微笑，轻轻拍了拍李涛的肩膀。

李涛看到张丽的行为，也意识到自己在表达关心时可能没有做到足够真诚，于是语气软下来：“丽，我明白了，真的，我会安排好家务的。”

在这个过程中，张丽和李涛双方都表现出了言语与非言语不一致行为。张丽用带有责备的言辞表达了自己的感受，但她的非言语行为传达了支持和关心；李涛则用更为柔和的言辞回应，他虽没有立即将言语行为付诸实践，却通过微笑和眼神接触表现出了真正的理解和关心。两个人的互惠式不一致行为，通过言语与非言语信息的交互作用，进一步促进了他们之间的沟通和理解。

通过这个例子我们可以看到，在亲密关系中，言语与非言语行为的不一致可以通过不同的反应行为产生深刻的影响。在泄漏性不一致中，非言语行为揭示了一方内心的真实情感，可能引发另一方负面的评价；而在适应性不一致中，非言语行为能够起到调节作用，增强沟通的建设性。在互惠式的不一致中，双方通过言语和非言语的反应逐渐协调和缓和冲突，从而达到更好的沟通效果。这些反应行为的交替与互动，彰显了言语与非言语行为在沟通过程中的复杂性和影响力。

三、影响因素

人际传播发生的具体语境会促进言语与非言语不一致行为的产生。言语与非言语行为不一致理论在建立语境和行为之间的连接时，大量参考了行为组合理论中的相关概念，将言语与非言语行为之间的差异视作一个复杂的动态过程（Walker & Trimboli，1989），而在这个过程中，人际传播的语境是表达性和响应性特征的重要中介。

言语与非言语行为不一致理论认为，不一致的表达能力和对不一致的反应，都是由社会情境调节的。正是因为人际传播中的情境以及其具体的特征，储存在脑中的言语和非言语程序记录才被激活。行为组合理论将程序记录定义为包含三种类型信息的长期记忆单元——行动特征、结果和情境特征（Greene，2007）。程序记录的启动，会在很大程度上受到情境特征的影响。

回到刚才夫妻关于家务安排的情境，妻子的言语与非言语不一致行为首先受到了当时的冲突情境的激活，她会回忆起生活中曾经发生过的类似的情景、过去她的应对、他人的反应以及行为的结果。在当下的冲突情境下，类似的程序记录被激活，然后她会参考情境的特征（关于家务分配的冲突），采取相应的行为（言语表示接受，非言语行为表示不接受），得到相应的结果（丈夫对非言语行为的关切）。言语与非言语行为不一致理论认为，人际传播中的言语与非言语信息和相应的反应受到以下因素的影响，包括情绪效价、冲突或多种目标竞争的情境、应对困难情境、使用多模态信息能力的差异和模仿能力等。

首先，如果在言语传播和非言语传播两种渠道之间做对比的话，那么情绪效价更多是通过非言语传播来表达的（Grebelsky-Lichtman，2014b），比如日常生活中常见的肢体接触、表情等。情绪价值的欠缺，经常会通过言语与非言语不一致的行为泄露。例如，一名员工想就自己的薪资问题和老板进行协商，老板想在员工面前树立自己平易近人和关心他人的形象，会和员工进行会谈，并保证自己会着力解决这一问题。但如果实际上这名老板并不是真正为员工着想，那么会谈中可能会出现以下情况：老板言语上表达肯定，说“你放心，我一定给你一个交代”，同时伴随着非言语行为上的否定如不耐烦的表情、频繁地被其他事情分散注意力等。作为员工来说，老板的言语与非言语不一致行为，即泄漏性不一致行为，就透露出老板的真实目的并不是解决问题，而只是想息事宁人。

其次，人际传播中经常会有为了追求多种目标而产生人际冲突的情境。比如，我们在人际交往中一方面想为自己争取利益，另一方面又不想表现得咄咄逼人，而通常这两种目标是竞争性的，甚至是矛盾的。在出现竞争性目标的情况下，或者在人际冲突中，更容易产生言语与非言语行为不一致的情况。前文中有关夫妻家务冲突的例子，就是一种典型的，由于竞争性目标而导致的言语与非言语行为不一致的情况。

再次，应对困难情境作为影响言语与非言语行为的一个因素，可以追溯到行为组合理论的认知本质。个人在应对困难情境时，会动用更多的认知资源去处理困难情境，那么大脑就难以分出更多的认知资源去协调言语与非言语行为，继而就更容易失去对本身就难以操纵的非言语行为的控制，可能的结果就是造成泄露性不一致。

又次，每个人的言语表达能力和非言语行为控制能力都存在差异，这些差异部分是个人差异造成的，也有部分是后天习得的，比如文化、历史、社会因素等都会导致人们在言语与非言语信息生成以及反应上出现差异。有研究表明，男性和女性在言语表达与非言语行为控制上有差异，社会分工会影响个人对于言语与非言语行为的敏感性，需要社会交往技巧的工作，例如销售、接待等，会对非言语行为更为敏感和重视，教师、律师等职业则会对言语行为更加敏感和重视。

最后，社会学习理论表明，个人对于言语与非言语行为的学习和模仿能力，也会影响甚至决定个人对于言语与非言语不一致行为的表达和反应。儿童发展心理学研究发现，有儿童对于父母的言语与非言语不一致行为有较高的感知，父母在沟通中表现出言语与非言语不一致行为后，这些儿童能够敏感地捕捉到两个渠道传递的情感效价之间的差异，通过对父母不一致行为的模仿，儿童也能习得不一致行为要表达的意义。

思考题

1. 言语与非言语行为不一致理论如何解释言语与非言语交流之间的关系？

2. 请以一位新闻发言人在记者招待会上的发言为例，分析其中言语与非言语行为不一致的情况。

3. 言语与非言语行为不一致理论如何能被运用在监测撒谎的情景中？

4. 请以医患沟通为例，分析言语与非言语行为的不一致如何影响沟通效果。

5. 如果你在社交媒体上发布了一条状态，其文字内容是积极的，但附带的图片所传递的情绪是模糊的，那么言语与非言语行为不一致理论会如何帮助你预测和管理受众对这种差异的反应？

实践训练题

你是一名项目经理，最近负责一个重要的团队项目。你的团队成员包括同事小张和小李，他们的沟通方式各自不同。最近，在团队会议中，发生了以下情况：

小张在讨论项目进展时表现得非常自信，言语上说：“我们一定可以按时完成这个项目，而且质量一定不会打折扣。”然而，小张的非言语行为与他的言语完全不一致。在讲话时，他语气急促，眼神飘忽不定，且时不时地抿嘴，看起来非常紧张和不安。尽管他言语上充满信心，非言语行为却明显显示出他的焦虑和不安。

另一名团队成员小李平时是一个非常内向的人，话不多。会议中，小李表示："我认为我们可以尝试新的方法，这样可能会更高效。"说这句话时，小李语气温和，语速缓慢。但让你感到意外的是，他的非言语行为非常积极。他面带微笑，与大家保持眼神接触，并且轻轻点头，身体微微前倾，显示出他对这个新方法的认可和支持。

根据言语与非言语行为不一致理论回答以下问题：

1. 小张和小李的言语与非言语行为存在不一致。请根据泄漏性不一致和适应性不一致的定义，分析他们二人的行为分别属于哪种类型，为什么？

2. 对比小张和小李的行为，哪种类型的言语与非言语行为更能促进团队内部的沟通和合作？请说明理由。

3. 你作为项目经理，应如何调整自己的言语与非言语行为，以避免类似的不一致行为对团队沟通造成负面影响？

要点小结

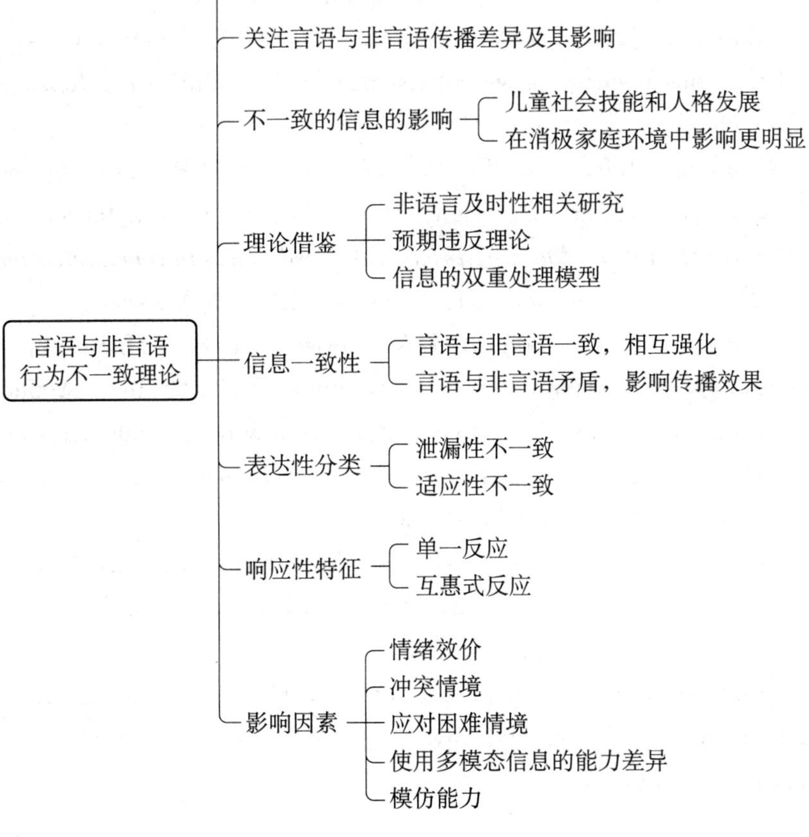

参考文献

Argyle, M., & Ingham, R. (1972). Gaze, mutual gaze, and proximity. *Semiotica*, *6*, 32-49.

Bevan, J. L., Ang, P. C., & Fearns, J. B. (2014). Being unfriended on Facebook: An application of expectancy violation theory. *Computers in Human Behavior*, *33*, 171-178.

Buckhalt, J. A., Rutherford, R. B., & Goldberg, K. E. (1978). Verbal and nonverbal interaction of mothers with their down's syndrome and nonretarded infants. *American Journal of Mental Deficiency*, *82* (4), 337-343.

Bunz, U., & Campbell, S. W. (2004). Politeness accommodation in electronic mail. *Communication Research Reports*, *21* (1), 11-25.

Burgoon, J. K. (1978). A communication model of personal space violations: Explication and an initial test. *Human Communication Research*, *4*, 129-142.

Burgoon, J. K. (2016). Expectancy violations theory. In C. R. Berger, M. E. Roloff, S. R. Wilson, J. P. Dillard, J. Caughlin, & D. Solomon (Eds.), *The international encyclopedia of interpersonal communication* (Vol. 1, pp. 1-9). Hoboken, NJ: John Wiley & Sons.

Burgoon, J. K., & Walther, J. B. (1990). Nonverbal expectancies and the consequences of violations. *Human Communication Research*, *17*, 232-265.

Burgoon, J. K., & White, C. H. (1997). Research on nonverbal message production: A view from interaction adaptation theory. In J. O. Greene (Ed.), *Message production: Advances in communication theory* (pp. 279-312). Mahwah, NJ: Lawrence Erlbaum Associates.

Burgoon, J. K., Bonito, J. A., Lowry, P. B., Humpherys, S. L., Moody, G. D., Gaskin, J. E., & Giboney, J. S. (2016). Application of expectancy violations theory to communication with and judgments about embodied agents during a decision-making task. *International Journal of Human-Computer Studies*, *91*, 24-36.

Cirillo, G., Runnqvist, E., Strijkers, K., Nguyen, N., & Baus, C. (2022). Conceptual alignment in a joint picture-naming task performed with a social robot. *Cognition*, *227*, 105213.

Coupland, N., Coupland, J., Giles, H., & Henwood, K. (1988). Accommodating the elderly: Invoking and extending a theory. *Language in Society*, *17* (1), 1-41.

Dittman, A. T. (1972). The body movement-speech rhythm relationship as a cue to speech encoding. In A. W. Siegman, & B. Pope (Eds.), *Studies in dyadic communication* (pp. 135 - 151). New York, NY: Pergamon.

Dragojevic, M. (2019). Beyond dyads: Accommodative dilemmas in small group interaction. In J. Harwood, J. Gasiorek, H. Pierson, J. F. Nussbaum, & C. Gallois (Eds.), *Language, communi-cation, and intergroup relations: A celebration of the scholarship of Howard Giles* (pp. 234 - 235). New York, NY: Routledge.

Ekman, P. (1976). Movements with precise meanings. *Journal of Communication*, *26*, 14 - 26.

Gallois, C., Ashworth, P., Leach, J., & Moffat, K. (2017). The language of science and social licence to operate. *Journal of Language and Social Psychology*, *36* (1), 45 - 60.

Gallois, C., Ogay, T., & Giles, H. (2005). Communication accommodation theory: A look back and a look ahead. In W. B. Gudykunst (Ed.), *Theorizing about intercultural communication* (pp. 121 - 148). Thousand Oaks, CA: Sage.

Gibson, A. (2019). Free speech and safe spaces: How moderation policies shape online discussion spaces. *Social Media + Society*, *5* (1), 1 - 15.

Giles, H. (1978). Linguistic differentiation between ethnic groups. In H. Tajfel (Ed.), *Differentiation between social groups: Studies in the social psychology of intergroup relations* (pp. 361 - 393). London, UK: Academic Press.

Giles, H., Coupland, N., & Coupland, J. (1991). Accommodation theory: Communication, context and consequences. In H. Giles, J. Coupland, & N. Coupland (Eds), *Contexts of accommodation: Developments in applied sociolinguistics* (pp. 1 - 68). Cambridge, UK: Cambridge University Press.

Giles, H., Edwards, A. L., & Walther, J. B. (2023). Communication accommodation theory: Past accomplishments, current trends, and future prospects. *Language Sciences*, *99*, 101571.

Grebelsky-Lichtman, T. (2014a). Children's verbal and nonverbal congruent and incongruent communication during parent-child interactions. *Human Communication Research*, *40* (4), 415 - 441.

Grebelsky-Lichtman, T. (2014b). Parental patterns of cooperation in parent-child interactions: The relationship between nonverbal and verbal communication. *Human Communication Research*, *40* (1), 1 - 29.

Grebelsky-Lichtman, T. (2017). Verbal versus nonverbal primacy:

Children's response to parental incongruent communication. *Journal of Social and Personal Relationships*, *34* (5), 636 - 661.

Greblesky-Lichtman, T. (2021). Discrepant verbal-nonverbal profile theory: Making sense of contradicting messages in interpersonal communication. In D. O. Braithwaite, & P. Schrodt (Eds.), *Engaging theories in interpersonal communication: Multiple perspectives* (3rd ed., pp. 143 - 157). New York, NY: Routledge.

Greene, J. O. (2007). Formulating and producing verbal and nonverbal messages: An action assembly theory. In B. B. Whaley, & W. Samter (Eds.), *Explaining communication: Contemporary theories and exemplars* (pp. 165 - 180). Mahwah, NJ: Lawrence Erlbaum Associates.

Hall, E. T. (1966). *The hidden dimension*. Garden City, NY: Anchor Books/ Doubleday.

Hong, J. W., Peng, Q., & Williams, D. (2021). Are you ready for artificial Mozart and Skrillex? An experiment testing expectancy violation theory and AI music. *New Media & Society*, *23* (7), 1920 - 1935.

Jones, S. E., & LeBaron, C. D. (2002). Research on the relationship between verbal and nonverbal communication: Emerging integrations. *Journal of Communication*, *52* (3), 499 - 521.

Lessin, S., & Jacob, T. (1984). Multichannel communication in normal and delinquent families. *Journal of Abnormal Child Psychology*, *12*, 369 - 383.

Marko, K. (2022). "Depends on who I' m writing to": The influence of addressees and personality traits on the use of Emoji and Emoticons, and related implications for forensic authorship analysis. *Frontiers in Communication*, *7*, 840646.

Pitts, M. J., Giles, H. (2008). Social psychology and personal relationships: Accommodation and relational influence across time and contexts. In G. Antos, & E. Ventola (Eds.), *The handbook of interpersonal communication* (pp. 15 - 31). Berlin: Mouton de Gruyter.

Ramirez, A., Jr., & Wang, Z. (2008). When online meets offline: An expectancy violations theory perspective on modality switching. *Journal of Communication*, *58* (1), 20 - 39.

Rui, J. R., & Stefanone, M. A. (2018). That tagging was annoying: An extension of expectancy violation theory to impression management on social network sites. *Computers in Human Behavior*, *80*, 49 - 58.

Schaffer, H. R., Hepburn, A., & Collis, G. M. (1983). Verbal and nonverbal aspects of mothers' directives. *Journal of Child Language*, *10*

(2), 337 - 355.

Schultz, A., Tulviste, T., & Konstabel, K. (2012). Early vocabulary and gestures in Estonian children. *Journal of Child Language*, *39*, 664 - 686.

Shen, H., & Wang, M. (2023). Effects of social skills on lexical alignment in human-human interaction and human-computer interaction. *Computers in Human Behavior*, *143*, 107718.

Soliz J., Giles H., Gasiorek J. (2022). Communication accommodation theory: Converging toward an understanding of communication adaptation in interpersonal relationships. In D. O. Braithwaite, & P. Schrodt (Eds.), *Engaging theories in interpersonal communication: Multiple perspectives* (3rd ed., pp. 130 - 142). Cambridge, UK: Cambridge University Press.

Surra, C. A., & Bohman, T. (1991). The development of close relationships: A cognitive perspective. In G. J. O. Fletcher, & F. D. Fincham (Eds.), *Cognition in close relationships* (pp. 281 - 305). Hillsdale, NJ: Lawrence Erlbaum Associates.

Swann, W. B., Stein-Seroussi, A., & McNulty, S. E. (1992). Outcasts in a white-lie society: The enigmatic worlds of people with negative self-conceptions. *Journal of Personality and Social Psychology*, *62* (4), 618 - 624.

Tajfel, H., & Turner, J. C. (1986). The social identity theory of intergroup behavior. In S. Worchel, & W. G. Austin (Eds.), *Psychology of intergroup relations* (pp. 7 - 24). Chicago, IL: Nelson-Hall.

Tang, J. L. (2022). Are you getting likes as anticipated? Untangling the relationship between received likes, social support from friends, and mental health via expectancy violation theory. *Journal of Broadcasting & Electronic Media*, *66* (2), 340 - 360.

Tomasi, S., Han, C., & Otto, J. (2022). Expectancy violation in a Facebook group: What is your response? . *Information Technology & People*, *35* (4), 1428 - 1442.

Walker, M. B., & Trimboli, A. (1989). Communicating affect: The role of verbal and nonverbal content. *Journal of Language and Social Psychology*, *8*, 229 - 248.

Walther, J. B., Van Der Heide, B., Kim, S. Y., Westerman, D., & Tong, S. T. (2008). The role of friends' appearance and behavior on evaluations of individuals on Facebook: Are we known by the company we keep?. *Human Communication Research*, *34* (1), 28 - 49.

第八章

关注交往的人际传播理论

本章重点分析人们如何在互动中通过言语与行为建立、维持和调整关系。交往在人际传播中扮演着关键角色，能直接影响到沟通的质量、信任的建立以及关系的长久性。本章通过几个重要的理论，揭示了个体在交往中的策略、原则以及如何平衡个人利益与他人需求。

礼貌理论解释了人们在交流中如何通过礼貌策略维持社交和谐。礼貌不仅仅是文化的表象，更是一种通过言语和行为来维持他人面子的沟通策略。礼貌理论可以帮助读者理解在复杂的社会互动中，如何通过礼貌的言行来避免冲突、尊重他人并维持良好的人际关系。

面子协商理论进一步探讨了“面子”这一概念在人际交往中的作用。面子是个人社会形象的一部分，个体在互动中既要维护自己的面子，又要顾及对方的面子。该理论揭示了人们如何通过协商与沟通，保护并提升彼此的社会形象，尤其是在面对潜在冲突或难堪局面时如何处理面子问题，达到良好的交往效果。

社会交换理论从经济学视角出发，解释了人际交往中的利益交换过程。个体在人际互动中往往会评估自身付出与获得的平衡，以决定是否继续维持某段关系。通过理解这一理论，读者可以学习如何在交往中平衡给予与回报，确保关系的互惠性和长久性。

本章通过礼貌理论、面子协商理论和社会交换理论，系统分析了人际交往中的策略和原则。这些理论可以帮助读者理解人际交往中的微妙之处，包括如何通过礼貌与面子协商建立和维护良好的关系，如何通过社会交换完成互惠的互动。理解这些理论不仅可以提升个人的交往能力，还能在处理复杂人际关系时更加从容，促使双方建立长期且富有成效的互动关系。

第一节　礼貌理论

每天学点人际传播

你的好朋友刚花了一个月的薪水购买了一条昂贵的连衣裙，并问你“觉得我新买的裙子好看吗?”如果你认为这条连衣裙华而不实，你会如何回答?你是回答她“很好看，很适合你”，还是说实话，告诉她你觉得裙子既不好看，又不值得，又或是转移话题，告诉她你刚购买了电影票，想和她一起去看电影。

如果你希望你的同事能帮你带一份午餐，你会怎么提出这个请求?是采用直接的方式说“帮我带一份盒饭吧”，还是客气地表达“如果不是太给你添麻烦的话，能不能顺便帮我带一份盒饭”，抑或是间接地暗示“我手头的工作一时半会儿忙不完，但是我好饿”，然后期待你的同事能明白你的意思，主动提出帮你带饭。

以上是人际传播中两种常见的情形，都涉及人际传播中两个核心概念，一是面子，二是礼貌。面子，作为一个抽象的概念，源于戈夫曼的理论，指一个人自我形象的延伸。在人际传播中，我们经常会遇到需要照顾对方面子或者希望他人照顾我们的面子的情形，这一跨越历史、文化、各种社会形态的普遍的对面子的在意，构成了人际传播的基础。

佩妮洛普·布朗（Penelope Brown）与斯蒂芬·利维森（Stephen Levison）是两位社会语言学家，他们对人际交往中的面子与礼貌问题很感兴趣，并且对这两个非常生活化的现象进行了理论层面的抽象和建构，提出了礼貌理论，旨在解释人际交往中的个体如何采用礼貌的方式维护对方、自己和双方的面子。

一、核心概念

（一）面子

布朗和利维森把面子定义为个人想要为自己建立的公共自我形象。“面子”这个词和日常生活中的口语化表达太接近，尤其是中文里经常出现“面子”的说法，因而很容易产生歧义。这里要注意，礼貌理论中涉及的面子的概念，既不是基于个人内在认知的自我形象，如我认为我的品位很好；也不是社会结构赋予个人的社会角色，如我是一个称职的母亲。面子是我们个人身份的公开展演。

在社会互动中，我们的言语与非言语行为表达了两个层面上的意思：一是我们想要成为什么样的人，二是我们实际上打算要做什么。要完成这两个任务，就需要别人的配合，即别人的行为不能使我们想展演的个人身份失去效力。举例来说，当一个人在课堂上扮演教授时，这个人自身的行为需要和计划扮演的教授身份保持一致。如果教授没有充分准备授课的内容，就可能会丢面子。如果学生无视教授，或者公开挑战教授的知识、能力或权威，那么学生的行为也会威胁到教授的面子。这种威胁虽然不能伤害到教授的实际职位，但会导致教授在展现自我形象和履行社会角色时失去面子。

面子具有公共性、动态性、策略性、需求性四大特征。

首先，面子的公共性体现在与他人的公共交往之中。面子不是基于自我的认知和观察，而是基于我们认为别人是怎么看待我们的，面子的本质其实是我们希望别人认为我们是什么样的人。为了我们自己的面子，他人需要进行配合。例如，小张和小王是室友，小王交了女朋友，第一次带女朋友和小张见面时，小王想在女朋友面前树立自己爱干净的个人形象，那么小张就不能指出小王在宿舍不爱叠被子、东西乱放的缺点，不然就是对小王面子的公然损害。

其次，面子不是静止的，而是动态的，一个人的面子会根据语境、关系和社会环境而发生变化。我们举个例子来说明。小王是一家公司的项目经理，他需要向管理层提交一个新的项目提案。会议一开始，小王自信而果断，通过展示专业能力来保持面子。在演示过程中，一位高管提出了一个小王没有预料到的关键问题。在这种情况下，小王对面子的关注就从积极的面子（被钦佩）动态地转变为管理和应对消极的面子（不被别人质疑）。作为一种应对，小王采取了一种谦逊和坦诚的态度，主动承认自己没有想到这个问题，也表示高管提出的意见非常重要，这样，小王既维护了自己的面子，又照顾了高管的面子。这种面子的动态转变，帮助小王顺利地驾驭住了局面。

再次，面子还具有策略性。在人际传播中，个人采取特定的言语与非言语行为，可能导致获得面子、丢失面子或者维持面子。小刘是一名高级销售经理，她正在和客户谈一份商业合约。客户给出的报价远低于预期，这么低的报价甚至可以被看作对小刘的专业权威的威胁和蔑视。小刘可以采取两种策略：其一，她可以保持沉着冷静，策略性地使用积极的面子策略，比如称赞客户具有商业头脑。其二，她可以采取消极的面子策略，承认客户在报价上占据主动权，但同时提出一个互利的妥协方案，从而保留自己和客户的面子。

最后，面子是个人在社会交往中的一种需求。我们希望自己的面子被尊重和维护，如果个人的面子没有得到尊重，我们会觉得不悦，甚至采取各种缓和或者极端的行为去恢复面子。我们再举一个例子来说明面子的需求性特征。在一次家庭晚餐上，家人都在讨论小明在学校的成绩。小明认为，自己的努力非常需要得到家人的赞赏，便策略性地向家人分享了他最近获得的一个学习上的奖项，希望获得家人的赞扬和认可，这表明他的面子需要得到他人的确认和肯定。

（二）礼貌

礼貌是一种普遍现象，源于人们对面子的需要（Brown & Levinson，1987）。在戈夫曼相关理论的基础上，礼貌理论进一步将面子分为两种类型，分别是积极的面子和消极的面子。积极的面子指的是个人希望自己的形象和行为得到他人的肯定与认可；消极的面子指的是对维护自己的自主性和权利。

礼貌理论指出，在人际传播中，个人除了需要维持自己积极的面子和消极的面子之外，由于个体之间关系的相互依赖性，通常也需要关注他人积极的面子需求与消极的面子需求。回到上文中的例子，学生如果认为教授学识渊博、具有专业素养、公正并且尽力帮助学生完成学业，就尊重了教授积极的面子；学生如果配合教授的办公时间、完成教授的授课要求、尊重教授的个人生活与工作的界限，并且不对教授提出不合理的请求，就尊重了教授消极的面子。简单来说，积极的面子关乎与他人的连接，消极的面子关乎个人的独立自主性。

（三）面子威胁行为

在区分了积极的面子和消极的面子的基础上，布朗和利维森进一步定义了面子威胁行为（face threatening act），即任何在社交中有可能损害他人面子的言语行为（Brown & Levinson，1987），例如直接的警告、命令甚至要挟，或者间接的提议、建议或者邀请等。

社会交往中许多常见的行为都有可能成为面子威胁行为。例如，批评他人或者反对他人的意见，会威胁到他人积极的面子；而对他人提出请求、要求，或者给他人下达命令，会威胁到他人消极的面子。由于每个人都有面子需求，而且只有在与他人的互动中才能实现，所以在社会交往中，人们通常会抱着合作的态度来尊重彼此的面子。当然，在有些情况下，比如抱有发泄或者羞辱他人的目的时，对他人的面子造成威胁，就不是要避免反而是要实现的了。

回到本章一开始的例子，你的好朋友购买了一条华而不实的连衣裙，询问你的意见。如果你对这一购买决定提出质疑，无论是针对商品的价值、商品的外观，还是对商品和个人之间的匹配程度，都会威胁到对方积极的面子。如果你对好朋友未来的行为提出建议，例如应该将商品退货，或者未来不要再进行类似的购买，就干涉了对方做决定的自由，类似这样的建议就构成了对对方消极的面子的威胁。反过来，好朋友对你的行为做出的回应，也会影响你的面子。如果你直率地给出了你的建议，对方不接受你的建议或者指责你，这又会对你的面子造成威胁。所以在人际传播中，言语与非言语行为对交流对象造成的潜在的面子威胁，以及对方的反应可能对自己的造成的面子威胁，都是要策略性考虑的内容。

二、礼貌策略

（一） 直接策略

直接策略指的是忽略面子，直接完成面子威胁行为的策略，比如邀请对方一起吃饭时直接说“晚上 6 点吃饭”。虽然这一策略可能对面子造成直接的威胁，但直接策略的实施可以伴随着一些补救措施，以降低一部分对面子的威胁。积极的补救措施就包括采用一些言语与非言语的方式来表明对对方积极的面子的尊重，具体的方式包括赞美、使用强化共同身份的语言、寻求对方的赞同、强调立场的一致性、开玩笑、对他人的需求表示认可、保证未来共同的行动等，比如“亲爱的，晚上 6 点一起吃饭吧?”这一说法和前面的直接方式相比，首先使用了亲昵的称呼，其次采用了非正式的以及试探性的语言。消极的补救措施包括采用言语或者非言语的表达，来表示尊重、不强迫，具体的方式包括使用隐晦的以及非直接的表达、给出对方一些选择、承认自己的强迫、道歉或者采用恭顺的表达方式，比如“或许你晚上已经有安排了，但我还是想问问你，如果你愿意的话，我们可以一起吃晚饭吗?”与积极的补救措施相比，消极的补救措施首先表示不强迫，尊重对方的意愿，表示对方有选择的自由。

（二） 间接策略

间接策略指的是不明确或者不公开地对面子造成威胁的策略。比如，同样是邀请对方一起去吃饭，可以说“我今天很想去餐馆吃晚饭”。这样的表达保护了提议者的面子，如果遭到对方的拒绝，提议者甚至可以否认这一行为对自己面子的威胁，说“我没有要叫你一起去吃饭的意思，我只是说我今天很想下馆子”。此种间接的行为还容易促成对方的配合，因为这样的表达并没有表示对方从属于自己或者要听从自己的命令，而是体现了对对方的照顾和善解人意。甚至双方都可以忽略这一表达，从而避免冲突。

（三） 礼貌策略的言语体现

礼貌理论认为，个体使用语言的风格特征可以减轻（或加剧）与言语行为相关的面子威胁（Brown & Levinson，1987）。与礼貌理论中积极和消极的分类方式一致，礼貌策略在言语风格层面上的体现，也可以分为积极的和消极的。具体的积极和消极策略，可以见表 8-1 和表 8-2。

表 8-1 积极的礼貌策略

序号	策略	例子
1	使用非正式的称呼与打招呼方式	哥们；亲爱的；美女；哈喽啊
2	使用群体内称呼表达群体身份	作为××公司的一员；咱们是一伙儿的
3	使用第一人称复述称呼对方	我们；咱们
4	使用礼貌话语	请；谢谢；拜托
5	使用幽默的方式	为什么飞机要叫飞机？答：因为它会飞
6	使用积极乐观的表达	希望你能过得开心！
7	使用明确的语言表示赞美	你为人真的很热心；你做事好认真
8	给出明确的理由	我今天过得很糟，你能陪我聊聊吗？
9	表示互惠	你需要帮忙的时候，我也会义不容辞的

表 8-2 消极的礼貌策略

序号	策略	例子
1	使用正式的称呼与打招呼方式	尊敬的××；顺颂时祺
2	使用试探性的语言	你能给我一点儿建议吗？
3	使用回避的方式或语言	如果你不忙的话，就请给我回个电话吧
4	使用条件性的语言来减少强迫	哪怕能帮一点点忙也行
5	使用语言贬低自我，抬高对方	我没你那么聪明，请你给我一点建议吧？
6	明确道歉或承认威胁了对方的面子	不好意思，占用了你的时间
7	表达赞同	我知道你也觉得做这些事情是浪费时间
8	表达同情和理解	我完全理解你现在的感受
9	弱化潜在的负面归因或指责	人人都会犯错
10	采用非具体指称的语言	当父母的经常会想干预子女的决定

（四）礼貌策略的选择

每种策略都有各自的优缺点，那么在人际交往中，该如何选择最为合适的应对策略？当一位说话者通过理性判断，认为即将采取的行为有可能威胁到对方的面子时，他会选择更为尊重对方面子的策略。对面子产生威胁的程度，主要由三个因素决定：权力、距离和等级（Brown & Levinson，1987；Goldsmith & Normand，2014）。

权力指的是一个人能够把自己的计划或者评价强加给他人的程度。如果人际交流中的一方比另一方具有更大的权力，比如老板在面对员工时，就不用太顾及员工的面子；反过来，员工则需要更多地考虑老板的面子。距离指的是人际交流双方的相似程度以及亲密度。比如，在面对好朋友的时候，不用太顾及面子；而在面对初次见面的交谈对象时，就需要更多地顾及对方的面子。等级，也可以被理解为级别，主要是指在特定的文化背景下，对于行为对面子造成的威胁程度的判断。例如，评价他人身材以及建议他人减肥的行为，在一些文化中，就会对面子造成很大的威胁；但是在另一些文化中，可能就不太会被认为是对面子有威胁的行为。

生活中的人际传播

小李是一家公司的中层主管，需要在部门例会上指出新员工小张近期工作中的一些问题。为了让小张改进工作，他既需要指出问题，也需要维护团队氛围。

小李作为中层主管，与小张相比拥有较大的权力。因此，他可以选择更直接的表达方式，比如："小张，这次报告的格式有问题，请严格按照模板修改。"小李的权力降低了他对小张面子的担忧，使他更倾向于采用直接策略。但他如果完全忽略小张的面子，可能会影响小张的积极性和团队氛围。

小李和小张之间的关系并不亲密，小张刚入职不久，两人只在工作中有过有限的交流。由于双方间的距离较远，小李需要更谨慎地考虑小张的面子问题，避免直接批评而导致小张难堪。小李可以采取积极的礼貌策略，比如："小张，这次报告的思路很好，有几个地方需要调整。我稍后发给你一个模板，你可以参考一下。"

报告的质量直接关系到部门的整体表现，而部门需要向上级领导汇报工作。因此，这次任务非常重要。在对小张的行为提出要求时，等级的不同会让小李选择更加清晰明确的表达方式。尽管需要礼貌，小李也必须确保小张理解任务的严肃性，比如："报告内容很重要，请务必检查格式是否符合要求，这样我们提交时会更规范。"

综合权力、距离和等级，小李选择了一种平衡的礼貌策略："小张，这次报告的整体思路不错，但格式需要改进。这部分是我们团队汇报的关键内容，我会把模板发给你，你参照着修改一下就更好了。改完之后记得告诉我，我会再帮你确认一遍。"

权力、距离和等级三个因素相互作用，会影响个人对行为造成的面子威胁程度的判断（Goldsmith & Normand，2014）。对面子威胁程度的考量会影响传播的效率。在人际交往中，个人如果对行为的面子威胁程度没有进行仔细的考量，而是采用更为直接的礼貌策略，就会被交流对象认为没有礼貌、行为举止粗鲁或者存在社交能力障碍；但如果太考虑行为对面子的威胁程度，表达得太为间接或者隐晦的话，可能又会完全起不到作用；甚至有的时候，如果表达得过于礼貌，可能还会被对方认为是过分迂就或者过分客气，反而让对方产生不好的印象。

三、礼貌原则与人际传播研究

传播学学者对礼貌原则的理论适用范围进行了三种建构。有学者将礼貌理论视为一种信息生成理论，主要关注说话者在与目标对象之间的关系中，如果权力更小、与对方的距离更远、等级更高，是否真的会使用更多的礼貌策略（Wilson et al.，1998）。也有学者认为，礼貌理论是对信息进行评价的理性模型，主要研究当礼貌策略与权力、距离和等级造成的威胁程度相匹配时，信息是否会被认为更合适、更有效（MacGeorge et al.，2004）。此外，还有学者将礼貌理论作为研究不同语境下语言使用模式的框架，比如面子、面子威胁、策略、权力、距离和等级等一般概念就被应用于探究社会行动者在特定文化背景下对面子问题的关切（Holtgraves，1992）。

人际传播研究中，有关礼貌理论的实证研究主要聚焦建议和支持性传播这两个具体研究领域。建议，本身就可以被看作一种面子威胁行为。人际传播的研究者主要关注在提建议的场景中，提出者和接受者如何考量双方的面子，从而采取不同的策略来给出和接受建议。有研究关注建议提出者如何使用礼貌策略来减轻对建议接受者面子的潜在威胁，比如，常见的有效建议应该能达到提供有用的策略和尊重接受者的自尊之间的平衡（Goldsmith，2004）。也有研究发现，比起提出直接挑战接受者能力的建议（“你应该多花点时间去学英语”），使用积极的礼貌策略的建议更容易被接受（MacGeorge et al.，2008）。还有一项研究考察了“情感支持—问题询问与分析—建议”的综合建议模式对建议回应的影响，探讨了面子感知和规范性的中介作用，发现对积极的面子的关注在情感支持的顺序放置与接受者对建议的反应之间起到了中介作用（Feng et al.，2017）。

在支持性传播中，首先，求助人所提出的支持请求，可以被视作一种对自我面子的威胁；其次，提供帮助者给出的不同类型的支持性信息，也可以被视作一种对求助人消极的面子的威胁。自然，支持性传播的研究者也关注礼貌理论在支持性传播场景中的应用。有学者研究了礼貌在提供社会支持中的作用，重点研究了不同的策略如何影响求助人对支持的感知：包含积极礼貌元素的支持性信息，如同情和团结，在缓解痛苦方面更有效（Burleson & Samter，1985；Feng，2014）。也有研究探讨了在压力情境下，当支持性互动包含礼貌策略时，这种策略可以合法化求助人的感受，并在不损害其自主性的情况下提供有用的信息，这样的互动更有益（Cutrona & Suhr，1992）。一项针对中国和美国文化对比的研究表明，在中国和美国两个文化群体中，当提供帮助者概述支持行动的有效性，解释采取支持行动的可行性，解决支持行动的潜在局限性，并在提供支持时采用礼貌策略时，支持更有效（Feng et al.，2019）。

思考题

1. 积极的礼貌策略和消极的礼貌策略在应用上有何不同？

2. 权力和距离如何影响礼貌策略的选择？

3. 礼貌在避免冲突中能起到何种作用？

4. 假设你供职的公司年底要开展员工之间的绩效互评，你需要指出一名同事的缺点。你打算如何运用礼貌策略来提出建设性的反馈？

实践训练题

小王是一名销售经理，正在向客户小张推销一款新产品。这款产品价格较高，但质量和性能都非常出色。小王希望说服小张购买，同时维护双方的合作关系。小王现在有四种礼貌策略，分别是：

A："小张，这款产品最适合像您这样有眼光的客户！我知道您对品质的要求一直很高。"

B："我可以向您保证，这款产品是我们团队精挑细选、专门为您推荐的，我们真的很希望能得到您的反馈。"

C："我知道您可能需要一些时间来考虑，所以您有问题随时都可以联系我，别有任何压力。"

D："很抱歉打扰了您宝贵的时间，我只是觉得这款产品可能会对您目前的业务有所帮助。"

根据礼貌理论，从以上选项中针对以下两种情况分别选择一个最合适的策略，并说明原因：

1. 小张是长期合作客户，对小王比较信任，且双方关系较为亲密。

2. 小张是新客户，双方尚不熟悉，且小张显得犹豫不决。

要点小结

- 礼貌理论
  - 面子
    - 公共自我形象
    - 公共性
    - 动态性
    - 策略性
    - 需求性
  - 礼貌
    - 源于对面子的需要
    - 积极的面子：希望得到他人认可
    - 消极的面子：维护自主性和权利
  - 面子威胁行为
    - 损害他人面子的言语行为
    - 直接威胁：批评、反对
    - 间接威胁：请求、要求
  - 礼貌策略
    - 直接策略
      - 忽略面子，直接行为
      - 补救措施：赞美、共情等
    - 间接策略
      - 不明确对面子造成威胁
      - 保护说话者面子，促成对方配合
    - 言语体现
      - 积极策略：非正式称呼、幽默等
      - 消极策略：正式称呼、试探性语言等
    - 策略选择
      - 考虑权力、距离、等级
      - 影响传播效率
  - 礼貌原则与人际传播研究
    - 信息生成理论
    - 评价理性模型
    - 语言使用模式框架
    - 建议和支持性传播研究

第二节　面子协商理论

每天学点人际传播

假设你是一名公司职员，在一次重要的季度总结会议中，团队成员齐聚一堂，公司高层也出席了会议。会议开始后，上司李经理开始逐一介绍团队成员，并简要总结每个人的贡献。当轮到你时，李经理意气风发地说道："最后这位是王刚，他在项目中扮演了至关重要的角色……"然而，问题在于——你的名字是王强，而不是王刚。

你心里一惊，立刻意识到这是一个尴尬的时刻。你知道如果直接打断上司指出这个错误，可能会让上司在上级领导面前感到难堪，影响他的面子；但如果不指出这个问题，你自己的身份可能会被模糊，甚至让上级对你的印象不准确，损害自己的面子。那么，你该如何应对这一复杂的情境呢？

1. 假装没听到，保持沉默。

你选择保持沉默，不去纠正上司的错误。这种方式可以避免上司在公开场合丢面子，同时维护团队整体的和谐。但你也意识到，这可能会导致上级对你个人的贡献和身份认知不清晰，从长远来看，对自己的面子或职业发展有所影响。

2. 直接指出错误。

你微笑着举起手，礼貌地打断李经理："抱歉，李经理，我的名字是王强，不是王刚。"虽然这种方式确保了你的名字准确无误，但可能让李经理在上级面前感到尴尬，会对上司消极的面子造成威胁，也可能影响你们的关系。

3. 间接指出，用幽默缓解尴尬。

你轻松地笑了一下，开玩笑地说："李经理，您刚才给了我一个新名字——王刚，我得记得改名了！"全场哄笑中，你既巧妙地纠正了错误，又为场面带来了轻松的气氛，避免了对李经理面子的威胁，还提升了自己的存在感。

在这一情境中，策略选择不仅反映了个人对于面子的敏感程度，也受到文化背景的深刻影响。例如，在高权力距离文化中，员工可能更倾向于保持沉默，以维护上司的权威和面子；而在低权力距离文化中，员工可能更愿意直接指出错误，强调自我表达的重要性。此外，个人性格也起到了关键作用，外向型的人可能更倾向于用幽默缓解尴尬，而内向型的人更可能选择沉默应对。

面子协商理论关注的重点是人际冲突情境中的文化差异，即文化差异如何影响个人采取何种策略来应对人际冲突。该理论最早由华裔传播学者丁允珠提出，集合了跨文化传播、人际传播、人际冲突、社会心理领域所共同关心的话题，其中包括面子、面子工作、面子关切、礼貌等核心概念，以及作为仪式的传播、道歉、尴尬和冲突情境等传播要素，从而得到了人类学家、心理学家、国际关系学者以及人际传播学者的关注。

面子协商理论的核心理念在于对面子在人际交往中的多重含义和角色的深刻洞察。面子不仅仅是个体自我形象的体现，更是社会关系的映射。在人际交往过程中，个体会根据自身所处的文化背景、社会地位以及与交往对象的关系亲疏等因素，灵活调整自己的言行举止，以达到维护面子的目的。这种协商过程既体现了个体对自我形象的重视，也反映了在特定社会环境中对人际关系和谐的追求。

与本教材讲到的其他涉及面子的理论类似，面子协商理论也从其他的面子理论中得到了很多启示，其中就包括戈夫曼的自我呈现和面子工作（Goffman，1967），以及布朗和利维森提出的礼貌理论（Brown & Levinson，1987）。面子理论关注面子的定义、分类和影响因素，礼貌理论的重点在于区分不同的礼貌策略，并且考量不同策略的效果。而面子协商理论侧重于解释和预测人们在人际交往中面子协商的动态变化过程，以及人们如何在这一过程中进行策略性的互动。此外，面子协商理论的特殊性还体现在对文化差异的考量上。丁允珠认为，虽然在面子关切上会有个人差异，但是个人的文化背景会对面子关切的程度产生决定性的影响，而个人对面子的关切，又会影响其在人际传播，尤其是人际冲突情境中所采取的应对策略（Ting-Toomey & Kurogi，1998）。

一、理论前提

在介绍面子协商理论涉及的具体概念和逻辑关系之前，我们首先需要了解该理论背后的前提。需要强调的是，面子协商理论深受跨文化传播相关设定的影响，在介绍具体的理论规则之前，我们必须要明确，该理论成立的一大前提是文化对面子的影响。

随着全球化进程的加速和跨文化交流的日益频繁，面子现象成为不同文化背景下研究者共同关注的焦点。人们在交往中不可避免地会涉及面子的维护与协商，这既是个人尊严的体现，也是社会和谐的基石。基于此，面子协商理论应运而生。该理论基于对人际交往中面子现象的深入观察和思考，旨在为人们提供一个全面理解和处理面子问题的新视角。

面子协商理论的建构得益于以下前提：来自任何文化背景的个人，都会在包括人际传播在内的各类传播情境中试图维护和协商面子；在发生内容、关系和身份目标冲突时，面子以及面子关切就显得极为重要；文化差异，比如个人主义/集体主义和权力距离，会形塑面子关切；文化价值观、个人差异、关系特征以及情境因素会影响个人所做的面子工作（又译面子策略、面子功夫）；跨文化面子维护能力是知识、正念和沟通技巧的最优整合，可以帮助个人以适当的、高效的方式管理基于身份的冲突情境（Ting-Toomey，2017）。在后续的理论介绍中，我们会使用具体的概念来解释面子协商理论的前提和假设之间的关系。

二、文化与面子

面子协商理论主要包含四个假设。首先，所有文化背景下的人们都倾向于维护和协商面子。这表明，面子不是中国等特定文化中特有的概念，而是一种普遍存在的社会心理需求。其次，在脆弱或敏感的人际关系情境中，面子更易受到质疑和挑战，需要更加细致和巧妙的协商策略。再次，文化差异、个人差异、环境和情境等因素都会对面子协商的方式产生影响。最后，面子关切对各种面子工作以及在组织内和人际关系中的冲突管理具有重要影响。

（一）文化

面子协商理论认为，文化是个人习得的关于意义的系统性知识，能够在特定的文化群体中促进一种特殊的、共享的身份（Ting-Toomey & Chung，2005）。文化是一个复杂的指称系统，其中包括一个社群中成员共享的传统、信念、价值、规范、符号以及意义等（Ting-Toomey，1999）。文化与传播相互影响，只有通过传播，文化才能被习得和延续。

人际传播有时会发生在来自不同文化的个体之间，这里的文化不仅指一般意义上的国家所代表的文化，比如美国文化或中国文化；而且泛指各类不同的群体和亚群体所代表的文化，比如青少年文化或职场文化。来自不同的文化的个体在面对人际冲突时，其文化背景会对其如何应对冲突产生影响，虽然在很多时候，人际冲突中的个体并不总能意识到文化的影响。

面子协商理论在分析不同文化观时，引入了爱德华·霍尔的高低语境文化理论作为理论支撑（Hall，1966）。高语境文化强调集体主义和社会和谐，注重隐含的语境信息和非言语沟通。高语境文化中的个体在维护自尊和寻求认同的过程中，倾向于通过“要面子”和“给面子”的方式来表达。相反，低语境文化更侧重于个体主义和直接的语言表达。低语境文化中的个体在维护自我尊严和尊重他人的过程中，更依赖于“挽回面子”和“留面子”的策略。

（二）文化与面子关切

对于面子这一概念的建构，丁允珠大量参考了戈夫曼关于面子（公共形象）的论述以及礼貌理论对于积极的和消极的面子的定义与类型划分，将面子定义为“在他人面前所呈现的文明形象的具体化”（Ting-Toomey，1994）。在对面子这一概念进行建构和讨论面子与其他概念之间的关系时，面子协商理论更多是从文化的角度去考虑，即在不同文化背景下，面子到底意味着什么，人们在交流中关切谁的面子，以及在冲突情境中如何采取不同策略来关切不同利益方的面子。

面子虽然是不同文化所共有的现象，但是在涉及面子关切时，又会体现出特有的文化特征。面子关切（又译面子关心），主要指在传播和交流中，传播主体对于自我和他人面子的关心或者关注的程度。具体来说，面子关切可以分为三种类型：自我面子关切、他人面子关切以及共同面子关切。

自我面子关切指的是，在人际传播冲突情境中，当自我面子受到他人威胁时，个人对自我身份和形象的保护性关切。他人面子关切指的是，在冲突情境中，个人对他人身份和形象的保护性关切。共同面子关切指的是，在冲突情境中，交流双方对双方身份和形象的关切。按照自我/他人以及关切程度的高/低来划分，面子关切可以分为四个象限，这四个象限分别对应个人在面临冲突情境时可能做出的选择。在冲突情境中，如果对自我和他人的面子都有很高的关切，就会形成共同面子维护；如果对自我和他人的面子都只有较低的关切，就会形成共同面子消除；如果对自我面子关切高，对他人面子关切低，就会形成自我面子维护；如果对自我面子关切低，对他人面子关切高，就会形成他人面子维护（见图8-1）。

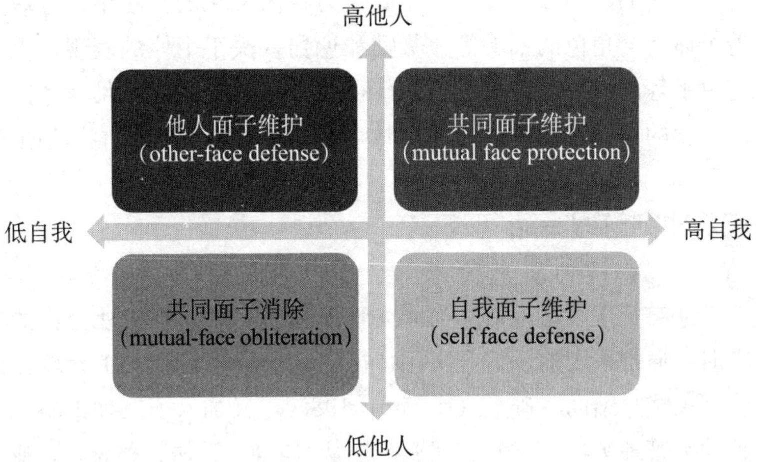

图8-1　面子关切四象限

（三）人际冲突与面子关切

对于来自任何一种文化的个体来说，人际冲突都会造成不适感，对面子造成威胁，给个人带来情绪上的负担。在冲突情境中，一个人对于冲突的在意程度，取决于对传播内容、关系和身份冲突目标的在意程度。内容冲突目标指的是在交流过程中会对传播内容产生冲突的外部因素。比如双方关于见面地点的协商，是更考虑自己的便利性，还是更考虑对方的交通便捷程度？关系冲突目标指的是双方对于关系类型的冲突或不一致。比如双方关系是正式还是不正式？是平等还是从属？第三种是身份冲突目标，主要是指对于身份的尊重和肯定，比如在发生冲突时，是否会造成尴尬、威胁甚至侮辱等。

对于以上三种冲突目标来说，身份冲突目标是和文化关系最为密切的，文化差异更容易造成身份冲突。比如在国际商业合作中，来自集体主义文化的企业提出了商业企划，但是遭到了来自个人主义文化企业的拒绝，这一做法可能会被视为对能力的质疑，或者对其个人信用的怀疑。

文化差异对于自我和他人面子关切的取向有着极为深远的影响。首先，文化差异中的个人主义和集体主义倾向会影响面子关切。在个人主义文化中，个体之间的联系是松散的，其强调个人意志、自由、个人精神以及生活的独立，受个人主义文化影响的个体，会更倾向于关切自我的面子；而来自集体主义文化的个体更强调"我们"，对集体的关切要大于对个体的关切，有时会把过于关注自我的行为视为自私，那么在发生人际冲突时，会更加关切他人或者共同的面子（Ting-Toomey，1988）。

其次，文化差异中的权力距离也会影响面子关切。在高权力距离文化的社会中，个体更加注重对等级制度的遵守，社会生活中的等级制度意味着不平等，奖励和惩罚基于个体的社会地位，上级发布命令，下属也期望被告知该如何行事。来自高权力距离文化的个体在面对人际冲突时，会更加考虑社会地位高的人的面子关切。在低权力距离文化的社会中，等级制度仅仅意味着个体社会角色的不平等，奖励和惩罚取决于个体的表现，上级和下级之间有更平等的权力分配，下属期待得到上级的咨询而不是命令。来自低权力距离文化的个体在面对人际冲突时，会更多考虑双方或自我的面子关切。

三、冲突管理策略

冲突管理策略也被称为冲突管理风格，主要是指社会化的个体在面对冲突时，通常采用的、符合文化特征的冲突管理行为。丁允珠在前人对于冲突管理策略总结的基础上（Rahim，1985），又加入了三种策略，最终形成了八种冲突管理策略：支配、回避、屈从/迎合、妥协、整合、情感表达、第三方帮助以及消极对抗（见表 8－3）。

表 8－3　冲突管理策略

策略	定义
支配	将个人的目标凌驾于他人之上
回避	回避可能引起冲突的话题、个人或情境
屈从/迎合	牺牲自己的利益，关注他人的诉求和利益
妥协	为了达成一致，而对个人利益做出让步
整合	能满足双方最大利益的解决方式
情感表达	通过表达情绪和感受来处理和控制冲突
第三方帮助	通过寻求第三方的帮助来解决冲突
消极对抗	采取间接责怪或者迂回的方式做出反应

在区分八种策略的基础上，为了进一步厘清冲突管理策略与面子关切之间的关系，丁允珠又总结了三种冲突管理风格，分别为整合、控制和被动间接。整合风格结合了整合和妥协的策略，反映了对双方的面子关切。采用整合风格的个人会选择与冲突中的另一方合作，以获得对双方都有利

的最佳解决方案，比如倾听对方，尊重对方的感受，并采取一种建设性的方式提出自己的观点。控制风格主要是指个人采取支配式的冲突处理方式，强调个体的权力高于他人，这种风格主要反映了对自我的面子关切。被动间接风格主要是指采用屈从/迎合或妥协的策略，这种风格主要反映了对对方的面子关切。

为了探究文化与冲突管理策略之间的关系，丁允珠和其他研究者开展了一系列跨文化研究（Ting-Toomey et al.，1991），对比了美国、日本、中国等地区的问卷调查数据之后发现：首先，在自我面子关切方面，美国人比韩国人有更高的自我面子关切；日本人比其他四个地区的人有更高的自我面子关切；中国人比韩国人有更高的自我面子关切。其次，在他人面子关切方面，中国人和韩国人比美国人更加重视他人面子；美国人比日本人更在意他人面子；中国人比日本人和韩国人有更高的他人面子关切。

此外，在冲突管理策略的使用上，也呈现出明显的文化差异。首先，在支配策略的使用上，美国人比日本人和韩国人更多地采用支配策略；中国人比日本人和韩国人更多地采用支配策略。其次，在整合策略的使用上，美国人比日本人采用更多的整合策略；中国人和韩国人比日本人采用更多的整合策略。再次，在屈从/迎合策略的使用上，日本人比韩国人更多地用到屈从/迎合策略；中国人比美国人、日本人和韩国人都更多地用到屈从/迎合策略。又次，在回避策略方面，中国人用到了最多的回避策略。最后，在妥协策略方面，中国人用到了最多的妥协策略，日本人最少用到妥协策略。

四、面子工作

面子工作是指个人采取的，为了维护或者恢复自我面子、他人面子或共同面子的言语与非言语行为（Ting-Toomey，2005）。在人际冲突情境中，一个人对自我、他人或双方共同面子的关切以及所做的面子工作，会受到至少三个层面的因素的影响，即个人心理特质、交流的情境性因素以及个人的面子工作能力。

生活中的人际传播

一家跨国公司的高管团队正在进行季度总结会议，其中包括来自美国的业务总监杰克、日本的市场部经理佐藤和德国的财务总监安娜。会议进入关键讨论环节时，杰克提出了一项新的项目预算计划，但佐藤认为预算计划过于激进，可能会为公司的品牌形象带来风险。会议气氛因此变得紧张，而安娜作为财务总监，也对计划持保留意见。

佐藤在发言时没有直接否定杰克，而是以一种委婉的方式表达了自己的担忧："这个计划确实很有创新性，但我想，或许我们可以更谨慎一些，以便与我们在市场中的长期品牌策略保持一致。"佐藤的言语中更多体现了对杰克面子的关切，因为他并未直接指出杰克的计划不合理，而是强调团队合作和长期策略的重要性。

自我建构的影响：杰克（来自美国）倾向于独立自我建构，更注重表达自己的想法和独立性，因此在提出方案时言辞直接，目标明确，更多关注自己的面子。佐藤（来自日本）则表现出相互依赖的自我建构，在讨论中更倾向于维护团队的整体和谐，通过间接的方式避免对杰克的直接批评，同时关注自己的面子和杰克的面子。

交流的情境性因素的影响：会议是正式场合，每个人都希望维护专业形象。佐藤的委婉表达反映了他对角色的敏感性，他希望通过平和的语气缓解冲突，维护自己的专业形象，同时避免让杰克感到被冒犯。虽然三人都属于同一个公司，但文化差异导致他们在沟通中对群体内成员的认知存在微妙差异。佐藤将杰克视为熟悉但需要谨慎对待的外群体成员，因此采取了较多的面子保护策略。

个人的面子工作能力的影响：安娜（来自德国）则展示了较强的面子工作能力。她在佐藤发言后补充道："佐藤的建议很有启发性，也许我们可以在预算计划中增加一些灵活性，既支持创新，又能兼顾品牌风险。"通过这种表达，她巧妙地肯定了佐藤的观点，同时维护了杰克计划的价值，展示了对不同文化背景下面子的敏感性和适应性。

最终，三人达成了共识。杰克感到自己的创意得到了尊重，佐藤成功维护了团队和谐，而安娜通过灵活的沟通进一步增强了团队协作。三人各自的面子都在会议中得到了维护与平衡。

在这一案例中，自我建构、交流的情境性因素和个人的面子工作能力共同作用，影响了每个人对面子的关切以及所做的具体面子工作。通过高度敏感的文化知识和沟通技巧，会议最终转向建设性的讨论，避免了潜在的冲突和面子威胁。

（一）自我建构

自我是一个人的整体的自我形象，由独立的自我和相互依赖的自我组成（Markus & Kitayama，1991）。独立的自我将个体看作一个独特的实体，具有个性化的情感、认知和动机；相互依赖的自我更加强调和他人的关系或群体内相互依赖的重要性。自我建构可以被看作反映在个体层面上的个人主义-集体主义的文化变异（Gudykunst et al.，1996）。无论一个人的文化身份如何，自我建构的这两个维度都存在于每个人的内部，并且会随着特定的面子工作的运行而变化。在不同的文化背景下，个体对其整体的自我形象的看法——独立、相互依赖或两者兼而有之——既会影响其对人际冲突情境的预期，又会影响其采取何种方式应对冲突。

在个人主义文化中，更常见的是高水平的独立的自我建构。在集体主义文化中，相互依赖的自我建构会更加凸显。但不管来自哪一种文化，独立和相互依赖的自我建构都会在个体身上有所体现。此外，还需要注意，文化差异不可以被等同于个体差异，即并不是所有来自集体主义文化的个体，都一定有更高的相互依赖的自我建构；而来自个人主义文化的个体，也不一定都具有更高的独立的自我建构。

面子协商理论指导下的实证研究发现，独立的自我建构与自我面子关切和冲突管理策略中的支配策略的使用呈正相关；相互依赖的自我建构与他人面子关切以及回避和整合策略的使用呈正相关（Oetzel & Ting-Toomey，2003）。独立的自我建构促进了预先计划和低语境要求的互动反应；相互依赖的自我建构则强调了谨慎和高语境要求的互动模式。

（二） 交流的情境性因素

有两类情境性因素会影响个人对独立和相互依赖的自我建构的显著性，一是情境角色评价因素，二是群体内-群体外距离因素。

情境角色评价因素包括冲突情境的正式程度、情境的互动气氛、冲突参与者之间的角色关系以及面子协商过程中双方感知的目标。角色评估过程包括对冲突各方角色期望的评估，如对专业角色认同和其他更为显著的群体成员以及个人认同的考量。例如，来自高权力距离文化的、具有更高社会地位的个体，更倾向于使用直接和间接的面子工作策略来处理对面子造成威胁的情况（Merkin，2006）。

群体内-群体外距离因素也会影响面子协商策略的使用。例如，有研究（Ting-Toomey & Takai，2006）发现，群体内成员的范畴可以被进一步细化为亲密的群体内成员和熟悉的群体内成员；同样，对于人数更多的群体外成员，也可以进一步划分为熟悉的群体外成员和外围的群体外成员。针对不同的群体内、外成员距离的划分，适当的面子工作可以用于亲密的群体内成员或外围的群体外成员的关系中。

（三） 面子工作能力

面子工作能力是指个人要有意识地管理情绪挫折和冲突，尤其要关注文化或种族、群体成员差异所造成的互动冲突。这意味着个人需要具备必要的文化知识、开放的态度和实用的技能，有意识地“思考”，从不同的角度看待事物。

情境角色和关系距离因素对来自不同文化群体的个人的面子工作能力有

很大的影响。面子协商的行动者需要提高个人对自我和他人的文化以及面子调节过程的认识。一个具有高度面子工作能力的人，需要具备文化敏感知识、正念和适应性沟通技巧。其中，文化敏感知识最为重要。如果不具备文化敏感知识，人际冲突情境中涉及的相关冲突各方，就无法意识到跨文化冲突情境中行为的隐性种族中心主义，面子协商的行动者就无法根据对方的文化、参考他人的文化特征和文化价值观来准确地重新构建对方对冲突情境的解释，也就无法采取受对方青睐的解决方法。

思考题

1. 请结合跨文化传播的情境，解释面子、面子工作和面子协商的具体含义。

2. 在高语境文化和低语境文化中，面子协商的方式有何不同？

3. 为什么有些文化更倾向于追求积极的面子，而有些文化更注重消极的面子？

4. 如何在跨文化团队中平衡个体面子与集体面子，以促进团队和谐与合作？

5. 如何利用面子协商理论来指导网络环境下的冲突解决和人际关系管理？

实践训练题

假设你是一名新入职的项目经理，正在主持部门的首次工作会议。会上，你提出了一项改进现有流程的计划，但资深同事小李对你的计划提出质疑，并表示按照现有流程更为稳妥。面对小李的质疑，部门主管老王插话支持了你的观点，但在表达中带有些许对小李的不满。此时，会议室气氛有些尴尬。

请基于面子协商理论，分析以下情境中的面子关切，并选择合适的面子工作策略以解决问题。

1. 识别面子关切，分析小李、老王以及你自己在此情境中各自的面子需求（积极的面子与消极的面子），确定当前情境中潜在的面子威胁。

2. 提出你将在会议中采取的具体言语或非言语策略，帮助缓和尴尬、维护参与者面子，并促进建设性讨论，并说明这些策略如何平衡自我面子、他人面子以及共同面子的需求。

3. 如果这一情境分别发生在高权力距离的文化（如东亚文化）和低权力距离的文化（如欧美文化）中，你的策略会有何不同？请分别说明适配两种文化的调整策略。

要点小结

- 面子协商理论
  - 核心理念
    - 面子的多重含义和角色
    - 社会关系的映射
  - 理论来源
    - 戈夫曼的自我呈现和面子功夫
    - 布朗和利维森的礼貌理论
  - 文化与面子
    - 维护和协商面子是普遍需求
    - 脆弱敏感情境
    - 多种因素影响面子协商方式
    - 面子关切的三种类型
      - 自我面子关切
      - 他人面子关切
      - 共同面子关切
  - 人际冲突与面子关切
    - 冲突造成面子威胁
    - 面子关切与冲突目标
      - 内容冲突目标
      - 关系冲突目标
      - 身份冲突目标
    - 文化差异对面子关切的影响
      - 个人主义-集体主义
      - 权力距离
  - 冲突管理策略
    - 支配
    - 回避
    - 屈从/迎合
    - 妥协
    - 整合
    - 情感表达
    - 第三方帮助
    - 消极对抗
  - 面子工作
    - 自我建构
      - 独立的自我
      - 相互依赖的自我
    - 交流的情境性因素
      - 情境角色评价
      - 群体内-群体外距离
    - 面子工作能力
      - 文化敏感知识
      - 正念
      - 适应性沟通技巧

第三节 社会交换理论

每天学点人际传播

小李和小陈是多年的好友。两人经常一起看电影、打游戏，也会在生活上互相帮助。比如，小陈总是很乐意帮小李搬家或修理东西，而小李在小陈失恋时也一直陪伴在他身边，安慰和开导他。这样的友谊让双方都觉得舒适和有价值。

最近，小李感觉小陈似乎在有意疏远他。他很少主动联系小李，也拒绝了小李的几次邀请。小李感到困惑，于是主动找小陈沟通。小陈坦言，他觉得这段友谊开始变得不对等："每次都是我给你帮忙，但你却很少关心我的需求。我最近家里的事情很烦，真希望你能多关心一下我。"

小李听后感到愧疚，他回忆起自己的确很少主动关注小陈的情况，总是习惯性地接受小陈的付出。为了修复这段关系，小李开始主动关心小陈，邀请他一起去参加自己计划的活动，还特意为小陈挑选了一份生日礼物，这让小陈感觉受到了更多的重视。两人之间的友谊逐渐恢复了之前的温暖和平衡。

"我对这个家庭的投入比你多。"

"他配不上你，你值得更好的。"

"我对她来说，根本不重要！"

…………

日常生活中，我们经常会对自己和他人的关系做出如上评论。我们在评估自己和他人的关系时，时常会考量得失，或者说所谓成本和收益，比如我们能从一段关系中获得什么、在这段关系中投入了什么等。这种关于成本和收益的考量，就是社会交换理论所关注的焦点。

在介绍社会交换理论之前，我们首先要明确，社会交换理论指的是一系列关注人类获取资源的方式的理论，其中最具代表性的包括公平理论、相互依存理论、资源理论等。社会交换理论的学术渊源来自多个学科，包括经济学、心理学、社会学和人类学。虽然关于各种形式资源的交换普遍存在于社会活动中，但是由于各个学科关注的重点不一样，因此来自不同学科的交换理论在现象和概念上都存在些许差异。但本章在介绍社会交换理论时重点关注交换理论的共性，同时结合了人际传播特有的现象，比如自我表露、关系发展与维护过程中涉及的成本和收益考量等。

社会交换理论的核心观点是用经济学中成本和收益的概念来考察人际关系。人际关系中的社会交换体现在：个人以传播作为手段，完成交换所需要的协商，获取资源。社会交换理论的渊源可以追溯到心理学家约翰·蒂博（John Thibaut）和哈罗德·凯利，以及社会学家乔治·霍曼斯与彼得·布劳（Peter Blau）。人际传播研究者迈克尔·罗洛夫（Michael Roloff）总结了五种不同的社会交换理论，并且将社会交换理论和人际传播中的各种现象加以结合，出版了《人际传播：社会交换论》（*Interpersonal Communication: The Social Exchange Approach*）一书（Roloff，1981）。

社会交换理论来源于经济学（成本和回报）和行为主义心理学（奖励和惩罚）。这些理论都遵循一个基本原则：交换。利润是经济交换的主要动机，例如，我们在购物时经常会因为打折而购入比平时更多数量的商品——花钱是为了省钱。在人际交往中，人们的行为和决策也会基于对回报的期望。无论是在经济活动还是在人际交往中，人们做决定都是因为其认为"有利可图"。但需要注意的是，社会交换并不完全基于个人利益最大化的考量，在交换时，互惠和公平等准则也会发挥作用。

一、理论前提

为了满足生存需求，人类需要直接交换资源或在社会系统的成员之间分配资源。直接交换和分配原则的成立需要满足以下前提条件。

首先是理性选择。趋利避害是人类行为的基本原则。社会交换理论假设人们在社会交往中会根据自身的需求和利益进行理性选择，选择对自己最有利的交换对象和交换方式。这种理性选择不仅体现在对物质利益的权衡上，也体现在对精神、情感等非物质利益的考虑上。

其次，社会交换是一种互惠互利的过程，交换双方都能从中获得一定的报酬和满足感。这种报酬可以是经济资源（如货物、货币、资产、信息等），也可以是社会资源（如友谊、声望、尊重等）。社会交换关系具有双边、交互、互惠的特征，交换的标的及其数量由双方共同决定。

最后，在社会交换中，信任是交换关系得以维持的重要因素。由于社会交换关系具有不确定性——主要体现在不能明确各方是否会对贡献给予回报，因此信任成为交换双方建立长期关系的基础。

行为主义与社会学习理论认为，人们在获取资源时会采取曾经被证明能够获得成功的行为，并期望在当前或未来获得利益。从这个角度来说，人类都是为自我利益服务的。在社会发展的过程中，为了维持公平以及减少剥削，各种各样的社会制度被制定出来，产生了社会规范或社会规则，以规定社会资源应该如何被交换或分配。

第一种常见的类型为直接交换，比如给朋友帮忙之类的行为。直接交换一般由互惠规范指导，接受资源的一方有责任进行回报，在实际的互惠行为发生之前，资源的接受者应尊重和支持资源的给予者。

第二种常见的类型为社会系统内的资源分配，比如企业对员工工资、奖金和其他福利资源的分配。资源分配主要受制度和规则支配，分配的制度和规则主要包括三个方面：一是资源分配的基础，比如个人对组织的相对贡献、需求、地位和平等；二是资源分配的程序，比如个人在分配决策中是否有发言权；三是分配结果的公布方式，比如分配决策者如何解释和公布分配结果。包含这三个方面的分配制度和规则可以增加成员的获得感，如果组织或个人违反了规则，人们就会认为自己受到了不公平的对待，继而可能试图恢复公平，或者更换组织，寻求资源。当组织内的资源分配成功时，稳定的交换关系和社会网络就会形成。稳定性会在一定程度上改变交换规范的重要性，比如，对个人需求的满足可能会超越互惠原则，甚至提高对偏差的容忍度或者说耐受度。

以上关于经济活动的资源交换与社会交换有些许不同。与经济交换相比，社会交换涉及人际信任，更加灵活，并且很少会涉及明确的讨价还价（Stafford，2008）。但经济交换和资源分配中的互惠原则和公平原则，也一样能指导人际交往中的社会交换实践。

二、理论框架

在人际传播中，社会交换理论主要被用来解释人际关系中所涉及的成本和收益，以预测和解释人们的行为。社会交换理论由于其经济学和行为主义的背景，属于后实证主义范式的理论，主要的理论框架为一系列预测概念之间关系的假设或定理。社会交换理论主要由以下几大假设组成（Stafford & Kuiper，2021）。

（一）社会行为的交易性

社会行为在很多情境下都与经济活动类似，也涉及交换。社会交换发生于个人自愿的、相互提供资源之时。资源主要是指能改善个人福祉的物体或者行动，具有效用或价值（Foa & Foa，1976）。社会交换理论中的资源可以是有形的，比如金钱和物品；也可以是象征性的，比如情感和关系地位。个人在进行社会行为时往往会涉及资源的交换，比如经济活动中的金钱和商品交换，人际交往中的礼物馈赠以及互相提供帮助和支持的行为。人际交往中的相互理解和陪伴也可以被看作交换行为。

因为资源与个人福祉有关，所以资源可以作为奖励来刺激或加强行动。奖励的大小会体现在价值上，而价值取决于很多因素。

第一，需求和期望是很关键的因素。资源的价值往往取决于个人当前的需求和期望。例如，与一个有很多社会关系的个人相比，经历过孤独的人可能会更看重他人的陪伴。

第二，资源的价值在一定程度上也取决于市场上的供应和需求，或者也可以称之为稀缺性。一般来说，稀缺资源比丰富资源更有价值。比如，在社会环境中，如果情感支持在一个人的生活中很少见，那么当得到它时，这个人就会更珍惜它。再比如，对于大学生来说，期末考试期间，他们的时间是非常紧张的。如果你的同学在考试周还抽出时间陪你去医院看病，就体现了同学对你的重视。

第三，资源的价值还可能取决于个人最近一次获得资源所用的时间，即满足和剥夺之间的比例。比如，有人天天陪在你身边，而其他人可能很久才会与你见面，那么对于你来说，很久未见的朋友的陪伴所提供的价值就比天天陪在你身边的朋友要大。

第四，文化和社会规范也可以影响资源的价值感知。不同的文化对不同类型的资源有不同的重视程度。在一些文化中，社会地位和家庭义务可能被高度重视；而在另一些文化中，个人成就和自主性可能被优先考虑。

第五，个人评价的优先级会影响资源的价值评估。一个人的价值观和优先级决定了其认为什么是有价值的。例如，优先考虑职业发展的人可能会高度重视师承关系和社交机会，而注重工作与生活平衡的人可能更在意工作条件是否灵活。

（二） 人类的天性是为自我谋求利益

在社会交往中，个体选择与他人互动，往往是出于满足自身利益的动机。他们希望通过互动获得资源或潜在的利益交换机会，因而会根据自己对交换结果的预期决定如何行动。个人会权衡自己行为的潜在收益和成本。例如，在一段友谊中，有人可能会考虑朋友的陪伴、情感支持的好处，以及维持这段关系所需要付出的时间和精力。每个人都希望自己的付出能得到回报。如果有人帮助同事完成了一个项目，他就会期待这名同事将来也会帮助他。这种互惠性其实一定程度上也表明了自利性，因为人们会开展他们认为从长远来看对自己有益的行为。甚至在有些情境下，人们可能会试图以牺牲他人利益为代价来最大化自己的利益。但一般情况下，合作可以使双方都获利。当然，社会交换中的公平、互惠和公正等准则，也会影响个人如何与他人互动。

（三） 人类在交换活动中相互依赖

既然社会交换涉及与社会上具体的个人或者泛化的他人之间的交换活动，那么交换活动本质上就隐含了行动和决定的相互依赖性。相互依赖关系中的权力动态通常是平衡的。例如，如果商业伙伴关系中的一方负责带来客户，而另一方负责管理运营，那么双方都依赖于彼此的优势。这种相互依赖能确保双方都从这种关系中受益，并保持力量平衡。相互依赖的交换活动也需要通过公平来维持。如果关系中的一方觉得自己比另一方贡献更多，就会导致不满意。

处于长期关系中的伴侣，就最大限度地体现了社会交换活动的相互依赖性。以异性恋婚姻关系为例，夫妻双方需要分工合作，其中一方从关系中获取的收益在一定程度上也取决于伴侣的投入或者努力。如果一方要追求事业上的成就，另一方能从照顾家庭中获得成就，那么双方都可以从关系中获益；如果追求事业的一方不能给家庭带来足够的经济支持，那么另一方就不能安心照顾家庭，因为需要给家庭提供经济支持；如果照顾家庭的一方不满足或不愿意负担家庭的运转，那么另一方也不可能追求事业上的成功。

（四）社会交换遵循成本最小化、收益最大化原则

社会交换理论认为，在社会交往中，人们会使用成本和收益来评估人际关系（Roloff，2009）。社会交往需要交往的双方或多方投入时间和精力，而交往所花费的时间和精力，笼统来说，也属于有限的资源。参与社会交往的个体需要把有限的资源分配给交往的对象，而交往在一定程度上具有排他性，这就会涉及对成本和收益的计算，虽然这种计算不总是以可计算的方式进行的，但个体会用关系中的收益减去成本来计算关系的价值（Contractor & Monge，2002）。如果成本小于收益，就意味着个体能从关系中获得价值；如果成本大于收益，就表明个体从关系中得到的价值为负。对价值的评估，继而会影响个体维持或者结束关系的决定。

（五）个人在社会交换中获得收益，同时也负有义务（产生债务）

社会交换理论认为，个人能从社会交换中获得利益，但获利的同时，也需承担责任和义务。在日常生活中，我们在描述人际关系的时候，也会用对等或者是否值得的方式来衡量自己在关系中的投入和收益。拿人际关系中常见的帮忙来说，我们可以请家人或朋友帮忙，但这意味着我们对家人和朋友也负有相应的义务。虽然这一义务不具有强制性，但是互惠和公平等准则会使得朋友请你帮忙时，你需要义不容辞地答应。

三、人际关系中的社会交换

人际关系中的各种互动可以被看作一种符号资源的交换。在人际交往中，个人可以进行符号资源的交换，例如赞美对方的个性和品格；也可以进行符号资源的剥夺，例如羞辱或者取笑对方，从而降低对方的地位。资源的交换有时是积极的，有时是消极的。此外，个人还可以通过人际交往维持和修复关系，尤其是在消极互动发生时。

人际关系中常常伴随着不确定性，这种不确定性会带来各种挑战。为了维持一段稳定的关系，个体需要通过交流和评估努力理解对方，并在必要时

做出一定的让步或包容对方的负面行为。这反映了个人对关系的承诺，这种承诺一定程度上取决于个人在关系开始时就做出的投入、对关系的满意度以及对替代水平的评价。在讨论人际关系中涉及的社会交换时，我们需要分为以下三个部分来完成：社会交换中的人际关系评价，人际关系中的交换过程以及交换的类型与结构。

（一）社会交换中的人际关系评价

个人对所处的人际关系的评价，会影响对关系的维持或者结束的判断。人际关系评价这一概念主要来自蒂博和凯利（Thibaut & Kelley，1959）的相互依赖理论。相互依赖理论认为，对关系的评价会影响我们对关系的决定。而人们对关系的评价取决于对两种感受的评价，一种叫比较水准（comparison level，CL），另一种叫替代比较水准（comparison level for alternatives，CLalt）。

比较水准指的是，个人认为应该从一段关系中获得的收益以及需要付出的成本。以浪漫关系为例，每个人都会对关系给个人带来的好处有所期待，也会对自己需要做出的付出有所估计。诚然，一个人对关系的比较水准的评估会受到个人性格、过去的经历、社会文化等因素的影响，比如现代社会对浪漫关系的刻画就和古代社会有所差异，生活在不同文化和历史背景下的个体也会形成不一样的期待。比较水准可以类比为理想的关系水平。我们在评估关系时，会把现有的关系和理想的关系进行比较，并根据这种比较判断对现有的关系是否满意。

但对关系的评价不只取决于现有和理想之间的比较，还有赖于替代比较水准。替代比较水准指的是，个人在权衡其他可能的替代关系时可接受的最低水平的收益。举例来说，如果一个人认为他现有的关系没有达到他期待的比较水准，但经过考量，目前的关系要比其他潜在可能的替代关系要好，那么他还是很有可能会选择持续目前的关系。

生活中的人际传播

小玲和小刚是一对恋人，他们已经在一起三年了。最近，小玲对这段关系的满意度开始下降。小刚是一个比较内向的人，不喜欢出去旅行，也不太善于表达感情；而小玲一直希望能有更多的浪漫体验，比如一起去旅行、庆祝节日时收到惊喜礼物等。小玲觉得，和小刚在一起的关系水准（70 分）远低于她对恋爱关系的比较水准（80 分）。

与此同时，小玲的同事小李开始频繁约她喝咖啡，分享自己的兴趣爱好。小李是一个风趣幽默的人，喜欢旅行和冒险，刚好和小玲的兴趣一致。小玲开始比较她和小李可能发展的关系（95 分）与她和小刚现有的关系（70 分）。经过一段时间的考虑后，小玲觉得小李可能更符合她对恋爱关系的期待，因此选择结束了和小刚的关系，尝试和小李交往。

比较水准：小玲对理想恋爱关系的期待是充满浪漫体验（80分）。小刚无法满足她的期望，因此小玲对现有关系感到不满意（70分＜80分）。

替代比较水准：小玲将与小李可能发展的关系（95分）作为替代关系，发现其收益远高于现有的关系（95分＞70分）。因此，她认为有更好的选择，决定结束现有的关系。

关系判断：虽然小玲对现有关系的评价（70分）低于比较水准（80分），但她真正做出离开小刚的决定是因为她认为有更好的替代关系（小李提供的95分）。如果没有替代关系存在，即使小刚的表现低于小玲的期望，小玲可能也会选择继续维持这段关系。

与上一个例子类似，我们以100分为满分，假设你对浪漫关系的期待（比较水准）为80分，你目前处在一段恋爱关系中，如果你对这段关系的评价为90分，那么你对现有的关系就是满意的；如果你对这段关系的评价为70分，低于比较水准，但你没有更好的替代关系，那么你虽然不满意，但可能会选择维持现有的关系；如果你有更好的替代关系，那么现有的关系就不稳定，你可能会选择结束这段关系，投入可能的替代关系。

（二）人际关系中的交换过程

相互依赖理论认为，当处于一段关系中的双方共同参与一种行为时，其中一方的行为结果在很大程度上会取决于另一方的行为结果。双方的相互依赖性可能会产生权力，即关系中一方对于另一方的依赖。关系中双方的互动可以被看成一个矩阵，其中双方都有自由做出行为的选择；但是，个人的行为选择也取决于双方共同行为对每个人产生的效果。在人际关系中，权力有两种表现方式。

第一种权力的表现方式为结局控制（fate control），主要是指关系中一方对另一方关系结果的控制能力（Kelley & Thibaut，1978）。在某些情况下，关系的一方比另一方拥有更大的权力，一方的行为选择会影响另一方的结果。举例来说，一对异性恋的情侣，女方对男方提出要求，如果男方不满足，就威胁要和男方分手；如果男方没有更好的替代关系，那么女方威胁分手的行为就会对男方构成结局控制。

第二种权力的表现方式为行为控制（behavioral control），主要是指关系中一方行为的变化可以导致另一方行为的变化（Kelley & Thibaut，1978）。例如，一对异性恋情侣中，女方经常在工作时间给男方打电话，男方可能会放下手上的工作或者中途离开会议与女方通话，在这种情境下，女方就对男方实施了行为控制，具有控制其行为的权力。

相互依赖是一个多维概念，包括双方的相互依赖程度、相互依赖的基础、双方兴趣契合程度、双方的行为是如何随着时间的推移而产生联系以及双方拥有多少信息等。在一些情境中，相互依赖的个体可能会发现自己处于被动的状态，即其所有可能的行为选择都只能带来不好的结果。

为了改善这种被动的状态，个体可以增加行为选择、修改选择产生的结果或进行有回报的长期行为（Stafford & Kuiper，2021）。这些转变源于他在互动过程中产生的认知和情感变化以及他的习惯性反应。改变局面要求每个人都具备了解彼此的能力、动机和性格。为了更好地理解彼此，双方会进行归因活动，在此过程中，他们会试图理解彼此的动机和需求。这个过程还包括分析对方的行为并对其进行推断。重要的是，归因过程可能会受到他们对伴侣的感觉和个人价值观的影响。在交流信息的过程中，个体也会进行自我表露，甚至还有可能会提供不准确的信息，例如撒谎或者威胁。但无论如何，转变有可能帮助个体处理困难的情况和维持关系。

我们举个例子来说明人际关系中的权力作用。比如，你的好朋友请求你去车站帮他接从外地来的亲戚，你有点儿不情愿，毕竟在高峰期去车站接一个素昧平生的陌生人，还要在车上陪对方闲聊，是你不喜欢的事情。你安慰自己，这是你的好朋友在向你求助，出于朋友义气，你应该帮忙。但你转念又想："他为什么非要我帮忙呢？他难道不能找别人吗？再说，我可从来没有给他找过这样的麻烦啊。"说行，委屈了自己；说不行，你又会内疚。可最终，你还是要决定究竟是去还是不去。你在做决定的时候，就会考虑朋友对你的权力、你对朋友的权力以及可能采取的转变方式，以此与朋友协商这一请求帮忙的决定。

（三）人际关系中社会交换的类型与结构

人际关系中涉及多种类型的资源，不同类型的资源可以通过多种方式进行交换。社会交换可能会涉及实物交换，也可能是抽象、无形资源的交换。与经济交换相比，社会交换更加随意，一般不涉及明确的契约，而是靠社会规范和惯例来指导。有形的资源，如金钱和商品，经常在个体之间被转移；而无形的资源，比如友情，双方的友情地位是共享的，不涉及转移。

有的社会交换给予资源，而有的社会交换占有或剥夺资源。例如，人们可以通过赞美来表达尊重，但也可以通过侮辱来拒绝尊重。这两种形式的交换在互惠规范中是显而易见的。积极的互惠规范（如"己所不欲，勿施于人"）鼓励亲社会行为，阻止反社会行为；而消极的互惠规范（如"以眼还眼"）会导致自私和冲突升级。此外，个人可能会帮助他认为需要帮助的人，但如果被帮助的人不想要帮助并将帮助视为对其地位的轻视，则可能会拒绝帮助。

按照交换对象的明确性，社会交换还能被分为直接交换和间接交换。当两个人相互提供资源时，就会发生直接交换（也叫限制性交换）；而当一方获得资源但不向给予者返还资源时，就会发生间接交换（也叫广义交换）。直接交换发生在固定的个体之间，比如你的好朋友出差，请你帮忙照看植物，他出差结束回来时，可能会给你带小礼物或者请你吃饭。而间接交换是不对称的，因为资源不会得到立刻的回报。间接交换有多种形式。在一些广义的交换中，一个人从一群人那里获得资源，但没有任何回报能给任何给予者（例如，匿名捐赠物品给需要帮助的孩子）；或者相反，一个人向一个没有回报的群体提供资源（例如，在遗嘱中指定将财富捐给慈善机构）。

与直接交换一样，间接交换也可能带来义务。在纯间接交换中，获得利益的个体有义务在未来的某个时间为其他未指定的群体成员提供资源（例如，接受输血的人可能会觉得有义务在未来的某个时间向血库捐赠）。或者在链式间接交换中，一组个体以串行方式传递资源（例如，父母投资他们的孩子，孩子使用这些资源来改善孙辈的生活）。间接交换可以增加社会凝聚力，因为群体成员可以相互提供资源，无论是否能直接得到回报。

思考题

1. 社会交换理论如何解释人际关系中的成本和收益？
2. 如何理解社会交换理论中的“互惠性”？
3. 社会交换理论如何解释人们在不同情境下选择合作或竞争的行为？
4. 社会交换中的公平、互惠和公正等准则如何影响人际关系的稳定性？
5. 如何在友谊关系中评估并维持双方的付出与回报之间的平衡？
6. 社会交换理论如何解释职场中的权力动态与相互依赖关系？

实践训练题

小明的朋友小李最近遇到了一些麻烦，他的家人生病住院，需要小明帮忙每天接送他的孩子上下学。小明虽然觉得麻烦，但还是答应了。随着时间的推移，小明逐渐觉得自己的付出没有得到足够的回报，尤其是小李似乎并没有对他的帮助表示特别感激。于是，小明开始考虑是否要继续帮忙。

1. 根据社会交换理论，分析小明在帮助小李的过程中可能经历了哪些成本和收益权衡。

2. 小李对小明的权力是结局控制还是行为控制？请结合案例说明理由。

3. 小明是否可以采取策略来改善目前的状况？请提出两种可能的方式。

4. 假设小李承诺会在将来某个时候通过帮忙或者赠送礼物来回报小明的付出，这种交换属于直接交换还是广义交换？为什么？

5. 如果小明的帮助得到了小李的感谢，而小李又向其他朋友分享了小明的善举，这是否会促进广义交换？请结合相关理论加以说明。

要点小结

- 社会交换理论
  - 核心观点：用成本和收益的概念考察人际关系
  - 理论前提
    - 理性选择
    - 互惠互利
    - 信任基础
  - 理论框架
    - 社会行为的交易性
    - 自利原则
    - 相互依赖
    - 成本最小化，收益最大化
    - 责任与义务
  - 人际关系中的社会交换
    - 社会交换中的人际关系评价
      - 比较水准
      - 替代比较水准
    - 人际关系中的交换过程
      - 结局控制
      - 行为控制
    - 交换的类型与结构
      - 资源类型
      - 积极的互惠规范与消极的互惠规范
      - 直接交换与间接交换

参考文献

Blum-Kulka，S.（1987）. Indirectness and politeness in requests：Same or different？. *Journal of Pragmatics*，*11*（2），131－146.

Brown，P.，& Levinson，S. C.（1987）. *Politeness*：*Some universals in language usage*. Cambridge，UK：Cambridge University Press.

Burleson，B. R.，& Samter，W.（1985）. Consistencies in theoretical and naive evaluations of comforting messages. *Communications Monographs*，*52*（2），103－123.

Contractor，N. S.，& Monge，P. R.（2002）. Managing knowledge networks. *Management Communication Quarterly*，*16*（2），249－258.

Cutrona，C. E.，& Suhr，J. A.（1992）. Controllability of stressful events and satisfaction with spouse support behaviors. *Communication Research*，*19*（2），154－174.

Feng, B., Jang, J. Y., Kim, I., & Wang, B. Q. (2017). Explaining the effectiveness of the integrated model of advice-giving in supportive interactions: The mediating roles of politeness and normativeness. *Communication Quarterly*, *65* (4), 402 - 418.

Feng, B., Jang, J. Y., Pan, W. J., Li, S. Y., & Wang, Q. (2019). Comparing the effects of argumentation and facework on Americans and Chinese' responses to advice in supportive interactions. *Asian Journal of Communication*, *29* (1), 1 - 17.

Feng, B. (2014). When should advice be given? Assessing the role of sequential placement of advice in supportive interactions in two cultures. *Communication Research*, *41* (7), 913 - 934.

Foa, E. B., & Foa, U. G. (1976). Resource theory of social exchange. In J. W. Thibaut, J. T. Spence, & R. C. Carson (Eds.), *Contemporary topics in social psychology* (pp. 99 - 131). Morristown, NJ: General Learning Press.

Goffman, E. (1967). *Interaction ritual: Essays on face-to-face behavior*. New York, NY: Pantheon Books.

Goldsmith, D. J. (2004). *Communicating social support*. Cambridge, UK: Cambridge University Press.

Goldsmith, D. J., & Normand, L. E. (2014). Politeness theory: How we use language to save face. In D. O. Braithwaite, & P. Schrodt (Eds.), *Engaging theories in interpersonal communication: Multiple perspectives* (2nd ed., pp. 267 - 278). Thousand Oaks, CA: Sage.

Gudykunst, W. B., Matsumoto, Y., Ting-Toomey, S., Nishida, T., Kim, K. S., & Heyman, S. (1996). The influence of cultural individualism-collectivism, self construals, and individual values on communication styles across cultures. *Human Communication Research*, *22* (4), 510 - 543.

Hall, E. T. (1966). *The hidden dimension*. Garden City, NY: Anchor Books/ Doubleday.

Holtgraves, T. (1992). The linguistic realization of face management: Implications for language production and comprehension, person perception, and cross-cultural communication. *Social Psychology Quarterly*, *55*, 141 - 159.

Kelley, H. H., & Thibaut, J. W. (1978). *Interpersonal relations: A theory of interdependence*. Hoboken, NJ: John Wiley & Sons.

MacGeorge, E. L., Feng, B., Butler, G. L., & Budarz, S. K. (2004). Understanding advice in supportive interactions: Beyond the facework and message evaluation paradigm. *Human Communication Research*, *30*

(1), 42-70.

MacGeorge, E. L., Feng, B., & Thompson, E. R. (2008). *"Good" and "bad" advice: How to advise more effectively*. In M. T. Motley (Ed.), *Studies in applied interpersonal communication* (pp. 145-164). Thousand Oaks, CA: Sage.

Markus, H. R., & Kitayama, S. (1991). Culture and the self: Implications for cognition, emotion, and motivation. *Psychological Review*, *98* (2), 224-253.

Merkin, R. S. (2006). Uncertainty avoidance and facework: A test of the Hofstede model. *International Journal of Intercultural Relations*, *30* (2), 213-228.

Oetzel, J. G., & Ting-Toomey, S. (2003). Face concerns in interpersonal conflict: A cross-cultural empirical test of the face negotiation theory. *Communication Research*, *30* (6), 599-624.

Rahim, M. A. (1985). Referent role and styles of handling interpersonal conflict. *The Journal of Social Psychology*, *126* (1), 79-86.

Roloff, M. E. (1981). *Interpersonal communication: The social exchange approach*. Beverly Hills, CA: Sage.

Roloff, M. E. (2009). Links between conflict management research and practice. *Journal of Applied Communication Research*, *37* (4), 339-348.

Stafford, L., & Kuiper, K. (2021). Social exchange theories: Calculating the rewards and costs of personal relationships. In D. O. Braithwaite, & P. Schrodt (Eds.), *Engaging theories in interpersonal communication: Multiple perspectives* (3rd ed., pp. 379-390). New York, NY: Routledge.

Stafford, L. (2008). Social exchange theories. In L. A. Baxter, & D. O. Braithwaite (Eds.), *Engaging theories in interpersonal communication: Multiple perspectives* (pp. 377-389). Thousand Oaks, CA: Sage.

Stafford, L. (2017). Social exchange theory: A cost-benefit approach to relationships. In D. O. Braithwaite, E. A. Suter, & K. Floyd (Eds.), *Engaging theories in family communication* (pp. 279-289). New York, NY: Routledge.

Thibaut, J. W., & Kelley, H. H. (1959). *The social psychology of groups*. Hoboken, NJ: John Wiley & Sons.

Ting-Toomey, S., & Chung, L. C. (2005). *Understanding intercultural communication*. Los Angeles, CA: Roxbury Publications.

Ting-Toomey, S. (1999). *Communicating across cultures*. New York,

NY: The Guilford Press.

Ting-Toomey, S. (2017). Conflict face-negotiation theory: Tracking its evolutionary journey. In X. Dai, & G. M. Chen (Eds.), *Conflict management and intercultural communication: The art of intercultural harmony* (pp. 123 - 143). Abingdon, UK: Routledge.

Ting-Toomey, S. (1994). Face and facework: An introduction. In S. Ting-Toomey (Ed.), *The challenge of facework: Cross-cultural and interpersonal issues* (pp. 1 - 14). Albany, NY: State University of New York Press.

Ting-Toomey, S., Gao, G., Trubisky, P., Yang, Z., Kim, H. S., Lin, S. L., & Nishida, T. (1991). Culture, face maintenance, and styles of handling interpersonal conflict: A study in five cultures. *International Journal of Conflict Management*, *2* (4), 275 - 296.

Ting-Toomey, S. (1988). Intercultural conflicts: A face-negotiation theory. In Y. Y. Kim, & W. B. Gudykunst (Eds.), *Theories in intercultural communication* (pp. 213 - 235). Newbury Park, CA: Sage.

Ting-Toomey, S., & Kurogi, A. (1998). Facework competence in intercultural conflict: An updated face-negotiation theory. *International Journal of Intercultural Relations*, *22*, 187 - 225.

Ting-Toomey, S., & Takai, J. (2006). Explaining intercultural conflict. In J. Oetzel & S. Ting-Toomey (Eds.), *The Sage handbook of conflict communication* (pp. 691 - 723). Thousand Oaks, CA: Sage.

Ting-Toomey, S. (2005). The matrix of face: An updated face-negotiation theory. In W. B. Gudykunst (Ed.), *Theorizing about intercultural communication* (pp. 71 - 92). Thousand Oaks, CA: Sage.

Wilson, S. R., Aleman, C. G., & Leatham, G. B. (1998). Identity implications of influence goals: A revised analysis of face-threatening acts and application to seeking compliance with same-sex friends. *Human Communication Research*, *25* (1), 64 - 96.

第九章

关注关系的人际传播理论

本章介绍的理论聚焦人际关系的建立、发展与维持，探讨关系在人际传播中的核心地位。人际关系不是简单的交流过程，而是涉及复杂情感、信任、依恋和冲突的互动。本章通过几个关键理论，帮助读者理解人们如何在互动中构建和管理关系，以及如何在面对矛盾时调适关系。

关系辩证法理论解释了人际关系中的对立与平衡。这一理论认为，关系并非静态，而是充满了矛盾的动态过程，例如亲密与独立、开放与隐私之间的张力。人们在关系中不断处理这些对立的需求，通过妥协与调整来维持关系的健康发展。

依恋理论探讨了早期依恋模式如何影响个体在成年期的人际关系。根据这一理论，人们在幼年时期与照顾者建立的依恋类型会对其成年后的亲密关系产生深远影响。理解依恋理论能够帮助读者认识到个人在关系中的行为模式和情感反应，学会更好地管理亲密关系中的依恋需求。

社会信息处理理论与超人际传播模型分析了数字化背景下的人际关系，特别是在虚拟空间中的互动如何影响人际关系的形成与发展。与传统面对面交流不同，在线互动存在时间、表情符号等非言语线索的缺失，这使得关系的建立过程更为复杂。社会信息处理理论能帮助读者理解，尽管在线互动缺乏面对面交流的直接性，但人们仍然能够通过长时间的互动、信息交换和信任建立，形成深厚的人际关系，甚至由于新媒体的某些特性形成超人际的关系。

理解这些理论不仅能帮助读者在复杂的关系中做出明智的选择，还能促使他们更有效地处理关系中的冲突、依恋和沟通问题，从而建立更稳固和谐的长久关系。

第一节 关系辩证法理论

每天学点人际传播

意大利著名长篇小说《我的天才女友》，讲述了两个女主人公埃莱娜和莉拉的成长。故事开始于她们共同的童年，莉拉以其非凡的才智和独特的个性吸引了所有人的注意，包括她的好友埃莱娜。虽然两人性格截然不同（莉拉充满激情与不羁，埃莱娜则更加稳重和勤奋），但她们之间建立了一种深厚的友谊。这种友谊让她们在成长的过程中始终保持着紧密的联系，尽管她们在追求个人梦想和目标的道路上各自为营。

随着时间的推移，两人之间的关系在竞争与合作中得到了进一步的升华。莉拉在文学和社交方面的天赋让埃莱娜感到既钦佩又有一丝不安，她开始更加努力地学习，希望能在某些方面与莉拉并驾齐驱；而莉拉虽然看似对竞争毫不在意，但实际上也在默默关注着埃莱娜的成长，并在关键时刻给予她鼓励和支持。她们之间的竞争并不是敌对的，而是激发了彼此更大的潜力，共同推动着对方向前发展。

然而，就像所有复杂的人际关系一样，埃莱娜和莉拉之间也免不了会出现矛盾和分歧。她们在对待生活、爱情和未来的态度上存在着差异，这些差异逐渐导致了她们之间的争执和误解。这些争执和误解让她们的关系一度陷入了僵局，但幸运的是，她们并没有选择逃避或放弃。相反，她们勇敢地面对彼此之间的不同，通过坦诚的沟通和相互理解，逐渐找到了解决问题的方法。

人际关系中充满着矛盾，我们一方面渴望和他人建立信任、相互依赖，另一方面又渴望独立和自由。关系辩证法理论就是通过解释人际交往中的辩证，来分析关系的建立、维持和消亡。

关系辩证法理论最早由美国传播学者莱斯利·巴克斯特（Leslie Baxter）与芭芭拉·蒙哥马利（Barbara Montgomery）在《关系：对话与辩证法》（*Relating: Dialogues and Dialectics*）一书中提出，她们认为，人际关系时刻处在矛盾的紧张状态中（Baxter & Norwood，2014），这种矛盾的紧张状态与人际关系共生，无法排除，无法消解。在该理论刚被提出之时，巴克斯特和蒙哥马利将其视作诠释经验主义范式的理论。但在2011年，巴克斯特（Baxter，2011）在她独立撰写的专著中又进一步修正了该理论，并且明确地提出，关系辩证法理论应该被视为对话理论。其和前一个版本的理论论述有着本质的区别，具体体现在对矛盾的建构、传播的互文性和互动性、权力分配不平等等问题的关注以及批判话语分析的转向上（Scharp & Thomas，

2021)。

在介绍关系辩证法理论的具体内容之前，我们还需要明确，该理论在很大程度上受到了俄罗斯哲学家米哈伊尔·巴赫金（Mikhail Bakhtin）的影响，他最早使用了言语传播（speech communication）一词（Bakhtin，1986），并且在语言哲学上完成了语言解构，开展了语言表达帮助个体组织经验的研究。巴赫金认为，人类的社会生活是由众多声音的公开对话组成的，人类通过与他人交流获得经验，自我通过和他人互动得以建立。

关系辩证法理论中的“辩证法”强调了巴赫金所指的意义创造是竞争和对立的话语中间的一种斗争，即巴赫金所谓的向心或离心的斗争。话语是一个意义系统，或者说是一种理解语言和其他表达形式的统一方式（Bakhtin，1986）。不同话语或意义体系之间的不一致会造成紧张甚至冲突，这会对人际关系中的传播者构成挑战。这里需要注意，关系辩证法理论中所说的矛盾或者斗争，指的是冲突话语之间持续的相互作用。这不同于黑格尔辩证法中的对立力量，比如黑格尔辩证法中的正题—反题—合题的变化。

一、理论前提

关系辩证法理论主要建立在以下几个前提之上。

首先，人际关系是辩证的，不是单一维度或者双重维度的。单一的矛盾观（一元的取向）将矛盾视作非此即彼的关系，矛盾的双方是一个箭头的两端，人际关系要么亲密，要么疏远，矛盾的双方互相排斥。双重的矛盾观（二元的取向）将矛盾视作两个层面，矛盾的双方是两个连续体，可以在两个平行、不相交的连续维度上游移，彼此之间没有联系。而辩证的取向将矛盾的双方看作同时共存的观点之间的相互斗争，这种斗争起起伏伏，有时候矛盾的这一方占上风，有时候矛盾的那一方占上风，持续进行（Baxter & Montgomery，1996）。

其次，关系的发展不是线性的，而是随时会变化。和社会渗透理论将关系视作持续的、线性的发展过程不同，关系辩证法理论认为关系的发展是起起伏伏的，始终存在变化，并且难以预测。

再次，矛盾的存在是人际关系形成的基础。在关系辩证法理论看来，人际关系中的矛盾始终存在，虽然在人际关系发展的某个阶段或者某个时刻，矛盾可以得到一定程度的缓解，但永远无法被调和。甚至，关系辩证法理论认为关系中不存在动态的局部平衡，混乱、变化永远存在于人际关系中。

最后，人际传播的目的是组织和协调人际关系中的种种矛盾。虽然矛盾无法被调和，但人际传播可以通过协调和协商矛盾双方的观念、行动，实现辩证统一（Baxter & Montgomery，1996）。

生活中的人际传播

小明和小美是一对恋人，他们非常相爱，但在相处过程中也面临着关系辩证法中的三大矛盾：自主/依赖、表达/隐私以及稳定/变化。

起初，小明和小美喜欢"黏"在一起，每天都要通电话，分享生活中的琐事。但交往一段时间后，小美感到有些压抑，她希望有自己的时间去做喜欢的事情，比如画画和参加瑜伽课。一次，小美提出减少每天通话的时间，这让小明感到失落，觉得两人变得不再亲密了。但小美解释说，这是为了让两人各自有独立的成长空间。小明最终理解了小美的想法，也开始在独处的时间打篮球。这样一来，两人反而更珍惜相处的时光。

小明非常关心小美的生活，经常主动询问她的工作进展和朋友之间的交往情况。有一次，小明问起小美和某名异性同事的关系，小美觉得有些不自在，选择避开了这个话题。她觉得自己需要保留一点儿隐私，而不是把一切都告诉小明。小明起初有些不理解，认为这是对他的不信任。后来，在一次沟通中，小美坦白说，这并不是刻意隐瞒，而是希望保留一些属于自己的空间。

他们的日常生活有很多固定的模式，比如每周五一起在家看电影、周六早上一起去超市购物。尽管这让他们感到熟悉和舒适，但时间一长，小美觉得有些单调，于是，她提议改变周末的安排，比如去短途旅行或尝试新的餐厅。小明起初觉得这样的改变不太必要，但在尝试了几次新活动后，他发现两人之间的关系因此焕发了新的活力。

这个案例说明，在亲密关系中，自主和依赖之间的矛盾会促使双方找到独立与亲密的平衡点，表达和隐私之间的张力让他们学会尊重彼此的界限，稳定和变化的对立则推动他们共同探索新鲜事物。当然，案例中描述的是理想的情形，在实际生活中，如果处理不好这几对常见的矛盾，人际关系就会受到负面影响。如果一方过于依赖另一方，可能会导致对方感到压力，从而降低关系满意度；反之，过度强调自主性又可能让另一方感到被忽视，甚至导致情感疏离。如果一方过于保守隐私，不愿表达自己的感受和想法，另一方可能会感到被排除在外，导致信任破裂或不安全感；反之，如果隐私得不到尊重，过度的"透明化"可能会让对方感到窒息和缺乏安全感。这要求双方在相处中做到动态调整：根据不同阶段的需求，对独立性、表达欲和活动模式做出调整。通过坦诚的对话，理解对方的感受和边界，在面对矛盾时，找到能够让双方都感到满意的解决方案，推动关系向更高质量的方向发展。

二、理论核心命题

在关系辩证法理论看来，作为人类，我们关于周围世界和社会的知识不是简单地通过对周围客观事实进行无偏倚的观察得到的，而是被语言建构并通过社会交往等日常活动获得的；这种知识不仅会受到历史语境等的影响，还和行动互相配合，产生新的知识（Burr，2003）。关系辩证法理论虽然借鉴了很多来自社会建构主义的理论，但其与社会建构主义存在着根本不同。相对于社会建构主义强调个人层面上感知到的、所谓作为旁观者的知识，关系辩证法理论更强调社会行动中的、作为参与者的知识。关系辩证法理论将不确定性概念化为希望和创造力的动力，而不是一种需要被管理甚至要被消灭的不适，认为传播者是构建甚至重建意义的行动者（Baxter，2011）。

关系辩证法理论一共有四大核心命题。

命题1：意义来源于话语以及对抗性话语的相互作用。

传播中普遍存在着充满张力的对抗性话语斗争，虽然斗争经常反映在人际关系中，但关系辩证法理论认为，这里的斗争不是个人层面上的斗争，而是社会性的话语对抗。不同的话语反映的是不同的意义系统。话语的本质是语言，而语言同时具有字面意思和引申意思。使用某套话语，就表示使用了这套话语包含的字面意思和引申意思。

在人际传播中，交流的双方会使用各种对抗性话语，例如群体/个人、包容/排斥、在场/缺席等。不同的个人所使用的不同的话语，都同时嵌入在多个可能的字面意思和引申意思中。在人际传播的大部分情况下，话语的意思是不言而喻的，但有些时候则需要明确和重申。在谈话中，双方需要确认各自的诉求，以获得使用话语的合法性。例如，父母在管教孩子的时候，经常会强调这是出于对孩子的爱。这一行为和话语的本质是父母在努力完成对后代的良好教育，而良好的教育就同时包括了爱与罚两个主题（Baxter et al.，2021）。

话语，是包含对给定的语义对象进行价值判断的意义系统，这一意义系统会通过一对对辩证关系，例如好/坏、道德/不道德、纯洁/肮脏等，来进行价值判断。例如，父母在惩戒孩子时使用的“出于爱”的话语，就隐含着对爱的定义和价值判断。其中可能引申出来的问题包括：父母对孩子的爱究竟意味着什么？是无条件的包容，还是有条件的包容？爱一定意味着喜爱和奖励，还是也包含了惩罚？在对话语进行界定的时候需要注意，并不是一种话语里所有的主题都必须要在一次表达中被全部体现，而是要关注话语和话语在多次表达中共同出现的情况，由此判断语义对象究竟属于哪一种话语。

命题2：话语在共时和历时的维度上相互渗透。

关系辩证法理论认为，意义涌现于传播过程中的具体时刻；但意义是流动的，在根本上无法被确定，同时也是下一个具体时刻的竞争目标。也就是说，意义不仅是流动的和无法确定的，而且是话语竞争的目标。在交流中，人们一方面会不断尝试通过话语来塑造和传达自己的意义，另一方面也会努力理解和解读他人的意义。这种话语竞争是关系动态性的重要体现，甚至在某些情况下，意义还可能成为权力关系的体现：通过控制话语的解读和传播，个体或群体可以在关系中占据主导地位，从而实现自己的利益和目标。在人际交流的过程中，双方随时共同建构意义，新建构的意义既能替代之前的意义，也能重申之前的意义，或者和之前的意义结合，重建新的意义。所以，意义在共时和历时的维度上相互渗透。

话语不应该被孤立地理解，而应该被当作话语链来理解。例如，想要理解父母在惩戒孩子时使用的“出于爱”的话语，就需要了解这一话语是否是家庭日常对话的一部分，以及不同家庭成员对这一话语的预期。如果“出于爱”的话语在过去的亲子关系中经常被使用，那我们就需要参考过去的亲子关系和亲子沟通方式，从而了解过去使用的话语如何影响当下使用的话语中的意义形成。具体来说，父母在惩罚孩子的时候会说“我这么做是为你好”“我打你是因为爱你”等直接话语，而隐藏在话语背后的真正意图是借助自己作为父母的权威，通过惩戒来纠正孩子的行为，促进其成长。如果类似的话语在过去的亲子互动中经常以父母惩戒的方式被表达，那么孩子逐渐就会理解父母的行为动机，而孩子上一次选择的应对方式，比如接受或者反抗，又会影响父母下一次如何使用这一话语。

命题 3：斗争性话语相互渗透，继而构成社会现实。

关系辩证法理论认为，传播建构社会现实，而不是客观呈现现实。社会现实并非完全客观的存在，而是通过人与人之间的传播和互动被不断建构和再建构的。这意味着，我们所理解和体验的社会现实在很大程度上受到了我们与他人交流方式的影响。人们通过语言、符号、行为等方式，不断地建构和传达对世界的理解和解释，从而共同塑造出一个共享的社会现实。个人的表达不是由其过去的经历构成的，恰恰相反，是表达构成了经历（Baxter, 2011）。个人的表达也不是简单地反映其过去的经历，而是与经历相互交织、相互影响。在表达过程中，人们会根据自己的主观意愿、价值观和文化背景，对经历进行选择、加工和重塑。通过表达，人们不仅传递了信息，还创造了意义。这些意义不仅丰富了我们的个人经历，也构成了我们与他人共享的社会现实的一部分。因此，表达在某种程度上构成了我们的经历，并影响着我们对世界的理解和感知。

在话语建构社会现实这一命题上，关系辩证法理论和象征互动论有很多相似之处。社会心理学框架下的理论一般认为，个人的性格、态度、信念、社会角色、社会地位甚至传播目标都是先于传播而存在的，即参与传播活动的双方分别带着个人的特征进入传播互动。与象征互动论认为自我建立与他人互动的观念类似，关系辩证法理论认为，个人的身份是通过与他者的互动形成的。他者是流动的、不固定的，在日常生活中，我们会遇到不同的他者。正是通过与他者的传播与互动，我们了解了自我与他人的差异，这种差异通常体现在话语上，而话语上的差异构建了我们的意识和身份。

命题 4：不同的话语享有不平等的地位。

意义系统在意义生成过程中通常具有不平等的权力。过去的意义是当前和未来意义形成的语义先例。因此，意义生成与其说是语义民主的体现，不如说是语义不平等之间的斗争，这一斗争存在于通常被认为理所当然的意义系统（向心话语，又译聚合性话语，从话语链中继承的中心地位）与可被替代的、更边缘化的意义系统（离心话语，又译分散性话语）之间（Baxter et al.，2021）。

向心话语指的是在对话过程中，对话者的不同立场或观点能够逐步消解在一个合意中，最终获得一个相对统一或正确的答案。这种话语类型强调对话的聚合性和一致性，旨在通过合理的讨论和协商达成共识。向心话语有助于减少对话中的分歧和冲突，提高对话的效率和效果。通过逐步消解不同立场和观点，对话者能够更快地找到共同点，并在此基础上形成更加统一和明确的结论或决策。然而，向心话语也可能导致对话中的某些声音被忽视或压制，特别是当某些立场或观点在对话中处于弱势地位时。因此，在追求共识的过程中，需要保持对话的开放性和包容性，确保所有对话者的声音都能得到充分的表达和尊重。

离心话语，即对话中的每一个主张都具有多元性和独立性，不会简单地消解在一个合意中。这种话语类型强调对话的分散性和多元性，认为对话中的不同立场和观点都应该得到充分的展示和尊重，而不是被强制性地统一或消解。离心话语有助于促进对话的多样性和创新性。通过展示和尊重不同的立场和观点，对话者能够拓宽思维视野，激发新的思考和灵感，从而推动对话向更加深入和全面的方向发展。

向心话语和离心话语的说法参考了物理学术语中的隐喻。物体在弯曲路径上的运动方式，是同时向中心拉和从中心往外推的力的组合。向心话语在隐喻上处于中心，当其他意义系统试图远离这些中心时，它们就会指向中心。作为处于中心的主导话语，向心话语依赖于来自更边缘的离心话语的运动，以实现其中心性，正如离心话语也需要向中心做出对应的反应一样，向心话语和离心话语相互依赖。向心话语和离心话语并不是相互排斥的，而是可以在同一对话过程中并存和相互作用的。在某些情况下，对话可能先经历离心阶段，展示和讨论不同的立场和观点；然后逐渐转向向心阶段，通过协商和妥协达成共识。这种向心话语和离心话语之间持续相互作用的状态就是对话（Baxter，2011）。

三、话语链与话语分析

关系辩证法理论在实际运用中，采用了巴赫金提出的复调分析（又译对位分析，contrapuntal analysis），一共分为以下五个步骤（Baxter，2011）。

第一步，选定分析的语义对象（语义客体）。确定分析的语义对象非常重要，因为一段文本、一篇文章、一部电影的情节中会包含多个语义对象，研究者可以从多个角度对同样的文本进行不同意义的分析。明确分析的语义对象，可以帮助研究者聚焦相关的话语。

第二步，选定文本。为了分析相关的话语，还需要选定分析文本。举例来说，如果想分析某个公众人物演讲中的厌女倾向，那么其演讲的内容就是分析文本，而内容中所体现出的厌女倾向就是语义对象。在不同的文本之间进行比较，我们就可以发现，有些文本由于体现了不同的甚至竞争性的话语，因此比其他的文本更值得分析（Bakhtin，1986）。在人际传播研究中，研究者经常会对谈话中的叙事（如反映多方观点的人际关系故事）、狂欢节式的创作（如对主流或者占主导地位的观点的嘲弄或曲解）或人际关系的仪式（如婚礼）等进行分析（Baxter，2011）。

第三步，找出文本中的话语。话语是一种意识形态、一组相互关联的思想。回到父母在惩戒孩子时使用的“出于爱”的例子，所谓惩罚是出于对子女的爱的话语，既包含了父母对子女的疼爱，也包含了对子女的惩罚。这一说法可能来自特定的文化和历史，“出于爱”是仅面向家庭成员中的子女的，父母可以对家庭成员之外的个体行为毫不在意，但很在意子女的表现；“出于爱”是和父母或者家庭中的家长这一身份绑定的；是一种对惩罚行为的正名，反映了爱的前提和条件；“出于爱”还反映了中国文化中特有的家庭关系，所谓“子不教，父之过”的观念深入人心。话语受到文化影响，但同时也影响人际传播中人们使用的言语。

话语分析中的言语（utterance），可以是故事的形式，也可以是简短的回答。作为谈话的交替，言语强调行动中的语言，是对之前说过的话的回应，以及对未来回应的预期。这再一次印证了话语本质上是关系性的，或者说是互文性的，话语从来不是孤立的，而是嵌入在话语链中的（Bakhtin，1986）。

关系辩证法理论作为一种基于批判性话语分析的理论，其核心就在于基于话语链的批判性话语分析。巴赫金认为，传播是由连续的信息连接构成的，信息之间有链条一样的连接，这种信息组成的连接也被称为互文性。当话语链上出现意义的冲突时，就可能产生（话语的）斗争。首先，话语的差异可以体现在言语的相对关系位置（远端/近端）上，比如，对文化群体中一般成员的话语就代表了远端的联系，而对特定或者特殊人际关系的话语则代表了近端的联系。其次，话语的差异还可以体现在言语的相对时间先后顺序（已说/尚未说）上。所有话语既是对之前说过的话的回应（已说的连接）；也是对未来回复的预期（尚未说的连接）。

根据以上两个维度，常见的话语斗争可以划分出以下四种类型，包括远端已说（the distal already-spoken）、近端已说（the proximal already-spoken）、近端尚未说（the proximal not-yet-spoken）、远端尚未说（the distal not-yet-spoken）。为了更清晰地理解话语斗争的四种类型，我们可以从时间维度、空间维度和认知维度来进行分析。表 9－1 详细说明了这四种话语类型在不同维度上的特点。

表 9－1　四种话语类型的特点

类型	时间维度	空间维度	认知维度
远端已说	过去	远离当前对话场景（历史、背景、先前讨论等）	已知信息，作为对话的基础或前提
近端已说	现在	当前对话场景中已提及的内容	当前讨论的直接依据、共识或争议点
近端尚未说	未来	预计在当前对话场景中即将被提及的内容	预期讨论点，待探索或确认的信息
远端尚未说	未来	远离当前对话场景但未来可能涉及的内容	潜在的知识或信息，目前不在讨论范围内但可能相关

远端已说指的是在过去已经发生或已经被提及，在当前对话场景中可能不是直接焦点，但作为背景或前提存在的话语内容。在人际传播中，这些话语构成了交流双方共同的认知基础，影响着他们对当前话题的理解和反应。话语斗争在这一层面可能表现为对远端信息的真实性、准确性或相关性的质疑和讨论。

近端已说指的是在当前对话场景中已经被提及或讨论过的话语内容。这些话语是当前对话的直接组成部分，体现了人际传播参与者之间的即时互动。话语斗争在这一层面可能表现为对近端信息的解释、反驳、补充或修正。

近端尚未说指的是在当前对话场景中尚未被提及，但预计将在接下来的讨论中被提及或讨论的话语内容。这些话语代表了对话的潜在发展方向或预期结果。话语斗争在这一层面可能表现为对即将出现话题的预设、期待或焦虑，以及如何通过策略性地引入或回避这些话题来影响对话的走向。

远端尚未说指的是那些远离当前对话场景，但可能在未来某个时间点成为讨论对象的话语内容。这些话语可能涉及更广泛的社会、文化或历史背景。在人际传播中，远端尚未说的内容虽然不直接影响当前的对话，但可能通过信息发出者和接收者的共同认知框架、文化背景或社会经验而间接地发挥作用。话语斗争在这一层面可能表现为对潜在话题的预设、引导或避免，以及如何通过构建共同的文化背景或认知框架来影响对话的深度和广度。

关于话语斗争，特别需要强调的是，这些话语斗争发生在意义系统之间，而不是人与人之间。因此，话语斗争不等同于人际冲突，不要简单地把抽象的话语层面的斗争处理为人与人之间的斗争或冲突。

第四步，分析文本中的独白和对话转换的相互作用。独白指的是某种话语压倒其他话语的情况，如果只有独白，就没有意义的存在。在关系辩证法理论看来，意义是在话语斗争中产生的，如果没有斗争，就没有意义。对话转换是指在对话过程中，由于话题的深入、语境的变化、情感的波动等因素，对话的焦点、内容或形式发生的变化和调整。在关系辩证法理论中，对话转换被视为管理紧张关系、促进沟通和理解的关键手段。通过对话转换，参与者可以调整对话的方向和重点，以适应关系发展的需要，解决潜在的问题或冲突，从而维护和发展健康的关系。要理解对话转换的方式和过程，还需要参考前文中关于向心话语和离心话语的物理学隐喻。

关系辩证法理论认为，对话转换经由两个过程来完成：一是历时分离，二是共时相互作用。历时分离包括循环交替和细分。当意义随着时间流动而发生变化时，就出现了循环交替；当一种话语和另一种话语对齐或者说重叠时，就出现了细分。经由这两种方式，对话的焦点就从一个话语转移到了另一个话语。

共时相互作用指的是在一个言语单位中，不同的话语会共同出现。在复调分析中，常见的话语斗争主要体现在以下四个维度上，分别是合作/对抗、直接/间接、严肃/活泼、辩论/变革。当对话中的两个人使用不同的话语时，他们就会进行对抗性的（话语）斗争，非对抗性体现在多种话语在一个言语单位中竞争出现。直接和间接的区别体现出的是话语的模糊性。在人际交往中，我们经常可以观察到，人们在提出要求时经常会采用间接或者闪烁其词的方式。严肃与活泼的差异经常会体现在前文提到的狂欢节式的文本或修辞中。狂欢节式的修辞通过对主流话语的戏谑和嘲讽，来挑战其至高无上的地位，这些漫不经心的行为和严肃刻板的意识形态表达之间形成了鲜明的对比。辩论和变革的差异体现为，辩论指的是话语通过娱乐、反对或者否定的方式进行斗争，而变革指的是话语通过混合的方式完成全新的意义生成。

第五步，将上一步的分析结果应用于日常生活的话语实践中，挑战习以为常的固定意义。再一次回顾前文提到的父母在惩戒孩子时使用的“出于爱”的例子，这一话语建构可能会被其他期待性的话语挑战。虽然父母与子女之间的养育关系无法被替代，但家庭可以尽量创造出一种环境，让父母和子女都有机会发声，甚至在家庭中改变“出于爱”这一说法的外延，从而达到和解与疗愈。

复调分析的过程较为复杂和抽象，我们举一个具体的例子来说明。假设有这样一段对话发生在情侣小张和小王之间，其中小张想在周末回父母家探亲，而小王更喜欢二人在家共度周末。

（1）对话中的声音。

小张：“我想这个周末去拜访我的家人。我们好久没去看望他们了，这对他们来说意义重大。”

观点：强调家庭关系和与大家庭分享经验的重要性。

小王：“我真的很期待我们俩在一起的时光。我们已经很久没有过一个属于自己的周末了。”

观点：关注私人时间和夫妻之间的亲密关系需求，远离外部义务。

（2）对位的交互。

世界观对比：小张重视家庭关系和探亲的社会义务，认为这是一种品格的培养和必要的活动。小王看重个人时间和夫妻之间的亲密关系，认为独处时间对维持他们的关系至关重要。

意识形态冲突：小张的声音带有一种承担家庭义务，以及维持大家庭关系的意识形态色彩。小王的声音体现了关注个人和自我照顾的意识形态。这种话语斗争反映了关于家庭和夫妻关系的更广泛的社会规范与个人价值观之间的冲突。

（3）话语斗争的四种类型体现。

小张（远端已说）：“咱俩在一起之后，总是在周末拜访家人。保持这一传统是很重要的。”

这反映了影响小张观点的文化和家庭规范。

小王（近端已说）：“上周末，你还说我们最近都没怎么过二人世界了，我也有这种感觉，所以我真的很期待我们俩一起度过的这个周末。”

这表明最近的讨论及其表达的需求，影响了小王目前的立场。

小张（近端尚未说）：“我知道你很珍惜我们在一起的时间，我不想让你觉得我忽视了你。要不我们花半天时间去看看我父母，剩下的时间咱俩在一起？”

小张预测了小王的潜在担忧，并相应地调整了提议。

小王（远端尚未说）：“行吧，那这次先这样。如果时间安排合理，既能陪你父母，又能有二人时间的话，我们以后也可以这么做。”

小王提出了一个面向未来的解决方案，可以为处理类似情况树立先例。

（4）独白和对话转换。

在独白式互动中，一方的声音主导了对话，潜在地忽视或边缘化了另一方的观点。

小张的独白：“这个周末我们必须去拜访我的家人。这很重要，我已经决定了。”

小王的独白：“我只想和你一起过周末。我们需要二人时间，我不想再和你讨论到底要不要去陪你的家人。”

对话转换发生在双方的声音相互作用、相互回应，并影响对话结果的时候。

观点识别：

小张："我知道你想让我们有更多的时间在一起。"

小王："我也明白为什么拜访你的家人对你来说很重要。同时，我也期待我们单独在一起的时光。"

谈判与妥协：

小张："我们周六去我爸妈家，把周日留给自己怎么样?"

小王："也好。周六和家人在一起，周日自己过也不错。"

（5）创造新的意义和解决方案。

通过上面二人可能的对话我们可以看出，这两种声音是不同的，没有被纳入一个统一的观点。双方的观点都是有效的，在对话中都有分量。这种互动是动态的，每一方都对对方的发言做出了回应，并影响了对方的回应，这样来来回回，创造了多层次的对话。双方都根据对方的意见调整自己的立场，表现出愿意为达成双方满意的结果而改变自己立场的态度。对话导致了新的解决方案或妥协的发展，这些解决方案包含了双方最初独立观点中的诉求，同时也考虑了对方的想法。关系中的权力动态是不稳定的，可以通过持续的对话重新协商。权力的平衡可以根据双方如何协商他们的需求和价值观而改变。有效的沟通通常包括在表达自己需求的同时，认识并确认对方的观点。

思考题

1. 人际关系中的矛盾如何通过人际传播来协调和协商？请举例说明。

2. 在关系辩证法理论中，知识和行动是如何相互配合产生新知识的？

3. 如何理解"意义来源于话语以及对抗性话语的相互作用"？请分析一个具体的人际传播场景。

4. 为什么话语不应该被孤立地理解，而应该被当作话语链来理解？

5. 社会现实是如何通过人际传播被建构和再建构的？

6. 在人际传播中，独白和对话如何相互作用？它们对意义建构有何影响？

实践训练题

小明和小丽是一对恋人，他们的关系很亲密，但也因为各自不同的需求而产生了一些矛盾。以下是他们的日常对话片段，体现了两人在不同张力中的互动。

对话1：

小丽："我想每天晚上都和你聊天，这样我们可以更亲密一点。"

小明："但我也想留点时间做自己的事，比如打游戏或者看书。"

对话 2：

小丽："今天我看到你和前同事在聊天，聊什么呢？"

小明："没什么重要的，只是一些工作上的事。我不太喜欢把这些都拿出来说。"

按照复调分析的五个步骤，对上述对话进行分析。

1. 在两段对话中，识别每对张力的两个对立极，并简要解释它们的冲突点。

2. 在上述情境中，小明和小丽是如何应对这些张力的？他们的回应是尝试综合张力，还是倾向于满足某一方的需求？请结合具体对话内容进行分析。

3. 在小明和小丽的互动中，有没有某些对话体现了对张力的隐含回应（例如，暗示某种妥协或反抗）？请指出具体对话片段并说明。

4. 小明和小丽间的张力是否处于循环交替、同时共存或优先侧重其中一极的状态？请结合情境分析动态关系。

5. 根据复调分析，设计一个对小明和小丽间的张力进行有效调解的策略，使两人可以更平衡地满足彼此的需求。

要点小结

- 关系辩证法理论
  - 人际关系中的矛盾与紧张状态
  - 米哈伊尔·巴赫金的语言哲学——言语传播与对话的观念
  - 前提
    - 人际关系辩证状态
    - 矛盾基础
  - 核心命题
    - 意义来源于话语以及对抗性话语的相互作用
    - 话语在共时和历时的维度上相互渗透，意义在交流中不断被建构和重塑
    - 斗争性话语相互渗透，共同建构社会现实，表达构成经历并影响对世界的理解
    - 不同的话语享有不平等的地位，向心话语和离心话语在对话中并存并相互作用
  - 话语链与话语分析
    - 语义对象
    - 文本—话语斗争
      - 远端已说
      - 近端已说
      - 近端尚未说
      - 远端尚未说
    - 话语
    - 独白与对话转换
    - 日常生活应用
  - 权力动态——对话中的权力动态不稳定，可通过持续的对话重新协商

第二节　依恋理论

每天学点人际传播

小明、小丽、小杰和小娜是好朋友，他们关系密切，经常在一起聊生活、聊感情。他们目前处于不同的恋爱阶段，每个人的情感表现明显不同，反映了各自的依恋模式。

小明和他的女朋友交往三年，感情稳定。他们之间沟通顺畅，即使有矛盾，也能够冷静地讨论并解决问题。小明认为："如果我们之间出现了问题，我会直接和她说，我相信她也会一样。"他感到自己在恋爱中既能给予对方自由，又能获得对方的信任和支持。

小丽刚和男朋友交往半年，但总是对这段关系感到不安。小丽会频繁给对方发消息，如果男朋友几分钟内不回复，她就开始胡思乱想，担心对方不爱她了。她总是说："我真的害怕他会离开我，所以我必须确认我们的关系一直是好的。"小丽的焦虑让她渴望更多的关心，但这种需求有时会让男朋友感到压力。

小杰刚结束一段短暂的恋情，他觉得恋爱让人太过依赖，妨碍了自己的独立生活。他常说："我觉得自己一个人也挺好的，恋爱有时候让我喘不过气。"在恋爱中，他习惯回避深度的情感交流，也不愿向对方分享自己的感受。最终，他的女朋友觉得难以靠近他，两人分手。

小娜的恋爱生活起起伏伏。有时候她表现得很热情，甚至让对方觉得她过于依赖，但有时候她又突然变得冷淡，对亲密关系感到排斥。她解释道："我其实很想靠近对方，但一旦他对我太好，我就觉得害怕，不知道为什么。"小娜的恋人经常感到困惑，不知道她真正需要什么。

依恋模式的差异会影响人际传播和情感互动。依恋模式不仅塑造了人们对恋爱关系的期待，也影响了人们在关系中的行为方式和沟通策略。

感情是现代人生活中不可或缺的部分，但社会中的个体对于情感的态度和需求大不相同。有人可能习惯独自一人生活，没有很强烈的情感需求；有人可能离不开他人的陪伴，在一段又一段关系中游走；还有的人可能对伴侣非常依赖，缺乏安全感。

依恋理论最早由发展心理学家约翰·鲍尔比提出，他在研究中发现，婴儿对自己的主要照顾者呈现出不同的依赖模式（Bowlby，1969；1973；1980），离开父母的婴儿会采取夸张的行为，例如哭泣、纠缠等来阻止父母与自己分离。在当时，精神分析学家认为这些表现是婴儿应对变化、抑制情感痛苦的一种不成熟的防御机制，但鲍尔比注意到，这一类的表现在各类哺乳动物中都很常见，继而推测这些行为可能具有进化功能。虽然依恋理论建构的初衷是解释亲子沟通如何影响儿童个性的发展，但该理论可以为我们理解个人在亲密关系的态度和需求上的差异，以及人生各个阶段中个人特质和关系特点之间复杂的相互作用提供一种全新的视角。

一、理论前提

依恋理论主要建立在以下四大前提之上。

第一，依恋行为具有适应性，从进化的角度看，依恋行为增强了个体的生存能力（Bowlby，1980）。幼儿在早期的发育过程中倾向于与自己熟悉的人保持亲近，如果环境中突然出现威胁，比如陌生的人、声音、物体或者其他形式的刺激，幼儿的依恋系统就会被激活，引发与主要照顾者保持接近的行为。举例来说，如果一个婴儿突然听到了很响的鞭炮声，他会哭泣、叫喊、四处找自己的妈妈（或者其他的主要照顾者）。

第二，依恋模式会在人生的特定阶段形成，尤其是刚出生后的三年。但婴幼儿期形成的依恋模式会一直影响个体后期的发展，这一影响甚至会持续到成年阶段；除了影响亲子关系之外，还会广泛地影响亲密关系或其他类型的人际关系交往。如果婴幼儿持续与主要照顾者分离，或者主要照顾者持续发生变化，则会阻碍婴幼儿适应性依恋行为的形成，影响其生活的方方面面（Bowlby，1969）。

第三，婴幼儿对特定人物（例如父母）的偏好并不是与生俱来的，而主要取决于和特定人物在一起的经历，尤其是在有压力或威胁的情况下，婴幼儿最容易接触到的、最迅速做出反应的人更容易成为其主要的依恋对象。在日常生活中，我们也见到过婴幼儿和自己的父母关系并不亲密，而主要依赖祖父母的情况。此外，婴幼儿对主要照顾者的依赖不是非此即彼，而是按照次序排列，比如从最亲近的照顾者开始，一直排序到他们不太喜欢的照顾者。成年人在逗小朋友的时候，也时常会让小朋友给自己最喜欢的人排序。与此相关的是，这种对依恋对象的偏好主要来自社会互动，特别是在威胁环境中，由主要照顾者主动提供支持和对婴幼儿的需求的敏感性发展而来，仅仅提供食物或者完成基本的照料工作并不会影响婴幼儿的这种偏好（Bowlby，1969）。简单来说，如果只是满足孩子简单的日常需求，比如喂饭、换尿布等照顾起居的行为，并不一定会得到孩子的喜爱；反而在威胁环境中，比如被狗追咬、陌生嘈杂的公共场所等，如果有人能照顾到孩子心理的敏感需求，那么孩子更容易对这样的人产生依恋。

第四，婴幼儿时期与主要照顾者的依恋经历会随着时间的推移，形成关于自我和他人的思想、信念、期望、情感、记忆和行为，这种心理模式会指导个体的社会互动（Bowlby，1973），促进友谊、婚姻、子女养育方式的形成。首先，婴幼儿时期的依恋经历会影响对自我和他人的认知。比如，安全型依恋的婴幼儿更容易形成积极的自我和他人观念，而回避型和焦虑型依恋的婴幼儿则可能形成消极的或矛盾的自我和他人观念。其次，依恋经历还会塑造婴幼儿的思想、信念、期望和情感。例如，安全型依恋的婴幼儿可能更加相信他人是可靠的，对未来充满希望，并且能够积极应对挑战；而回避型和焦虑型依恋的婴幼儿则可能对他人持怀疑态度，对未来感到不安，并且容易在挑战面前退缩。甚至，婴幼儿时期的依恋经历还会通过记忆和行为得以延续，个体会在后续的生活中不断地重复和强化这些经历所带来的情感反应和行为模式。比如在婚姻或者友谊关系中，安全型依恋的个体更容易建立和维护健康的亲密关系，能够在关系中表现出信任、亲密和合作；而回避型和焦虑型依恋的个体则可能在亲密关系中遇到更多的困难和挑战。最后，这种心理模式还会影响个体作为父母时的子女养育方式。安全型依恋的父母通常能够给予子女足够的关爱和支持，帮助他们建立健康的依恋关系；而回避型和焦虑型依恋的父母则可能在养育过程中表现出忽视、冷漠或过度控制等不当行为。

二、依恋理论的核心概念

在依恋理论早期建构的过程中，鲍尔比认为，进化过程将人类的婴幼儿时期“设计”为通过自动激活依恋行为，来应对潜在的威胁和危险，依恋行为会驱动个人在需要时获得支持，并保持与依恋对象的接近（Bowlby，1973）。依恋行为可以给个人带来安全感，即相信别人会在其需要的时候做出回应和提供支持，相信自己值得被爱和得到他人关心，以及相信世界是一个可以安心探索和学习的地方。安全感同时又会鼓励个人持续发展各类应对技能，例如情绪调节、人际沟通以及对物质和社会环境的探索技能等。

（一）婴幼儿依恋类型

在依恋理论后来的发展过程中，鲍尔比的同事玛丽·安斯沃思（Mary Ainsworth）等开展了一系列实验研究，来验证和推进依恋理论的发展。他们开展的典型实验研究采用一种“奇怪情景”的实验室设定，在实验中，他们将1岁左右的婴儿和父母一起带入实验室，然后通过让父母离开或者回来的方式来系统性地观察婴儿的反应。实验结果表明，有近60%的婴儿的反应验证了鲍尔比的理论，即当父母离开房间的时候，婴儿会不安；当父母回来时，他们会积极地亲近父母，寻求安慰。依恋理论将这种行为模式称为安全型依恋。此外，有20%的婴儿一开始会表现出非常不安，等到父母回来之后，他们也很难被安抚，并且呈现出焦虑、复杂和矛盾的情感，一方面渴求父母的安慰，但另一方面表现出易怒和试图“惩罚”父母离开的行为，这一类依恋模式被称为焦虑型依恋。还有20%的婴儿并不会因为和父母分离而过于痛苦，甚至在父母回来之后，他们也不会主动接近父母，而是把注意力放在玩具或者其他游戏对象上，这一类依恋模式被称为回避型依恋。

在实验研究之外，安斯沃思还开展了观察式研究，针对非洲乌干达以及美国巴尔的摩地区的婴儿与母亲之间的居家互动方式开展了长期的入户观察，通过更为详细和结构化的设计，安斯沃思对26个中产阶级家庭开展了长期研究：在婴儿的家中，观察他们出生后第一年的母婴互动，重点关注喂养、玩耍和安慰等行为。通过采取类似实验研究中“奇怪情景”的设置，安斯沃思系统性地观察了婴儿与母亲之间的一系列分离和团聚情景，观察婴儿如何将母亲作为安全的基础。这种观察式研究再一次在生活场景中验证了上述三种主要的依恋类型（Ainsworth，1967；Ainsworth et al.，1978）。

（二）成人依恋类型

在对婴幼儿依恋类型划分的基础上，依恋理论在后来的发展中更多地被用来预测和解释与贯穿人类一生的人际关系相关的认知、情感和行为模式。比如，为什么有的人渴望和他人建立亲密关系，而有的人对浪漫关系的对象表现得疏离，等等。成人依恋类型可以根据两个维度的差异被归类为四种类型，这两个维度分别是自我或他人维度与积极或消极维度（Guerrero，2008）。

首先是依恋类型判断的自我维度。自我维度反映了一个人对自己形成的积极的或消极的自我印象，也有研究把自我维度称为忧虑被弃（anxiety about abandonment）。自我印象积极的个人通常认为自己是有价值的人、招人喜欢，并且自给自足，不担心自己会被别人抛弃；自我印象消极的个人则会担心自己没有价值，不值得被爱，经常处在担忧自己被别人抛弃的焦虑中。

其次是依恋类型判断的他人维度。他人维度反映了个人期望得到的别人对待他的反应、对他的关心和回报，也有研究把他人维度称为回避亲密（avoidance of intimacy）。他人印象积极的个人会认为他人值得信任，可以建立亲密关系，从而在亲密关系中感到放松，不回避和他人建立亲密关系；他人印象消极的个人则会认为他人不值得信任，和他人的亲密关系不能给自己带来回报，从而在亲密关系中感到焦躁不安，回避和他人建立亲密关系。

按照以上两个维度，成人的依恋类型可以被划分成以下四种类型（Bartholomew，1990）。

安全型（secure）的个人拥有积极的自我印象和积极的他人印象，认为自己是自给自足的个体，同时也信任和依赖他人，能积极地寻求和建立与他人的亲密关系。

痴迷型（preoccupied）的个人拥有消极的自我印象和积极的他人印象，信任和依赖他人，渴望与他人保持亲密关系，但同时担心自己会被抛弃，在关系中过分地依赖他人，沉溺于关系中，担心关系破裂。

疏离型（dismissive）的个人拥有积极的自我印象和消极的他人印象，独立自主，自力更生，不在乎别人是否喜欢自己，不信任也不依赖他人，甚至认为和他人建立亲密关系对自己没有好处，虽不担心被他人拒绝，但也不喜欢亲密接触。

恐惧型（fearful）的个人拥有消极的自我印象和消极的他人印象，虽然希望得到他人的关爱，但更担心自己被他人拒绝，所以会尽力避免与他人的亲密关系；即便和他人建立了亲密关系，也如坐针毡，时刻担心关系不能维持。

生活中的人际传播

现象级电视剧《甄嬛传》中的各种人物，就表现出了不同的依恋类型。剧中的主人公甄嬛经历了从纯真无邪到心机深沉的转变：最初，她对雍正皇帝的依恋带有安全型依恋的特征，她信任并依赖雍正，渴望与其建立稳定的情感联结。然而，当她逐渐发现皇帝的宠爱并不专一时，她的依恋模式就发生了变化，表现出更多的焦虑和不安全感。甄嬛在宫中的斗争经历让她逐渐变得谨慎，但她对情感的渴望和对失去依恋对象的恐惧贯穿始终，表现出焦虑型依恋的特征。

安陵容在剧中的情感表现主要为焦虑型依恋。她早年生活贫困，进入宫中后渴望通过获得皇帝的宠爱来改变自己的命运。她非常渴望得到皇帝的宠爱，但由于地位低下和缺乏安全感，她对这种关系充满了不安和焦虑。安陵容在得到宠爱时极度依赖对方，在失宠时则表现出强烈的情感波动。

皇帝的依恋模式比较复杂，可以看作安全型和回避型的混合体。他作为一个帝王，需要在感情和权力之间找到平衡。在对待甄嬛和其他妃嫔时，他有时表现出温情和关怀，但更多时候是保持一定的距离和冷漠。这种行为反映出他对感情的复杂态度，既渴望亲密关系，但又因为权力和地位而不得不与对方保持一定的距离。

三、人际传播中的依恋

安全型的个人重视自己和他人的关系，信任和依赖他人，对自己的伴侣更为忠诚，会在亲密关系中进行更为广泛和深入的自我表露，也会在伴侣需要时及时给予支持和帮助。痴迷型的个人时常担心被抛弃，在亲密关系中总是惴惴不安，如果伴侣有需求，他也会提供帮助，但帮助的动机是自己能获得伴侣的赞许。疏离型的个人对他人持有戒心，认为别人靠不住，也很少对伴侣倾诉，如果伴侣需要帮助，他一般会消极应对，甚至还有可能恼怒。而恐惧型的个人在进入亲密关系之前就会犹豫不决，在恋爱中情绪波动比较大，经常试图隐瞒自己的真实感受，也无法有效应对伴侣的情绪和脆弱，甚至认为伴侣的情绪是一种裹挟和控制，这种矛盾的心态和行为模式会导致关系不稳定，分分合合。

在后续的发展中，依恋模式被广泛地用于预测和解释成人的爱情关系，以及与朋友、恋人和家庭成员的人际关系。早期的大部分学者认为，依恋模式是在童年时期形成的，会持续到成年。但后来的研究发现，尽管依恋模式相对稳定，但也会由于关系类型或者特定伴侣的变化而发生变化（Pierce & Lydon，2001），甚至人生中的一些重大事件，例如离婚、丧偶、死亡等，也会改变个人的依恋模式。比如有研究发现，有大约 70%的成年人认为自己的依恋风格是始终如一的，但也有 30%的成年人认为自己的依恋风格是变化的、波动的（Davila et al.，1999）。

依恋模式也会根据依恋对象发生改变。在面对不同的依恋对象时，人们会使用不同的依恋模式。比如，我们对朋友可能完全信任，在面对父母时却觉得焦虑。在面对同样的关系类型时，也会出现差异。比如，在面对有些恋爱对象时，我们会感到安全；而在面对另外一个人时，我们可能会焦虑或担忧。总的来说，依恋理论的研究者已经充分地认识到依恋模式的多面性，并总结出了一般模型、特定领域模型以及特定关系模型来解释依恋模式的变化（Pierce & Lydon，2001）。

（一）依恋模式与人际传播

虽然依恋风格可以变化，但依恋模式一旦形成，就会相对稳定和持续地影响人际交往，加强既有的行为模式。比如痴迷型的个人非常依赖他人，同时害怕被拒绝，在亲密关系中时常处于不安和警惕中，也容易对他人产生嫉妒心理，造成更多的人际冲突。而这种经常发生的冲突会增加依恋对象对自己的不满，甚至引发关系的终结。他人的消极反应以及关系的终结，反过来又会让本身就拥有痴迷型依恋模式的人更加缺乏安全感，在下一段关系中更想要依赖对方，更担心对方离开自己。

依恋类型会影响具体的人际传播行为。首先，不安全感会影响伴侣之间的言语和非言语传播。例如，痴迷型的个人迫切希望将亲密关系最大化，他对自我的缺点过分关注，同时对伴侣感兴趣、不赞成或拒绝的事物过度警惕，这可能会导致他过于容易地透露自己的需求和愿望，干扰双方的对话模式，并有可能扭曲他对伴侣传递的信息的解释。

其次，个人回避亲密的程度也会影响其与伴侣之间的深情交流。回避型的个人倾向于将自己对他人的依赖程度最小化，从而不太会仔细关注伴侣的深度自我表露，这会降低他对非言语信息的理解；此外，他会更少地使用对视、微笑等非言语行为，也较少表现出对谈话的普遍兴趣，谈话中，也不经常对伴侣的评论表示关注。关注夫妻沟通模式的研究发现，缺乏安全感的人会更频繁使用破坏性的沟通方式，比如提出不合理的要求，然后又反悔。回避型的个人在与伴侣交谈时，也很少会使用深情的语言表达（Dillow et al.，2014）。

（二）依恋类型与人际冲突

在面对人际冲突时，缺乏安全感的人对冲突的评价更为负面，冲突管理能力更差，在冲突中表达的情感更少，一方面会较少地采取妥协策略，另一方面更多地使用强制和控制类策略，更频繁地进行各种攻击行为，最终经历更多的痛苦（Wood et al.，2012）。此外，依恋焦虑的人在冲突中会高度关注亲密关系，对伴侣的自我表露不太关注，会做出更多的破坏性行为（Barry & Lawrence，2013）。

尽管不安全感会影响一个人如何应对冲突，但如果恋爱中的伴侣在冲突中采取一些建设性行为，则可以在一定程度上减轻依恋中不安全感造成的破坏性影响。对于回避型的个人，当伴侣做出更为明显的回应时，他就会降低表现出来的敌意和愤怒。对于在从冲突中恢复的冷静期重新燃起愤怒和不满的缺乏安全感的个人，当伴侣表现出冷静、接纳时，他就能感受到积极的情绪，从而平复心情（Salvatore et al.，2011）。

（三）依恋类型与伴侣行为回应

通常情况下，在亲密关系中，如果一方为另一方着想，其行为满足了对方的需求，提高了关系的质量，那么对方的典型反应是感激，这种感激之情会对关系满意度产生正面影响（Algoe et al.，2010）。从依恋的角度来看，缺乏安全感的人如果受到他人的负面评价，很难产生感激之情，因为他们会把别人的负面评价归因于对方恶意的意图，而不会觉得负面评价是建设性的。安全感较低的个人在感恩的性格测量中得分较低，对配偶的日常感激程度也较低。

缺乏安全感的人往往会对实际或想象中的伴侣的否定、批评、拒绝、排斥或背叛表现出更强烈的愤怒和敌意。他们会更多地采取类似“退出”的反应，比如企图伤害伴侣或离开伴侣；或类似“忽视”的反应，比如忽视伴侣或拒绝讨论问题。无论是退出还是忽视，都是对伴侣消极行为的最具破坏性的行为反应。在面对伴侣做出的伤害行为时，安全感强的个人在感知到伴侣的积极补偿行为时，会更容易原谅对方；而焦虑型或回避型的个人即使感知到伴侣在努力进行关系修复，也很少会原谅对方。

（四）依恋类型与社交媒体使用

此外，依恋类型也会影响恋爱关系中双方的社交媒体使用行为。

安全型的个人通常在亲密关系中表现出自信，对亲密感到舒适，并在独立和亲密之间保持一种健康的平衡。在社交媒体上，安全型的个人可能会分享亲密关系中一些重要的里程碑事件，例如确立恋爱关系的纪念日、结婚纪念日等；也会分享恋爱关系的积极方面，比如浪漫的假期、下厨、有纪念意义的约会等；还会频繁使用社交媒体来保持联系，但不会过度依赖聊天来获得认可；不太可能在社交媒体上和伴侣发生冲突，他们更喜欢直接沟通。此外，这一类人通常会尊重自己和伴侣的隐私，并保持界限。

痴迷型的个人从伴侣那里寻求高度的亲密、认可和回应，他们经常感到不安全，担心被拒绝。在社交媒体使用方面，他们可能会频繁地发布有关亲密关系的状态更新，以寻求伴侣和线上社交圈的认可与安慰。由于缺乏安全感，痴迷型的个人会监视伴侣的社交媒体活动，如果他们对在线互动的期望没有得到满足，就会产生嫉妒感和不安全感。此外，这一类人还可能会使用社交媒体间接表达不满，或者在冲突中寻求朋友的支持，而不是直接与伴侣解决问题。

疏离型的个人重视独立和自给自足，经常在情感上疏远伴侣。他们可能很少在社交媒体上分享自己的恋爱关系，更重视隐私和自主权。疏离型的个人在网上的互动可能显得超然或没有人情味，这反映出他们对亲密关系的不适。这一类人倾向于避免面对面或线上的冲突，经常忽略或淡化问题，而不是公开地解决问题。

恐惧型的个人对人际关系有矛盾心理，既渴望亲密，但又害怕亲密和潜在的拒绝，在社交媒体使用方面呈现出不稳定的使用特征，反映了他们既想要分享又害怕曝光的矛盾心理。他们可能对社交媒体互动高度敏感，消极地解读模棱两可的网络行为，并时常因为被他人轻视而感到极大的痛苦。与痴迷型的个人相似，恐惧型的个人也可能会使用社交媒体间接表达自己的感受，避免直接对抗。

总体来说，依恋模式会影响人际关系的质量和稳定性。缺乏安全感的人更容易对伴侣和关系形成负面评价，更难以给出承诺，会采取破坏性的沟通方式，很难宽恕伴侣的伤害行为，不愿意向慷慨的伴侣表达感激之情。这一类依恋模式会导致关系满意度的急剧下降，甚至危及关系的活力和稳定。焦虑和回避倾向越高的个人，对约会和婚姻关系的满意度越低，分手的可能性越大。恋爱关系中缺乏安全感对关系质量的负面影响，不仅限于约会和婚姻关系，也会影响其他类型的关系，例如和同事、朋友以及家人的关系。依恋模式会随着时间的推移，产生对亲密关系、寻求支持和提供支持的整体态度，对人际关系领域中反复出现的问题造成影响。

思考题

1. 依恋理论如何分类并描述成人依恋类型?
2. 痴迷型依恋的个人为何在关系中容易表现出过度的依赖和焦虑?
3. 依恋模式如何影响个人在亲密关系中的自我表露和相互支持?
4. 缺乏安全感的个人如何解读他人的负面评价? 这对关系满意度有何影响?
5. 依恋类型如何影响个人在冲突中的反应和行为模式?
6. 社交媒体使用如何反映不同依恋类型个人的心理状态和行为偏好?

实践训练题

假设你是一名大学教师，发现你的三名学生在课堂上的表现和与教师的互动方式中展现了截然不同的依恋模式。在帮助学生改进学业表现、增强学习信心时，你需要采取不同的沟通和管理策略。

学生A平时学习主动，愿意与老师和同学互动。尽管在一次考试中成绩不理想，但他主动找你探讨自己的薄弱环节，并希望听取你的建议来改进。学生B非常在意你的评价。他虽然在课堂上表现积极，但经常因为担心自己的作业和回答不够好而向你发信息确认。有时，过多的担忧让他难以完成学习任务。学生C对学习表现出冷漠态度，几乎不主动与老师沟通。在课堂上，他总是独来独往，甚至在团队合作项目中也很少参与讨论。在课后辅导时，他对你的建议反应冷淡，表现出不愿接受帮助的态度。

结合依恋理论的内容，针对上述三种情况，回答以下问题:

1. 针对学生A，你会如何通过反馈和沟通帮助他增强信心，并引导他发挥学习的积极性?

2. 针对学生B，你会采取哪些具体策略缓解他的焦虑情绪，并增强他的自主学习能力?

3. 针对学生C，你会如何调整沟通方式，帮助他突破回避心理，积极融入课堂和团队活动?

要点小结

- 依恋理论
  - 理论背景
    - 起源
      - 发展心理学家约翰·鲍尔比提出
      - 解释亲子沟通对儿童个性发展的影响
    - 适应性
      - 依恋行为具有进化功能
      - 增强个体生存能力
    - 形成阶段
      - 依恋模式主要在婴幼儿期形成
      - 影响成年后的人际关系
    - 经历影响
      - 塑造个体对自我和他人的认知
      - 形成信念、期望和情感
  - 依恋类型
    - 婴幼儿依恋类型——安全型、焦虑型和回避型
    - 成人依恋类型——基于自我或他人与积极或消极维度划分为安全型、痴迷型、疏离型和恐惧型
  - 依恋与人际传播
    - 人际传播：不安全感、回避亲密的程度
    - 人际冲突
      - 缺乏安全感的人冲突管理能力差
      - 更可能采取破坏性行为
    - 伴侣行为回应
      - 缺乏安全感的人难以感激正面行为
      - 对负面评价反应强烈
    - 社交媒体使用
      - 不同类型在社交媒体上的表现各异
      - 反映内心需求和矛盾

第三节　社会信息处理理论与超人际传播模型

每天学点人际传播

小杨是一名大学生，最近通过在线学习平台和一位课程导师建立了联系。尽管他们从未面对面交流过，但小杨通过网络新媒体逐渐与导师发展了一段有效的学习关系。

在课程论坛中，小杨起初感到导师的回复十分简洁，缺乏面对面交流中的语气和情感。但是随着交流的深入，他注意到导师会在回答问题时附带表情符号或幽默的语言（如“很棒的尝试，再努力一把就能更完美!”）。这些表情符号和语言弥补了在线互动中非言语线索的缺失，让小杨逐渐感受到导师的亲切和支持。

小杨在提交问题时能够花时间组织好语言，确保表达准确；导师也能在回复前仔细分析问题并提供详细解答。相较于面对面交流，这种延时互动让双方的沟通更有逻辑性和深度。

刚开始，小杨觉得与导师的关系仅限于学术互动。然而，在几次互动后，他发现导师会偶尔提到与自己相关的细节（如鼓励时提到“下次作品展一定很有趣”），这逐渐让小杨感受到导师的关注与关心，二人的关系从纯粹的学术互动拓展到轻松的师生交流。

互联网技术的进步和社交媒体的普及给人们带来了多种便利，其中就包括多种多样的线上社交方式：有人通过线上交流的方式治疗疾病，有人在线上完成学业和工作，有人通过网络维系亲密关系。

在互联网作为人际交流手段出现的初期，主流的观点认为，通过线上网络进行的传播活动由于缺少实时和在场的交流，其效果远劣于面对面交流的效果（Culnan & Markus，1987）。但是社会信息处理理论另辟蹊径，强调了人在面对传播技术时的能动性，从而提出在满足一些前提的条件下，经由网络中介的传播能达到和面对面传播一样的效果，甚至还能超越面对面传播，从而达到超人际传播（Walther，1996）。

在进行具体的理论介绍之前，我们需要明确该理论所适用的场景和语境。计算机中介传播（computer-mediated communication，CMC）主要是指通过计算机技术中介的传播，范围包括各类通过计算机技术中介的大众传播、组织传播以及人际传播；但在实际研究中，计算机中介传播主要关注的领域为经由计算机技术中介的人际传播。考虑到中文的用词习惯、该领域对应的研究对象，本书参考学者张放的翻译，也将 CMC 按照其内涵翻译为网络人际传播（张放，2010）。此外，还需要明确，网络人际传播聚焦于基于文本的交流方式，因为在互联网技术发展早期，最为常见的交流方式是电子邮件或即时聊天软件。虽然随着技术发展，目前有了更多的具有视频和语音交流功能的社交软件，但基于文本的交流方式仍然为主流。所以本章中出现的网络人际传播，主要指基于文本的网络人际传播。

一、理论背景

在 20 世纪 80 年代末，当时的主流观点认为，网络人际传播由于匿名性以及社会在场感、社会身份线索和社会语境的缺失，只能达到非人际传播的效果，通过网络人际传播不可能建立和维持关系，甚至可能会对人际关系产生负面的影响。这一类关于网络人际传播的观点被统称为线索缺失视角（又译线索过滤视角），其中主要的代表有社会在场理论、社会语境线索缺失理论、媒介丰富理论以及去个体化效果的社会身份模型。

线索缺失视角下的理论虽然各有侧重点，但总体来说，主要秉持以下观点：(1) 人际传播情境当中存在着大量的不确定性，人际交往需要通过各类线索，包括语言线索、听觉线索、视觉线索、触觉线索、嗅觉线索以及社会情境线索来做出判断，从而降低不确定性；(2) 和面对面传播相比，网络人际传播缺少丰富的线索系统，在多数情况下只能依赖文本完成交流，这会造成社会在场感以及社会语境线索的缺失，从而形成非人际传播（又译去人际传播）的效果。

二、社会信息处理理论的理论前提

社会信息处理理论由学者约瑟夫·沃尔瑟提出，这一理论与社会渗透理论或不确定性减少理论的逻辑相似，即人际关系信息会影响印象形成，从而影响双方关系的发展。网络人际传播的参与者和面对面交流的人们一样，也有建立和发展关系的强烈愿望，此外，网络人际传播的参与者会通过其他方式来弥补该传播方式所缺少的社会在场感和社会语境线索，在时间充足的情况下，网络人际传播可以达到和面对面人际传播一样的效果。

社会信息处理理论一共包含以下几大前提。

1. 人类通过人际交往形成关系

和其他侧重关系的人际传播理论类似，社会信息处理理论也认为，人类有和他人亲近的天性。在社会生活中，人们会管理和控制自己与他人的关系，而对这一关系的管理和控制是通过人际交往来实现的。人们可以通过增加交流的频率、主动进行自我表露等方式来增进自己与他人的关系，也可以通过减少交流的频率、限制自我表露等方式来疏远自己与他人的关系。

2. 人际印象的形成依赖于多次人际交往，以及交往过程中使用的言语和非言语信息

人际印象的形成不是一蹴而就的，虽然在日常生活中，我们会在意人际交往的第一印象，但更多时候，人际印象是通过多次人际交往形成的。在人际交往过程中，作为信息的发出者，我们会利用语言表达、身体语言、面部表情、触碰等方式来传递信息；作为信息的接收者，我们也会对他人的言语和非言语信息进行解码，从而形成对他人的印象。无论是言语信息还是非言语信息，都包含了关系的含义。比如言语表达上使用的非正式的亲昵称呼，或者一个友好的笑容，都隐含了关系的亲密程度。

3. 人际印象会影响人际关系的变化

在人际交往过程中，交往双方形成的印象会影响人际关系的走向。如果其中一方对另一方形成了良好的、积极的印象，那么他就会有更强的动机和对方开展更深入的交往，形成更亲密的关系；如果其中一方对另一方形成了负面的、消极的印象，他就不会有更强的意愿和对方开展深入交往，双方就不太可能建立起亲密的关系。

4. 和面对面交流相比，基于文本的网络人际传播需要更长的时间来处理

和面对面交流相比，基于文本的网络人际传播缺少非言语传播的渠道，比如缺少视觉线索、触觉线索、嗅觉线索等，信息只能通过文本的方式传播。和其他传播信息的渠道相比，文本信息处理需要使用更复杂的认知功能，在信息的编码和解码方面，都需要花费更长的时间。

三、社会信息处理理论的核心假设

基于以上前提，社会信息处理理论提出了以下两个核心假设。

（1）当网络人际传播的参与者受到某种激励，需要对他人形成印象或者和他人发展人际关系时，会使用可供选择的线索表示社会信息。

在面对面传播情境中，人们会使用表情、身体姿势、接触等非言语线索来表达社会情感类的信息，比如用一个微笑表示友善的态度，用靠近的姿势表示感兴趣，等等。但在网络人际传播情境中，人们会依赖言语线索以及利用时间线索来进行态度、感受或者社会情感类的表达，类似线索也会被用来表达和形成印象（Walther，2011）。社会信息处理理论首先承认，和面对面传播相比，网络人际传播缺少非言语线索，但不认为此种“线索缺失”会限制人们形成印象以及发展关系的能力或者动力。在有充足的动机的情况下，人们会积极地采用言语线索（比如使用语言）来替代非言语线索，并利用时间线索（比如及时和迅速的回复）来表达积极的社会情感，从而弥补非言语线索的缺乏。

社会信息处理理论主要关注人际传播的功能，考察网络人际传播的个体如何在不同于面对面传播的环境或者情境下形成印象、发展关系、处理信息和产生社会影响（Walther et al.，2005）。其他主流的非言语传播理论一般认为，言语线索和非言语线索属于单独的线索系统，其中，言语线索主要表达内容，非言语线索主要表达情感。社会信息处理理论则并不关注特定行为或线索与其含义之间的对应关系，而是认为任何人际传播的信息都可以通过言语线索和非言语线索的组合来传达（Walther & Ramirez，2009）。社会信息处理理论假设，有交往动机的个体会对他人形成印象并与之发展关系，无论使用何种媒介（Walther et al.，2015）。在基于文本的网络人际传播过程中，参与者适应了非言语线索的缺乏，会使用语言层面上的内容或风格特征以及时间线索来交换社会信息，从而达到与面对面传播相同的印象形成和关系发展水平（Walther，1992）。

（2）在基于文本的网络人际传播中，与面对面传播的情形相比，社会信息的传播速度更慢，关系发展的过程需要更长的时间才能达到相同发展水平。

社会信息处理理论关注的不是网络人际传播中可以传输的社会信息的数量，而是信息传输的速度。虽然网络人际传播的参与者会尽量去适应言语线索系统和时间线索系统来表达社会情感内容，但在基于文本的网络人际传播中，信息的交换速度还是要比面对面传播慢（Walther et al.，2015）。在面对面传播的过程中，传播者可以采用伴随肢体语言等线索的言语传播来交换信息，比如一边说话，一边做出各种表情和动作。但在网络人际传播中，信息仅通过言语线索系统和其他有限的线索系统被编码和解码。与面对面情境中的沟通者相比，参与网络人际传播的个体最终也能获得相同数量和质量的人际知识，达到同样的传播效果，只是速度较慢。虽然没有经过严格的测试，但沃尔瑟估计，面对面传播的速度为网络人际传播的四至五倍。

四、社会信息处理理论的修正

（一）未来交往预期

对社会信息处理理论的第一大质疑来自对人类交往动机的怀疑。社会信息处理理论的一大前提即人类具有通过交往建立关系的天性，但有研究者发现，该前提不是在所有的情境下都适用。比如，有采用线索缺失视角理论的实证研究发现，仅有一次交流的网络人际交往不必然带来关系的亲近。该研究通过对一次性交流与长期交流的对比后发现，这两类交往方式除了表面上的交往时间和次数的差异之外，根本的区别在于参与者对未来交往的预期。比如，一次性交流的参与者大多带有完成任务性质的目的，并且交流隐含的前提是未来不会再和交流对象产生交集或者打交道；但对于想要通过网络人际传播完成多次交流的参与者来说，在一开始的交流中，他们就预料到要在未来和交流对象进行多次互动，那么他们就更想了解对方且表现得更为友好。

（二）表情符号

对社会信息处理理论的第二大质疑来自表情符号的归类与使用。有研究者对社会信息处理理论强调的语言使用与交流时间的关系提出质疑，认为网络人际交流中的社会信息匮乏，可以通过表情符号来弥补或代替。简而言之，表情符号可以等同于面对面交流中的非言语信息。对应到网络人际传播中，他们认为，非言语信息的缺失可以通过使用表情符号而非言语信息来弥补。

沃尔瑟对这一质疑也做出了回应，他认为，社会信息处理理论的重点不在于表情符号是否可以作为面对面非言语传播的替代，而在于参与网络人际传播的个体会利用各种可能的线索系统来编码和解码社会信息。当然，可能的线索系统既包括言语线索系统，也包括时间线索系统，还包括表情符号以及未来可能出现的其他线索系统。在社会信息处理理论看来，相较于其他线索系统，言语线索系统对于人类来说历史更为久远，表达更为丰富，比起其他依赖于互联网或者信息技术的线索系统，言语线索系统更为根本，也理应成为研究关注的重点。

（三）社会身份

对社会信息处理理论的第三大质疑来自社会身份去个性化模型（social identity model of deindividuation effects，SIDE model）（Reicher et al.，1995）。社会身份去个性化模型围绕两个核心概念——一是视觉匿名性、二是社会身份——来预测网络人际交往的印象形成。在交流对象视觉匿名的情况下，人们会基于他的社会身份来形成印象；而在交流对象视觉可见的情况下，人们会基于他的个人特质来形成印象。考虑到网络人际传播的大部分情境是基于文本的，那么在这种视觉匿名的情况下，人们会依赖他人的社会身份，而不是个人特质形成印象。

在社会身份去个性化模型看来，网络人际交往的本质不是“人际”的，而是社会的。该模型认为，网络人际印象的形成主要依赖个体的社会身份，而不是个人的或者人际的特质；人们之所以在网络人际传播中对他人形成好感、与之建立联系，是因为个人的集体成员身份。而社会信息处理理论认为，网络人际传播中的好感和联系建立在双方交往过程中产生的相互了解和好感上。

为了验证这两个理论，有研究者平行开展了两组实验，从而系统性地比较了个人特质和社会身份的作用。结果表明，网络人际传播的参与者更容易受到交流对象的个人特质而非其社会身份的影响，具体体现为：实验中的参与者在对他人形成印象时，更依赖对方在交流过程中表现出的积极的或消极的人际行为，而非其所属的群体身份（Wang et al.，2009）。

五、超人际传播模型

在社会信息处理理论的基础之上，沃尔瑟（Walther，1996）观察到，参与网络人际传播的个体不光能发展和面对面传播一样的亲密关系，甚至新媒体的某些特征还能促使人们形成超越面对面的、更为亲密的人际关系，他称之为超人际传播模型（hyperpersonal model）。超人际传播模型聚焦于四个层面上的特征来解释网络人际传播如何影响人际信息的生成与接收，包括信息发出过程特征、信息接收过程特征、渠道特征以及反馈特征。

生活中的人际传播

小李最近加入了一家跨国公司的远程团队。尽管从未与同事面对面见过，他和团队的沟通却非常频繁，大多通过公司的即时聊天工具和视频会议完成。他发现，网络新媒体的使用让他的工作和社交体验呈现出以下独特的特点：

小李和一名同事通过公司聊天工具讨论项目进展时，同事总是用表情符号、动图和贴图回应，并附带幽默的评论。尽管从未见过面，但小李觉得这名同事十分友好、有趣，甚至产生了“比现实中可能更好相处”的印象。这种通过信息加工创造的“理想化形象”，让小李对对方产生了超人际的好感。

在准备给经理发一份复杂的报告时，小李特别注意自己的语言表述，花了很长时间修改措辞，确保文字简洁明了、逻辑清晰。相比面对面即兴汇报，网络让小李有了更强的控制权，他不仅避免了紧张和错误，同时也塑造了一个“更专业、更细致”的形象。

某次团队会议中，小李对一个策略有疑问，但碍于经理的威严和自己是新人，便没有在视频会议中发言。会后，他通过匿名调查工具向团队提出了自己的问题和改进建议，结果经理表扬了他的建议。小李意识到，新媒体的匿名性和非同步性让他在沟通中更敢于表达自己。

在社交媒体平台上的一次点赞互动，让小李发现了自己和远在另一国的同事居然有共同的兴趣爱好——喜欢同一支乐队。双方开始在群聊外的私人对话中分享各自的歌单。几次互动后，他们变得像老朋友一样熟悉，彼此的信任感和协作效率显著提高。

社会信息处理理论认为，尽管网络传播缺乏面对面传播的非言语线索，但用户通过延时互动、信息的选择性呈现以及补偿性符号（如表情符号、贴图）的使用等，依然能够有效传递社会信息并建立关系。超人际传播模型进一步指出，用户可以通过新媒体的信息加工特性（如选择性呈现、自我理想化、对他人积极归因）和互动控制（如延时性、匿名性），创造一种比现实中更亲密、更理想化的互动体验。

（一）信息发出过程特征

通过网络人际传播，信息发出者可以更好地进行选择性自我呈现。面对面即时交流可能会对个人的临场反应形成很大的考验，参与交流的个体需要控制自己的面部表情、根据情境给出合理的反应。而在网络人际传播中，由于视觉匿名性以及交流的非共时性，信息发出者可以更好地进行人际信息的设计，从而采用对自己最有利的方式进行选择性自我呈现。

（二） 信息接收过程特征

由于网络人际传播缺少社会情境线索，因此信息接收者在接收信息的过程中会夸大对信息发出者形成的印象。这一观点和社会身份去个性化模型的相关论述类似，即在视觉匿名的情况下，信息接收者会过分夸大和信息发出者之间相似性的感知，从而对其形成过于理想化的印象。

（三） 渠道特征

在信息传播的渠道方面，超人际传播模型认为，网络人际传播的参与者会更多地利用这一媒介非共时性的特征，更好地对交流对象的信息进行解读，也更好地设计自己要发出的人际信息，还能利用新媒体的可供性，例如可编辑性、非共时性、匿名性等特征，提高信息质量、促进关系形成。

（四） 反馈特征

超人际传播模型中的反馈特征主要是指，在网络人际传播中，选择性自我呈现、理想化印象形成以及渠道的可供性会共同作用，给个人提供自证预言式的反馈，从而强化自我身份。如果网络人际传播中的信息发出者进行了选择性自我呈现，那么信息接收者会参考这种选择性自我呈现的特征，对之形成过于理想化的印象；这种印象反过来又会通过网络渠道强化信息发出者理想化的自我呈现，从而完成了自证预言式的循环，强化了信息发出者的自我认知。举例来说，如果一个人在网络人际传播中选择性呈现自己外向的性格特征，那么交流对象会基于这种选择性呈现的外向性格特征，形成“对方性格很外向”的印象；交流对象在交流过程中提供的反馈，又会反过来强化这个人选择性呈现的外向特征，久而久之，就完成了自证预言式的循环。

思考题

1. 社会信息处理理论与传统的线索缺失视角有哪些根本性的区别？

2. 网络人际传播中自我表露的频率和深度如何影响关系的发展？

3. 为什么社会信息处理理论认为网络人际传播能够达到甚至超越面对面交流的效果？

4. 时间线索在网络人际传播中如何帮助形成和表达社会情感？

5. 社会信息处理理论中的“激励”因素在网络人际传播中具体指的是什么？

6. 面对匿名性这一网络人际传播的特性，社会信息处理理论是如何解释其不会影响关系建立的？

实践训练题

小丽和小明是通过一个在线兴趣小组认识的，他们从未见过面，但通过社交平台的文字和图片交流，逐渐建立起了联系。小明觉得小丽对自己的回应总是很及时且充满热情，而小丽认为小明的表达既风趣又体贴。随着互动的增加，他们的关系变得越来越亲密。实际上，小丽在现实生活中性格较为内向，而小明则时常需要反复思考才能回复小丽的消息。

请结合社会信息处理理论和超人际传播模型，分析以下问题，并提供合理的解决方案。

1. 根据社会信息处理理论，解释小丽和小明如何通过文字和图片弥补非言语线索的不足，逐步建立起人际关系。

2. 根据超人际传播模型，分析小明和小丽为何会对彼此产生理想化的印象，以及延时互动如何进一步强化了这种印象。

3. 小丽和小明如果想将关系从线上发展到线下，可能会面临哪些现实挑战？根据相关理论提出解决方法，帮助他们更好地应对可能的落差。

要点小结

- 社会信息处理理论与超人际传播模型
  - 网络人际传播的理论背景
    - 初期观点：网络传播效果劣于面对面传播
    - 线索缺失视角
      - 匿名性，社会在场感和社会语境的缺失
      - 非人际传播效果
  - 社会信息处理理论的理论前提
    - 人类通过人际交往形成关系
    - 印象形成依赖于多次交往
    - 印象影响人际关系变化
    - 基于文本的网络人际传播需要更长时间处理
  - 社会信息处理理论的核心假设
    - 线索替代
    - 传播速度
  - 社会信息处理理论的修正
    - 未来交往预期
    - 表情符号
    - 社会身份
  - 超人际传播模型
    - 信息发出过程特征：选择性自我呈现
    - 信息接收过程特质：理想化印象形成
    - 渠道特征：利用新媒体
    - 反馈特征：自证预言式的反馈，强化自我身份

参考文献

张放．(2010)．网络人际传播效果研究的基本框架、主导范式与多学科传统．四川大学学报（哲学社会科学版）(2)，61－67.

Ainsworth，M. D. S.，Blehar，M. C.，Waters，E.，& Wall，S. (1978). *Patterns of attachment：A psychological study of the strange situation*. Hillsdale，NJ：Lawrence Erlbaum Associates.

Ainsworth，M. D. S. (1967). *Infancy in Uganda：Infant care and the growth of love*. Baltimore，MD：Johns Hopkins University Press.

Algoe，S. B.，Gable，S. L.，& Maisel，N. C. (2010). It's the little things：Everyday gratitude as a booster shot for romantic relationships. *Personal Relationships*，*17* (2)，217－233.

Bakhtin，M. M. (1986). The problem of speech genres. In C. Emerson，& M. Holquist (Eds.) (V. W. McGee，Trans.)，*Speech genres & other late essays* (pp. 60－102). Austin，TX：University of Texas Press. (Original published in 1979).

Barry，R. A.，& Lawrence，E. (2013). "Don't stand so close to me"：An attachment perspective of disengagement and avoidance in marriage. *Journal of Family Psychology*，*27* (3)，484－494.

Bartholomew，K. (1990). Avoidance of intimacy：An attachment perspective. *Journal of Social and Personal Relationships*，*7* (2)，147－178.

Baxter，L. A.，& Montgomery，B. M. (1996). *Relating：Dialogues and dialectics*. New York：NY：Guildford Press.

Baxter，L. A.，& Norwood，K. M. (2014). Relational dialectics theory：Navigating meaning from competing discourses. In D. O. Braithwaite，& P. Schrodt (Eds.)，*Engaging theories in interpersonal communication：Multiple perspectives* (2nd ed.，pp. 279－292). Thousand Oaks，CA：Sage.

Baxter，L. A.，Scharp，K. M.，& Thomas，L. J. (2021). Relational dialectics theory. *Journal of Family Theory & Review*，*13* (1)，7－20.

Baxter，L. A. (2011). *Voicing relationships：A dialogic perspective*. Thousand Oaks，CA：Sage.

Bowlby，J. (1969). *Attachment and loss：Vol. 1：Attachment*. New York，NY：Basic Books.

Bowlby，J. (1980). *Attachment and loss：Vol. 3：Loss，sadness and depression*. New York，NY：Basic Books.

Bowlby, J. (1973). *Attachment and loss: Vol. 2: Separation.* New York, NY: Basic Books.

Burr, V. (2003). *Social constructionism* (2nd ed.). New York, NY: Routledge.

Culnan, M. J., & Markus, M. L. (1987). Information technologies. In F. M. Jablin, L. L. Putnam, K. H. Roberts, & L. W. Porter (Eds.), *Handbook of organizational communication: An interdisciplinary perspective* (pp. 420 - 443). Newbury Park, CA: Sage.

Davila, J., Karney, B. R., & Bradbury, T. N. (1999). Attachment change processes in the early years of marriage. *Journal of Personality and Social Psychology*, *76*, 783 - 802.

Dillow, M. R., Goodboy, A. K., & Bolkan, S. (2014). Attachment and the expression of affection in romantic relationships: The mediating role of romantic love. *Communication Reports*, *27* (2), 102 - 115.

Guerrero, L. K. (2008). Attachment theory: A communication perspective. In L. A. Baxter, & D. O. Braithwaite (Eds.), *Engaging theories in interpersonal communic*ation: *Multiple perspectives* (pp. 295 - 307). Thousand Oaks, CA: Sage.

Pierce, T., & Lydon, J. E. (2001). Global and specific relational models in the experience of social interactions. *Journal of Personality and Social Psychology*, *80*, 613 - 631.

Reicher, S. D., Spears, R., & Postmes, T. (1995). A social identity model of deindividuation phenomena. *European Review of Social Psychology*, *6* (1), 161 - 198.

Salvatore, J. E., Kuo, S. I. C., Steele, R. D., Simpson, J. A., & Collins, W. A. (2011). Recovering from conflict in romantic relationships: A developmental perspective. *Psychological Science*, *22* (3), 376 - 383.

Scharp, K. M., & Thomas, L. J. (2021). Relational dialectics theory: A dialogic theory of meaning-making. In D. O. Braithwaite, & P. Schrodt (Eds.), *Engaging theories in interpersonal communication: Multiple perspectives* (3rd ed., pp 194 - 205). New York, NY: Routledge.

Walther, J. B. (1996). Computer-mediated communication: Impersonal, interpersonal, and hyperpersonal interaction. *Communication Research*, *23* (1), 1 - 43.

Walther, J. B. (1992). Interpersonal effects in computer-mediated interaction: A relational perspective. *Communication Research*, *19* (1), 52 - 90.

Walther, J. B., Loh, T., & Granka, L. (2005). Let me count the ways: The interchange of verbal and nonverbal cues in computer-mediated and face-to-face affinity. *Journal of Language and Social Psychology*, *24*, 36-65.

Walther, J. B., & Ramirez, A., Jr. (2009). New technologies and new directions in online relating. In S. W. Smith, & S. R. Wilson (Eds.), *New directions in interpersonal communication research* (pp. 264 - 284). Newbury Park, CA: Sage.

Walther, J. B. (2011). Theories of computer-mediated communication and interpersonal relations. In M. L. Knapp, & J. A. Daly (Eds.), *The Sage handbook of interpersonal communication* (4th ed., pp. 443 - 479). Thousand Oaks, CA: Sage.

Walther, J. B., Van Der Heide, B., Ramirez, A., Jr., Burgoon, J. K., & Peña, J. (2015). Interpersonal and hyperpersonal dimensions of computer-mediated communication. In S. S. Sundar (Ed.), *The Handbook of the psychology of communication technology* (pp. 1 - 22). Hoboken, NJ: John Wiley & Sons.

Wang, Z. M., Walther, J. B., & Hancock, J. T. (2009). Social identification and interpersonal communication in computer-mediated communication: What you do versus who you are in virtual groups. *Human Communication Research*, *35* (1), 59-85.

Wood, N. D., Werner-Wilson, R. J., Parker, T. S., & Perry, M. S. (2012). Exploring the impact of attachment anxiety and avoidance on the perception of couple conflict. *Contemporary Family Therapy*, *34* (3), 416-428.

第三部分

人际传播的本土化

第三部分集中探讨人际传播的本土化问题，仅包含第十章内容。基于党的二十大报告提出的推进文化自信自强、增强中华文明传播力影响力的任务要求，本部分从中国文化视角深入解读人际传播的本土化理论，包括中国人的自我观、面子与人情以及关系向度理论，展示了中国特有的人际传播现象。

首先，介绍了中国人的自我与四元取向，即个体在自我、家庭、集体和社会中的角色定位。这一视角能够帮助理解中国人在沟通中的角色意识和责任感，反映出个人在家庭和社会之间的文化关联。

其次，深入探讨了中国文化中特有的面子与人情现象。在中国人的人际交往中，对面子与人情的维护尤为重要，这不仅体现在家庭和朋友关系中，也贯穿于职场和社交场合。以党的二十大精神为指引，提升本土化人际传播研究水平，有助于我们更好地在国际上表达自我、展现中国特色，增强对外沟通的有效性。

最后，介绍了关系向度理论，通过分析中国特有的关系网络，如亲属关系、朋友关系、上下级关系，展示了中国社会中关系的特殊性及其动态变化。这种文化背景使得中国人的人际传播具有独特性，对沟通方式、情感表达和冲突处理等多个方面都有一定影响。结合党的二十大精神，本部分旨在帮助读者更好地理解中国的社会结构和文化特点，掌握适应于本土化传播的策略，增强其在国际交流中的文化自信，使中国故事在全球化语境中能够更有效地传播和被理解。

第十章

本土化的人际传播概念与理论

在进入具体的理论介绍之前，首先需要明确，只要研究不涉及文化差异或本土特殊的情境，那么人际传播以及更大范围的传播理论，应该适用于大多数的情境。来自不同文化、社会和国家的个体，其相似性应该大于特殊性，那么无须对每种人际传播理论都特意做本土化的验证或适应。人际传播研究中，不乏本土的研究者参考国外的研究框架针对中国人开展研究，但得出的结论具有较强的普遍性，这样的研究可以被视作对既有理论的拓展，不应算作本土化的人际传播研究。与此同时，还需要说明，本章所介绍的本土化的人际传播概念与理论，是指针对中国人特有的心理、人际关系和社会交往而开展的在地化或者本土化的人际传播研究与论述，由于概念提出的特殊性以及关注现象的特殊性，这样的研究可以被视为具有中国特色的本土化人际传播研究。

本土化的人际传播概念与理论主要是由社会学、心理学领域的学者推进的，反观中国人际传播研究的大本营——传播学领域，却对人际传播研究的问题和范式缺乏共识。这一方面是由学科发展过程中的一些必然因素决定的，比如相较于社会学与心理学，传播学的发展历史较短，和日常生活实践更为接近（相似的是，美国的人际传播研究在早期也大量借鉴和拓展了来自心理学、社会学、语言学等领域的理论）；另一方面也有一些特殊原因，比如早期新闻传播院系与文学和艺术学科的关系、学科对宏大理论的偏好、学科本身与意识形态的紧密联系、学科领军人物的个人偏好和研究旨趣等。本章内容参考前几章的框架，从自我、面子、人际交往、格局与制度以及关系这几大角度，介绍海内外华人学者对本土化的人际传播概念与理论的构建，以期提供一个初步的理论框架。

第一节介绍了中国人的自我与四元取向理论，该理论认为，中国文化中的自我概念不同于西方的个体主义，更多地体现出“关系自我”的特点。个体的身份和角色是通过与他人的社会关系来定义的，强调的是集体和群体意识。四元取向涵盖了个人、家庭、社会和国家的多层次互动，这一理论揭示了中国人如何在不同情境中调整自己的言行以适应不同的社会关系。第二节深入分析了中国人际交往中的“面子”与“人情”概念。面子是中国文化中至关重要的社会资本，个体在互动中既要维护自己的面子，又要顾及他人的面子。人情则是关系维持和互动的纽带，体现在礼尚往来、情感联结和社会义务中。第三节介绍的关系向度理论，为中国文化背景下的人际传播提供了独特的理论框架。该理论将中国社会中的人际关系分为亲疏远近等不同向度，强调个体在处理不同关系时沟通策略的差异性。无论是亲密关系中的坦诚，还是陌生人交往中的礼貌与节制，关系向度理论都能帮助读者理解如何根据关系的不同采取恰当的传播方式，以实现有效互动。

第一节　中国人的自我与四元取向

每天学点人际传播

林语堂在其著作和散文，尤其是《吾国与吾民》（*My Country and My People*）中，对中国人与西方人的文化差异进行了细腻的阐述。其中，他对中国人与西方人在自我观念上的差异也多有描述。

林语堂认为，中国文化强调自我与社会、自然的和谐关系，体现了一种“内敛的智慧”和“关系本位”的自我观念。在这种文化中，个体是嵌套于家庭、社会和天地关系中的，每个人的自我边界是动态而有弹性的。中国人的行为动机更多是为了维系人际关系中的和谐与稳定。中国人的人生态度是现实的、适应性的，而非理想主义的，这反映出中国人对自我的定义常随着环境和人际关系的变化而调整。中国人崇尚“差序格局”的社会结构，个体的自我总是围绕着亲密关系逐步扩展，比如家人、亲友，甚至延伸到整个社会或国家。

西方文化则特别强调个体的独立性与自主性。在这种文化中，自我是明确且不易受到外界影响的，更多以个人的成就、自由和权利为核心。他在《生活的艺术》（*The Importance of Living*）中指出，西方人的自我是一种探索和表达，而不是一种适应和融入。在这种文化背景下，个人被鼓励表达真实的自我，追求个人价值的最大化。西方社会以“契约”为基础，强调个体与群体之间的界限和权力分配，而非以“关系”来维系人际交往。

中西文化差异的哲学根源在于：中国人的自我受到了儒家“修身、齐家、治国、平天下”思想的影响，个人的价值在于为群体服务，强调自我与整体的统一性；道家提倡的“无为而治”“天人合一”等，进一步淡化了自我中心的观念。而西方人的自我观念源于古希腊哲学和基督教传统。古希腊哲学中的人本主义和逻辑推理强调人的主体性，而基督教传统则强调个体灵魂的独立性和与神的直接联系。

生活中，我们常常会听到这样的说法："我只想做自己，不在乎别人怎么看。"但现实情况往往比这句话复杂得多。我们的自我感知和行为不仅受到我们对自己的认知的影响，还深刻地嵌入在人际关系和社会文化的网络之中。比如，面对同事的不当指责，你是选择直接反驳，维护自己的面子，还是委婉表达，以维持团队的和谐？这种自我与他人之间的微妙平衡，不仅体现了个人与社会的关系，也反映了文化中的独特价值观念。中国传统文化尤其强调个人与集体、社会的互动，这种关系常常被形容为"己所不欲，勿施于人"或"成己达人"。本节将聚焦中国人的"自我"，探讨这一概念如何在中国文化中呈现出独特的特点与意义。通过理解这些特点，我们可以更好地把握中国人的人际交往逻辑及其在社会互动中的表现。

一、中国人的自我

自我是人际传播中一个非常重要的概念，我们经常会将自我与自尊、自我建构、自我观念、自我认同等名称等同。自我的概念既来源于自我的感知，比如个人独特的性格、感受和想法；也来源于社会身份，比如社会地位、社会关系；还受到自我感知的他人对自己的看法的影响，比如元感知——"我感觉到别人觉得我是一个值得信赖的人"。在这一框架下，有理论区分了主我和客我（例如米德的象征互动论），也有理论辨析了独立自主的自我建构与依赖他人的自我建构（Markus & Kitayama，1991），还有理论区别了作为个体的自我、关系中的自我以及集体中的自我（Sedikides & Brewer，2001）。

这种对自我的区分似乎是放之四海皆准的，我们在中国语境下也能找到对应的自我分类。但中国的传统哲学认为，自我是可变的、具有弹性的，在面对不同对象或者不同的情境时，中国人的自我可能会体现出矛盾性。所谓"大丈夫能屈能伸""好汉不吃眼前亏""修身、齐家、治国、平天下""天人合一"等说法，就体现了中国人的自我对社会关系、团体和社会的依赖性（杨国枢，1993）。甚至有学者归纳，中国人的自我既不是个人本位的，也不是社会本位的，而是关系本位的（梁漱溟，2005）。

在自我的中外差异方面，许烺光（1989）提出了情境中心理论来解释中国人和西方人自我观念的差异。中国人的自我是情境中心的，各种社会关系会影响甚至决定中国人的行事准则。根据不同的社会关系，中国人会采用不同的原则，例如"内外有别""自己人和他人"的区分，均体现了这一特点，说明在中国社会中"关系"会影响人们的人际交往。

每个人的自我固然以物理的身体区隔为界限，但自我的界限经常可以超出自我，扩展到他人，比如我们经常会把父母、配偶和子女看作自我的一部分，是自我的延伸，与自我共享荣辱（杨中芳，2008）。欧美文化强调个人的特点，将自我视作独立自主的个体，追求个人利益与个人实现，社会运行主要依靠法治，自我和他人之间的界限明确；中国文化则强调个人对社会的依赖、责任和义务，将个人的“小我”和社会的“大我”联系起来，鼓励个人“牺牲小我、成全大我”，社会运行依赖个人自律和舆论压力，自我的界限是变化与流动的（杨中芳，2001）。

欧美社会可以被视作由一个个独立的个人，由权利、义务和社会规范联系起来的社会集合，社会和个人可以被看作总和与个体的关系；而中国传统文化认为，社会固然是个人的集合，但社会中的个人并不是完全独立的，而是相互依赖的，即体现出一种“合一”与“包含”的关系（杨中芳，2008）。中国社会中，每个人都有自己的社交关系，每个人和其他人的社交关系都是嵌套在一起的，社会依赖每个人去履行社会责任和义务，如果每个人都做到了，那么社会就是稳定的、进步的。在这一社会理念中，社会中的每个人都要以社会目标为前提，只有社会稳定和发展了，个人才能实现自己的幸福。

需要注意的是，虽然中国传统文化认为社会稳定的前提先于个人实现，但这并不意味着中国人在面对集体利益时一定要牺牲个人利益，或者把个人置于集体之下的位置；而是说，中国文化更加侧重个人的内倾性，要求个人把社会安宁和和谐作为己任，以“克己复礼”的精神实现“仁”（杨中芳，2008）。在中国传统文化中，天与人被置于一个相互关联、相互影响的哲学框架内进行考量。人性本善被视为一种先验的、内在的道德潜能，人需要通过不懈的自我修养与实践，不断追求善行的最大化与道德境界的提升，这一过程被称为“尽善尽美”。唯有如此，个体方能通达“道”之真谛，实现“成仁”（达到仁爱无私的道德高度）以及“成德”（塑造出高尚完美的品德修养），从而完成对个人价值与社会理想的双重追求。

费孝通的差序格局也可以帮助我们理解中国人的自我。差序格局主要与西方的团体格局相对，是指一种以行动者为中心的、有“差”有“序”的社会关系结构。在这种结构下，人与人之间的关系就像波纹一样，从核心的自我逐层向外扩展。关系网络的远近代表了关系的亲疏程度，离中心越近，关系越亲密，越远则越疏离。差序格局并非固定不变，而是会随着时间和空间的变化而发生变化，个人在不同时间和地点所动用的社会关系圈子可能不同。个人在社会中的影响力决定了其差序格局的大小，影响力越大，关系网络越广。费孝通将这一结构称为“差序”，强调关系的亲疏远近和权力分配的不同。

行动者的互动逻辑，指的是社会关系结构如何通过具体的互动方式实现“差序”，以及这一结构在实践过程中如何体现出动态变化的特征（任敏，2009）。中国人的行为方式并非“个人主义”，而是“自我主义”。个人主义是相对集体主义而言的，是指个人具有的，自由、独立和自主的一种价值观；而自我主义不是相对集体主义而言的，是指一种以自己作为圆心的价值观，从自己出发，像涟漪一样逐渐向外延伸，推己及人（费孝通，1985）。这种关系模式强调“己所不欲，勿施于人”的伦理观念，体现了中国传统社会中重视人情、道德和义务的特点。通过这种模式，个人在社会中能够维持一种有序的、稳定的关系网，从而实现社会整合和稳定。

二、自我的结构与特点

（一）自我界限的伸缩性

自我界限的伸缩性主要体现在同心圆的比喻中，自我、群体和社会可以被看作几个套在一起的同心圆，自我的界限具有伸缩性，可以包容其他人以及其他团体（费孝通，1985；杨中芳，2008）。自我的界限可以根据情境来伸缩，比如，在面对外群体的他人时，自我的界限会变得明确，范围会缩小；在家庭或者社区中时，自我的界限可能会扩展到家人，有时还能扩展到朋友、同乡或者同族。

（二）自我形象的两面性

自我形象可以被分为公开的自我（public self）与私人的自我（private self），这一区分在中外的研究中都有体现。公开的自我是指，个人在公共场合，面对他人时呈现出的自我形象；私人的自我是指，在没有明确社会规范时，个人呈现出的自我形象。研究中国本土心理学的学者将公开的自我和私人的自我，分别冠以公己与私己的说法（李向平，2017）。

在区分公己和私己的基础上再进行跨文化对比，我们可以说：在美国文化中，公己与私己之间的差异主要体现在对公共规则和社会责任的重视程度以及对个人隐私与自由的追求上。美国人在公共领域中表现出高度的规则意识和集体荣誉感，在私人空间中则注重对个人隐私的保护和对个人自由与独立的追求。中国人的公己和私己之间的差异较大，例如在公开社交场合，公己需要表现得懂礼貌、识大体、慷慨与大方，但私己有可能并不认同公己的行为与表现。

（三）自我表现的正当性

公己和私己的划分在很大程度上依赖于中国人对场合的定义与区隔。中国文化价值体系非常看重行为与场合之间的适配性，讲究在不同的场合说不同的话、做不同的事。例如，和他人初次见面时，要明确双方的身份与地位，采用适合双方身份以及符合场合的方式进行社会交往。在表现公己时，一般需要找一个合理与合礼的理由，这样才能“名正言顺”。这一自我表现的正当性，也被称为中国人的重“正名”（杨中芳，2008）。

中国人重“正名”，一定程度上还受到儒家思想的影响。孔子在《论语》中提出“名不正，则言不顺；言不顺，则事不成”，强调名分的重要性。通过“正名”，可以明确社会规范、道德准则和个人身份，从而维护社会秩序和稳定。此外，中国人在自我表现时往往有求同心理，即希望自己的行为符合社会规范和群体期待。这种心理使得中国人更加注重“正名”，因为通过“正名”可以确保自己的行为符合社会公认的价值观和道德标准，从而获得他人的认同和支持。

（四）自我表现的自制性

中国文化强调内省和自我批评，这使得中国人在自我表现时更加谨慎。他们害怕因为自己的行为不符合社会规范而犯错或受到惩罚。中国文化中受青睐的个人特质为谦虚、平和、克己，比如中国谚语中“人怕出名猪怕壮”的说法，就在一定程度上导致中国人在表现公己的时候更为内敛、自谦。为了不犯错误，中国人宁可选择从众、“随大流”；为了避免自己的成就对他人的面子造成威胁、影响人际关系，中国人即便要展现自己的优秀品质和能力，也会通过间接的方法，比如自谦或者借由第三者之口（杨中芳，2009）。

三、自我的四元取向

（一）自我与社会

文化影响个人如何看待自我与社会的关系。中国文化将个人的价值放在与他人关系的维度上进行考量，强调个人对社会的责任和义务，鼓励个人服从规范，牺牲小我、成全大我；西方文化尊重个人的独立、自由，强调个人实现，认为个体的幸福是社会幸福的基础，鼓励个体追求个人利益。中国本土的心理学者杨国枢（2009）认为，西方文化框架下的集体主义和个人主义的区分，不能完全体现中国文化的特点，他在融合社会互动的观点与中国人性格特质观点的基础上提出，中国人主要的心理和行为模式应该被称为“社会取向”的。

在提出社会取向这一文化特征时，杨国枢（1993）参考了机体论（organismic theory）（Angyal，1952），把人与环境的动力关系区分为两种趋势，一种为自主性趋势（autonomous trend），即人努力征服与改变环境，以满足自我需求的倾向；另一种为融合性趋势（homonomous trend），即人努力配合与顺应环境，并且积极参与群体活动、与群体分享的倾向。按照自主性趋势和融合性趋势的划分，个人取向的社会具有高自主性、低融合性；社会取向的社会具有低自主性、高融合性。

在个人取向和社会取向的区分上，我们又可以进一步对文化进行分类。

西方社会，尤其是现代西方以工商业为主的社会，其运作形态主要为个人取向；而中国社会，尤其是以中国传统文化为主导的传统社会，其运作形态主要为社会取向。这里需要注意，个人取向和社会取向只是在形容社会运行的偏向，但在具体的历史时期，个人取向和社会取向可能会呈现出不同的特征与偏好，而不是固定、一成不变的。

（二）社会取向下的次级四元取向

在社会取向之下，杨国枢（1993）继而区分了次级的四个取向，即家族取向、关系取向、权威取向和他人取向。这四种取向并不是非此即彼的关系，而可能相互依赖和渗透，体现出从个人出发，逐渐外扩的过程——从家人到其他个体，又到权威，再到非特定他人。

生活中的人际传播

张先生是一名来自中国南方小城的年轻人，即将举办自己的婚礼。张先生的婚礼筹备从一开始就非常重视家族的意见。张先生的父母认为婚礼的规模和排场不仅是个人的事，更是家族面子和地位的体现，因此提出要邀请远房亲戚，尽量扩大婚礼的规模。尽管张先生和未婚妻本想举办一个简单而私密的婚礼，但为了顾全父母的面子，他接受了父母的意见，按照家族的期望调整了计划。

在选择婚礼摄影师时，张先生的朋友小李推荐了一位熟人，并告诉他："他是我远房表哥，技术不错。"尽管张先生和未婚妻原本有自己的摄影师人选，但为了维护朋友间的关系，张先生还是选择了小李推荐的表哥。

在婚礼菜单的最终确认上，张先生的爷爷（家中辈分最高的人）表示，传统的中式菜肴才符合家族的身份和传统，尤其是一定要有一道"红烧猪蹄"，寓意团圆和福气。尽管张先生和未婚妻倾向于选一些更现代的菜式，但为了尊重爷爷的权威，他们最终保留了传统菜单。

婚礼结束后，张先生特别在意婚礼宾客的反馈。他多次主动询问宾客："这次婚礼的安排大家还满意吗？有没有哪里做得不够好？"宾客们的称赞让他非常开心，而对一些细节的批评（比如某道菜不合胃口）也让他感到不安，担心自己和家族的面子受到影响。

1. 家族取向

中国传统社会的基本组成单位为家族，家族是农业社会中经济与社会生活的核心。家族的利益、荣誉、团结都大于个人，个人的独特性不被推崇。和普遍性的集体主义相比，中国的家族取向体现为一种"家族集体主义"，即个人对集体的服从主要限于自己的家族。在和更大范围的他人（例如村庄、同乡会等）进行交往时，个人会把在家族中习得的关系模式与处事方式应用于其他的团体或组织，这种将家庭交往方式延伸到家族之外的倾向，可以被称为“泛家族主义”或“泛家族取向”（杨国枢，2005）。“泛家族主义”指的是将家族内的结构形态、关系模式及处事方式推广、概化或带入到家族以外的团体或组织中。在泛家族主义中，人们倾向于将非家族性团体的成员家人化，用家族结构和运作原则来管理组织，用家族伦理和亲缘关系来维系组织内部的关系。

在中国农村，家族集体主义体现在农民对家族土地的共同耕作、对家族财产的共同管理和对家族事务的共同决策上。例如，在村落中，家族成员会共同参与农田的灌溉、收割等农业生产活动，共同维护家族祠堂、族谱等文化象征。在家族式企业中，泛家族主义表现为将家族规则和伦理扩展到企业组织中。企业老板或董事长被视为家长，员工则被视为家庭成员。家长不仅关心员工的工作表现，还关心员工的生活状况，努力营造一种家庭式的氛围。例如，在一些知名的家族式企业中，老板会定期举办员工聚餐、组织员工旅游等活动，以加强员工之间的交流和团结。在一些社会组织中，如行业协会、商会等，泛家族主义也表现得淋漓尽致。这些组织的成员往往具有相似的地域背景、行业背景或文化背景，通过模仿家族内部的组织结构和管理方式来运作组织。例如，在组织内部设立类似于家族中的“族长”或“家长”的职位，由德高望重或经验丰富的成员担任，负责协调组织内部的关系和决策重大事项。

2. 关系取向

中国人重视与他人的人际交往，很多人都自诩人际关系专家，中国社会的运行也在一定程度上依赖“关系”，杨国枢（2004）将此种凡事都依托关系的文化特征称为“关系本位”或者“关系取向”。在对关系取向进行定义的基础上，杨国枢（2009）又进一步提出了关系形式化（角色化）和关系互依（回报化）两大特征。

关系形式化（角色化）是指，中国人更多使用关系角色来定义自己的身份，比如“我是某某的女儿”“我是某某的学生”“我是某某的亲戚”等。也有学者将此种以社会关系定义的身份称为“关系性身份”。此外，中国人还依赖社会角色与分工来定义自己的身份和规范自己的行为，比如长幼尊卑、师生关系、上司与下属的关系等。

关系互依（回报化）是指，处在人际交往关系中的双方需要按照关系的定义和特点来规范自己的行为，一方面从关系中获得回报，另一方面也要付出。互惠既体现在物质层面，也体现在精神层面。比如，亲子关系中，要母慈子孝；朋友关系中，要相互信任；上司和下属关系中，上司要仁德，下属要忠诚。

3. 权威取向

权威取向是指中国人对于权威过分重视、崇拜和依赖的心理。权威取向通常被理解为个体对权威人物或机构的尊重、依赖、顺从，以及由此产生的行为倾向。这一取向根植于中国传统社会的父权家长制，具体体现在经济专制、思想专制、家规家法以及尊卑等级等方面，并广泛渗透于社会生活的方方面面，这也在一定程度上决定了中国文化与中国人的权威取向。

权威取向主要表现为以下三个方面：（1）权威敏感。中国人在社交场合要找到权威，确认各自的身份和地位，在面对地位比自己高或者低的他人时，会采用不同的交往方式。（2）权威崇拜。中国人对于权威的崇拜是全方位的，不只体现在身份地位，还体现在学识、技能、道德等方面，甚至权威的光环能拓展到其他的领域和其他的个人。（3）权威依赖。在面对权威时，中国人会过分甚至绝对依赖权威，以恭顺的态度面对权威（杨国枢，1993）。

权威取向不仅体现在家庭关系中，也扩展到社会生活的各个领域，如职场、学校、政府等。权威取向的形成与儒家思想的长期熏陶密不可分，儒家思想强调尊卑有序、长幼有别，以及对权威人物的崇敬与服从。在中国传统家庭中，父亲是家庭的权威和领导者，拥有经济、思想、家庭法规及尊卑等级上的绝对权力。子女在成长过程中被教育要尊敬父亲，服从其安排。在职场中，员工往往对上级领导表现出高度的尊敬和服从。这种权威取向不仅体现在对工作任务的执行上，还体现在对领导者决策的无条件支持上。员工倾向于认为领导者的决策是正确的，即使存在疑问也会选择服从。在中国传统教育中，教师被视为传道授业解惑的权威人物。学生被教导要尊敬老师，服从老师的教导。这种权威取向使得学生在学习过程中倾向于依赖老师的指导和评价，认为老师的意见是正确和重要的。

4. 他人取向

他人取向是指，中国人在思考和行动时经常会参考社会上他人的看法或者观点，这里的他人不是指具体的某个人，而是指泛化的他人。这种取向体现在对他人的意见、标准、褒贬、批评等特别敏感且重视，个体在心理上希望在他人心目中留下良好印象，在行为上则努力与他人保持一致。他人取向深刻反映了中国传统文化中“和为贵”“中庸之道”等思想的影响，以及社会结构中强调和谐、团结、避免冲突的价值取向。在日常生活中，中文里也充满了“叫我如何面对世人”“无颜见江东父老”的说法，这也与中国人强调面子的社会交往礼仪息息相关。在意他人的看法，在社交中顺从他人，即在意自我的面子。

他人取向主要表现为以下几个方面：（1）顾虑人意——中国人非常注重他人的看法和意见，往往花费大量时间打听和考虑他人的观点，尤其是在做出重要决策或表现自己时。（2）顺从他人——在意见和行为上，中国人具有较强的社会顺从倾向，不愿意表现得与众不同，而是尽量与他人保持一致，以维护和谐的人际关系。（3）关注规范——中国人对人际规范的重视远胜于法律等正式规范，他们倾向于遵守社会公认的道德和行为准则，以避免受到他人的指责或排斥。(4) 重视名誉——为了维护自己的名誉和形象，中国人经常调整自我监控的方式与内容，以使自己给别人留下一个良好的印象。

在社交场合中，中国人往往非常注重自己的言行举止是否符合他人的期望。他们可能会根据场合和对象的不同调整自己的说话方式及行为表现，以赢得他人的好感和尊重。例如，在参加家庭聚会时，个体会更加注意自己的言行，避免使用过于随便或冒犯性的语言，以维护家庭的和谐氛围。在职场中，员工在发表意见或采取行动时往往会考虑同事和上司的看法，他们可能会避免提出过于激进或与众不同的观点，而是选择跟随大多数人的意见，以保持团队的和谐与稳定。

思考题

1. 自我概念如何在中国文化背景下体现出独特性？如何在传播学研究中考虑这一独特性？

2. 试举例说明在日常生活中，中国人如何根据情境调整自我界限。这种调整对人际传播有何影响？

3. 公开的自我与私人的自我的差异如何影响中国人在不同场合的行为表现？这一差异在传播策略上有何启示？

4. 谦虚、平和、克己等特质如何影响中国人在公共场合的表达？这种影响在媒体呈现中是否有所体现？

5. 在快速变化的现代社会中，家族取向对中国人的人际传播有何影响？如何在传播研究中体现这一点？

6. 中国人如何通过关系定义自己的身份？这在跨文化传播中有何启示？

实践训练题

Ava 是一名在中国工作的外籍经理，她注意到她的团队成员小张在工作中总是表现得非常谨慎。在一次团队讨论中，小张提出了一个优秀的解决方案，但在领导面前，他很快改变了自己的立场，迎合了领导的意见。此外，小张经常花时间与同事们交流，尽力维护大家的关系；而在家庭聚会中，他显然非常尊重家中长辈的意见，即使这些意见与他的想法不一致。

请结合中国文化中的家族取向、关系取向、权威取向和他人取向，回答以下问题。

1. 分析小张的行为如何体现了这四种取向。

2. 如果 Ava 想更好地与小张合作，你会建议她采取哪些策略以更好地适应小张的文化背景？

3. 如果公司要求小张在春节期间加班，请说明你会如何建议 Ava 和小张沟通这个决定。

要点小结

- 中国人的自我与四元取向
  - 中国人的自我
    - 自我来源于感知、社会身份和他人看法
    - 西方理论视角
    - 中国自我观
    - 情境中心理论
    - 自我界限可延伸到他人，共享荣辱
    - 中西自我观差异
    - 社会“合一”观
    - “自我主义”
  - 自我的结构与特点
    - 自我界限伸缩性
    - 自我影响两面性
    - 自我表现正当性
    - 自我表现自制性
  - 自我的四元取向
    - 自我与社会
      - 中国文化强调社会责任和义务，西方文化强调个人自由
      - 社会取向文化
    - 社会取向下的次级四元取向
      - 家庭取向
      - 关系取向
      - 权威取向
      - 他人取向

第二节　人际交往中的面子与人情

每天学点人际传播

春节期间，小李一家回到老家参加家族的年夜饭聚会。这是个规模不小的聚会，远房亲戚都齐聚一堂。席间，叔叔向大家介绍小李：“小李在城里工作得不错，去年还买了房子，很有出息。”亲戚们纷纷点头称赞，小李表面谦虚地摆摆手说“都是运气好，离不开家里长辈的支持”，但内心觉得很有面子。

到了发红包环节，叔叔大手一挥，给孩子们发了一圈红包。小李考虑到自己刚被表扬，也不想失了面子，于是大方地包了几个红包，给堂弟堂妹的孩子们分发。大家纷纷夸赞小李的行为：“年轻一代有出息，还这么懂得照顾家里。”

但在聚会后，婶婶悄悄对小李说：“你堂哥今年手头有点紧，没办法像你这么大方，你多包红包真是让他有点不好意思。”小李听了，虽然有些尴尬，但为了维护堂哥的面子，连忙解释：“都是小事，大家都知道堂哥平时最照顾我们了。”

面子，既是人类社会共有的文化现象，也是中国人特有的一种文化心理。由于其对人际交往和社会互动的影响，“面子”这一概念引起了来自中国与海外研究者广泛的研究兴趣。但中国学者与海外学者在对面子这一特定的文化现象进行研究时采用了不同的框架，前文在介绍戈夫曼的拟剧理论、面子关切，丁允珠的面子协商理论时都有提及。在这一节，我们主要介绍中国本土学者对于面子和面子相关概念的论述，以期提供一个研究面子的本土化视角。

一、面子与中国的礼教

中国文化受到了儒家思想的大量影响。儒家思想核心价值观中的“五常”（仁、义、礼、智、信）强调个人修养和社会责任。通过遵守这些道德准则，个体不仅维护了自己的面子，也增进了社会和谐。这“五常”中，“礼”尤其重要，它强调社会交往中的礼仪和规范，维护了人际关系中的尊重和体面。儒家思想重视家庭和社会等级，面子不仅关乎个人，更涉及家族的荣誉和社会地位。因此，个体行为不仅要考虑自身的面子，还要顾及家庭和家族的声誉，以使良好的社会地位和声誉通过一代代的积累和维护传承下来。儒家思想强调“和为贵”，即追求和谐的人际关系。面子在这一过程中扮演了重要角色，通过尊重他人、礼貌待人，个体维护了自身和他人的面子，促进了社会的和谐与稳定。失去面子不仅是个人的羞辱，更是对和谐人际关系的破坏。为了维护面子，个体往往会严格要求自己的行为，以符合社会和道德规范。此外，他人的评价在很大程度上决定了个体的面子，因而人们非常在意他人的看法和反馈。通过不断修身养性，积累良好的名誉，个体可以赢得社会的尊重和认可，从而增强面子。因此，维护面子不仅是个人形象的问题，更是道德责任的体现。

在儒家传统思想的影响下，中国人的面子呈现出以下几大特征：首先，中国人好礼，很尊重形式上或表面上的面子，在社交场合讲究礼数和礼仪，给对方面子，也获得面子；其次，对权威的尊重也体现在社会交往中对面子的维护上，社会地位低的个体必须要保全社会地位高的他人的面子（如年少者对年长者面子的维护、下级对上级面子的维护等）；再次，对于中国人来说，个人的价值不以个人实现为目的，而是为了家族的荣誉，中国人讲求的面子，通常也包含家族的面子，个人的面子通常依附于家族的面子；最后，中国人在社会交往中交换面子，确立社会地位，建立社交关系，完成互惠行为（朱瑞玲，2006）。

二、面子的定义

林语堂（2011）认为，对于中国人来说，面子是一种可以给、可以丢、可以抢甚至可以送的形象。美国人类学家胡先缙（Hu，1944）收集了中国文化中对“脸”和“面子”的不同语言使用方式，系统性地介绍了中国的面子概念。近代以来，海内外的多位学者都对面子进行了定义和论述（Ho & Chiu，1994；黄光国，1985；翟学伟，1999；朱瑞玲；2006）。

以下列举一些有代表性的面子的定义。胡先缙（Hu，1944）指出了面子在中国社会中的两种形式：lian（脸）和 mianzi（面子）。lian 代表道德上的正直和品格，是人际交往中必须维护的基本面子；mianzi 则代表社会地位和荣誉，是个体在社会中通过成就和地位获得的尊重。心理学者何友晖（Ho，1989）从社会心理学的角度研究面子，将面子定义为个人基于他在社交网络中所占的地位、合宜的角色表现与被人接纳的行为操守，而从他人那里获得的尊重与恭敬。黄光国（1985）提出了面子的双重性，即“自尊面子”（脸）和“声誉面子”（面子）。自尊面子是指个体的道德正当性和自我尊严，声誉面子则涉及社会地位和声誉。

以上关于面子的定义主要围绕面子的社会和公共属性展开，即面子不仅是个人的价值，也包含个人被社会承认的重要性或权威。面子的自我价值和社会属性，也被华裔哲学家成中英区分为主观的面子和客观的面子（Cheng，1986）。主观的面子是指个人估计的社会尊重和社会地位，它反映了个人对自己在社会中所处位置和应受尊重程度的主观感受与评价；而客观的面子是指个人被他人认可的实际上的地位，它更多地依赖于社会成员对个人的实际评价和认可程度。类似地，也有学者将面子区分为了自我声称的面子或他人认可及给予的面子（黄光国，胡先缙，2004）。

翟学伟（2006）从语义的层面入手，将“脸”和“面子”区分开来，提出“脸”和个体行为的关系较大，所集中体现的是人自身的形象或表现；“面子”和社会互动的关系较大，偏向互动双方所处的关系状况。“脸”是个人的形象和表现方式，个人通过其所在的社交圈层来“长脸”或者“丢脸”；社交圈层对个人的“脸”的评定结果就是“面子”，积极的评定即为有面子，消极的评定即为没面子。

三、中国人的关系和人情

在研究中国社会人际交往的特征时，本土学者大多认为儒家伦理对历史上以及当今的中国人的社会行为都有着深远的影响，比如前文谈到的礼、社会取向、和谐等，这些概念可以被视作本土人际传播研究中的整体性概念（global concept），对应到具体的人际交往行为中，整体性概念是通过中观层面上的面子、人情、关系等机制来指导和影响中国人的人际交往的（黄光国，1985）。

中国社会形态受到差序格局的形塑，前文中提到，中国人在面对不同的关系对象时会首先思考，这个人和我是什么关系，关系决定了个人会采取什么样的方式和他人交往。学者们根据关系的亲疏远近区分了不同的关系类型。

杨国枢（2005）采用了三类的区分方式，将中国人的社会关系分为家人关系、熟人关系和生人关系。此外，也有四种人际关系的区分，分别为家人关系、熟人关系、相识关系和陌生关系（朱虹，马丽，2011）。还有学者从感情性和工具性两个维度，划分出三种常见的人际关系类型，分别是：情感性关系、工具性关系和混合性关系（黄光国，胡先缙，2004）。这三种关系又分别对应了三种不同的人际交往准则，即需求法则、公平法则和人情法则，这三种法则也可以被称为中国人社会行为的“原型”（陈浩彬，2019）。

（一） 情感性关系

情感性关系主要指的是家庭内成员的关系，以及那些能够满足关爱、温暖、安全感、归属感等情感需求，长久而稳定的社会关系，比如我们和家人或密友建立的情感连接。这类关系以深厚的感情为基础，交往双方依从需求法则协调互动行为，即“各尽所能，各取所需”。在情感性关系中，关系的双方考虑的是责任，比如父母对子女的养育责任、子女对父母的照顾责任、夫妻关系中的相濡以沫责任等。情感性关系讲付出不讲回报，虽然在某些情况下，情感性关系也可以作为工具给个人带来实际利益。在面对家人或者好友时，人们较少会考虑物质利益与得失，而更多地考虑彼此之间的亲情和友情，能够真诚地面对彼此。

（二） 工具性关系

工具性关系主要是指在交往中主要考虑物质利益交换的人际关系，比如个人在工作、生活中为了获得所期望的某些物质目标而与他人建立的关系。这类关系主要基于利益交换，交往双方并不预期将来会建立起长期性的情感关系。在工具性关系中，人际交往的目的不是维持关系，而是通过维持关系获得利益。这一类的人际关系目的性强，且往往具有短期性的特点，一旦目标达成，关系可能就会迅速减弱乃至消失。由于工具性关系中人情的成分比较少，因此人们更多会参考公平法则来交往，即双方都会根据对方所提供的利益或资源来评估自己的付出和回报是否对等。这一法则和社会交换理论类似，即个人会考虑交往中的成本和收益，从而决定自己的行为。

（三） 混合性关系

情感性关系与工具性关系少有人情、面子和权力的体现：情感性关系只考虑双方的情感，不计得失；工具性关系只考虑物质利益，不考虑人情。混合性关系则既包括了一定程度的情感关系，又包含了一定程度的物质利益交换关系。在混合性关系中，中国人特有的人情、面子和权力关系就有了更多的发挥空间。混合性关系在时间上有一定的延续性，同时含有程度不等的情感成分，但这种关系既不像情感性关系那样稳定真诚，也不像工具性关系那样短暂单一，而是介于两者之间，既具有一定的情感基础，又夹杂着利益交换的动机。举例来说，你和邻居、同事、亲戚之间的交往，就既有情感的成分，也有工具的成分；此外，你和对方还有可能处于共同的关系网络之中，比如你的邻居有可能是你的同事，你的同事是你的校友，等等。每个人的关系网络都和他人的人际网络有一定程度的交叉和重叠，这就导致人们在面对某个交往对象时，还需要考虑共同的人际关系网络会如何看待自己和该对象的交往。

既然混合性关系既包含情感又包含工具性成分，那么在人际交往中，一个人如果想获得物质资源或利益，就会参考自己和他人之间的情感性关系，向自己的亲戚、熟人、同学、同事或朋友请求帮助。举例来说，最常见的情形是通过“找关系”“托熟人”来获得物质利益，被请求一方一般是占有更多社会资源或者社会地位更高的个人，其在对请求做出决策时，除了考虑工具性利益的交换，还要考虑和请求方的关系，以及共同社交圈子对自己的评价。这就是中国社会特有的人情法则。

在中国社会中，人情既指情感，也指人与人在进行社会交易时可以用来馈赠对方的一种资源。人情法则是处于混合性关系中的人们在进行社会互动时应遵循的一种原则，即“和为贵”“礼尚往来”。它强调人与人之间的互惠互利和长期关系维护。人情法则的核心是“报之规范”，即接受了人情的一方，一有机会便应设法回报；给予人情的一方，也能预期对方终将回报。这种规范之所以在混合性关系中尤为明显，是因为双方既有一定的情感基础，又需要通过相互往来以维护和发展这种关系。

混合性关系中的个体往往同时置身于数张不同的关系网络内，每个人都以自己为中心拥有其独特的社会关系网络。为了维护和发展这些关系网络，人们需要不断地进行社会互动和人情往来。这种互动不仅有助于获取所需的资源，也有助于提升个人在社会中的地位和影响力。在混合性关系中，资源的支配者可能会面临人情困境，即是否要接受请托或给予帮助。此时，他们需要权衡所付出的代价和预期回报之间的关系，并据此做出决策。有时为了避免直接冲突或维护关系网络的和谐，他们可能会采取拖延不决的策略。

生活中的人际传播

小王是公司的一名项目经理，在日常生活中，他需要同时处理家庭、工作和朋友之间的关系。

小王的母亲最近身体不好，在住院接受治疗。小王每天忙完工作后都会去医院陪护，帮母亲喂饭、擦身，和医生沟通病情。小王虽然有三个兄弟姐妹，但主动承担了最多的陪护工作，因为他觉得这是作为儿子的责任。即使母亲生病期间没有直接要求他这么做，小王依然心甘情愿地付出，不计较时间和精力上的成本。小王与母亲的关系体现了深厚的亲情，是一种典型的情感性关系，以责任和义务为基础，不计较回报。

在工作中，小王负责一个与供应商的合作项目。这周，他需要与供应商谈判降低合同价格，以符合公司的预算目标。在谈判中，小王从供应商处获取了关键数据，成功达成了更优惠的合同条款，但这纯粹是基于利益交换的关系。谈判结束后，双方没有任何进一步的联系，也不期望建立长期的情感关系。这是一种典型的工具性关系，双方的互动完全基于物质利益，没有情感上的依赖。

同事小李最近面临买房的资金问题，开口向小王借一笔钱。小王犹豫了一下，觉得小李平时工作认真，两人又是关系不错的朋友，于是同意借钱，但没有设定明确的还款时间。尽管小王的行为带有情感成分，但他也考虑到，如果小李在工作中能继续表现出色，就会间接帮助自己的团队。两人之间的互动既包含朋友间的信任和情感，又带有一定的利益考虑，属于混合性关系。

（四）人情

人情，在中国社会中，主要有三种意思（金耀基，1988）。

第一种指的是人们普遍具有的基本情感反应，如喜、怒、哀、惧、爱、恶、欲等。这些情感是人类共有的心理体验，也是构成人情社会的基础。它们在日常生活中自然流露，影响着人们的行为、决策时的情绪反应和面对他人的同理心。中文中相应的表述为“通情达理”，如果一个人在既定的社交场合、面对不同的情景能做出合适的情绪反映，这个人就是通情达理的；如果一个人不能给出合适的情绪反应，或者对别人的感受无动于衷，这个人就是不通情达理的。

第二种指的是人情作为社会交换中的资源，比如中文中有“做人情”或者“欠人情”的说法。这种说法与混合性关系的联系最为紧密，比如在别人需要帮助的时候提供物质资源，就是情感与物质互换的一种体现。

第三种指的是社会交往中的社会规范，比如礼貌、客气、礼尚往来等。中国人的社会交往建立在互惠的基础上，比如节假日场合的相互问候、馈赠礼物等，以此来维持良好的社会关系。如果一个人在社交场合做出了违背社会规范的行为，比如不主动向长辈问好、对别人的赠礼不进行回礼等，就会被认为不懂或者不通人情。

在三种关系里，混合性关系受到人情法则的影响最大。在混合性关系中，交往的双方需要贯彻礼尚往来的互惠性原则，具体体现为：当一方提出物质要求时，另一方要考虑人情，提供帮助；反过来，受助者要感恩，努力维系双方的情感关系，并且在自己力所能及的范围内，在未来提供回报。在中国文化中，人情常常被看作一种可以交换的资源。人们在日常生活中通过送礼、回礼、请客吃饭等方式，维持和增强彼此之间的关系。这种交换不仅仅是物质上的，更包括情感、信息、机会等多种资源的交换。通过这种交换，人们建立起一个复杂而紧密的社会关系网络。

既然在混合性关系中，人情法则可以起到帮助个人获得物质利益的作用，那么人们就会期望与拥有资源和权力的个体建立社交关系，通过人情法则获得利益。中文中有拉关系、攀交情等说法。当个人通过拉关系、攀交情等与占有社会资源的一方建立关系后，他后续还会开展拜访、送礼、宴请等社交活动，来加强彼此之间的关系。长此以往，占有社会资源的一方就会产生欠对方人情的心理，那么在对方提出请求时，出于人情，他就会答应。这种以人情法则为中介的资源交换机制，在某些情况下可能掩盖对正式制度、公平原则的忽视，其长期运行亦可能削弱公共信任与制度正义。

思考题

1. 面子在中国文化中除了指社会地位外，还有哪些深层含义？这些含义如何影响人际交往？

2. 中国传统文化中的礼教如何影响中国人对面子的追求和维护？

3. 在人际传播中，如何区分情感性关系、工具性关系与混合性关系？它们对信息传播的效果有何不同影响？

4. 人情法则在中国社会中有哪些具体应用？在媒体关系和公关传播中，如何运用人情法则来增强传播效果？

5. 面子与人情在人际交往中如何相互作用？在跨文化传播中，如何理解和应对这种互动？

实践训练题

小张是一名在外工作的年轻人。春节回家探亲，一名远房表叔带着儿子来到小张家做客。表叔提到他的儿子正在准备高考，未来想考取小张所在的城市的大学。席间，表叔隐晦地提到，希望小张以后能多“关照一下”，帮助孩子在大城市适应生活。小张虽然觉得自己与表叔的关系并不密切，但碍于场合和人情，他点头答应了。聚会结束后，母亲私下提醒小张不能随便答应，否则以后请表叔帮忙时，表叔会认为不帮忙就是“欠了人情”。

1. 请根据以上描述，指出小张与表叔的交往属于情感性关系、工具性关系还是混合性关系，并说明理由。

2. 如果你是小张，你会如何处理这一请求？请结合人情法则提出具体的解决策略。

3. 小张如果不答应表叔的请求，可能会在家族中引发哪些后果？他又该如何缓和这些潜在的紧张关系？

要点小结

- 面子与人情
  - 儒家思想的影响
    - 仁、义、礼、智、信
    - 礼的重要性
  - 面子的定义
    - 脸：道德正直
    - 面子：社会地位和荣誉
  - 面子与礼教
    - 重视利益和道德规范
    - 维护个人和家族面子
  - 人际关系类型
    - 情感性关系
    - 工具性关系
    - 混合性关系
  - 人情法则
    - 互惠互利和长期关系维护
    - 报之规范
  - 人情的含义
    - 基本情感反应
    - 社会交换中的资源
    - 社会交往中的社会规范
  - 混合性关系中的资源交换
    - 礼尚往来
    - 人情困境与决策权衡
    - 社会关系网络的维护

第三节　关系向度理论

每天学点人际传播

春节期间，小李一家回到老家，与亲戚朋友聚会。聚会上，大家围坐在一起聊天，讨论各自的生活近况。一位叔叔谈起了他最近的事业，希望小李能帮忙牵线搭桥介绍一个潜在的合作伙伴。小李虽然并不熟悉相关领域，但考虑到家族关系的亲密性和叔叔的面子问题，表示愿意试着联系看看。

另一边，聚会中的一位远房亲戚主动问小李能否为他的孩子提供一些学习建议。这位亲戚和小李之间并无太多接触，彼此间更多是工具性关系，小李简单提出了一些建议，并没有承诺深入帮助。

与此同时，小李和一位从小一起长大的表哥聊得热火朝天，两人多年未见，但仍能轻松聊起彼此的近况。虽然因为地理距离而减少了日常互动，但深厚的感情基础让他们在见面时依然亲密无间。

在中国，“关系”是人际交往中的一个重要概念。虽然在字面意思上，关系可以被理解为个人和他人之间形成的关联（personal relations/interpersonal relations），但这种对于关系的定义和描述似乎又不完全等同于中国人日常生活中所讲的诸如“拉关系”“找关系”中的关系，更有研究者为了区别中国本土化的“关系”与一般意义上的人际关系，而提出了“guanxi”这一说法。在研究中，有学者采取了前一种方式，将关系看作一种普遍理论，例如很多学者采取社会资本与社会网络分析的视角，来分析中国社会中的人际关系，这一类研究还被冠以“关系社会学”的说法；也有学者倾向于认为，关系与其他本土观念（比如差序格局、社会取向、伦理本位等）类似，是一个本土文化概念和理论，比如上一节中论及的关系与人情（黄光国，1998）；还有学者采用人类学阐释性研究的路径，通过对中国人实际生活经验中的礼物馈赠等的研究来解释人际关系（阎云翔，2000；杨美惠，2009）。

本节要介绍的关系向度理论，虽然一开始是作为本土文化概念和理论被提出的，但是在后续的发展和修订中，翟学伟（2023）将其和其他本土的、抽象意义上的社会或文化类型相结合，将关系向度理论拓展为一个普遍理论，实际上完成了对该理论的抽象化和一般化，从而摆脱了特定文化的限制，使之具有更广泛的适用性，实现了由特殊性理论转向一般性理论的尝试。他首先提出了关系向度理论的基本框架，该理论基于时间和空间两个维度来对社会交往进行分类，从而得到了四种不同的关系类型：松散关系、约定关系、友谊关系和固定关系。

一、理论前提

（一）中西方社会结构与人际关系

西方社会普遍强调个人主义，注重个人的独立性和自由意志。社会结构相对开放，流动性较高，个人在职业、居住和社交等方面拥有较大的选择权。在这种社会结构下，人际关系可能更倾向于松散关系和约定关系。个人之间的交往更多地基于共同的兴趣、目标或利益，而非血缘、地缘等传统因素。西方社会强调法治和契约精神，人与人之间的交往往往受到明确的法律规则和合同条款的约束。这种社会规范使得人际关系更加理性和规范化，减少了因情感纠葛或道德判断而产生的冲突。个人在交往中更注重维护自己的权益和履行自己的义务。

从研究视角来说，西方的社会科学理论一脉相承于自然科学。自然科学认为，物质是由原子构成的，原子可以和其他物理单位结合成为更大的整体，也可以被进一步分解。类比自然科学，社会科学将社会看成由一个个独立的个体组成，个体就是最小的单位，可以和其他个体基于各种角色和关系结合，形成家庭、组织、社区等更大规模的社会结构，也可以被进一步分解，比如对个人心理的研究（翟学伟，2008）。虽然社会学有反对个体性的传统，即在研究中不要将个人行为还原到心理学层面，但国内外还是有很多研究关注个体性，这导致研究的关注点都集中于理性、认知、人格、人权等（翟学伟，2008）。

中国社会强调人与人之间的和谐共处，社会结构相对稳定，家庭、宗族和社区等传统社会组织在社会生活中发挥着重要作用。在这种社会结构下，人际关系可能更倾向于固定关系和家族关系。个人之间的交往往往受到血缘、地缘和业缘等因素的深刻影响，形成复杂的关系网络。家族成员之间的互助和支持是维持社会稳定与发展的重要基石。中国社会中的个体处在各种关系网络中，学术研究对关系的认识也偏向于整体性和网络化，这在一定程度上体现了中国学术研究对宏大理论的偏好。

（二）关联性中的时间与空间维度

翟学伟（2007）认为，人际关系中的关联性体现在对交往中的时间和空间两个结构性要素的维护上。中国人人际关系的首要原则是基于相同地理位置的持久性交往。在中国传统社会，由于人口流动性较低，人们往往生活在相对固定的地域范围内，这种空间上的接近性促进了频繁的人际互动和关系建立。在现代社会，虽然人口流动性增加，但空间上的接近仍然是影响人际传播的重要因素。例如，居住在同一社区、同一单位或经常出入同一场所的人，更容易建立紧密的人际关系。人际关系的建立和维护需要时间上的持续投入。在中国文化中，长期的交往和互动能够加深彼此之间的了解与信任。时空关联性中的时间持续性意味着人们需要投入足够的时间来建立和维护关系。

将时间和空间维度对应到西方的人际交往研究中就可以发现，多数研究概念是将个人的行动从任意的时间和空间节点上抽出而形成的，例如个人偏好、人际吸引、个人印象、偏见、态度等。虽然美国人际传播理论中也有关于交往过程的关系辩证法理论，但总体来说，还是将个人作为基本的研究单位。

而在中国语境下，所谓关联性，是指将交往中的时间看作是连贯且无限延长的，将空间看作是共存于一个地域位置的（翟学伟，2007）。这一关联性前提就预设了中国人在人际交往中要从长期性和地域性的角度出发。长期性体现在中国人经常说的“会做人”这一说法中。会做人，意味着个人在面对长久和固定的关系时，知道如何调整自己来适应他人，比如人情往来、报答等。地域性主要体现为中国人的人际关系和地域之间的联系。举例来说，中国人的脸、面子、人情总是针对自己的家庭或者家乡的亲戚、邻里的地域来划分的，比如，在城市工作的流动人口省吃俭用积攒存款是为了能在老家盖房，他们不在意“城里人”眼中的社会地位，反倒更在意老家人眼中的面子，即便老家是“再也回不去的故乡”。中国社会中，人们普遍对陌生人缺乏社会信任，也是由于陌生人间的社交关系在时间上缺少长期性，在空间上缺少共享的同一空间（翟学伟，2008）。

时空的关联性在中国人的人际传播中体现为一种重形式和轻内容的偏好。比如，在冲突情境中，中国人更多采用间接的方式来表达意见；在人际交往中，更偏向采用预先排练和推敲过的方式，而不是即兴式的；在辩论时，不看重说理，不在乎说服，更在意不要得罪他人，追求处事圆滑，留有余地，考虑周全（翟学伟，2008）。

二、关系向度理论框架

在以上前提的基础上，关系向度理论进一步提出，社会交往是由时间和空间两个维度构成的四种交往类型的组合。时间维度是指交往者预期的交往时长；而空间维度是指交往者的空间流动强度，主要表现为对交往对象的选择自由度。关系的构成在时间和空间维度上是相互嵌套的（翟学伟，2023），时间维度上的短暂交往隐含了空间维度上的流动性，空间维度上的相对固定也带来了时间维度上的长久。

生活中的人际传播

在繁忙的城市生活中，小王每天都会接触到各种类型的人际关系。清晨，他和住在同一屋檐下的父母一同吃早餐。母亲为他煎好了鸡蛋，父亲则叮嘱他下周记得参加堂妹的婚礼，家族的面子很重要，不能缺席。小王虽然最近工作很忙，但还是点头答应了。

上班途中，小王通过手机联系了一家家政公司，为他们一家新搬入的公寓预约清洁服务。他与客服人员仔细确认服务内容和价格，最终商定本周六早上来清扫。在挂断电话前，客服人员还特别提醒他需要提前准备好拖鞋和清洁剂，这样能节省时间。这种直接、高效的沟通没有情感成分，只是为完成交易目标而进行的务实互动。

中午休息时，小王去楼下的咖啡馆买咖啡。排队时，他发现身边的顾客正在用耳机听他喜欢的乐队的歌，于是随口聊了两句：“这张专辑真不错，你也喜欢吗？”对方笑了笑，回应说：“是啊，听着特别放松。”两人随即各自点单，未再深入交流。这种短暂而轻松的对话仅限于当前场景，像一阵清风般匆匆而过。

下班后，小王和大学时期的好友小张相约在一家烧烤店吃晚饭。两人一见面就热烈地拥抱，小张笑着调侃道：“你最近忙得都不找我了，是不是忘了老朋友？”小王立刻反驳道：“这不是刚下班就来见你了吗？”两人点了一桌烧烤，边吃边聊。小张还主动提出帮小王留意新的职位机会，甚至表示会帮忙修改简历。小王感动地举起啤酒杯，笑着说：“还是兄弟靠谱！”

一天的生活结束，小王回到家，发现母亲还在等他，问他晚饭吃得怎么样，并递过一盘刚切好的水果。小王接过后笑着感叹："妈，还是家里最暖。"

按照时间和空间维度，社会交往可以被划分成四种类型：固定关系、约定关系、松散关系和友谊关系。

（一）固定关系

固定关系的特点为长时效性与低选择性，这种关系通常比较稳定和持久，关系双方的交往不随时间和空间的变化而轻易改变，如家庭关系、亲属关系等。此外，在同一单位或组织中长期共事的同事之间也可能形成固定关系，他们共同经历了许多工作阶段和变化，关系得以持续稳定。

（二）约定关系

约定关系的特点为短时效性与低选择性，这种关系通常基于某种契约或协议而形成，关系双方的交往时间相对较短，关系有一定的时间限制，如合同期限；空间变动性低，在关系持续期间，空间环境相对稳定，比如同事关系。此外，员工与雇主之间的雇佣关系是典型的约定关系，双方通过签订劳动合同来明确权利和义务，关系在合同期限内保持稳定。再有，租户与房东之间的租赁关系也是一种约定关系，租户在租赁期间享有房屋使用权，双方之间的关系基于租赁合同维系。

（三）松散关系

松散关系主要表现为短时效性和高选择性，由于交往时间短且空间变动性高，这种关系通常不需要进一步发展或维持，比如陌生人之间的工具性关系。在公共场所，如车站、机场、超市等地方，人们之间可能会进行短暂的交流，如询问路线、价格等，这种交流就属于松散关系。此外，在互联网上，人们可能因为某个共同的兴趣或话题而建立临时联系，如微博上的互相关注或私信交流，这种联系也属于松散关系，往往不持久且容易中断。

（四）友谊关系

友谊关系指的是交往时间长且空间变动性较高的关系。这种关系基于深厚的情感和信任而建立，能够经受住时间和空间的考验。友谊关系表现为长时效性和高选择性：关系双方长时间保持联系，虽然空间环境可能发生变化，但关系仍然保持稳定。常见的友谊关系体现为好友关系或其他形式的友爱关系。朋友之间通常具有深厚的情感和信任基础，他们之间的交往不受时间和空间的限制，即使长时间不见面或生活在不同的城市，他们仍然会保持联系，并关心彼此的生活。此外，同学之间的友谊也是典型的友谊关系。他们在学习期间建立了深厚的友谊，并在毕业后继续保持联系，尽管各自的生活和工作环境可能发生了变化。

每个社会都在时间和空间这两个社会交往的维度上有不同的预设。比如西方社会，尤其是美国社会，以松散关系为起点，人际交往中主要的推动力为个人的选择与偏好，这一特征也逐渐体现在现代社会中，比如社会原子化。另一类社会则主要以固定关系为起点，预设的流动性较低（个人选择少），个人在交往中会大量依赖并受到连带关系的影响，比如中国传统社会（雷思涵，2023）。

无论是以固定关系还是松散关系作为起点，个人都可以发展出约定关系或者友谊关系。但这两种起点的差异也会导致交往模式的差异。一方面，如果一个人以松散关系（比如俱乐部、社团等）作为起点，决定发展约定关系（如加入某个公司）或者友谊关系（如和某个俱乐部成员或社团成员成为好友），那么他主要是凭借其个人意愿和理性选择来推动关系的发展的，并且在关系中更加强调自我，重视理性和契约精神。另一方面，如果一个人以固定关系（比如同乡会、商会等）作为起点，进入约定关系或友谊关系，那么他会将自己原有的关系代入新的约定关系或友谊关系，在交往中会更加顾及他人的感受和评价，看重人情和面子。

三、关系向度理论的应用

关系向度理论基于时间和空间维度对社会交往的划分，不仅为人情和面子的概念定义了边界条件，也在一定程度上调和了人际关系研究中所谓特殊理论和普适理论之间的论争。不同社会对交往方式的偏好，不只体现在文化差异上，也体现在不同时代和不同社会形态中。比如，我国历史上的农业社会更加重视固定关系，而游牧社会中更为典型的人际关系为松散关系。此外，国外人口流动性较低的城镇中，人际交往多以固定关系为主；而人口流动性较强的大都市中，无论中外，人际交往都主要呈现出松散的特点。

关系向度理论目前主要被运用在以下几个话题上，包括中国人的爱情与姻缘两种亲密关系的比较、情感劳动中的关系向度以及脸面运作中的关系赋权等。

（一）爱情与姻缘

翟学伟（2017）将关系向度理论引入了亲密关系的分析当中，从马克斯·韦伯（Max Weber）的理想类型出发，把作为亲密关系的婚姻放入了关系向度理论中，从而提出了两种不同的亲密关系模式，一种是爱情，另一种是姻缘。其中，爱情关系可以类比为从松散关系出发，通过个人的偏好与选择建立的亲密关系。爱情关系的维持主要取决于个人的自主性和彼此之间的吸引力，强调个人感受和情感投入，动力来自激情、冒险与爱欲。而姻缘关系可以类比为从固定关系出发，将个人本身的社会关系也代入其中，从而建立的亲密关系。这种关系重视外在性，如命定、般配、说媒等，强调“天人合一”的思想，认为婚姻是命中注定，同时也需要个人的努力和谋划。婚姻关系中的双方更加在意关系的牢固、长久以及他人的评价。

从关系向度的角度来看，可以得出以下推论：在西方文化中，爱情生活通常被视为一种加法过程。根据这一理论假设，爱情的持续与否取决于每一天的爱是否能够累加。其延续机制在于“加法”，即随着情感的加深和互动的增多，关系会更加紧密。如果无法继续增加，那么关系可能会结束。当然，如果一直能够不断增加爱情，那么关系可以持续一辈子。这种方式被称为“加法婚姻”。相比之下，姻缘婚姻则要求首先建立一种关系上的永久性承诺，其维系机制在于“减法”，即通过外在条件的匹配和共同生活的磨合，逐渐适应和习惯对方。双方事先承诺要一起度过一生，然后逐渐减去度过的日子，直到最终实现长久的伴侣关系。这种方式也被称为“减法婚姻”。

在加法婚姻中，生活方式通常包括制造热烈的感情、频繁的亲昵以及情感的波动。而在减法婚姻中，重点不在于激情和冒险，也不视亲昵为必要，而是追求平稳安逸的生活。因此，前者的动力源于激情、冒险和爱欲，后者的动力则来自对长久平静生活的追求。这种平静生活被认为是最大的幸福。总的来说，从理想类型上看，爱情婚姻被称为“加法婚姻”，而姻缘婚姻被称为“减法婚姻”。前者强调个体的内在体验，而后者强调长久平静的生活。

（二）情感劳动中的关系向度

根据关系向度理论，中国社会的社交起点通常是建立在固定关系基础上的，个人在社交过程中不会随意解除这些关系。即使在从固定关系过渡到约定关系或友谊关系时，社交方式通常要么是原有社会结构的延伸（如同乡会或商会），要么是原有社会结构的变化形式（例如结拜或称兄道弟）。从这个角度来看，关系向度理论就可以用来研究服务业中的情感劳动现象。

服务业中的保姆、家政和护工与客户之间形成的关系，可以被视作固定关系，这种关系要求劳动者在情感劳动中更加注重关系的维护和深化，通过提供个性化的服务和情感支持来增强客户的信任与依赖。劳动者在被雇用的情感劳动实践中，可以将客户看作自己的家人，这样既可以减弱进入陌生家庭的心理困境，也可以争取更高的劳动自主性。服务业中的美容师、美发师与客户之间形成的关系，可以被视作友谊关系，虽然这种关系具有长时效性和高选择性等特点，但劳动者在工作时依然可以运用情感劳动来运作关系，在提供服务的基础上发展情感联系，将生客变成熟客（张杨波，2022）。在某些服务业中，劳动者可能面临较多的客户选择，但每个客户与劳动者之间的关系相对单一。这就要求劳动者在情感劳动中具备高度的灵活性和适应性，能够根据不同客户的需求和偏好提供个性化的服务。

（三）脸面运作中的关系赋权

在关系向度理论的运用上，还有研究结合了赋权理论和关系向度理论，以中国老年弱势群体（老漂族）微信朋友圈实践作为研究对象，探究了社交媒体对老漂族社会交往的赋权，其中特别关注了脸面和人情运作（雷思涵，2023）。这一研究区分了老漂族在社交媒体上的特定媒介行为，特别关注他们在社交媒体上的主动性表达，以为新媒体赋权的关系维度提供情境化的解读。结合赋权理论和关系向度理论，考虑到他们大多出身传统乡村社会并在城市中处于弱势地位的背景，研究问题的具体方向包括老漂族的微信朋友圈实践涉及哪些关系对象，以及在不同的社交情境和日常生活中，老漂族如何通过朋友圈实践来建立自己的形象、重塑交往秩序和重新定义脸面运作。最终，这些实践影响了他们的社会关系赋权。这项研究提供了新的视角来深入理解社交媒体在老年弱势群体中的应用，以及如何改善他们的社交关系和生活境况。

思考题

1. 固定关系、约定关系、松散关系和友谊关系在传播特性和互动模式上有何主要区别？如何在具体情境中识别这些关系类型？

2. 西方社会的人际关系类型与中国社会的人际关系类型有何不同？这些差异对跨文化传播有何影响？

3. 在约定关系中，契约精神如何影响信息传播？在媒体合作和公关活动中，这种契约精神如何体现？

4. 在松散关系中，如何有效进行信息传播？如何克服短时效性和高选择性所带来的传播障碍？

5. 在网络社交媒体平台上，关系向度理论如何适用？网络社交媒体平台上的关系类型与线下关系类型有何异同？

6. 关系向度理论在解释某些传播现象时是否存在局限性？如何在研究中克服这些局限性，以提高理论的适用性和解释力？

实践训练题

小李在城市中生活，他的日常生活中涉及多种人际交往。

小李每天早晨都会和住在一起的哥哥一起吃早餐，哥哥经常提醒他注意健康，最近还帮他联系了一家靠谱的牙科诊所。

工作中，小李与他的部门经理保持着严格的上下级关系。经理在项目会议上分配任务，小李按照要求完成，从不逾矩。

周末，小李常常去健身房。他和健身房的前台工作人员每次都会简单寒暄，比如问候“今天人多吗”，然后便各忙各的。

小李和高中同学小周感情深厚，虽然他们不在同一座城市，但每次小李有困惑时都会打电话向小周请教，小周也总是乐意提供帮助。

请根据关系向度理论，分析以下问题：

1. 根据时间和空间两个维度，分别判断以上四种关系属于固定关系、约定关系、松散关系还是友谊关系。

2. 分析这些不同类型的关系在小李的生活中分别起到了什么作用。

3. 请提出一种具体的沟通策略，说明如何通过互动来提升某一种关系的质量。

要点小结

- 关系向度理论
  - 中国本土化“关系”概念
  - 关系社会学与本土文化理论
  - 理论前提
    - 中西方社会结构与人际关系
      - 西方：个人主义，开放，高流动性，法治契约
      - 中国：和谐共处，稳定结构，关系网络
    - 关联性中的时间与空间维度
      - 时间：长期交往，持久性
      - 空间：地域性，共享空间
  - 四种交往类型
    - 固定关系：长时效性与低选择性
    - 约定关系：短时效性与低选择性
    - 松散关系：短时效性与高选择性
    - 友谊关系：长时效性与高选择性
  - 关系向度理论的应用
    - 爱情与姻缘
      - 爱情婚姻：个体内在体验，加法婚姻
      - 姻缘婚姻：长久平静生活，减法婚姻
    - 情感劳动中的关系向度——服务业中的情感劳动，关系维护与深化
    - 脸面运作中的关系赋权——社交媒体对老年弱势群体社会交往的赋权

参考文献

陈浩彬．(2019)．中国人的人际和谐心理．北京：北京师范大学出版社．

费孝通．(1985)．乡土中国．北京：生活·读书·新知三联书店．

黄光国，胡先缙．(2004)．面子：中国人的权力游戏．北京：中国人民大学出版社．

黄光国．(1985)．人情与面子．经济社会体制比较(3)，55-62.

黄光国．(1998)．两种道德：台湾社会中道德思维研究的再诠释．本土心理学研究(9)，121-175.

金耀基．(1988)．人际关系中人情之分析．见杨国枢(主编)，中国人的心理(pp.75-104)．台北：桂冠图书股份有限公司．

雷思涵．(2023)．关系赋权：老漂族微信朋友圈的脸面运作研究．新闻界(9)，83-96.

李向平．(2017)．从“天下主义”到“私人信仰”：兼论中国人私人信仰方式的十大特征．探索与争鸣(6)，20-27.

梁漱溟．(2005)．中国文化要义．上海：上海人民出版社．

林语堂．(2011)．林语堂文集．北京：群言出版社．

任敏．(2009)．现代社会的人际关系类型及其互动逻辑：试谈“差序格局”模型的扩展．华中科技大学学报(社会科学版)，23(2)，50-56.

许烺光．(1989)．美国人与中国人：两种生活方式比较(彭凯平，刘文静，等译)．北京：华夏出版社．

阎云翔．(2000)．礼物的流动：一个中国村庄中的互惠原则与社会网络(李放春，刘瑜，译)．上海：上海人民出版社．

杨国枢，陆洛．(2009)．中国人的自我．重庆：重庆大学出版社．

杨国枢．(1993)．中国人的社会取向：社会互动的观点．见杨国枢，余安邦(主编)，中国人的心理与行为：理念及方法篇(pp.87-142)．台北：桂冠图书股份有限公司．

杨国枢．(2004)．华人自我的理论分析与实证研究：社会取向与个人取向的观点．本土心理学研究，22，11—80.

杨国枢．(2005)．中国人的社会取向：社会互动的观点．见杨宜音(主编)，中国社会心理学评论：第1辑(pp.21-54)．北京：社会科学文献出版社．

杨美惠．(2009)．礼物、关系学与国家：中国人际关系与主体性建构(赵旭东，孙珉，译)．南京：江苏人民出版社．

杨中芳．(2001)．中国人的人己观：“自己”的“大我”与“小我”．见杨中芳，如何理解中国人：文化与个人论文集(pp.365-404)．台北：远流出版公司．

杨中芳．(2004)．“中庸”实践思维研究：迈向建构一个全新心理学知识体系．见王登峰，侯玉波(主编)，人格与社会心理学论丛(一)(pp.1-15)．北京：北京大学出版社．

杨中芳．(2005)．中国人真是“集体主义”的吗?：试论文化、价值与个体的关系．中国社会心理学评论(1)，55-93.

杨中芳．(2008)．从主流心理学研究程序看本土化的途径．见杨中芳(主编)，本土心理研究取径论丛(pp.161-186)．台北：远流出版公司．

杨中芳．(2009)．如何理解中国人：文化与个人论文集．重庆：重庆大学出版社．

翟学伟．(1999)．个人地位：一个概念及其分析框架，中国社会科学(4)，144－155.

翟学伟．(2005)．人情、面子与权力的再生产．北京：北京大学出版社．

翟学伟．(2006)．中国人的脸面观模型．中国社会心理学评论（1)，217－228.

翟学伟．(2007)．关系研究的多重立场与理论重构．江苏社会科学(3)，118－130.

翟学伟．(2008)．本土的人际传播研究："关系"的视角与理论方向．新闻与传播研究（3)，40－43.

翟学伟．(2017)．爱情与姻缘：两种亲密关系的模式比较：关系向度上的理想型解释．社会学研究（2)，128－149.

翟学伟．(2023)．关系向度理论及其解释力．开放时代（1)，90－94.

张杨波．(2022)．情感劳动理论的贡献、局限与拓展：引入关系向度理论的分析．中国社会科学评价（3)，32－41，157－158.

朱虹，马丽．(2011)．人际信任发生机制探索：相识关系的引入．江海学刊（4)，122－127.

朱瑞玲．(2006)．中国人的社会互动：论面子的问题．见翟学伟（主编)，中国社会心理学评论：第2辑（pp. 90－117)．北京：社会科学文献出版社．

Angyal, A. (1952). A theoretical model for personality studies. In D. Krech & G. S. Klein (Eds.), *Theoretical models and personality theory* (pp. 131－142). Durham, NC: Duke University Press.

Cheng, C. Y. (1986). Chinese philosophy in America, 1965－1985: Retrospect and prospect. *Journal of Chinese Philosophy*, *13* (2), 155－165.

Ho, D. Y. F., & Chiu, C. Y. (1994). Component ideas of individualism, collectivism, and social organization: An application in the study of Chinese culture. In U. Kim, H. C. Triandis, Ç. Kâğitçibaşi, S. C. Choi, & G. Yoon (Eds.), *Individualism and collectivism: Theory, method, and applications* (pp. 137－156). Thousand Oaks, CA: Sage.

Ho, D. Y. F. (1989). Socialization in contemporary mainland China. *Asian Thought and Society*, *14*, 136－149.

Hu, H. C. (1944). The Chinese concepts of "face". *American Anthropologist*, *46* (1), 45－64.

Markus, H. R., & Kitayama, S. (1991). Cultural variation in the self-concept. In G. R. Goethals, & J. Strauss (Eds.), *Multidisciplinary perspectives of the self* (pp. 18－48). New York, NY: Springer-Verlag.

Sedikides, C., & Brewer, M. B. (2001). Individual self, relational self, and collective self: Partners, opponents, or strangers? In C. Sedikides, & M. B. Brewer (Eds.), *Individual self*, *relational self*, *collective self* (pp. 1－4). Philadelphia, PA: Psychology.

关联课程教材推荐

书号	书名	第一作者	定价（元）	出版时间
978-7-300-11125-4	传播学教程（第二版）	郭庆光	45.00	2011 年 4 月
978-7-300-27601-4	传播心理学	陈锐	49.80	2019 年 11 月
978-7-300-30290-4	传播理论导引	［美］理查德·韦斯特	149.00	2022 年 3 月
978-7-300-33701-2	传播学纲要（第 3 版）	陈力丹　胡易容	49.80	2025 年 3 月
978-7-300-08629-3	大众传播理论：范式与流派	刘海龙	48.00	2008 年 2 月

配套教学资源支持

尊敬的老师：

衷心感谢您选择使用人大版教材！

相关的配套教学资源，请到人大社网站（www.crup.com.cn）下载，或是随时与我们联系，我们将向您免费提供。

欢迎您随时反馈教材使用过程中的疑问、修订建议并提供您个人制作的课件。您的课件一经采用，我们将署名并付费。让我们与教材共成长！

联系人信息：

地址：北京海淀区中关村大街 31 号　　龚洪训 收　　邮编：100080

电子邮件：gonghx@crup.com.cn　　电话：010－62515637　　QQ：6130616

如有相关教材的选题计划，也欢迎您与我们联系，我们将竭诚为您服务！

选题联系人：周　莹　电子邮件：zhouying@crup.com.cn　电话：010－62511612

俯仰天地　心系人文

人大社网站　www.crup.com.cn

专业教师 QQ 群：

723715191（全国新闻教师群 2 群）

欢迎您登录人大社网站浏览，了解图书信息，共享教学资源

期待您加入专业教师 QQ 群，开展学术讨论，交流教学心得